U0583719

权威·前沿·原创

皮书系列为
"十二五""十三五"国家重点图书出版规划项目

广东蓝皮书
BLUE BOOK OF
GUANGDONG

东莞经济发展报告
（2017）

ANNUAL REPORT ON ECONOMIC DEVELOPMENT OF
DONGGUAN (2017)

主 编／涂成林　陈文东
副主编／谭苑芳　王国雄

社会科学文献出版社
SOCIAL SCIENCES ACADEMIC PRESS（CHINA）

图书在版编目（CIP）数据

东莞经济发展报告 . 2017 / 涂成林，陈文东主编
. -- 北京：社会科学文献出版社，2017.9
（广东蓝皮书）
ISBN 978 - 7 - 5201 - 1540 - 7

Ⅰ. ①东… Ⅱ. ①涂… ②陈… Ⅲ. ①区域经济发展
- 研究报告 - 东莞 - 2017 Ⅳ. ①F127. 653

中国版本图书馆 CIP 数据核字（2017）第 242668 号

广东蓝皮书
东莞经济发展报告（2017）

主　　编 / 涂成林　陈文东
副 主 编 / 谭苑芳　王国雄

出 版 人 / 谢寿光
项目统筹 / 任文武
责任编辑 / 王玉霞

出　　版 / 社会科学文献出版社 · 区域与发展出版中心 （010）59367143
　　　　　　地址：北京市北三环中路甲 29 号院华龙大厦　邮编：100029
　　　　　　网址：www. ssap. com. cn
发　　行 / 市场营销中心 （010）59367081　59367018
印　　装 / 北京季蜂印刷有限公司

规　　格 / 开　本：787mm × 1092mm　1/16
　　　　　　印　张：25.5　字　数：387 千字
版　　次 / 2017 年 9 月第 1 版　2017 年 9 月第 1 次印刷
书　　号 / ISBN 978 - 7 - 5201 - 1540 - 7
定　　价 / 98.00 元

皮书序列号 / PSN B - 2017 - 657 - 1/1

本书如有印装质量问题，请与读者服务中心 （010 - 59367028）联系

主要编撰者简介

涂成林　男，湖南岳阳人。现任广州大学广州发展研究院院长，研究员，博士生导师。享受国务院特殊津贴，曾被授予"广东省领军人才"、"广州市杰出专家"荣誉称号。先后在四川大学、中山大学、中国人民大学学习，获得学士、硕士、博士学位。自1985年起，先后在湖南省委理论研究室、广州市社会科学院、广州大学工作。兼任广州市蓝皮书研究会会长、广州市广州学与广州大典研究会执行会长、广东省体制改革研究会副会长、广东省综合改革研究院副院长等多个社会职务。曾赴澳大利亚、新西兰、加拿大等国做访问学者。目前主要从事城市综合发展、文化科技政策及西方哲学、唯物史观等方面研究。在《中国社会科学》《哲学研究》《中国社会科学内部文稿》《中国科技论坛》等刊物发表论文100余篇；专著有《现象学的使命》《意识的内在性与超越性》《亚细亚生产方式与东方社会发展道路》《国家软实力和文化安全研究》《自主创新的制度安排》等10余部；主持和承担国家社科基金重大项目、一般项目、省市社科规划项目、省市政府委托项目60余项。获得国家教育部及省、市哲学社会科学奖项和人才奖项20余项。

陈文东　男，广东东莞人。现任中共东莞市委政策研究室副主任。1999年起，一直在东莞市委政研室从事政策研究工作。参与了东莞构建开放型经济新体制综合试点试验工作、对接国家自由贸易试验区发展、创新基层社会治理综合改革、推进简政放权放管结合转变政府职能、农业转移人口市民化等系列重要工作。在跨境贸易电子商务、群团改革、新兴金融业态、区域合作发展等领域，组织开展了大量的专题调查研究，并主持起草了相关专题调查报告。

谭苑芳 女，广东韶关人，博士，教授。现任广州大学广州发展研究院副院长，研究生导师。主要从事城市文化软实力、文化安全、城市民族关系等方面的理论研究与应用对策研究，兼任广东省体制改革研究会常务理事、广州市蓝皮书研究会副会长、广州市宗教文化交流协会理事、番禺区政协常委、广州市政府重大行政决策论证专家。主持国家社会科学基金一般项目、国家社科基金重大招标项目子项目及其他省部市级社科规划项目近10项，独立出版学术专著1部，在《中国社会科学内部文稿》《光明日报》《宗教学研究》《伦理学研究》等发表学术论文30多篇。近年来致力于将学术理论成果应用于政策决策之中，多篇研究报告为省市主要领导认可和有关部门采纳。

王国雄 男，广东东莞人。现任东莞市委改革办专职副主任。2006年6月获中山大学财政学硕士学位。2006年起一直在东莞市委政研室从事政策研究工作。先后参与了全面深化改革、新型城镇化发展、"十三五"规划建议、供给侧结构性改革、在更高起点上实现更高水平发展"十大"行动计划、深入推进全面从严治党等一系列东莞市重要文件的起草。在重大产业项目供地机制、科研用地管理等方面，组织开展了不少专题调查研究，并参与相关规范性文件的起草。

摘　要

　　《东莞经济发展报告（2017）》由广州大学联合中共东莞市委政策研究室主持编撰，由总报告、供给侧结构性改革篇、创新驱动篇、开放经济篇、统筹发展篇、营商环境篇、基层实践篇七部分构成，汇集了国内高端智库、省市高等院校、科研团队和政府部门诸多经济领域研究专家、学者和政府部门工作者的最新研究成果。

　　2016年，东莞经济运行整体态势稳中向好，经济增速高于全国和全省水平。三大产业中，农业保持平稳，工业增速回升，服务业较快增长；三大需求中，投资和消费需求增长强劲，外需回稳向好；供给侧结构性改革取得初步成效，开放型经济加快动力转换，经济运行质量和效益稳步提升。但经济下行风险较大，工业发展结构不够优化，产业集中度偏高，企业缺工情况依然存在。

　　2017年，尽管世界经济整体依然处于缓慢复苏阶段，但随着"东莞制造2025"等重大发展战略的稳步实施，东莞市经济运行将整体继续向好，工业发展将会提速，消费水平持续上升，对外贸易整体形势基本稳定。

目　录

Ⅰ　总报告

Ⅱ　供给侧结构性改革篇

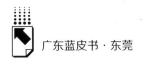
Ⅲ 创新驱动篇

Ⅳ 开放经济篇

Ⅴ　统筹发展篇

Ⅵ　营商环境篇

Ⅶ　基层实践篇

皮书数据库阅读**使用指南**

总 报 告

General Reports

B.1

2016年东莞市经济形势
分析与2017年展望[*]

广州大学广州发展研究院课题组[**]

摘　要：　2016年，东莞经济运行整体态势稳中向好，地区生产总值
　　　　　增长8.1%，增速高于全国和全省，其中工业增速回升，服
　　　　　务业较快增长；三大需求中，投资和消费增长强劲，出口
　　　　　增速低；供给侧结构性改革取得初步成效，经济结构进一
　　　　　步优化，经济发展动力正加快转换，内生动力增强，创新
　　　　　驱动取得进展，经济增长效益提高；开放型经济新体制试

　*　本研究报告数据来源于2016年1～9月统计快报数，相关准确数据请以正式出版的2017年《东莞
　　统计年鉴》为准。
　**　课题组组长：涂成林，广州大学广州发展研究院院长，研究员、博士生导师。成员：傅元海，
　　广州大学经济与统计学院教授，博士；谭苑芳，广州大学广州发展研究院副院长，教授，博
　　士；周凌霄，广州大学广州发展研究院副院长，副教授，博士；汪文姣，广州大学广州发展
　　研究院所长，博士。执笔：傅元海。

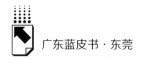
点试验开局良好。展望 2017 年，东莞市经济运行整体继续向好，工业发展将会提速，消费加速增长，投资增速加快，出口增长回升。

关键词： 经济运行　经济形势　东莞

一　2016年东莞市经济运行情况分析

面对世界经济结构深度调整，2016 年国内经济增速放缓的压力增大，东莞市把握新一轮发展历史机遇，坚持稳中有进、稳中向好的工作总基调，认真落实五大发展理念，在兼顾需求侧的基础上着力推进供给侧结构性改革，经济运行保持良好的态势，经济发展动力转换加快，内生动力增强，经济效益提升。

（一）经济运行整体态势稳中向好

2016 年东莞市经济运行整体态势良好，四个季度全市地区生产总值累计增速分别为 7.8%、7.8%、7.9% 和 8.1%，呈现稳中提速态势。2016 年东莞市的地区生产总值为 6827.67 亿元，增长 8.1%，高于全国（6.7%）、全省（7.5%）同期平均水平。四季度地区生产总值分别为 1497.96 亿元、1655.96 亿元、1762.06 亿元、1911.69 亿元，同比增速分别为 7.8%、7.8%、8.1%、8.6%，经济发展呈现稳中提速的态势。2016 年东莞外贸进出口总额、固定资产投资总额、社会消费品零售总额、来源于东莞的财政收入分别为 11416 亿元、1557.46 亿元、2470.78 亿元、1569.19 亿元，增速分别为 9.77%、7.67%、13.09%、35.8%，整体经济运行态势稳中向好。

2016 年规模以上工业增加值为 2878.23 亿元，增速为 7%。与珠三角地区其他城市对比，2016 年东莞市主要经济指标仅处于中等水平；其中，经济增速排第 6 位，规模以上工业增加值增速排名第 3 位，固定资产投资增速排名第 7 位，社会消费品零售总额增速排名第 1 位。此外，在追赶的标兵城市（佛山、烟台、泉州、南通、中山）中，东莞市虽然经济增速排名第 5 位，但出口增速、规模以上工业增加值增速等指标排名靠后。因此，东莞市经济整体运行态势良好，但是出口贸易下行压力大。

（二）三大产业中，农业保持平稳，工业增速回升，服务业较快增长

农业保持平稳。2016 年，全市农林牧渔业总产值 36.21 亿元，按可比价计算，比上年下降 0.1%。其中农业、林业、牧业、渔业产值分别为 23.94 亿元、0.35 亿元、4.32 亿元、7.60 亿元。粮食播种面积下降 1.0%，其中玉米、蔬菜播种面积分别下降 12.5%、0.1%，薯类、经济作物播种面积分别增长 11.9%、39.5%。全市生猪出栏量下降 15.8%，生猪存栏量下降 0.9%；家禽出栏数、存栏数分别下降 1.7%、24.5%。水果总产量下降 5.3%；其中，受年初寒潮及雨季影响，荔枝下降 51.0%，龙眼下降 26.0%。

工业发展加快。2016 年全市规模以上工业增加值为 2878.23 亿元，同比增长 7%，四季度工业累计增速分别为 6.4%、5.5%、6.5%、7%，工业稳步回升。从工业内部结构来看，东莞市工业结构"重化"特征明显，重工业发展较快、比重上升，2016 年，东莞市完成规模以上重工业增加值 1750.98 亿元，比全市工业增速、轻工业增速、全省重工业增速分别高出 6.5 个百分点、15 个百分点、4.8 个百分点；2016 年先进制造业、高技术制造业、规模以上民营工业占规模以上工业比重分别为 49.9%、38.2%、38.9%，分别比上年提高 3.6 个百分点、4.9 个百分点、4.8 个百分点。从五大支柱产业与四个特色产业看，工业五大支柱产业增加值为 1952.24 亿元，同比增长 8.5%，其中电子信息制造业的发展最为突出，2016 年电子信息制造业增加值为 974.28 亿元，同比增长 19.2%，工业增加值占规模以上工业的 33.85%，该产业不仅是东莞的支柱产业，更是东莞工业增长的最主要动力；四个特色产业（玩具及文体用品制造业、家具制造业、化工制造业、包装印刷业）的发展面临较大压力，近年来成本费用总额的增速一直

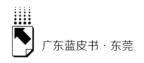

高于主营业务收入的增速。

服务业高速发展。2016年东莞市服务业增加值为3632.37亿元，同比增长8.9%，比GDP增速高0.8个百分点。服务业占比有所提升，2016年服务业占GDP比重为53.2%，占比较上年提高0.1个百分点。第三产业对经济增长的贡献有所提升，贡献率达58.6%，比第二产业高17.2个百分点。服务行业发展差异较大，前三季度增长速度有升有降，批发零售业增加值为587.95亿元，同比增长7.6%；房地产业增加值为440.85亿元，同比增长10.7%；金融业增加值为323.39亿元，同比增长4.9%；交通运输业增加值为164.2亿元，同比增长0.3%；住宿餐饮业增加值为106.81亿元，同比增长0.4%。现代服务业迅速发展，增加值为2180.84亿元，同比增长10.3%，比服务业增速快1.4个百分点，占服务业的比重比上年提高0.4个百分点，拉动服务业增长了6.2个百分点，带动效应明显。

（三）三大需求中，投资和消费需求增长强劲，外需回稳向好

2016年全市投资与消费增长强劲，出口增速低。从投资看，全市固定资产投资总额1557.46亿元，同比增长7.7%，比上年同期提升4.4个百分点，比上半年回落6个百分点。1~11月工业投资完成474.7亿元，占总投资的34.6%，同比增长5.7%，拉动投资增长2.0个百分点。其中，技术改造完成投资294.0亿元，同比增长43.8%；先进制造业完成投资263.7亿元，高技术产业（制造业）完成投资196.0亿元，同比分别增长25.0%和26.4%，发展势头良好。2016年房地产开发完成投资642.76亿元，同比增长11.7%，房地产投资占总投资的比重为41.3%，拉动投资增长4.7个百分点，是拉动投资增长的主要动力。2016年基础设施投资同比下降12.8个百分点。1~11月，重大建设项目累计完成投资约386.5亿元，占投资计划的112.8%，占年度计划的104.4%，同比增长10.3%。2016年列入省重点建设项目的市管项目36项，1~11月完成投资162.0亿元，占投资计划的117.4%，占年度计划的119.9%，同比上升17.1%。

从消费看，2016年全市社会消费品零售总额2470.78亿元，同比增长

13.1%，比上年同期提升2.2个百分点，比全省平均水平高2.9个百分点。前三季度商品房需求增长幅度大，全市新建商品房网签销售面积865.73万平方米，同比增长22.8%，销售金额达1152.42亿元，同比增长66.2%。其中，上半年住宅销售面积达到514.7万平方米、45320套，同比分别增长31.2%、30.7%，销售金额达642.9亿元，同比增长73.6%。上半年，耐用消费品需求稳中有增，限额以上汽车类零售额达250.7亿元，同比增长10.9%；限额以上主要大类商品销售平稳，其中家用电器和音像器材等销售大幅增长，同比增长104.2%。房价上涨过快，居民消费品价格温和上涨，2016年新建商品房网上签约销售均价为13744元/平方米，同比增长37.6%；前三季度居民消费价格总水平同比上升2.7%，食品烟酒和生活用品服务价格上升幅度最大，分别上涨6.8%和2.7%。外贸进出口逐步回升。全市进出口总额增速从上半年的-0.8%回升至前三季度的-0.2%，再到全年提高10%。其中进口4859.15亿元，同比增长22.4%；出口6556.8亿元，同比增长2%。

东莞市2016年三大需求变化特征：一是投资水平在经历了2015年下半年的降低后，在2016年有明显的回升趋势，其中又以制造业投资与房地产开发投资的增长最为明显；二是消费水平从2015年开始就一直维持在较高水平，并在2016年保持较快增长，是东莞经济发展的重要动力；三是2016年东莞出口6556.8亿元，同比增长2%，增速比1~11月提高0.4个百分点。

（四）对外贸易形势严峻，外资来源分化明显，但开放型经济加快动力转换

东莞是经济大市，也是外贸大市，与世界100多个国家和地区保持了良好的经济贸易合作关系，有良好的对外开放基础与优势，2015年东莞市对外贸易总额首次突破1万亿元大关，位居全国第5位和广东省第2位。目前东莞已吸引全球40多个国家和地区的外商前来投资，汇集了近1.1万家外资企业，全球500强企业中有49家在东莞有投资项目。东莞市通过出台方

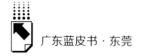

案和措施,全面启动构建国家开放型经济新体制综合试点试验工作,以促进改革、发展、创新,促使东莞市开放型经济逐步形成新格局。

由于世界经济复苏乏力,外需水平持续走低,跨国投资困难较大的整体环境没有改变,东莞市贸易出口与利用外资的形势依然严峻。2016年,东莞市进出口总额11416亿元,增长9.8%,其中出口额为6556.8亿元,增长2%,增速比1~11月提高0.4个百分点。

利用外资形势严峻,投资来源分化明显。2016年上半年,按新口径统计,全市合同利用外资22.5亿美元,同比下降27.8%;2016年实际利用外资39.3亿美元,下降24.2%。欧、美、韩等国家和地区投资快速增长,如引进美国投资项目16个,合同金额4011万美元,同比增长85.1%,引进欧盟投资项目11个,合同外资693万美元,同比增长380.8%,引进韩国投资项目12个,合同外资3729万美元,同比增长31.3%;日本投资持续回落,同比下降90.9%。

积极推动加工贸易创新发展,加快新旧发展动力转换,促进发展质量效益提升。外资企业创新发展态势良好,上半年设立研发机构96个,同比增长7%,外资企业新增发明专利授权612个,同比增长15.5%。服务外包快速发展。全年服务外包离岸合同金额4.47亿美元,同比增长78.9%;离岸执行金额3.49亿美元,同比增长31.3%。出口产品结构持续升级,上半年高技术产品出口1052.2亿元,同比增长9.4%,比全市高16.1个百分点,占同期全市出口总额的38.9%,比上年同期提高5.7个百分点。

利用外资结构优化,外资质量提升。2016年合同外资47.3亿美元,同比下降6.5%,实际利用外资39.3亿美元,剔除不可比因素,合同外资同比增长8.7%,实际利用外资同比增长3.1%。新引进超千万美元项目快速增长,全市新签超千万美元项目22宗,涉及合同外资9.1亿美元,同比增长56.1%,拉动全市合同外资提高6.5个百分点。全市新签服务业项目253宗,同比增长17.2%,占全市56.5%。其中,超千万美元服务业项目9宗,涉及合同外资金额5.7亿美元,同比增长656.7%。

（五）从经济发展的支撑因素看，就业市场平稳，用电和信贷稳定增长

就业市场总体平稳。2016年前三季度，全市城镇新增就业71932人，完成年度目标的89.92%，第三季度城镇登记失业率2.26%，同比上升0.02个百分点。劳动力监测统计，截至2016年9月底，实名制就业登记管理系统18.59万家，用人单位登记用工530.43万人，同比下降3.07%，环比下降0.83%。随着经济转型升级，用工总量呈现下降趋势，但绝对数依然保持较高水平，企业缺工情况有所缓和。3季度在岗人员流失率为14.74%，同比下降2.32个百分点；9月市场求人倍率降为1.18，同比上升0.01个单位；2016年前三季度，平均求人倍率为1.21，同比下降0.02个单位。因此，劳动力市场供求矛盾比上年有所缓和，劳动力市场趋于稳定。

用电保持增长。2016年全社会用电量702.01亿千瓦时，同比增长5.3%，比上年同期高4.4个百分点。其中，工业用电量506亿千瓦时，同比增长4.7%，比上年同期提高4.6个百分点。

存贷款稳定增长。2016年东莞本外币各项存款余额11545.1亿元，同比增加1576.3亿元，同比增长15.8%，增幅同比上升10个百分点；东莞市本外币各项贷款余额6545.66亿元，同比增长9.4%。上半年，企业信贷融资成本呈下降趋势，全市金融机构人民币一年期（及一年期以内）贷款加权平均利率同比下降0.89个百分点；3个月以内银行承兑汇票贴现加权平均利率同比下降0.71个百分点，中小微企业贷款加权平均利率5.73%，同比下降1.07个百分点，降幅明显。

（六）加快发展动力转换，提高质量和效益

1.积极促进内生动力形成

进入"十三五"规划时期，东莞市经济发展速度变化、结构优化、动能转换的特点十分明显。特别是通过培育新技术、新产业、新业态、新模式，东莞市在转变发展动力方面取得了明显进展。

一是通过全面深化改革，释放制度红利，东莞市重点领域改革现已取得一定突破，以推进300多项莞版改革任务为主要方式，有效地创造了新供给、释放了新需求。2016年全市工商新登记户数17.39万户，增长41.3%；其中，新登记企业8.22万户，增长49.7%；新登记个体户9.16万户，增长34.6%。东莞市场主体数量保持快速增长，增强了经济活力。

二是经济发展的内生动力增强。从投资看，2016年前三季度，内资固定资产投资925.23亿元，同比增长7.6%，占固定投资总额比例为81.1%，其中民营投资完成793.57亿元，同比增长14.5%，占固定投资总额比例达69.6%；外资固定资产投资215.76亿元，同比增长3.6%，占固定投资总额比例仅为18.9%。从产业看，内资企业增加值为898.17亿元，同比增长17.6%，占全市规模以上工业比例达43.4%，比上年同期提升4.5个百分点，创近年来新高，其中民营企业增加值为788.93亿元，同比增长20.1%，私营企业增加值423.21亿元，同比增长24.3%，"三资"企业和外商投资企业增加值1171.31亿元，下降0.5%，内资工业企业特别是民营企业是东莞工业发展的主要动力。从需求看，全市规模以上工业内外销比例上升到58.8∶41.2，内销比例同比上升4个百分点，内需增长是工业增长的主要拉动力。从税收看，前三季度，民营经济纳税总额732.2亿元，同比增长14.1%，占全市税收总额的60.4%，其中私营企业纳税190.03亿元，增长42.9%，民营经济是税收收入的主要来源。因此，从不同视角看，东莞经济增长的内生动力增强。

三是创新驱动取得进展。高新技术企业规模扩大，2016年全市高新技术企业达到1508家。积极推进企业研发机构建设，着力提升企业创新能力，新增36家省级工程技术研究中心。积极引导企业加大研发投入，共有571家企业申报2016年度市企业研发财政补助，涉及企业实际研发投入总额超过100亿元。积极建设新型研发机构，全市新型研发机构达32家，新增东莞材料基因高等理工研究院等6家研发机构成功获批省级新型研发机构，累计服务企业超过2万家，引进孵化科技企业近300家。加快建设科技公共服务平台，支持30家孵化器和175家在孵企业申请孵化器项目资助。散裂中子源项目进展顺利；积极推进专业城镇建设，全市已有34个专业镇和12个专业镇技术创新平台。科技成果增长较快，2016年，东莞市发明专利申请量和授权量分别为17024件和3682件，同比分别增长52.45%和31.74%，分别位居全省第4位和第3位。PCT国际专利申请量为876件，同比增长160.71%，位居全省第3位。截至2016年底，国内有效发明专利量为11154件，位居全省第3位。

四是产业新动力正加快形成。从投资看，2016年，服务业投资增长5.1%，低于工业投资增长（12.4%）；先进制造业和高技术产业投资分别增长31.0%和31.6%，优势传统工业投资下降11.2%，表明产业发展能力正在加速转换。从招商引资看，引进10亿元立讯精密制造、14亿元华为终端业务扩展、15亿元岭南水乡文化旅游景区等10宗投资额超10亿元的项目，表明现代服务业和现代制造业发展能力提升。从产出看，前三季度以智能手机制造为代表的电子信息制造业增长21.3%，先进制造业和高技术产业增加值分别增长16%和18.6%，现代产业取代传统产业成为工业增长的主要动力。

新兴产业的发展。2016年，全市电商网络经营主体5.5万户，全市电子商务交易额达3702亿元，同比增长9.2%；中小企业电子商务应用率超过60%，拥有各类跨境电商企业5000多家，涵盖销售、物流、平台、运营服务等各个重要环节，超过7000家制造企业以不同形式参与跨境电商，其中超过3000家工厂直接从事跨境电子商务交易。2016年，东莞邮政国际小包业务量突破7097万件，日均25.3万件，增长106%，总货值约10.64亿美元。新登记高端装备制造、电子信息、机器人、新能源、新材料、生物科技等战略性新兴产业市场主体达到1.97万户，同比增长56.3%，2016年上半年累计6.8万户，同比增长22.5%；新登记物流及供应链管理、租赁和商务服务、信息技术服务、金融等现代服务业市场主体达到6776户，同比增长27.5%，2016年上半年累计5.5万户，同比增长25.3%。这些新产业市场主体的涌现，标志着东莞市新兴产业发展迅速，加快了产业新动力的形成。

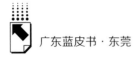

2. 经济运行质量和效益提升

一些主要指标显示，东莞工业经济质量效益稳中有升。2014~2015年、2016年上半年规模以上工业增加值率均为20.49%，投入产出率基本稳定；2015年成本费用利润率3.33%，比上年增长0.37个百分点；全员劳动生产率10.28万元/（人·年），按可比价格测算增长5.62%。

资源利用效率提高。从土地方面看，2015年全市单位建设用地地区生产总值5.5亿元/平方公里，单位建设用地税收1.2亿元/平方公里。从能源看，加大了能源消耗的监控，目前已有302家企业能耗数据与东莞市平台实时对接，2016年加速推进能源管理中心建设，年底提前完成在线监测600家企业的目标；2016年前三季度，全市规模以上工业综合能源消费量下降0.7%，四大高能耗行业综合能源消费量下降0.3%，规模以上工业单位增加值能耗下降6.4%。

（七）供给侧结构性改革取得初步进展

推进供给侧结构性改革，是党中央和国务院的重大战略部署，是适应和引领经济新常态的重大创举，目标是通过"三去一降一补"转换发展动力，实现创新驱动，提高经济发展质量和效益。

1. 优化了产业结构，减少了低端无效供给，增加了有效高端供给

在淘汰无效落后产能的基础上，积极推进落后的过剩产能有序退出，近五年累计关停重污染企业154家，2015年东莞市财政投入17.1亿元专项资金，推动水乡地区97家"两高一低"企业实现退出。目前东莞市不符合国家标准的水泥企业已全部退出，年产能20万吨以下的包装用纸生产企业和5万吨以下的生活用纸生产企业已基本退出。同时，东莞市积极引导劳动密集但仍有国内外市场需求的加工贸易、传统优势产业向粤东、粤西、粤北地区梯度转移，主导或协助韶关引进产业项目近280个，投资金额667.18亿元，其中亿元以上项目138个，动工项目219个，完成投资额278.8亿元。

2. 改革优化营商环境，降低企业经营成本

截至2016年9月底，东莞市企业累计减负约158亿元。一是降低制度性交易成本 15.67 亿元。从 2016 年 2 月 1 日起停征价格调节基金，减负约 2.48 亿元。推进 34 项国家、省定涉企行政事业性收费减免工作，减负 13.19 亿元，其中堤围防护费免征惠及东莞市所有企业，减负约 6.33 亿元；村镇基础设施配套费减负约 6.67 亿元。实行涉企收费目录清单管理。明确东莞市行政审批中介服务事项共 35 项、收费目录清单共 16 项，进一步规范了东莞市行政审批中介服务。

二是降低人工成本 0.5 亿元。2016 年前三季度举办各类招聘活动 50 多场，提供就业岗位 5.9 万个。举办第七届校企合作洽谈会，校企双方现场达成协议 2474 份。

三是降低税负成本 71.93 亿元。推进营业税改征增值税全面扩围，为"四大行业"试点企业减负 2.61 亿元，带动其他行业减负 12.78 亿元。落实小微企业一揽子税收优惠政策，减负 18.69 亿元。简化高新技术企业税收优惠备案享受流程，减负 37.85 亿元。

四是降低社会保险费成本 22.54 亿元。截至 2016 年 9 月底，在降低社会保险费率方面，共为企业减负 20.63 亿元，其中医疗保险 6.38 亿元、工伤保险 2.96 亿元、生育保险 6.40 亿元、失业保险 4.89 亿元。从 2016 年 7 月 1 日起，东莞市住房公积金缴存比例上限由 20% 下降至 12%，截至目前，涉及单位共 1118 家、职工 5 万余人，调整后每月为企业降低成本约 6077 万元；缴存基数上限从月平均工资的 5 倍降低至月平均工资的 3 倍，前三季度涉及单位共 927 家、职工近 3 万人，调整后每月为企业降低成本约 303 万元。

五是降低财务成本 33.76 亿元。加大对现代产业体系、战略性新兴产业、现代服务业和"三重"建设的信贷支持力度，截至 2016 年 9 月底，全市企业贷款加权平均利率为 5.57%，同比下降 0.99 个百分点；支持超 100 家企业融资租赁，融资总额超 12.7 亿元；共资助企业"机器换人"224 个项目，资助额 1.24 亿元。

六是降低电力等生产要素成本 6.87 亿元。两次降低一般工商业和大工业用电价格，截至 2016 年 9 月底，共降低企业用电成本约 4.49 亿元。推进电力直接交易，东莞南玻等 22 家企业成功申报省电力大用户，与发电企业

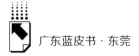

直接交易扩大试点，总数达到 26 家。建立非居民用户管道天然气价格与购气成本同向联动调整机制，为企业减轻用气负担约 2.38 亿元。

七是降低物流成本 6.67 亿元。支持物流行业技术创新，广东铁路国际物流基地项目成功入选首批国家多式联运示范工程项目；东莞市保税物流中心已完成省投资建设计划申报。26 个物流标准化试点的项目资金已投入 3.57 亿元，物流费用下降 0.57 元/吨公里。

3. 惠及民生补短板

2016 年前三季度，东莞市补短板重大项目完成投资 111.22 亿元，占年度投资计划比例为 56.55%，其中纳入省补短板重大项目的市属项目 27 个，完成投资 61.83 亿元，占年度投资计划比例为 53.25%。

一是加大人才培养力度。全面推动实施《东莞市技能人才培养五年行动计划》，狠抓落实劳动力技能晋升培训补贴计划、企业技能人才评价计划、职业技能竞赛计划、"首席技师"培养计划、"一镇一品"和电商创业技能人才培养计划、高技能人才国际培养计划、扶持民办学校发展计划、技能大师育才计划等，激发企业、职业院校、行业协会、鉴定机构培养技能人才的积极性，构建较为完善的职业培训鉴定体系，组织开展技能晋升培训，人数达 25050 人，申领补贴 22446 人，预计核拨补贴 4559.47 万元，申领补贴 22446 人，预计核拨补贴 4559.47 万元。建设高水平理工科大学，引进 66 位高层次人才（团队），启动 11 个高水平理工科大学建设首批重大科技创新与学科交叉融合平台项目，新增 6 个省级重点科研平台，新建 3 个特色产业学院，成立国际学院并首批招收留学生 21 人，正式设立首个海外创新中心和首个海外高层次人才工作站。

二是加快义务教育均衡优质标准化发展。2016 年以来，东莞市从提升学校管理水平、提升教师队伍素质、提升课堂教学效益三个方面，促进民办义务教育学校均衡优质标准化发展。2016 年 2 月，东莞市被教育部认定为"全国义务教育发展基本均衡市"，并于 7 月初顺利通过国家教育督导组复评。截至 2016 年 11 月，231 所民办学校被评为广东省义务教育标准化学校，所占比例为 87%。

二 经济运行中需要关注的问题

（一）经济下行风险较大

从 2013 年起，尽管国内经济下行压力加大，但东莞市经济增速连续 4 年稳定在 8% 左右的水平，高于全国、全省。除此之外，规模以上工业增加值、财政收入、居民收入等多项重要指标也稳步增长。各项数据表明，东莞市经济增速是基本稳住了，但增速趋稳的基础并不牢固。比如，固定资产投资增速长期处于低位，其中工业投资增速多年低位徘徊。制造业发展受高端制造回流和低端市场分流的"双重挤压"，2016 年订单转移达 180 亿美元。外贸"稳份额"的压力依然较大，2016 年前三季度东莞市出口是负增长，到了 11 月才由负转正，全年累计增速只有 2%；从出口市场看，2016 年上半年，占东莞出口比例超过 60% 的三大市场不容乐观，其中欧盟下降 0.3%，美国仅增长 0.1%；从行业看，纺织、服装、箱包、鞋类、家具、玩具和塑料等 7 大传统劳动密集型行业，上半年出口同比下降 7.2%。合同利用外资和实际利用外资同比分别下降 27.8% 和 67.3%，其中投资主要来源地之一——日本，上半年下降 90.9%。这些说明东莞市经济发展的外源性动力明显不足。

（二）工业经济发展下行压力大

1. 工业发展外生动力明显不足

2013 年下半年以来，东莞市规模以上工业增加值增速有明显的下滑趋势，且近期内没有明显改善，表明工业发展下行压力大。东莞是典型的以外向型经济为主导的发展模式，"三资"企业和外资企业增加值占规模以上工业增加值的 50%。受综合成本上升、企业总部战略调整、TPP 等国际贸易规则和国际政治等因素的影响，一些劳动密集型企业如纺织、服装、鞋帽等持续向内地和东南亚转移，工业增长明显减速，主要原因是工业产品出口和

"三资"、外资工业增速下降甚至下滑。2008年以来,"三资"、外资企业工业增速明显放缓,2015年9月开始陷入连续负增长,上半年下降2.5%,6月当月下降6.5%,2016年前三季度,"三资"企业增长仅0.3%,外资企业工业增加值下降1.9%;"三资"、外资企业工业在全市规模以上工业中的比重,从2015年一季度的64.8%下降到2016年上半年的56.9%,下降幅度较大,2016年第三季度进一步下降到56.6%。因此,外生动力不足是东莞工业增长放缓的主要原因,也是工业下行的主要压力所在。

2. 工业发展结构不够优化,产业集中度偏高

现阶段增长最快的电子信息产业已成为东莞市第一大支柱产业,2016年前三季度完成规模以上工业增加值686.16亿元,占比接近全市的1/3。该产业主要依靠几个著名手机品牌带动发展(如华为、OPPO、vivo等),一旦智能手机受到产品生命周期的影响,需求水平发生大的变化,或重点厂商出于成本等方面的原因进行转移,无疑将对东莞整体经济发展带来严重影响。

3. 工业发展质量和效益有待提升

东莞工业经济发展质量和效益低,竞争力有待提升。从增加值率看,2014年、2015年和2016年上半年,东莞规模以上工业增加值率均为20.49%。由表1可知,珠三角地区中,东莞仅高于中山,明显低于其他城市,比深圳和广州分别低4.67个百分点和4.13个百分点,比全省平均水平低3.13个百分点。从总资产贡献率看,2015年东莞仅为7.51%,同比下降0.29个百分点,在珠三角地区最低,不到肇庆、佛山和惠州的一半,比深圳、广州分别低3.24个百分点、6.78个百分点,比全省低6.07个百分点。

从成本费用利润率看,东莞仅为3.33%,是珠三角地区最低的,比珠三角成本费用利润率低的惠州和中山还低2个百分点以上,不及广州、深圳、珠海、佛山及全省的一半。从全员劳动生产率看,东莞仅为10.28万元/(人·年),也是珠三角地区最低的,比珠三角倒数第二的中山低4.08万元/(人·年),不及广州的1/3,不及肇庆、佛山、珠海的一半,约为全省平均水平的一半。东莞依靠低成本优势,创造了东莞制造的奇迹,但是这

表1　2015年工业经济主要质量效益指标

	增加值率（%）	变动百分点（个）	总资产贡献率（%）	变动百分点（个）	成本费用利润率（%）	变动百分点（个）	全员劳动生产率〔万元/（人·年）〕	增长（%）
全省	23.62	0.36	13.58	-0.95	6.85	0.39	20.46	4.95
广州	24.62	-0.07	14.29	-1.06	6.98	-0.13	32.75	4.92
深圳	25.16	-0.68	10.75	-0.49	7.68	1.65	19.80	7.22
珠海	23.12	0.31	7.90	-1.17	7.18	0.67	20.91	13.98
佛山	22.33	1.59	18.47	0.10	8.43	0.07	25.98	3.70
惠州	22.96	-0.12	16.20	-1.30	5.63	1.18	19.85	-1.24
东莞	20.49	-0.03	7.51	-0.29	3.33	0.37	10.28	5.62
中山	20.19	0.14	14.90	0.13	5.79	0.41	14.36	5.21
江门	24.15	0.78	12.93	2.10	6.39	0.76	20.28	15.11
肇庆	23.82	-0.11	20.10	-1.91	6.41	-0.75	27.69	4.55

也决定了东莞工业发展质量不高、竞争力不强，特别是东南亚和墨西哥等地成本优势逐渐显现后，东莞工业发展的外生动力受到抑制，依靠出口和利用外资发展工业的下行压力更大。

4. 制造业在全球价值中的地位有待提升

东莞工业发展主要依靠廉价劳动力等生产要素的大量投入，积极参与全球分工，但主要是参与全球价值链中低端的分工，以低利润、低附加值支撑劳动密集型产业发展，并逐步形成世界制造业基地。东莞市近年来在产业结构转型升级方面已经取得了一定进展，如内资工业的增加值率持续上升、重工业占比持续上升等，先进制造业、高技术制造业的发展速度也较快，但依然没有根本上改变东莞制造在全球分工的地位。问题主要表现在：传统制造业主要是劳动密集型产业占比较大，对东莞工业拉动乏力，虽然中高端制造业发展较快，但基本上局限于参与中高端制造业低附加值的劳动密集型生产环节或加工组装环节。以下从传统制造业和中高端制造业两方面进行分析。

当前传统制造业难以拉动工业增长。在改革开放的前30年，东莞市工业增加值的增速长期超过20%，被称为"世界工厂"。东莞工业快速发展，主要依靠以劳动力密集型产业为主导产业的发展，本质是要素密集使用的粗放型经济增长方式。进入"新常态"后，国内外经济环境发生深刻改变，不断上升的要素成本和不断减少的人口红利、土地红利使东莞传统产业的发展举步维艰。2016年上半年，传统产业的利润水平较上年同期均有大幅度降低，纺织服装鞋帽制造业、家具制造业及食品饮料加工制造业利润总额分别较上年同期下降38.8%、40.2%、47.1%，玩具及文体用品制造业则处于亏损状态，利润总额为－1651万元。传统产业是东莞工业经济中的重要组成部分，在发展条件发生深刻改变的大背景下，东莞传统产业必须尽快转型升级，重新发挥对工业乃至地方经济的拉动作用。

中高端制造业的低附加值化难以提升工业发展质量。东莞市近年来大力发展了包括电子信息制造业、先进制造业、高技术制造业在内的中高端产业，中高端产业的整体利润水平并不高，特别是工业投入结构和产出结构实现了高端化，但没有实现价值链的高端化。具体原因有三：一是核心部件依赖进口，产品附加值偏低；二是创新投入不足，知识产权保护乏力；三是社会服务配套滞后，人才供给不足。

以智能手机制造为例，东莞市在2015年生产了2.6亿台智能手机，约占全球市场份额的1/6，形成了"品牌＋代工＋配套"的产业形态，但行业整体利润水平仅为3%左右，原因是核心部件依然高度依赖进口，如手机屏幕、芯片、内存、摄像头等部件均需要从美国、日本、韩国等地进口，东莞市仅从事组装等低附加值环节，中高端制造业的附加值水平偏低。

东莞市要突破价值链的中低端锁定，需要加大创新投入尤其是技术开发投入，开发具有自主知识产权的核心技术，但在国内知识产权保护水平不高的大背景下，培育核心技术能力的成本大、风险高、时间漫长，部分企业，尤其是中小型企业对技术开放持谨慎态度。2015年东莞市规模以上工业企业共5688家，其中有研发投入的企业1145家，占规模以上工业企业的20.1%。

要实现价值链的高端化，就必须有足够的人才。人才是技术密集型产业的第一要素和核心竞争资源，高层次人才和专业技术人才供给严重不足是东莞中高端制造业企业面临的共性问题。主要原因有社会配套资源的短缺，相对深圳、广州等超大型城市，东莞在学校、医院等社会配套资源方面存在明显的短缺；缺乏吸引高层次人才的技术文化氛围，东莞市浓厚的商业文化氛围导致人才体制相对落后，在对人才的认可和重视程度方面都缺乏对高层次人才的吸引力。

东莞市历来以工业立市，现已成为国际制造业中心，但工业发展近年来暴露出不少问题，突出表现为传统产业的发展缓慢和中高端产业的赢利能力偏低，虽然产业投入结构和产出结构已经初步呈现出中高端化趋势，但东莞工业在国际价值链上依然处于中低端，突破全球价值链低端锁定是工业发展的必由之路。

（三）对外经济回稳向好

东莞市经济发展呈现鲜明的外向型特征，是我国外贸大市之一，也是近期商务部公布的开展构建开放型经济新体制综合试点实验地区之一，1991～2007年，东莞市进出口年均增长31%，对外贸易是东莞经济发展的重要生命线。近年来，东莞市进出口逐步回升，2016年全市进出口总额为11416亿元，增速从上半年的−0.8%回升至前三季度的−0.2%，再提高到全年的9.8%。其中，出口总额为6556.8亿元，同比增长2%，但在世界经济复苏缓慢、欧美再工业化、国内要素成本不断上升的背景下，进口增速略有回落，进口总额仅为4859.2亿元，增长22.4%，全年增速比2016年1～11月回落0.7个百分点。

尽管东莞市外贸发展形势好转，但依然存在一些问题，如东莞市加工贸易植根性弱、自主性不强也是导致东莞出口水平难以有所突破的原因之一。由于东莞的加工贸易多是跨国公司转移的低附加值环节，一方面造成了东莞市在多年加工贸易中，没有获得国际水平的先进技术；另一方面造成了东莞加工贸易规模容易受外需变化影响，一旦国际市场上的需求水平发生变化，便会导致东莞市贸易规模整体下滑。东莞市加工贸易缺乏自主研发能力，在所有加工贸易企业中，设立了研发中心或内设研发机构的不到1/3，作为全

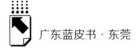

国加工贸易转型升级试点城市之一，东莞市要破解加工贸易植根性弱、自主性不强的难题，必须加快形成以创新为主要引领和支撑的开放型经济体制。

作为开放型经济城市，外资投资和外资企业向来是东莞经济的重要组成部分，而在2016年，一方面外资投资增速明显下滑，2016年东莞市实际利用外资39.3亿美元，同比下降26.2%；另一方面外资工业实现负增长，反映了经济层面正发生根本性变化，东莞市的要素红利空间正在持续缩小，依靠要素驱动的传统生产模式已经没有发展空间，导致外资投资规模与外资工业生产规模都呈缩小的趋势。未来一段时间内，必须调整招商引资策略，加强创新驱动能力，完善服务型政府职能，转而以制度红利和创新红利吸引外商投资。

（四）房地产过热

工业经济是东莞市经济发展的重中之重，而东莞市中高端制造业中又有很大一部分属于中小型企业，因此如何创造有利于中小型企业发展的资本环境，进而推进大众创业、万众创新，是东莞市必须要解决的现实问题。现阶段在东莞市的实体经济，特别是中小型企业中，资本短缺现象较为普遍，其背后的原因有两方面，一是投资结构问题，二是金融机制问题。

从投资结构来看，东莞市的房地产投资比例过高。2016年前三季度，东莞市房地产业实现生产总值440.85亿元，约占地区生产总值的8.99%。新增投资方面，2016年前三季度，房地产投资占比达42.23%，而且房地产投资占比有持续扩大的趋势，工业投资占比却不断减少，明显不合理。若不能稳定工业投资水平，提高其投资比例，则东莞工业经济增长将缺乏后劲，进而对整体经济的持续增长带来不利影响。此外，在银行信贷投放方面，2016年第二季度东莞市新增贷款仅55.1亿元，且高度集中在个人住房按揭贷款，工业有效贷款很少。

房地产过热，会抽离工业资金，抑制实体经济发展。近年来，工业发展受到国内外经济环境变化、外需水平偏低、成本持续走高等因素的影响，面临巨大挑战。房地产业产值比例的增速却维持在一个较高的水平，说明近年来东莞市产业结构中房地产业的比例在不断扩大，而工业的比例在不断缩小。东莞市近年来在全国房价普遍高涨的大背景下，房价有持续升高的趋势，很容易导致资金从实体经济中抽离进入房地产业，进而使实体经济资本短缺。从长期来看，这对地区经济发展带来十分不利的影响。

在金融机制方面，突出问题是信贷机制不合理与金融风险偏高，东莞市的中小型企业大多处于企业成长的初期阶段，产值规模普遍不大，包括厂房在内的许多固定资产都是租赁而来，因此大多数企业缺乏抵押物，无法获得银行的贷款融资；近年来东莞市金融风险处置压力一直较大，不少不法分子打着投资理财的旗号从事非法集资活动，吸引了部分社会资金。一方面，导致了居民的空闲资本缺乏投资渠道，催生了大量"影子银行"；另一方面，中小型企业在现有信贷机制下无法获得扩大生产规模所需要的资金。虽然这一问题并不是东莞特有的，但给东莞市实体经济发展带来了不利影响。

（五）企业缺工情况依然存在

东莞市传统企业多以劳动密集型为主，中高端产业也是以承担劳动密集型生产环节为主，随着我国人口红利消失、劳动力结构失衡日趋严重、中高端人才供给缺口不断扩大，东莞市正面临一般劳动力与中高端人才的双重短缺，严重制约了东莞经济发展。

总体上，2016年前三季度，求人倍率平均为1.18，用工缺口依然较大。从行业看，根据东莞市1800家企业用工定点监测数据，三季度信息传输、计算机服务和软件业，科学研究、技术服务和地质勘查业等高端服务业的用工需求最为明显，需求人数与在岗员工数的比率均在11.82%以上；其中，信息传输、计算机服务和软件业，用工需求人数和在岗员工数的比率最高，达到14.41%，科学研究、技术服务和地质勘查业为13.47%。制造业的用工需求比较突出，比率为11.71%，而住宿和餐饮业、批发和零售业等传统服务业的用工需求也比较明显，比率均在10%以上。但房地产业与建筑业的用工需求并不突出，比率分别为2.73%与1.47%。与上年相比，2016年东莞市的用工短缺现象有所缓解，但在高端服务业、制造业和传统服务业中均存在用工需求较为突出的情况，劳动力短缺依然是东莞经济发展需要解决的现实问题。同时，东莞市高层次人才供给不足是制约东莞工业转型升级的重要因素，因此，东莞市在未来的一段时间内，一方面要解决一般劳动力供给不足问题，另一方面要重点解决高层次人才供给不足问题。

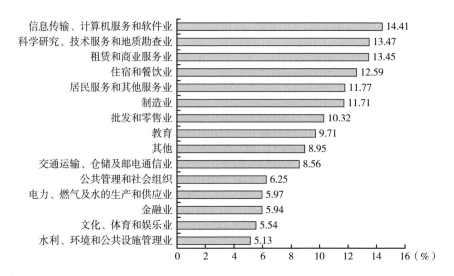

图1 2016年三季度东莞市各行业岗位需求人数与在岗员工数的比率情况

三 2017年东莞市经济运行展望

（一）2017年经济发展环境分析

当前，世界经济正进入后金融危机弱复苏时期，资本投入的刺激效应正在衰减，而全要素生产率仍处于缓慢增长阶段，全球经济的长期内生增长动力日益衰弱，世界货币基金组织预测全球经济增速将降至3%左右。贸易保护主义抬头，经济合作机制难以形成，低迷的经济环境将进一步促使一些国家通过各类贸易壁垒与贸易救济手段保护国内市场。特朗普当选为美国总统，通过行政令使美国退出《跨太平洋伙伴协定》（TPP），这必然导致世界贸易格局发生重大改变，日本、马来西亚等国纷纷表示将贸易重点转向东亚区域全面经济伙伴协定（RCEP）。澳大利亚外长毕晓普认为，若是TPP失败，则国际贸易协定的真空将被中国主导的经济伙伴关系填补。因此，虽然世界经济整体依然处于缓慢复苏阶段，但随着美国退出TPP，将会给中国带来大量的贸易机会，也为外向型经济特征十分明显的东莞市创造了较为理想的国际环境。

当前中国经济运行已进入经济发展新常态，经济下行的主要原因是结构性问题。而通过推动供给侧结构性改革，中国经济在2016年前三季度取得了令人满意的成绩，经济运行总体平稳，转方式、调结构稳步推进，企业效益有所回升，金融市场总体平稳运行，新增就业持续增加。在十八届六中全会上，中央再次强调未来经济工作要适度扩大总需求，为供给侧结构性改革营造良好宏观环境，落实各项减税降费措施，疏通货币政策传导渠道，支持实体经济发展。国际货币基金组织和亚洲银行预测中国2017年的经济增长速度将稳定在6.5% ~6.7%，因此，尽管世界经济复苏缓慢，但中国经济整体向好的局面没有发生改变，尤其是中央一再强调发展实体经济，并落实多项配套政策支持中高端制造业发展，这些都有利于东莞市2017年经济实现持续稳定增长。

2016年是广东省跨入21世纪以来比较困难的一年，也是广东省积极应对国际金融危机、保持经济社会平稳较快发展、改革开放和现代化建设取得突出成绩的一年。通过推出《加快推进创新驱动发展重点工作方案（2015 ~2017年）》《广东省实施质量强省战略2016 ~2017年行动计划》等有利政策，可以预见在2017年，广东省经济持续增长的势头不会发生根本性改变，同时省委省政府高度强调推行创新驱动发展战略，大力发展制造业等实体经济，为工业立市的东莞市2017年的经济发展创造了良好的地区经济发展环境。

（二）2017年经济运行主要指标预测

利用1978 ~2016年东莞地区生产总值、第二产业产值、规模以上工业增加值、第三产业产值、出口总额、实际利用外资、全社会固定资产投资、财政收入、社会销售品零售总额、一般物价指数等数据，运用自回归移动平均模型（Autoregressive Integrated Moving Average Model，ARIMA），初步科学预测 2017 年东莞经济运行情况。自回归移动平均模型（ARIMA）通过将非平稳时间序列转化为平稳时间序列，然后利用因变量滞后值及随机误差项的现值和滞后值对因变量进行回归，可以对未来经济发展进行预测。

1. 地区生产总值预测情况

ARIMA 模型使用变量的现值及滞后值对变量未来的变化趋势进行预测，根据赤池信息量准则，估计东莞市生产总值的 ARIMA 模型如下：

$$GDP_t = \left[ma_1 \times (GDP_{t-1} - mu) \right] + \left[ma_2 \times (GDP_{t-2} - mu) \right] + Z_t + mu$$

t 表示第 t 年（$t = 1978, \cdots, 2016$），mu 为 1978 ~ 2016 年地区生产总值的平均值，ma_1 与 ma_2 分别为待估系数，Z_t 是均值为 0、方差为常数的白噪声。后文关于第二产业产值、第三产业产值、工业增加值、对外贸易、利用外资、投资和消费水平及一般公共预算收入的预测均使用此模型。该模型预测的东莞市 2017 年经济总量增长情况如图 2 所示。

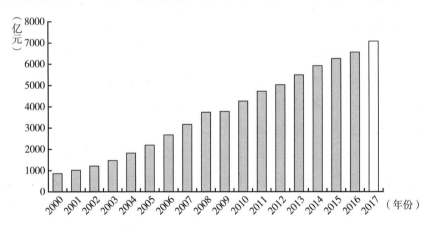

图 2　东莞市 2000 ~ 2016 年地区生产总值及 2017 年地区生产总值预测

虽然世界经济复苏缓慢、外需水平明显持续走低，但由于国内经济发展整体向好，东莞市的经济发展环境依然良好，因此预测 2017 年东莞地区生产总值将保持稳定增长，增长率为8%左右。

2. 第二产业与第三产业增加值预测

预测结果显示，东莞市2017年三次产业结构将不会发生明显改变，服务业比例将维持在50%以上，相对2016年上半年服务业所占生产总值比例降低0.7个百分点，第二产业占地区生产总值比例预测为46.77%。

3. 工业增加值预测

预测结果显示，东莞市规模以上工业增加值在未来两年将保持稳健增长，其中2017年实现规模以上工业增加值3062.98亿元，预测同比增长6.95%；2018年预测规模以上工业增加值为3247.05亿元，预测同比增长6%。东莞市近年来加大了工业投资力度，2016年1~8月完成工业投资总额303.35亿元，同比增加7.88%，其中工业技术改造投资总额达173.15亿元，同比增加28.27%，可见，工业投资尤其是工业技术改造投资的增加将会为东莞市工业经济的快速稳定增长提供强劲的动力。2017~2018年预测东莞市工业增加值具体变化趋势如图3所示。

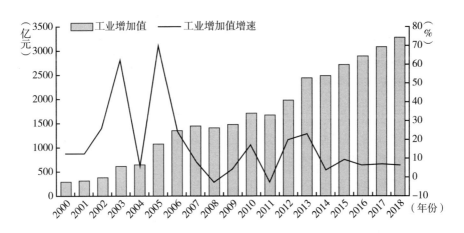

图3 2000~2016年东莞市工业产值增加情况及2017~2018年预测情况

4. 对外贸易和利用外资预测

预测结果显示，2017年东莞市对外贸易整体形势基本稳定，预测出口总额6640.53亿元，预测增速1.28%，增速下降0.72个百分点。如果不解决加工贸易植根性较弱、自主能力不强问题，东莞市加工贸易未来发展前景令人担忧。2017 年东莞市实际利用外资情况稳中向好，预测实际利用外资将实现 18 亿美元左右；东莞市 2017 年外资投资环境将得到改善，外资投资水平会显著提升，具体变化趋势如图 4 所示。

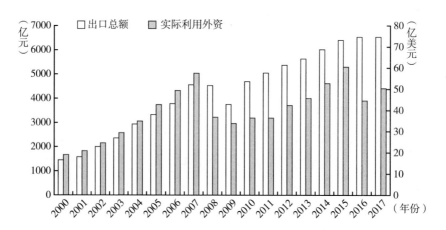

图 4　2000～2016 年东莞市对外贸易和实际利用外资情况及 2017 年预测情况

5. 投资和消费预测

东莞市 2016 年固定资产投资总额为 1557.46 亿元，同比增长 7.7%，增速比上年提高 4.4 个百分点，显示出东莞市投资水平的复苏，但就整体趋势来看，东莞市的投资水平自 2013 年后出现持续下滑的趋势。预测显示，东莞市 2017 年固定资产投资总额为 1697.79 亿元，同比增长 9.01%，东莞市整体投资水平出现上升趋势。

近期东莞市消费水平持续上升，2016 年全市消费品零售总额 2470.78 亿元，增长 13.1%，消费已成为东莞市地区经济的主要增长点，与此同时，消费物价指数则保持了相对稳定。预测显示，东莞市 2017 年消费水平将持续上升，社会消费品零售总额达到 2718 亿元，预测增幅 10%，增速快，其中部分原因来自电商销售的持续扩大，也反映出东莞市内需已逐渐成为经济增长的主要动力；与此同时，消费者一般物价水平则没有明显变化，2017年预测一般物价指数为 102.76，东莞市 2017 年物价水平将基本稳定。

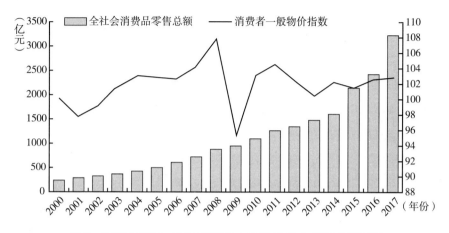

图5 东莞市 2000～2016 年消费水平及 2017 年消费水平预测

（三）预测结果总结

尽管世界经济整体依然处于缓慢复苏阶段，但东莞市 2017 年经济运行的主要指标预测值均令人满意。其中地区生产总值实现增长 7.8%，第二产业与第三产业分别实现增长 8.43% 和 6.58%，经济运行稳中有进，三次产业结构基本保持稳定；工业经济平稳发展，2017 年工业增加值预测增幅为6.95%；实际利用外资预测值有上升趋势；消费水平持续上升，内需对经济增长的拉动作用十分明显，物价指数基本保持稳定；但同时需要注意的是，出口总额的增速依然较低，同时社会固定资产投资增速依然低于 GDP 增速，表明 2017 年外需对东莞市经济增长具有负面影响，投资的整体水平依然没有恢复到国际金融危机之前。

表 2 ARIMA 模型预测结果总结

经济指标	预测年度	预测值	预测增幅（%）
地区生产总值（GDP）	2017 年	7065.92 亿元	7.8
第二产业产值	2017 年	3304.99 亿元	8.43
第二产业产值比例	2017 年	46.77%	0.84
规模以上工业增加值	2017 年	3062.98 亿元	6.95
	2018 年	3247.05 亿元	5.8

经济指标	预测年度	预测值	预测增幅(%)
第三产业产值	2017 年	3715.58 亿元	6.58
第三产业产值比例	2017 年	52.58%	-1.26
出口总额	2017 年	6640.53 亿元	1.28
实际利用外资	2017 年	50.14 亿美元	27.59
社会固定资产投资	2017 年	1697.79 亿元	9.01
一般公共预算收入	2017 年	510.39 亿元	9.2
社会销售品零售总额	2017 年	2718 亿元	10
一般物价指数(2016 年为 100)	2017 年	102.76	0.06

四 总结与对策建议

(一)总结

2016 年东莞市经济运行整体稳中有进、稳中向好,产业结构基本保持稳定,消费和投资对地区经济的拉动起到了主要作用,工业经济发展态势良好,但存在增速下滑的隐患,对外贸易受到国际环境的影响持续走低,但已有复苏迹象。除此之外,包括财政收入、财政支出、人均收入在内的主要经济指标均有明显的增长,说明 2016 年东莞市经济发展的成果是令人满意的。

根据 1978~2016 年东莞地区生产总值、第二产业产值、规模以上工业增加值、第三产业产值、出口总额、实际利用外资、全社会固定资产投资、财政收入、社会销售品零售总额、一般物价指数等数据,利用自回归移动平均模型对东莞市 2017 年经济运行的整体情况进行的初步预测显示,2017 年东莞市经济运行整体向好的基本情况没有发生改变,产业结构保持稳定,工业经济迎来复苏,对外贸易持续增长。消费水平持续走高,2017 年预计增速超过 20%。

虽然世界经济整体依然处于缓慢复苏阶段,但随着美国退出 TPP,重新洗牌的国际贸易格局依然为东莞市创造了理想的发展环境。此外,中央通过供给侧结构性改革，鼓励实体经济快速发展，为东莞市创造了良好的经济发展环境，东莞市经济发展遇到难得的机遇。东莞市将通过落实"东莞制造2025"等重大发展战略，着力推动产业转型升级，提高工业经济的赢利能力，全面释放制度红利与创新红利，实现地区经济的持续稳定增长。

（二）对策建议

1. 全力构建开放型经济新体制试点试验城市

以全面构建开放型经济新体制为目标，围绕国家深化改革战略部署，以加工贸易创新发展为突破口，构建与国际高标准投资贸易和贸易规制相适应的体制机制，全面优化贸易和投资环境；大力支持东莞本地企业开拓海外市场，以2016年海博会为契机，提高东莞产品知名度，积极组织本地企业参加境外国际品牌展会，鼓励企业抓抢海外订单与发展机遇；大力引进欧美发达国家的专业认证、检测等服务机构，为本地企业的海外推广提供服务。

2. 推动供给侧结构性改革，降低企业综合成本

坚持问题导向和目标导向相统一，紧密结合供给侧结构性改革与改善企业经营环境，完善公共产品和服务，认真落实《国务院关于促进加工贸易创新发展的若干意见》，推动东莞市产业向全球价值链高端跃升，鼓励智能手机及移动终端、新能源汽车等先进制造业发展进入关键零部件和系统集成制造领域，掌握核心技术，提升整体制造水平。探索建立制造业企业激励清单管理模式，对激励清单目录内的企业在行政服务、税收、用地、用电等方面给予实质性政策倾斜，切实降低企业生产经营成本，提升企业竞争力。

3. 推动供给侧结构性改革，稳定市场去库存

去库存的主要任务在房地产市场，房地产市场的持续过热，不利于东莞市实体经济的稳定发展。推动供给侧结构性改革，去除房地产市场库存，一方面有利于稳定市场价格，另一方面可以避免房地产业对实体经济的挤压。因此要坚持多措并举，统筹推进思路，以稳定房地产市场为基础，积极化解市场库存，建立房地产市场调控联动工作机制，依法加大对开发商、中介违法违规行为进行查处和曝光，同时加大居民住房保障和购房支持。

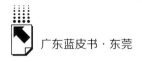

4. 推动供给侧结构性改革，抓住重点补短板

重大项目建设是东莞市补短板工作的主要内容之一，要切实加快工程建设速度，充分发挥东莞市重大项目各项制度优势，按时完成建设工作；积极推进交通基础设施建设，构建东莞市东部、西部和南部的高速铁路骨架网，加快推进东莞市轨道交通与深圳市的对接工作；支持并引导理工大学理工科凝练学科方向，加快推进特色产业学院和科技创新研究院的建设，大力支持师生创新创业，加速提升科技研发平台服务能力和水平，进一步深化政产学研交流与合作，提升国际化发展水平。

5. 坚持创新驱动发展战略，培育发展新动能

推动新型研发机构"提质增量"，优化新型研发机构的运营管理机制，推动新型研发机构加强与市内企业、各镇街的对接，增强其技术辐射力；按照"质量优先，数量并重"的原则，稳妥引进新的重大科技创新平台，加快大学创新城建设步伐。实施科技企业孵化载体建设"筑巢育凤"行动计划，建设一批众创空间、专业孵化器、大型综合孵化器和加速器。加强孵化器人才队伍建设，引导科技企业孵化器建立健全"联络员 + 辅导员 + 创业导师"的创业辅导体系，促进科技企业孵化器服务水平和运营能力的"双提升"。

6. 以提高产品质量、提升企业效益导向，推动传统产业转型升级

纺织服装鞋帽制造业、家具制造业、造纸及纸制品业等传统产业在东莞经济中比例高，贡献大，但近年来有着发展缓慢的趋势，对地区经济的拉动作用日益衰弱。现阶段，需要以提高产品质量、提升企业效益为导向，进一步开展转型升级工作。产品同质化是传统产业制成品的重要特征，不同品牌之间具有很强的可替代性，在我国劳动力红利、土地红利逐渐缩小的大背景下，依靠要素优势进行密集生产，通过低成本、低价格为主要竞争点的传统生产模式已经难以维系，必须在提高产品质量上下大功夫，着力提高传统产业制成品的产品安全性与产品特性，重塑市场竞争力。

此外，要以提高企业效益为导向引导传统产业转型升级，对"高污染、高能耗、低产出"的传统产业要坚决淘汰，以造纸和纸制品行业为例，在经历"两高一低"引退政策产业后，该行业利润总额增速由11.5%提高到57.1%，2016年上半年，东莞市造纸和纸制品业规模以上企业利润总额14.64亿元，同比增长64.6%，发展态势明显优于其他传统产业。

7. 科学引导产业发展，提高中高端制造业赢利能力

2014～2015年和2016年上半年东莞市制造业增加值率仅为20.49%，远低于先进国家和地区平均35%的水平，中高端制造业赢利能力偏弱是导致这一情况的主要原因。因此需要科学引导产业发展，具体包括合理制定产业布局规划，以企业集聚推动规模经济发展；加大知识产权保护力度，落实创新驱动发展战略；鼓励企业纵向合并，实现核心部件的内部生产，提高产品附加值；加大人才引进力度，对高层次人才给予重大奖励等，进而实现由"东莞制造"向"东莞智造"的转变。若是东莞市中高端制造业得以突破国际价值链中低端锁定，将制造业增加值率提高到先进国家和地区平均水平，在现有产业结构下，可拉升地区生产总值6.53个百分点。

8. 深化政府职能改革释放制度红利，重塑地区吸引力

作为我国首批开放型经济体制试点城市之一，东莞市在吸引国外资本与先进技术上处于有利位置。在现有条件下，东莞市不再具有要素成本与政策优惠优势，而应以全面深化政府职能改革为契机，释放制度红利，鼓励创新，引导外商投资。在充分利用国外资本的同时，重点吸收国外先进的生产技术与管理技术，提高东莞全要素生产率。

9. 认真贯彻落实国家关于"放管服"要求，扎实抓好企业服务

强化企业市场主体地位，发挥企业市场主体作用，增强企业发展信心和动力。积极推进商务系统简化办事程序，提高办事效率，协调各部门、镇街、商协会，共同落实好市镇两级挂钩帮扶制度，积极开展"送政策进企业"等系列政策宣讲活动，帮助企业用好、用足利好政策措施。针对企业的重点难点问题，量身定做服务方案，切实帮助企业解决实际问题，推动企业稳定发展。对符合东莞市产业发展导向，具有良好成长性的小微企业给予政策优惠，破解小微企业融资难题，切实减轻企业负担。

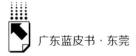

10. 推动重大项目建设，稳定投资增长

把投资作为稳增长、调结构、促转型、保民生的重要抓手，优化服务、突出重点，攻坚克难，以推动重大项目建设促进投资稳定增长。认真落实中央关于投融资体制改革的意见，进一步简化程序，优化流程，提高效率，加快投资项目前期审批和建设进度，进一步释放民间投资活力。创新融资方式，围绕园区建设、基础设施、水利工程、污染整治等领域，完善现有项目储备库，简化审批程序，加快推出一批 PPP 项目，带动投资增长。

11. 优化企业用工服务、保障企业用工稳定

加强企业用工检测分析，完善人力资源市场和定点企业检测机制，做好各项数据的采集、获取和分析工作；加强用工信息发布，完善用人单位定点联系制度，主动收集企业岗位需求信息，借助"就业服务网""就业创业服务微信公众号"等平台发布，及时解决企业用工紧缺问题；加强用工对接服务，依托三级服务平台，通过举办现场招聘会等活动，促进就业用工实时对接；加强企业用工指导，为企业和劳动者提供及时准确的劳动力市场价格信息。

B.2
东莞市经济转型发展与政策措施

广东省政府发展研究中心课题组*

摘　要：　近年来，东莞以加快转变经济发展方式、推进产业结构调整为主线，努力建设成为广东省科技与产业融合发展的示范区、结构调整和转型升级的样板区。为科学衡量东莞经济转型和结构调整的已有成绩，找准存在的问题和短板，实现精准发力，本研究提出评估东莞经济转型升级成功的标志性指标体系，并在此基础上，对东莞经济转型升级所处阶段进行了研判，提出了东莞下一步的发展方向及政策措施。

关键词：　经济转型　创新驱动　指标体系　东莞

一　东莞经济转型成功的标志性指标体系

围绕创新、协调、绿色、开放、共享的发展理念，课题组在深入研究东莞经济转型和结构调整现状的基础上，参考借鉴发达国家经济转型的有关指标数据，结合深圳、苏州等经济转型较为成功的国内城市的相关经济指标及数据，形成衡量东莞经济转型成功的标志性指标体系。

指标体系以制度动力转换、要素动力转换、结构动力转换、需求动力转

---

* 汪一洋，广东省文化厅党组书记（原省发展研究中心主任）；任红伟，广东省发展研究中心城市与产业研究处处长；李潇，广东省发展研究中心城市与产业研究处主任科员；孙英翘，广东省发展研究中心城市与产业研究处主任科员；连晓鹏，广东省发展研究中心城市与产业研究处副主任科员；刘玲玲，广东省发展研究中心城市与产业研究处科员。

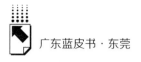

换四大动力转换统领，作为一级指标，下设 14 个二级指标 45 个三级指标（见表1）。

二 东莞经济转型升级的阶段判断

对照指标体系，在制度动力、要素动力、结构动力、需求动力四个方面，东莞都取得了转型升级的阶段性成果，但还有一些指标，尤其是关键性指标与日、韩、我国深圳等转型成功的国家和地区的目标值尚有差距，经济动力转换尚未完全实现，创新驱动的发展模式尚未形成。因此，东莞目前仍处于转型升级"爬坡越坎"的关键阶段，仍处于从量变到质变、从局部到整体、从战术到战略的转型升级攻坚期，转型升级的"拐点"尚未到来。

具体来说，在制度动力方面，东莞正努力转变政府职能，从管理型政府向服务型政府转变，激发市场活力，为市场主体提供更加公平便利的营商环境。努力增创公共服务优势，提高养老、教育、医疗、城建等公共服务供给水平和质量，为转型升级提供制度动力转换保障。但是，在政府服务、市场环境、城市建设、社会治理和公共服务等方面，体制机制障碍尚未完全突破，民生支出所占财政支出比例仍然偏低。在要素动力方面，东莞的创新能力近年来已经实现迅猛发展，科研投入与收益、土地产出、资本、全社会劳动生产率、高层次人才、单位 GDP 能耗等指标均向好的方向转变，但发展模式尚未出现根本性转变，创新驱动尚未成为经济发展的主要动力。在结构动力方面，东莞的产业结构仍有优化空间，先进制造业、高技术制造业占规上工业增加值均未过半。产业自主性、根植性不强，层次仍然偏低，传统优势企业很多仍停留在产业链"微笑曲线"的中间和价值链中低端，重点园区、大型骨干企业的影响力和竞争力不足，内源型经济占比偏低。镇街、城乡发展不均衡问题亟须解决，外来人口市民化进程任重道远。在需求动力方面，目前投资仍以政府固定资产投资为主，民间投资占比偏低。生产供给精细化、个性化水平不高，无法满足群众不断升级的消费需求。出口产品仍以加工贸易产品为主，外贸效益有待提升。

表 1　东莞市经济转型指标体系

一级指标	编号	二级指标	编号	三级指标	计量单位	2015年	2018年目标值	2018年目标值说明	中长期目标值	中长期目标值说明
制度动力转换	A1	政府转型	A11	政府转型	—	定性分析	—	—	—	—
	A2	营商环境	A21	营商环境	—	定性分析	—	—	—	—
	A3	公共服务	A31	基本社会保险覆盖率	%	97.48%	98%	根据发展趋势测算	全覆盖	—
			A32	公共教育支出占 GDP 比重	%	2.09%	2.63%	以年均8%增速测算	≥4.5%	参照日本1990年值
			A33	医疗卫生支出占公共财政预算支出比重	%	5.6%	7.05%	以年均8%增速测算	≥9.5%	参照日本近八年平均值
			A34	人均公共文化财政支出	元	120	300	根据中长期目标测算,高于全省2020年全面小康目标281.5元	≥533	参照深圳2015年值
			A35	每千人拥有执业医师数	人	1.92	2.33	根据 2013～2015 年平均增速测算	≥3.12	参照广州2015年值
			A36	入读公办学校的非户籍学生占比①	%	23.22%	40%	根据2016年国家和广东省的任务要求	≥50%	国家要求
要素动力转换	B1	科研创新要素	B11	※R&D 经费占 GDP 比重	%	2.36%	2.8%	参照东莞市"十三五"规划目标	2.73%～2.98%	参照日本1991年值,韩国2005年值
			B12	年发明专利申请量占专利申请量比重	%	29.31%	32%	根据中长期目标值测算	≥37.95%	参照深圳2015年值
			B13	年发明专利授权量占授权总数比重	%	10.42%	14.80%	根据中长期目标值测算	≥23.51%	参照深圳2015年值

续表

一级指标	编号	二级指标	编号	三级指标	计量单位	2015年	2018年目标值	2018年目标值说明	中长期目标值	中长期目标值说明
B2	人力资源要素		B21	※全社会劳动生产率	美元/人	15422	19427	以年均8%增速测算	37826~55116	参照韩国2005年值，日本1991年值
			B22	每千人就业者中研发人员数量	人	9.1	11.4	根据2012~2015年平均增速测算	≥18.2	参照深圳2015年值
			B23	每千人中等职业教育与本专科在校学生数	人	27.6	29.3	根据发展趋势测算	≥75.2	参照韩国2011年值
B3	资金要素		B31	金融机构本外币贷款总量占GDP比重	亿元	95%	95%	根据《东莞建设金融强市总体规划》测算	≥151%	参照广州2015年值
B4	土地要素		B41	※土地产出率	万元/平方公里	54084	65500	根据发展趋势测算	77754	参照苏州2015年值
B5	环境要素		B51	※单位GDP能耗	万吨标准煤/亿美元	3.18	2.5	根据2010~2015年平均减速测算	≤1.67	参照日本2000年值
			B52	工业废水排放达标率	%	95%	100%	—	100%	—
			B53	工业固体废弃物综合利用率	%	88.65%	95%	根据中长期目标值测算	100%	—
			B54	城镇生活垃圾无害化处理率	%	100%	100%	—	100%	—
			B55	环境质量指数	—	115	100	—	≥100	全面建成小康要求
			B56	主要污染物排放强度指数	—	147	100	—	≥100	全面建成小康要求

续表

一级指标	编号	二级指标	编号	三级指标	计量单位	2015年	2018年目标值	2018年目标值说明	中长期目标值	中长期目标值说明
结构动力转换	C1	产业结构	C11	三次产业结构比	—	0.3:46.6:53.1	第三产业≥53.5%	根据发展趋势测算	第三产业≥57%	参照韩国2000年值
			C12	工业增加值率	%	20.5%	21%	根据2010~2015年发展趋势测算	≥35%	发达国家平均水平
			C13	规上工业总资产贡献率	%	7.5%	8.8%	参照中长期目标值测算	≥11.48%	参照深圳2013年值
			C14	先进制造业增加值占规上工业增加值比重	%	46.3%	52%	参照东莞市"十二五"规划目标	≥73%	参照深圳2015年值
			C15	※高技术制造业增加值占规上工业增加值比重	%	33.3%	42%	根据2012~2015年平均增速测算	≥50%	省定目标
			C16	※现代服务业占第三产业比重	%	59.6%	61%	参照东莞市"十二五"规划目标	≥70%	参照深圳2015年值
			C17	内外源工业比例	—	37.8:62.2	45:55	根据中长期目标值测算	58:42	参照深圳2015年值
			C18	骨干企业	家	定性分析	—	—	—	—
			C19	知名商标（品牌）	件	定性分析	—	—	—	—
	C2	区域结构	C21	镇域经济发展不均衡	—	定性分析	—	—	—	—
	C3	园区经济	C31	园区面积占比	%	30%	32%	根据发展趋势测算	32%	参照苏州2015年值
			C32	土地产出率[松山湖（生态园）园区]	亿元/平方公里	7.32	12.58	根据发展趋势测算	≥12.3	参照苏州工业园2015年值
			C33	土地产出率[松山湖（生态园）统筹周边镇街发展]	亿元/平方公里	4.65	7.34	根据发展趋势测算	≥9.65	参照发展趋势测算

续表

一级指标	编号	二级指标	编号	三级指标	计量单位	2015年	2018年目标值	2018年目标值说明	中长期目标值	中长期目标值说明
需求动力转换	D1	投资需求	D11	※投资效益系数	%	27.22%	33%	根据2011~2015年平均增速测算	≥33.8%	参照日本1994年值
			D12	固定资产投资额度占GDP比重	%	23%	23.3%	根据2010~2015年平均增速测算	≥26.7%	参照日本1994年值
			D13	固定资产投资产业结构	投于三大产业比例	0.1:34.8:65.1	三产≥71%	根据中长期目标值测算	三产≥82%	参照深圳2015年 0.1:17.9:82
			D14	固定资产投资主体结构	国有:民营:外资	12.3:65.5:18.5	民营≥58%	与中长期目标一致	民营≥58%	参照深圳2015年 24.3:55.1:17.9
	D2	消费需求	D21	居民消费率	%	74.3%	≥70%	与中长期目标一致	≥70%	发达国家水平
			D22	生活必需品占总消费比重	%	33.5%	≤40%	与中长期目标一致	≤40%	发达国家水平
			D23	※规上企业内外销比例	比例	57.3:42.7	内销≥50%	与中长期目标一致	内销≥50%	参照深圳2015年值
	D3	出口需求	D31	※高新技术产品占出口总额比重	%	34.2%	41%	根据2013~2016年前11个月平均增速测算	≥48.1%	参照深圳2015年值
			D32	一般贸易出口占出口比重	%	36.6%	≥34.76%	与中长期目标一致	≥34.76%	参照深圳2015年值
			D33	加工贸易增值率	%	53.62%	≥46.58%	与中长期目标一致	≥46.58%	参照深圳2015年值

注:※表示课题组认为该指标为衡量经济转型升级成功的关键性指标。

数据来源:国内数据主要来源于国家统计局、《广东统计年鉴2016》、《深圳统计年鉴2016》、《江苏统计年鉴2016》、《东莞统计年鉴2015》、《苏州统计年鉴2016》、广东政府网、东莞政府网、苏州工业园官网、国际数据来源于OECD. Stat、世界银行、《韩国统计年鉴2009》、《韩国统计年鉴2013》、《世界统计年鉴2008》、《国际统计年鉴(2004~2012)》等。部分数值根据以上资料所得数据测算。

①根据国务院办公厅《关于进一步做好进城务工就业农民子女接受义务教育工作的意见》以及国家和广东省的有关政府要求,结合东莞实际,该指标具体指的是:入读义务教育公办学校以及政府补贴的进城务工人员随迁子女在享受义务教育阶段进城务工人员随迁子女占在校学生总数的比例。

三 推动东莞经济转型升级总体思路与战略路径

（一）总体思路

未来5～10年，东莞要突破"拐点"，实现经济转型升级，应该牢固树立和贯彻落实创新、协调、绿色、开放、共享的发展理念，以立足新常态在更高起点上实现更高水平发展为价值追求，以创新驱动发展、对外开放合作、重点改革突破"三个走在前列"为战略重点，把供给侧结构性改革作为经济社会发展的根本性战略，发挥好市场的主体作用和政府的引导服务保障作用，全力推动制度动力、要素动力、结构动力、需求动力四大动力转换，实现产业转型、政府转型、社会转型、人的转型四大转型，推动经济结构战略性调整和产业转型升级，适应和引领经济发展新常态，构建新的发展动力，营造新的发展环境，形成以创新为主要引领和支撑的经济体系和发展模式，构建开放型经济新体制，建设符合东莞特殊市情的"善治之城"，努力在广东省建设国家科技产业创新中心的战略部署中走在前列，在成功推进经济转型和动能转换的基础上跨过"中等收入陷阱"，迈进万亿GDP俱乐部，在广东率先全面建成小康社会，率先迈上基本实现社会主义现代化新征程。

（二）发展战略

1. 实施"南拓"战略，全面融入深港都市经济圈

以松山湖（生态园）为龙头，以滨海湾开发区、银瓶创新区、原东部工业园（企石辖区）为支点，引领东莞发展重心全面南拓，呼应深圳"东进战略"，深化与深圳大空港地区、前海自贸区以及深圳光明、龙华、龙岗的战略合作。抓住深圳创新成果转化外溢和先进制造产业转移的历史机遇，以交通设施对接为先导，以产业人才合作为重点，以行政同城便利化为抓手，打造承接深圳创新和产业资源外溢的重大平台，建设"环深创新资源

融合发展带"和"临港现代产业创新带",主动谋划与深圳的产城人融合,建设莞深同城发展先行示范区,全面融入深港都市经济圈和粤港澳大湾区。

2. 实施转型升级与创新驱动"双核心"战略,全面推动经济社会转型

构建促进结构转型与创新驱动的体制框架,营造充满活力的转型与创新环境,激发市场主体的创新动力和全社会的创造活力,以转型升级牵引创新驱动,以创新驱动支撑转型升级,推动经济发展方式战略性转变,构造经济增长新动力。加大产业转型升级的力度,着力建设五大发展平台,推动产业迈向中高端水平,形成现代产业发展新体系。实施创新驱动,构建区域创新联动体系,提升自主创新能力,全力推动创新驱动发展走在前列,实现从产业转型到城市转型,到管理转型,到社会转型的全面转型。

3. 以全面深化改革为总引领,构建新增长动力机制

坚持社会主义市场经济改革方向,坚持处理好政府和市场的关系,以经济体制改革为重点牵引全面深化改革,聚焦供给侧结构性改革和重点领域改革,率先在结构调整、简政放权、城市治理、生态治理、社会治理上取得突破,全面推进各项改革试点示范任务,构建现代市场体系,形成有效制度供给,创造新的制度红利,构建新的增长动力机制。

4. 以全面对外开放为推动力,形成经济发展和国际合作竞争新优势

充分利用既有优势和新的机遇,探索对接国际规则经济管理新模式、加工贸易创新发展新路径、外贸新业态培育新体系、开放型金融生态新机制,推动外贸转型升级。主动对接国家自由贸易试验区,建设"一带一路"重要节点城市,加强区域合作,全力推进对外开放合作走在前列,发展更高层次的开放型经济。培育开放型经济发展新优势,着力推动东莞从外贸大市向开放型强市转型,全面提升东莞开放型经济水平和国际竞争力。

(三)路径选择

1. 以体制机制创新为龙头,重构制度动力

一是构建适应创新驱动发展的体制机制。围绕科技成果转化这一根本任务,探索发挥市场和政府作用的有效机制、促进科技与经济深度融合的有效途径、深化开放创新的有效模式。二是构建开放型经济新体制。以市场为导向，完善推动外贸转型升级的机制，创新外商投资管理服务体制，加快形成对外经济合作新模式、新路径，提升全球配置资源能力，全面提升开放型经济水平。三是推动投融资体制改革和金融开放创新。构建政府引导扶持、市场主体主导、境外渠道畅通的开放型金融生态环境，做大金融产业规模，推动金融更好地服务产业转型升级和创新驱动发展。

2. 以创新驱动发展为核心，重构要素动力

一是打造区域创新体系。以松山湖大学创新城为核心，以松山湖－东莞生态产业园区为中轴，以水乡特色发展经济区、粤海银瓶合作创新区以及各专业镇创新资源集聚区为网络，构建布局合理、功能齐全的"创新核－创新轴－创新网"区域创新体系。二是强化企业创新主体地位。扭住高新技术企业这个"牛鼻子"，加快培育高新技术企业，引导企业开展技术研发和转化应用，切实提升企业自主研发能力。完善企业孵化培育体系，鼓励发展"双创"平台。三是提升科技创新能力。发挥企业主体与高校、科研机构的联合作用，提升集成创新能力。完善科技创新服务体系，在知识产权、技术市场、科技成果转化等方面积极探索，促进科技创新能力提升。

3. 打造更为均衡的经济、区域、城乡结构，重构结构动力

一是调整优化经济结构。坚持市场在资源配置中起决定性作用和更好地发挥政府作用，推进供给侧结构性改革，不断优化产业结构、外贸结构、投资结构。二是促进区域均衡发展。加大市级统筹发展力度，突出镇街主体责任，充分利用生态环境良好、土地相对充足等资源条件，形成后发优势，努力构建多点多极支撑发展的区域空间格局。三是推动城乡统筹发展。在推动次发达镇加快发展的同时，也要重点关注次发达村的发展，统筹推进城乡产业协调发展、资源要素配置、基础设施建设、生态环境保护、管理体制创新和公共服务，形成城乡统筹、城乡一体格局。

4. 塑造以新消费、新型投资和优质出口为重点的新需求，重构需求动力

一是发挥新消费引领作用。围绕服务消费、信息消费、绿色消费、品质消费等新热点、新模式，进行技术创新、产品创新，以消费升级引领产业升级，激活经济增长内生动力，形成稳定增长的长效动力。二是引导新型投资健康发展。大力发展新型经济金融组织，扩宽跨境融资渠道，推动地方金融创新发展，加强统筹协调和事中事后监管，构建促进新型投资发展的制度环境、市场环境和生态环境，增强经济发展新的需求动能。三是推动对外贸易提质增效。通过促进加工贸易企业培育自主品牌，调整优化产品结构，实现就地转型升级，破解加工贸易植根性弱、自主性不强的问题，推动外贸新业态加快发展，在更高层次上发挥新的出口拉动经济发展作用。

5. 打造全球价值链、产业链的"东莞节点"，实现产业转型

一是实施先进制造业与现代服务业"双轮驱动"。一方面以制造业的转型升级为东莞产业转型升级的核心，坚持制造业立市，将东莞从世界工厂转型为全球制造重镇；另一方面加强与发达地区高端生产性服务业的有效对接，加快发展商贸会展、现代金融、现代物流、电子商务等现代服务业，提升在全球产业价值链中的地位。二是全面提高集约发展水平。将加快高新技术企业做强做大作为东莞转型升级的着力点，实施"倍增计划"，紧紧围绕提高单位土地经济产出率，创新要素资源供给，创新招商引资方式，推动增量企业高端化，推动存量优势企业做强做大，培育若干跨国企业与中坚力量，形成顶端统领全局、中端中流砥柱、底端强力支撑的大中小企业合理布局的企业生态。三是提升园区产业辐射带动作用。进一步加大统筹力度，实施以松山湖（生态园）为核心的"强心展翅"计划，深化园区管理体制改革，推动园区开发模式创新，集聚创新资源，强化创新与产业资源溢出效应和辐射效应，形成各园区产业资源带动周边的协同发展格局。

6. 深化行政体制改革创新，实现政府转型

一是建设法治政府与服务型政府。优化政府职能配置，深入推进依法行政。持续推进简政放权、放管结合、优化服务向纵深发展。二是构建法治化国际化营商环境。以对接自贸试验区为重点优化开放环境，以"互联网 + 政务服务"为重点优化政务环境，以精准服务企业为重点优化市场环境，以加强市场监管和服务为重点优化法治环境，增创营商环境新优势。三是理顺市、镇两级权责关系，促进全市均衡协调发展。向全市推开简政强镇改革，增强镇街（园区）推动经济社会发展的积极性和能力，提高市级层面在城市规划、区域发展、公共服务等方面的统筹力度，促进全市协调发展。

7. 塑造东莞新品牌与世界名片，实现社会转型

一是提高公共服务水平和质量。围绕治水、治污、交通、教育、医疗等主要领域，提高统筹层面，以政府投入为主导，扩大社会资本参与，进一步扩大公共服务的有效供给和覆盖范围，推进基本公共服务同城同享。二是全方位提升城市品质。坚持科学规划、精致建设、精细管理，以优化规划管理、加快"三旧"改造、加强"两违"整治、深入推进轨道交通建设和基层精神文明建设为牵引，全面提升城市治理水平和质量。三是构建社会和谐善治的社会治理格局。以常住人口社区化、城市化、文明化为重点，多渠道探索从基层党建、"政经分开"、"全民创安"等全方位融入的举措，加快推进社会融合。

8. 促进人的全面发展，变人口红利为人才红利，实现人的转型

一是全面提升公民素质和文明程度。增强教育先导功能，实施"打造东莞慧教育"工程，推进"人的城镇化"发展，全面提升公民文化素质和社会文明程度。二是重点提高劳动者素质和技能。借鉴德国职业教育"双元制"模式，着力发展职业教育，探索政府资助方式，推动在职劳动者接受职业继续教育，努力培养高素质劳动者和技术技能人才，实现产业转型升级有依托。三是着力建设创新型人才队伍。深入实施"人才东莞"战略，突出"高精尖缺"导向，按照创新规律、市场规律改革完善创新人才引进培养机制。

四　推动东莞经济成功转型的政策措施

（一）突破转型升级"拐点"，在更高起点上实现更高水平发展

转型升级仍是东莞未来5～10年的主攻方向。东莞这一轮转型升级面临最艰巨的第三阶段，需要继续坚持稳中求进、改革创新，加快推进制度动力

转换、要素动力转换、结构动力转换、需求动力转换，推动经济结构优化调整、坚定不移加快转型升级，实现产业转型、政府转型、社会转型、人的转型四大转型。

（二）推进动力转化，加快形成以创新为主要引领和支撑的经济体系与发展模式

一是抢抓国家自主创新示范区建设机遇，构建更加高效的开放型创新体系。包括加强顶层设计，布局东莞自主创新示范区；构建以企业为主体的技术创新体系，以科研院所和大学为重点的知识创新体系，以高新科技园区为核心的成果孵化体系，以政府科技投入、企业研发投入、金融机构共同参与的科技投融资体系，以技术交易中心为重点的科技成果转化和服务体系。二是改革完善创新驱动发展的体制机制。包括形成务实管用的体制机制、加快推动政府职能从行政管理向创新服务转变、加强知识产权的保护和运用。三是强化企业的创新主体地位，培育创新型科技企业。四是坚持需求导向和产业化方向，着力推进技术引进和集成创新。包括发挥市场对技术研发方向、路线选择和各类创新资源配置的导向作用，促进企业成为技术创新的主体；强化对各类企业的分类指导；整合孵化资源，大力推进科技企业孵化器体系建设。五是发挥创新载体作用，深化产学研协同创新。包括引导市重点做产业共性技术攻关，企业做个性关键技术攻关；明确科技创新的主要方式是技术引进和集成创新；开展"优新高基"关键领域的自主创新。六是鼓励草根创新、基层创新，实现大众创业、万众创新。

（三）加快现代产业体系建设，抢占国内外产业发展制高点

一是推动传统制造业信息化智能化。鼓励中小制造企业定制技改项目、鼓励2.0阶段传统产业推进自动化改造、支持智能制造企业推进智能化升级。二是发展装配式建筑推进建筑业转型升级。大力发展以设计标准化、部分工厂化、施工装配化、装修一体化、管理信息化、绿色环保化为特点的装配式建筑，推进建筑业经济转型升级。三是推动加工贸易实现就地转型。支

持加工贸易企业与科技创新资源合作对接，提升加工贸易高技术产品出口比重。鼓励加工贸易企业延长产业链，促进加工贸易与服务贸易融合。四是坚持先进制造业与现代服务业双轮驱动。大力发展以机器人和智能装备为代表的先进制造业。大力发展现代服务业，鼓励有条件的企业从生产型制造向服务型制造转变。五是培育引领未来发展的高技术产业。瞄准国际产业变革方向和竞争制高点，着力培育前瞻布局可穿戴设备、增材制造（3D 打印）、可见光通信技术、海洋工程装备等新兴产业，扶持高端装备、生物医药、新能源汽车、新材料、新硬件等成为优势产业。

（四）精准优化配置资源，全面提高集约发展水平

一是把有限的土地资源和政策资源配置给高附加值的高科技及战略性新兴产业，力争在不增加或少增加土地、政策等资源的情况下，破解产业发展路径依赖，加快产业发展提质增效。二是优化存量，提质增量。以科技创新、业态与商业模式创新、产业链整合、兼并重组、资本运营、总部经济、金融支持等为抓手，提升竞争力，力促存量优势企业实现规模与效益的"倍增"，依托重大项目、重大平台、重大科技专项打造现代产业体系建设以提升质量。三是加大统筹释放新空间，提高集约发展水平。利用产业基金、专业运营商、镇村统筹等多种方式，推进基层土地和厂房的统筹利用，把城市更新与产业升级、集体经济转型和土地整备相结合，创造城市空间的新供给。

（五）深入挖掘消费增长潜力，推动传统消费模式升级

一是进一步完善收入分配制度改革。多渠道增加城乡居民财产性收入，特别是提高农村居民收入，深化薪酬制度改革，完善工资水平决定机制、正常调整机制、支付保障机制，推行企业工资集体协商制度。二是进一步挖掘网络消费、信息消费等新兴消费潜力。完善信息基础设施布局，推进骨干网、城域网、接入网、互联网数据中心和支撑系统的升级改造，加快布局推广下一代移动通信消费。三是培育健康养老、教育文化、旅游休闲、绿色消

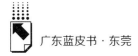

费等消费新增长点。扩大健康养老、教育文化、旅游休闲、绿色消费等服务消费供给，进一步创新教育文化娱乐的供给等。

（六）延续对外开放优势，构建开放型经济新格局

一是结合加工贸易转型升级，提升外向型经济水平。推进向研发设计环节转型、向中高端加工制造环节转型、向内外销两个环节转型、向低能耗低碳方向转型。二是全面深化产业国际合作，建设"一带一路"国际物流枢纽。更好地结合"引进来"和"走出去"，建设"一带一路"倡议枢纽和经贸合作中心，加强与沿线国家和地区海陆空基础设施互联互通。

（七）深化制度改革，打造法治化国际化营商环境

一是规范政府投资行为。政府资金应集中于公益性社会事业和公共基础设施建设、保护和改善生态环境、推进科技进步和高新技术产业化以及本级基础设施建设上。二是健全市场准入制度。探索建立负面清单管理方式，明确新签项目准入门槛。三是深化投资审批制度改革。确立企业投资主体地位，市场化的投资项目一律由企业依法依规自主决策，政府不再审批，将审批制改为备案制，降低市场准入门槛。

（八）打造协同发展新格局，加快形成东莞经济新增长点

一是在经济结构上打造三大新增长极。把水乡特色发展经济区、松山湖大学创新城、东莞粤海银瓶合作创新区打造成东莞经济"三大新增长极"，在增长极内优化布局重大项目和重大生产力，落户和投产一大批"高精尖"优质项目。二是在区域结构上加快建设五大发展平台。全面加快松山湖（生态园）、虎门港、水乡特色发展经济区、东莞粤海银瓶合作创新区、长安新区五大发展平台建设，推动产城融合发展，培育引领区域协调发展的重大平台。

（九）构建创新型人才队伍，变人口红利为人才红利

一是结合产业转型升级的实际需要，引进、培养一批富有创新精神、

契合产业需要的人才队伍。积极推进高校与新区对接工程，为企业"订单式"培养技能劳动力。大力引进创新创业领军人才，吸纳更多高层次人才携技术项目来东莞创新创业。二是加快建设省级人才改革试验区。建立健全人才发展的特殊政策、特别机制、特色载体、特惠服务、特优环境，把园区打造成人才高度密集、创新创业高度活跃、战略性新兴产业高速发展、人才体制机制高效灵活的试验区。三是优化创新人才发展环境。在入户、社会保障、住房保障、创业发展、职称评定等方面给予政策倾斜，为留住人才创造环境。

（十）构建开放创新的投融资体系，服务产业升级和经济转型

一是强化顶层设计，建立科学有效的政府投融资机制。处理好市场主体的产业发展功能与政府公共财政职能的关系，构建有系统的规划、有政府的财政支持、有社会资本参与、有市场主体投资运营及管理、有项目投资回报的综合回报模式的投融资体系。二是拓宽投融资渠道。加强与国家开发银行、农业发展银行等政策性银行的合作，推进市轨道交通、高速公路等基础设施建设。推广PPP模式，优先考虑园区建设和镇街投资项目运用PPP模式建设。三是创新投融资方式。在股权投资基金、创业风险投资、金融业综合经营、外汇管理方面进行改革实验；鼓励银行对注册在莞的企业开展知识产权质押、应收账款质押、商标专有权质押等多种融资方式。四是支持开展粤港澳金融合作。

（十一）建设和谐、稳定、有序的"善治之城"，以城市转型推动经济转型

一是补齐生态建设短板，加大力度解决环境治理欠账。加强环保基础设施建设，推进新一轮治污行动，建立水污染防治项目库，加快截污次支管网建设，启动现有污水处理厂提标改造。二是补齐公共服务短板，提高公共服务有效供给水平和质量。构建城乡公共服务体系、加快宜居城市标准建设、全面建设"健康东莞"。三是加大社会治理力度，解决日趋凸显的治安治

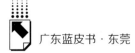

难题。包括加快政府职能向社会组织转移；大力推动城市治安、交通、环卫、人口、应急等各项城市管理工作的网格化；提升基层治理能力。

（十二）争取省在东莞创新发展、转型升级上给予更多的支持

一是支持东莞建成"国家科技产业创新中心先行示范区"，把东莞定位为国家科技产业创新中心建设的先行示范区、排头兵，争取国家、省的重大科研项目和创新平台落户东莞。二是以东莞石龙为依托，支持东莞建设"一带一路"重要节点城市。争取自贸区先行先试政策延伸到东莞，力争通过1~2年的试点改革，建立一套"可复制、可推广"的便利化管理服务机制。三是支持东莞建设三大经济增长极和五大发展平台，把它们纳入省相关的重大项目规划，成为东莞未来五年产业发展的重要载体和支撑平台。

供给侧结构性改革篇
Supply-side Structural Reform

B.3
东莞市实施重点企业规模与
效益倍增计划的专题报告

东莞市倍增计划课题组*

摘　要： 东莞的产业经济发展有着坚实基础和集群优势，创新驱动和转型升级也取得了积极成效，但还存在资源瓶颈约束趋紧、核心竞争力有待增强等问题，依靠传统的要素驱动和增量空间来拉动经济发展已难以为继，必须通过实施重点企业规模与效益倍增计划（以下简称"倍增计划"），走出一条内涵式集约发展新路，推动东莞在更高起点上实现更高水平发展。

关键词： 倍增计划　集约发展　结构调整　东莞

---

* 课题组组长：叶葆华，东莞市经济和信息化局局长；副组长：郑文志，东莞市中小企业局局长。成员：梁杨阳、张旭建、莫沃佳、王国伟、黎晓红等。

当前，东莞正处在更高起点上实现更高水平发展的关键时期。东莞市委、市政府深入贯彻落实党中央、国务院和广东省委、省政府关于深化供给侧结构性改革、大力振兴实体经济的系列决策部署，紧密结合本地实际，坚定集约发展方向，新年伊始便以市政府 1 号文的形式强力推出"倍增计划"。该计划自 2017 年 2 月实施以来，引起了社会各界强烈反响，广大市场主体推进转型发展的信心得到极大提振，有效激发经济发展活力。本课题通过资料收集、实地考察、座谈交流等多种形式，对东莞推进"倍增计划"进行了专题调研。

一 实施"倍增计划"的背景和目的

东莞市委、市政府深刻认识到，东莞面临高端制造回流和低端市场分流等"六个双重"的严峻挑战，依靠传统的要素驱动和增量空间来拉动经济发展已难以为继，必须通过实施"倍增计划"，走出一条内涵式集约发展新路。主要基于三方面考虑。一是深入推进供给侧结构性改革。供给侧结构性改革离不开市场主体的积极参与。实施"倍增计划"，就是要因应企业类型、规模、治理结构和成长阶段的不同，精准配置要素供给，提高政府服务对企业需求的适应性和灵活性，推动企业成为转型升级的主体，全面提升企业产品和服务供给的质量和效率。二是支持实体经济发展。实体经济特别是制造业，是东莞的安身立命之本。实施"倍增计划"就是要进一步坚定实体经济发展信心，发挥骨干龙头企业示范作用，推动企业走创新驱动发展之路，在新的供给支持下，促进企业以更快的速度做强做大。三是推进产业集约式发展。目前，东莞经济要继续往前走，只能往效益挖潜、内涵提升的集约方向发展。实施"倍增计划"就是要探索经济新常态下集约发展的有效路径，在不增加或者少增加土地的情况下，推动企业发展规模与效益倍增，实现更高水平和质量的发展。

二 推行"倍增计划"的思路和做法

"倍增计划"就是在全市范围内从民营制造企业、高新技术企业、外商投资企业、已上市或已挂牌"新三板"及上市后备企业四个类别选取企业试点,按供给侧结构性改革的思路,支持其通过科技创新、发展总部经济、推进兼并重组、开展服务型制造、加强产业链整合、强化资本运作等集约化手段提高供给质量和效率,力争用 3 ~ 5 年时间,推动试点企业实现规模与效益的倍增。在此基础上带动全局突破,最终形成试点倍增、供给提升、全面突破的良好发展态势。

(一)围绕企业集约发展所需,打造立体化综合性政策体系

坚持问题导向,瞄准企业需求,全方位、多层次打造"1 + N + 33"的综合性政策扶持体系。其中,"1"是 2016 年东莞市政府 1 号文《关于实施重点企业规模与效益"倍增计划"全面提升产业集约发展水平的意见》(以下简称《意见》),围绕创新政策、产业、人才、金融和土地等五大要素供给,提出 20 条"干货"措施,以东莞改革开放以来罕见的超强力度助力企业倍增发展。"N"是配套实施细则,根据《意见》制定出台更专业、更清晰、更具操作性的政策指南,打通政策落地的具体路径。2017 年全年确定出台 22 份政策性文件,包括《东莞市"倍增计划"试点企业产业政策倍增扶持实施细则》等政策要素类文件 6 份,《东莞市打造智能制造全生态链财政资助实施细则(试行)》等产业要素类文件 4 份,《东莞市"倍增计划"试点企业产权补办实施方案》等土地要素类文件 4 份,《进一步加快融资租赁业发展的工作方案》等资本要素类文件 4 份,《东莞市"倍增计划"试点企业骨干人才子女入学资助实施细则》人才要素类文件 4 份。"33"是各镇街(园区)的工作方案。各镇街(园区)在实施"倍增计划"过程中,围绕市级政策设置思路,根据自身产业特点,出台镇一级"倍增计划"工作方案或政策,目前各镇(街)出台了 50 份以上扶持政策,完善工作机制,多举措助推企业发展。此外,各部门还着力完善政策反馈互动机制,积极听取企业反馈意见,及时调整优化原有的政策措施,切实提高增强产业政策的科学性、有效性和针对性。

（二）制定科学公开透明的评价机制，遴选最具成长性的"倍增计划"实施主体

按照"选好选优、培优培强"的原则，东莞组织专家、机构会同责任部门组成评审小组，对自愿申报"倍增计划"的企业开展遴选。最终在全市范围内从民营制造企业、高新技术企业、外商投资企业、已上市或已挂牌"新三板"及上市后备企业四个类别共选取214家企业作为试点，其中14家规模大（年营业收入50亿元以上）、带动性强、具备较强倍增能力和意愿的龙头企业作为名誉试点企业，经研究后纳入"倍增计划"试点。以市"倍增计划"为示范，带动各镇街（园区）实施镇级"倍增计划"，推动镇街（园区）实施倍增的企业达到1054家。在科学遴选的基础上，专门聘请市内外专业服务机构、团队和专家为试点企业分类开展"诊断把脉"。建立试点企业动态调整机制，储备228家后备企业，根据企业倍增成效、镇街（园区）实施情况，探索在现有试点企业数的基础上增加试点企业名额；对于未能实现相应规模效益增长的企业，则根据实际实行调整替换。

（三）创新政府服务模式，全力实现要素供给精准配置

把"一企一策"作为实施"倍增计划"的关键，加快构建需求导向型的企业服务体系，强化个性需求与要素供给匹配对接，推动"一企一策"有效落地。建立市级"倍增计划"办公室和镇级"倍增计划"办公室，科学配置专职人员，统筹协调解决跨领域、跨要素和跨部门的企业需求，构建资源主体的链接通道。通过搭建专业服务资源池，由专家顾问带队深入试点企业开展诊断把脉，围绕不同企业的发展需求，配置菜单式的服务资源和提供定制化的政策支持。建立企业个性需求绿色通道，对于现行政策未能满足的发展诉求，试点企业可通过"一企一策、一事一议"方式，提交"倍增计划"领导小组会议或东莞市政府常务会议，专题研究解决。

（四）强化多层次督导考核，解决政策落地"最后一公里"

为确保兑现政策承诺，东莞市委、市政府大力加强对"倍增计划"工

作落实的监督监管,切实完善督导和考核机制。将"倍增计划"工作纳入东莞市政府重大项目议事范畴,全年实施情况纳入镇街领导班子年度考评。建立"三位一体"企业跟踪落实体系,由东莞经信、商务、科技、金融四个部门作为企业培育的最终责任主体,市镇"倍增计划"办公室作为统筹协调枢纽,挂点领导作为政企对接的点对点联系通道,三方各司其职,相互监督。建立线上线下服务体系,线下由市镇领导挂点试点企业,深入一线解决企业难题;线上创建"倍增计划"政府服务平台,实现企业问题提交、需求反馈和部门工作督办的全流程信息化。强化企业评价监督,试点企业可通过线上平台对各部门解决问题的时效和效果给予评价,办理事项效果不佳或逾期,将被系统自动挂牌督办和信息通报责任领导,切实以信息化手段倒逼提升政务效能。

三 推进"倍增计划"的效果和经验

(一)集约化发展成为全社会共识

"倍增计划"实施以来,社会各界都对"倍增计划"保持着强烈的热度,东莞政府层面指导举办的政策宣讲会、业务培训班等150多场,累计参加人数达15000多人次,东莞市委、市政府主要领导亲自出席有关"倍增计划"现场会,企业纳入"倍增计划"试点的热情高涨,各级媒体刊播"倍增计划"主题原创稿件1100多篇,东莞全市范围内形成了关注倍增、热议倍增、推进倍增的浓厚氛围。特别是东莞各级各部门都把"倍增计划"作为头号工程来抓,围绕试点企业需求,千方百计增强服务供给,突破要素约束,使创新要素真正能落到企业。广大企业进一步坚定了转型发展的信心决心,试点企业在"倍增计划"的支持下,加快向规模与效益倍增阔步前进。

(二)出台系列具有突破性和含金量的政策

在土地、人才、智能化改造等一批企业高度关注的领域,东莞推出了一系列具有突破性和含金量的政策措施。比如，在优化土地要素方面，在全国率先试点出台了解决不动产登记历史遗留问题的一揽子政策，重点解决企业土地和物业房地登记不一致、有土地证无房产证、无土地证但有房产证等历史遗留问题，并在"倍增计划"试点企业中率先推行，有望盘活抵押贷款金额约1000亿元。在提升人才要素支持方面，出台了技术骨干及高管员工子女教育学位、人才安居等系列扶持政策，有力地支持试点企业吸引和留住高端人才。在推进资本运作方面，研究出台鼓励试点企业利用资本市场实施细则及产业并购基金实施方案，切实引导支持试点企业借力资本力量做大做强。在推动智能化发展方面，在全国率先提出智能制造全生态链战略，支持引进一批系统解决方案供应商、先进装备提供商、软件和信息技术服务商在莞集聚发展。在推进总部经济方面，创新出台总部经济用地政策，允许试点企业将自有物业升级后进行一定比例的产权分割，有力地吸引了一批企业总部在东莞落地。

（三）推进解决瓶颈难题

根据不同要素领域和属地原则，相关部门和镇街通力合作，重点解决制约企业发展的土地、融资、人才等瓶颈难题。一是加快突破企业发展的土地瓶颈。建立214家'倍增计划'试点企业用地台账，通过分类分批的方式，为倍增试点企业配备新增用地指标、完善意向地块的用地报批手续和供地手续。截至8月，已为17家试点企业配备了2106.18亩新增用地指标；为14家试点企业完善了1089.77亩意向地块的用地报批手续；为5家企业完善了236.99亩意向地块的供地手续。二是深化解决企业发展的融资难题。截至8月，推动倍增试点企业新增上市企业5家，新增新三板挂牌企业3家，新增直接融资41亿元。引导各银行机构设置试点企业优先审批机制，举办融资对接会，推出'东莞倍增贷'等专属创新产品，加快形成更高层次的信贷供需平衡。三是主动缓解企业发展的用人难题。翻倍实施引才补贴政策，支持试点企业自评人才入户，截至8月，全市有1605家企业获得自评资格，分配自评人才入户名额共3833个，其中'倍增计划'试点企业127家，获得入户名额483个。

（四）精准化企业服务机制全面启动

东莞"倍增计划"服务平台全面建成，重点强化了企业评价监督功能，切实以信息化手段倒逼提升政务效能。截至8月，已累计收集市镇两级试点企业问题和要素需求清单840个，已办结656个（办结率76.9%）。完善"倍增计划"专业服务资源池。2017年以来，已有"总部经济""服务型制造""产业链整合""资本动作""科技创新""资本运营"六大发展路径共256家专业服务机构报告，其中有112家机构完成线上备案，最终筛选55家机构作为第一批专业服务资源池机构。已有"智能制造"及"工业设计"两大专业服务等领域共296家专业服务机构报名，其中有135家机构完成线上备案。已率先公布智能制造、工业设计领域机构45家，并为150多家试点企业开展智能化改造诊断服务。

（五）试点企业倍增发展呈现良好态势

2017年1~8，195家规上"倍增计划"试点企业（含名誉试点）完成工业增加值397.5亿元，同比增长20.6%，比全市水平高8.6个百分点，有15家企业实现规模"倍增"。195家规上'倍增计划'试点企业（含名誉试点）完成税收收入62.3亿元，同比增长27.3%，有43家企业税收实现了"倍增"。预计到2019年底，1200多家市镇两级试点企业总体收入规模可达12643亿元，到2021年，总体收入规模可达16733亿元。

四 关于推进"倍增计划"的建议

（一）补短板

结合"倍增计划"政府服务平台反馈的信息，发现用地（厂房）需求、贷款融资、员工保障等几方面的问题一直比较突出，这也是企业普遍反映的诉求。虽然我们做了大量工作，也有了一定工作进展，但离彻底解决这些问题对企业的制约，还有不短的路要走。因此，将推动各部门各司其职，在政策允许范围内主动作为，以"抽丝剥茧"精神解决企业提出的问题。坚持化繁为简的原则，将大的难题逐层研究、逐步解决。更要加强与企业的联系沟通，促使企业能理解并配合政府工作，争取工作事半功倍。镇街（园区）是收集、反馈、处理企业问题的前沿阵地。对于一些共性和重大问题，由市级层面统筹协调解决。大部分企业的个案问题，督促镇街（园区）在基层加以解决。即使不能完全解决的，也应该缓解问题症状，扫清外围的部分障碍，坚决避免"等、靠、要"情况的出现。同时，在工作推进过程中，市镇两级还将强化协调机制，整合相关资源与力量，切实解决问题责权划界不清、情况不明、力量不足、"看得见的管不着、管得着的看不见"等一系列问题，要让问题不仅仅在线上办结，还要真正在线下解决。

（二）促提升

"倍增计划"是要通过企业的倍增来实现东莞未来发展空间的扩充。从目前来说，单纯依靠各类资源投入的增量来促进企业发展是很难维持下去的，应千方百计把存量的企业做大规模、做强质量。我们要继续往前走，要做大企业规模，做大经济规模，就要靠存量企业转型优化，让存量的企业通过业态创新、商业模式创新和管理创新，在不增加土地等资源供应的情况下，让企业做强并且规模做大，对当地有更大的税收贡献。这也是"倍增计划"的核心意义所在。所以，一方面，推动各级政府部门和镇街（园区）始终要把工作着力点放在培育一批为传统制造业转型升级提供解决方案的服务商企业上。鼓励有实力有品牌的优势企业作产业整合，整合产业上下游，让公司规模成倍增长。支持有实力的制造企业开展兼并重组，做大规模。鼓励企业主动把自己的企业发展重组成总部企业，集聚规模；帮助支持企业重组或改组上市。另一方面，尽快落实"倍增计划"专项资金。这批资金涉及创新驱动、智能制造、兼并重组、融资租赁、定制化服务、电子商务等方面，对应的是我们"倍增计划"中极具创新性和突破性的政策措施，是我们"倍增计划"的一个亮点，要加快确定资金使用计划，并迅速拨付用到企业身上，充分发挥财政资金的导向和杠杆作用，使其成为企业发展的撬动点，成为政策执行效果的倍增器。

（三）重推广

"倍增计划"经过今年以来的推动实施，无论是在政策制定落实还是在企业自主发展方面，都产生了一批经验做法。这些经验做法正逐步实现我们破解经济单一拉动、实现多元支撑的预期目的。尤其是在新的政策供给支持下，企业正遵循着科技创新、发展总部经济、推进兼并重组、开展服务型制造、加强产业链整合、强化资本运作等六大途径朝着倍增目标稳健发展。这批好的经验做法和典型案例情况，我们将都要及时进行总结，2017 年，我们举办了 6 场经验交流分享现场会，成效明显，下来要将典型经验的复制推广工作列为重点工作，建立联动机制，完善领导机制和复制推广工作机制，制订工作方案，细化工作责任，积极创造条件、扎实推进，推动有关改革创新经验尽快复制推广到位，落地生根，产生实效。同时，综合运用报刊、电视、网络以及其他新媒体等多种方式加强宣传，深入挖掘和广泛宣传"倍增计划"实施的典型经验和进展成效，营造共同推进实施"倍增计划"的良好氛围。

B.4
东莞市以供给侧结构性改革
推进产业集约发展

东莞市推进产业集约发展课题组*

摘　要：　当前东莞产业集约化的主要矛盾为供给侧矛盾，突出表现为
　　　　　有效供给不适应需求结构的新变化，企业集约发展的内在动
　　　　　能十分充沛，但集约创新要素供给较为匮乏。因此，新时期
　　　　　要加快提升东莞产业的质量效益和集约程度，关键是要以供
　　　　　给侧结构性改革思维创新要素配置，加快打造新的供给体系，
　　　　　支持企业科技创新、业态创新和商业模式创新。

关键词：　供给侧改革　产业经济　集约化　东莞

一　东莞加快集约化发展的必要性与重要性

集约化经济增长方式是指在生产规模不变的基础上，通过技术进步、体制优化、组织管理改善等无形要素来实现经济增长，其基本特征是提高生产要素的质量和利用效率。从全球来看，美国、日本、德国、新加坡等发达国家都经历了一个或长或短的粗放型增长期。但经济增长方式演变的总趋势是从劳动、资本投入型驱动转向管理、知识创新带来的生产率提高型，发展的集约化程度和创新程度越来越高。可以说，集约型发展是现代化经济体制发

* 课题组组长：杨晓棠。副组长：陈庆松、叶葆华、吴世文、何锦成。成员：梁经昌、黄怡、刘锦棠、郑文志、张宇晴、吴美良、钟正良。

展的必由之路。

从东莞来看，产业经济已进入要素成本周期性上升阶段，人口红利逐步消失、土地资源日渐减少、产业技术亟须升级，传统要素的边际供给增量已难以支撑传统产业经济的高速发展。因此，要实现东莞产业经济的新一轮飞跃，就必须加快产业集约化发展进程，通过深化改革、科技创新和对外开放，推动发展方式从粗放型向集约型转变，推动发展模式从要素驱动向创新驱动转型，切实构建可持续发展的现代制造业体系。

二 东莞推动产业集约化发展的现状与成效

近年来，东莞高度重视集约型经济的发展，以提升全要素生产率为核心，通过支持技术进步实现生产效率的有效提高，通过推进生产要素资源整合实现配置效率的不断提高，产业经济的集约化水平获得较大提升。

（一）科技创新能力进一步提高

"十二五"期间，东莞强力推进"科技东莞"工程，共安排 100 亿元资金支持企业科技创新和战略新兴产业发展，大力推进机器换人、新型研发机构建设、高新技术企业培育。2014 年 9 月至 2016 年 6 月，全市共申报"机器换人"专项资金项目达 1319 个，总投资达 108.7 亿元，均位列广东省第一；全市六成企业已开展机器换人。2015 年，全市新型研发机构达 31 家，国家级科技企业孵化器 6 家；全市 R&D 经费支出占 GDP 比重为 2.3%，连续七年快速提升；专利申请量和授权量分别为 38094 件和 26820 件，均居全省第四位；国家高新技术企业达 985 家，位居全省第三位，比 2010 年增长193.45%。

（二）产业高级化进程进一步加快

2015 年，东莞市实现地区生产总值 6275.06 亿元。全市规模以上工业实现增加值 2711.09 亿元，约占全市生产总值的 46.3%。五大支柱产业完成增加值 1865.11 亿元，四个特色产业完成增加值 270.09 亿元，两者合计占全市工业增加值的 78.8%。先进制造业完成增加值 1299.13 亿元，占工业增加值的 44.8%。高技术制造业完成工业增加值 1050.2 亿元，占工业增加值的 36.2%。"十二五"期间，全市先进制造业比重从 40.5% 上升到 47.9%，高技术制造业比重从 26.3% 上升到 37.2%；传统制造业则从 22.9% 下降到 18.8%。

（三）生产经营模式进一步优化

出台"东莞制造 2025"战略及系列政策，大力推动制造业向智能化、服务化、网络化发展，切实以新模式新技术提升产业集约程度。在智能制造方面，大力推进机器人智能装备产业发展，引进了大连机床、李群自动化等机器人龙头企业，招引了广东省智能机器人协同创新研究院、松山湖国际机器人产业基地等产学研重大平台，现全市工业机器人的市场应用约为 1 万台，智能装备制造企业约 400 家，2015 年实现工业总产值约 260 亿元。在"两化"融合方面，现从事云计算应用的企业超 2000 家，物联网及相关产业年产值达 680 亿元，东莞被认定为国家级两化深度融合暨智能制造试验区，全市电子商务交易额达 3390 亿元，约占全省的 10.6%。在服务型制造方面，全市 75.6% 的规模以上工业企业具备按订单自动排产和动态调度能力，并涌现出虎彩印艺、比朗网络、怡合达自动化等一大批定制化生产的制造业典型。

（四）金融与产业进一步融合

围绕产业高级化、高附加值化的发展需求，东莞出台了一系列推进金融与产业融合的扶持政策，包括充分设立总规模 10 亿元的产业转型及创业投资引导基金、成立科技银行、支持企业利用多层次资本市场、建立财政金融联动投入机制等，切实利用金融资本撬动企业发展集约提升。截至 2016 年 6 月，东莞共有境内外上市企业 32 家，上市后备企业 114 家；在全国股转系统挂牌企业 63 家，挂牌企业总数居全省地级市首位；共有金融机构 127

家，是全省唯一同时拥有信托、证券总部的地级市；拥有 6 家村镇银行、19 家小额贷款公司、43 家融资性担保公司，形成了全面融资服务体系；市财政参股成立"东莞红土"、"东莞中科中广"及"睿德信机器人"三只子基金，科技创新基金的发展不断提速。

（五）集群协同效应进一步显现

为进一步提升产业链协作能力、提高综合生产效率，东莞市大力推进产业集群发展步伐。包括积极探索以经济区域概念加强资源要素整合，建成松山湖高新区（生态产业园）、虎门港、长安新区，以及松山湖大学创新城、粤海装备技术产业园、中以国际合作产业园、台湾高科技园（两岸生物医药产业基地）等重大科技园区，引导产业、人才、资金、技术等各类要素向园区集聚，推动新兴产业规模化、集约化、专业化发展。大力推进专业镇建设，围绕各区域的产业特色，着力做强龙头产业，形成了多个产业发展集聚区，目前全市已有模具、家具、纺织、服装等 34 个专业镇。推动建设松山湖国际机器人产业基地、航天航空研发基地等先进制造及高新技术产业集聚区，为科技创新资源提供了良好的载体支持。

三 推动产业集约化的问题与挑战

随着我国经济发展进入新常态，东莞也进入了增速换挡、结构调整、动力转换的新阶段。虽然近年来东莞在推进创新驱动发展战略、加快集约化发展方面取得了一定的成效，但仍存在一些问题。主要表现在以下几个方面。

（一）科技创新能力亟须加强

一是创新投入强度不足。2014 年东莞 R&D 投入强度达 2.25%，虽然比 2011 年提高了 0.74 个百分点，但仍大幅落后于深圳。二是科技金融融合机制不完善。从整体上看，东莞的科技、金融、产业"三融合"仍处于起步

阶段,风险投资机构成立年限短,所投项目不多,科技贷款整体规模有限,距离解决科技型企业的投融资难题差距较大。

(二)企业多而不强现象突出

截至2015年底,东莞市场主体总量首次突破70万大关,达到70.6万户,总量在全省地级市中排名第一,然而满天繁星缺乏月亮。一是大型骨干企业数量偏少。2015年,东莞主营业务收入超10亿元的企业226家相对于5584家的规模以上企业总量,其占比仅为4%。同时,相当一部分大型骨干企业的总部化、集团化意识较弱,东莞市总部经济仍处于起步阶段。二是上市融资比例偏低。目前,东莞A股上市企业数为18家,数量仍然偏少,与东莞的经济发展水平和实力不相符合。三是企业并购重组步伐较慢。主要表现为企业并购的产业链条和市场氛围尚未形成。虽然,中小企业对并购或资本注入需求迫切,龙头企业也希望通过资本运作实现做大做强。但东莞并购市场不发达,市场上专业的并购服务和辅导机构极为欠缺,并购链条不完整,缺少熟悉并购程序的专业人士。

(三)产业发展层次仍然偏低

一是整体竞争力有待提高。服装、五金等传统特色产业发展已相当成熟,骨干企业实力强,上下游产业链条较为完善,但产业的技术和品牌未形成绝对领先优势,产业利润受硬性成本影响较大。机器人智能装备等新兴产业处于起步阶段。二是集群发展有待突破。东莞专业镇的特色产业大多企业规模普遍较小,管理能力、技术水平、品牌影响力都较低,虽形成产业集聚但并未实现生产集约。同时,专业镇创新平台运营机制仍不完善,尤其是缺乏专业化和产业化的运营理念,对行业关键技术、产业链配套孵化等高端增值服务能力不足。三是新型生产模式有待普及。智能化、信息化、服务型制造的生产模式仍未在全市企业中广泛铺开,主要还处在试点示范的初步发展阶段。东莞制造业企业往往是"有意识,缺认识",不但对智能制造、服务型制造的意义、内涵和路径缺乏足够的认识,而且在战略部署、关键技术、品牌渠道、研发设计等能力上缺乏充分的积累。特别是在服务型制造领域，因为长期以来重制造业轻服务业的发展模式，加之东莞市服务型制造起步相对较晚，难以适应服务型制造的多元化和个性化需求。

四　推进产业集约发展的对策建议

为进一步打造开放型经济发展新优势，推动东莞以更集约、更高级的产业结构形态，承接新一轮全球价值链分工，建议围绕当前产业集约发展的最薄弱环节，重点为企业提供科技创新、总部经济、产业并购基金、服务型制造、上市融资等六大新要素新供给，出台专门性的扶持政策，力争在不增加或少增加土地使用面积的情况下，推动东莞产业经济做大规模、做强质量、做好效益，走高效集约发展道路。

（一）配置支持科技创新的新供给，大规模提升企业研发水平

提高研发水平，是推动东莞经济结构转型的必由路径，也是适应产业超前布局的迫切要求。

一是深化科技体制改革。完善松山湖高新区自主创新示范区发展规划和空间规划，全力打造国家级自主创新示范区。推进科技财政资金开展网上众包分配改革，推动落地新型研发机构成果转让转化收益奖励、高校院所科研人员技术入股收益提取等激励机制。加快推进东莞市知识产权交易服务中心的建设与运营，探索筹建技术产权交易市场。将 R&D、发明专利申请量、国家高新技术企业认定数等指标作为对各镇街（园区）创新驱动发展工作的主要考核指标。二是加快培育高新技术企业和建设企业研发机构。深入推进高新技术企业"育苗造林"行动，力争到 2018 年底全市国家高新技术企业数量达到 1300 家。推进实施企业研发准备金制度和"创新券"政策，对企业研发投入和购买技术服务予以补助补贴。支持企业建设重点实验室和工程中心等研发机构，鼓励外资企业在莞建立区域研发中心。组织实施重大科技专项、工业攻关等科技项目及专利促进项目，推动

产出一批高质量的科研成果。三是推动新型研发机构"提质增量"。优化新型研发机构的运营管理机制，推动新型研发机构与产业资源和金融资本的深度对接。继续引进一批新型研发机构，加快大学创新城的建设步伐。推动市内研发能力突出的龙头企业组建新型研发机构。积极推进与省科学院的产学研合作，形成院地合作良好格局。四是构建科技孵化育成体系。依托科技园、新型研发机构、专业镇、大型龙头企业建设各类孵化器。打造国家级港澳台青年创新创业基地。启动"四众"平台申报认定和组织管理工作，建设国家机器人智能装备众创空间等一批具有示范带动效应的"四众"平台。

（二）配置支持骨干企业发展的新供给，大力培育总部经济产业群

总部企业作为产业发展的领头羊，其技术、人才、管理、产业链溢出效应十分明显，培育发展总部经济对增强城市综合竞争力具有重大意义。

一是抓好总部经济的规划引导。在东莞市"十三五"规划及城市总体规划的框架下，加快制定总部经济的跨越式发展规划。全面整合土地资源支持总部经济发展，开展用地需求的摸底调研，将总部企业用地优先纳入年度土地供应计划。构筑一批布局合理、功能完备的总部经济集聚区，吸引制造业总部、现代服务业总部、开放型跨境经营总部、战略性产业区域总部的入驻发展。二是加强总部企业的协调服务。将总部经济纳入政府年度工作目标，建立总部企业点对点服务机制，利用"千干扶千企"等线上线下相结合手段，积极协调总部企业生产经营中重大问题。完善总部经济统计监测体系，建立总部企业名录信息库。优化总部企业认定评价机制，加大主营业务收入和纳税贡献等认定指标比重，将更多优秀的总部企业纳入重点扶持对象。三是"招培转"一批总部企业。明确总部企业特征标准，将总部企业认定纳入大型骨干企业认定。积极吸引世界500强企业在东莞设立区域性总部。深入挖掘一批行业单打冠军和"隐形"总部企业，推动有潜力的骨干企业向总部企业加快转型。建立总部企业培育库，分类、分规模、分需求，给予精准化扶持。四是出台财政及土地扶持政策。探索对总部企业兼并重组

的银行贷款予以贴息补助，并根据企业地方社会贡献（纳税增量部分）予以资金奖励；探索由市国土、规划部门每年划出部分地块优先列入年度用地计划，面向社会挂牌出让专门用于建造总部办公楼，并对企业建设总部大楼和租赁办公用房进行补助；探索允许总部企业在现有的厂房和办公场所调整容积率，进行扩建，盘活企业自有资产，腾出发展空间。五是培育适宜总部经济成长土壤。设立"总部企业绿色通道"，打造"一站式服务窗口"，推进"网上审批""并联审批""远程办理"等机制建设，进一步简化行政审批程序，提高政府服务效率，构筑有利于总部经济发展的政务机制。

（三）配置支持生产模式变革的新供给，全面加强服务型制造扶持

推动制造业从生产型制造向服务型制造转变已是一种全球化发展趋势，也是制造业向高级阶段发展的必然路径。根据对293家企业调查数据及东莞市现有制造业发展情况，课题组认为东莞已具备大规模发展服务型制造的基础，政府应及时把握"互联网＋"信息时代所赋予的机遇，从宏观上明确服务型制造的产业地位，微观上适时出台引导政策，满足制造业企业服务化所需的资源要素供给，逐步建立起"政府—企业—产业组织"的发展联动机制。

一是完善服务型制造的财政金融支持。以奖励补贴、拨贷联动等方式，支持企业利用大数据、物联网、移动互联网、云计算等信息技术，发展定制化生产、全生命周期管理、网络协同制造和创意设计服务，认定一批重点示范企业。鼓励金融机构开展业务创新，重点支持合同能源管理、在线支持服务、供应链管理等新型商业模式的融资支持，建立一个利于制造业向服务化制造转变的金融体系。围绕服务型制造中的技术瓶颈，探索建立服务型制造重点实验室，帮助中小企业解决制造业服务化过程中的技术难题。二是推动骨干企业将价值链向服务环节延伸。鼓励有条件的企业从产品设备制造商转变为系统集成和整体解决方案提供商，按照服务项目的投入、服务实现的销售收益等情况给予奖励，促进产业模式从以产品制造为核心向产品、服务和

整体解决方案并重转变。扶持发展一批系统集成商,推动制造业骨干企业依托原有制造优势,促进产业模式从以产品制造为核心向产品、服务和整体解决方案并重转变。三是支持工业化和信息化的深度融合。政府对于实现智能制造或智能管理的项目,按照项目设备、技术和软件服务投入的成本给予适当的奖励。对分别通过CMMI4级和CMMI5级国际资质认证的企业、信息系统服务标准ITSS运维成熟度二级和一级资质的企业、系统集成二级和一级资质认证的企业、云计算平台信息安全等级保护二级和三级资质认证的企业,分别给予相应的奖励。四是强化扶持生产性服务业。鼓励生产性服务业企业创新发展模式。对物流及供应链管理、研发设计、信息服务、电子商务、节能环保、咨询管理(含中介传媒及品牌运营)、产品检测检验、设备检修、服务外包、产品及设备售后连锁服务等生产性服务企业,为提升服务能力新增投资项目或融资租赁企业新购设备,根据投资额度给予一定比例的资助。

(四)配置支持全链发展的新供给,支持优势企业整合上下游产业资源

产业链纵向整合有利于提高经营效率,实现规模经济,提升控制力或获得某种程度的垄断,从而形成更大的价值效应。课题组通过建立企业整合资源能力评价模型,从带动力指标、控制力指标、核心竞争力指标、发展能力指标、经济效益指标等六个要素分析了东莞全市62家行业领军企业整合上下游资源方面的综合能力,发现具有较强的上下游产业资源整合能力的达42家,占比67%。

一是加快价值链高端产业联盟建设。鼓励技术型企业龙头企业,根据跨区域产业协作发展需要,围绕产业创新需求或行业发展中的共性问题,开展跨行业、跨区域、跨部门、多机构的合作,开展产业发展所急需的技术创新、标准制定、生产流程协调、产业配套协助等工作,实现资源共享、优势互补、共同发展。二是实施资本并购战略。探索制定并购企业和被并购企业优惠政策,落实土地政策,妥善安置员工。鼓励龙头企业、上市公司、民营

优势企业强强联合，实施跨地区、跨行业、跨所有制的关联性、战略性并购。鼓励上市公司以股权、现金及股权置换等方式实施兼并重组，支持非上市企业并购重组上市公司，对通过"买壳""借壳"的异地上市企业迁入东莞提供各项扶持措施。三是完善产业链金融政策。鼓励企业引入供应链金融产品，扶持供应链上下游中小企业发展。探索设立股权引导基金，鼓励民营资本设立产业基金、创投基金，对制造业项目进行投资。建立制造业项目数据库，健全"政府—商会—企业"三方互动机制，推动民营资本与实体项目的有效对接。拓宽产业链整合融资渠道。鼓励企业利用商标质押、股权质押、众筹等方式拓宽融资渠道，通过中小企业私募债、企业债等方式融资，提高直接融资比例。

（五）配置支持资本运作的新供给，全面扩容东莞上市板块

一是助推企业对接多层次资本市场。对现行利用资本市场奖励政策进行修订，参照省内其他地市的做法，将企业上市、挂牌的奖励方式由原来按企业上市、挂牌的成本核算改为一次性奖励，降低企业申请奖励的难度，缩短奖励申请的时间，切实提高政策的扶持效果。结合当前政策环境，研究出台解决东莞企业上市中遇到历史遗留问题的指导性意见。完善我市鼓励股权投资基金业发展政策，通过在原有政策基础上优化奖励措施、扩大奖励范围、降低奖励门槛，进一步推动东莞基金业的集聚发展，做大做强我市股权投资基金产业。二是加快充实上市后备企业资源库。有针对性地根据企业发展情况分层次开展培育，建立境内外上市、新三板挂牌、区域性股权交易市场挂牌的三级后备企业体系。借助专业机构力量，充分发挥专家的作用，共同做好东莞上市后备企业的培育工作。采取现场办公、召开协调会等多种形式，积极协助上市后备企业解决历史遗留问题，为企业扫清上市障碍。完善上市后备企业的绿色办事通道，提高行政服务效率。三是加强上市融资培训辅导。积极与深交所、上交所、香港联交所、全国股转公司等机构合作，开展资本市场系列培训宣传，普及企业境内外上市、挂牌、发债等知识。通过举办企业上市论坛和讲座，在多个镇街开展企业利用资本市场巡回演讲，促进

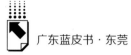

各中介机构和东莞拟上市企业间的交流。邀请成功上市、挂牌融资的企业分享经验做法，召开专题座谈会，营造企业共同发展的良好氛围。四是完善上市服务体系。完善金融人才的培养机制，整合高校、科研院所和金融机构自身培训资源，加快培养本地金融人才队伍。加强地方金融服务平台建设，支持区域性股权交易中心在东莞成立办事处或运营中心，引入更多的保荐机构、会计师事务所、律师事务所、资产评估事务所扎根东莞。

B.5
东莞市打造法治化、国际化营商环境

东莞市打造良好营商环境课题组*

摘　要：　营商环境优势是经济发展新常态下东莞发展最突出的优势之
一，但在对接国际高标准投资和贸易规则、行政审批、企业
融资、市场监管、执法效能等方面尚存在短板，需要通过打
造法治化、国际化营商环境来加快补齐，进一步激发市场活
力和创造力，推动东莞发展再上新台阶。

关键词：　营商环境　法治化　国际化　东莞

营商环境是一个地区经济软实力和综合竞争力的重要体现。对标国际先进国家和地区，构建与国际接轨的法治化、国际化营商环境，既是东莞构建开放型经济新体制综合试点试验的重要使命，也是东莞在新的发展阶段实现更高水平发展的内在要求。

一　近年来东莞优化营商环境的实践探索与经验

改革开放以来，东莞历届市委、市政府均高度重视营商环境建设，优良的营商环境一直是东莞发展的重要法宝。特别是近年来，紧紧围绕实体经济发展，以"六个东莞"建设（平安东莞、法治东莞、信用东莞、效率

* 课题组组长：张科。副组长：陈仲球、叶淦奎、罗斌、朱斌华、梁应昌、祁达洪、叶葆华、范燕彬、刘汉森。成员：张玉成、罗永峰、王子健、张友新、吴楚焕、郑文志、曾育辉、雷慧明、张志云、梁德堂、赖银英。

东莞、活力东莞、开放东莞）为抓手，充分发挥政府和市场的共同作用，营造市场化法治化、国际化营商环境，构建政府服务"加一"、综合成本"减一"的优势，有力地促进了企业稳定健康发展，增强了经济发展活力和动力。

（一）深化经济体制改革，激发企业发展活力

紧紧围绕市场在资源配置中的决定性作用和更好地发挥政府作用这个核心，抓好重点领域和关键环节改革，对接自贸区改革创新举措，优化政府服务，进一步激发市场主体活力和创造力。在投资便利化方面，通过率先推进商事制度改革和"多证联办"改革，推进市场准入便利化，大大激发了市场活力。目前，东莞市场主体总量稳居全省地级市第一。同时，率先推进项目投资建设直接落地改革，推动以企业依法承诺制、备案制和事中事后监管制为主的改革探索。改革后，项目投资建设整体审批时间大幅减少3~6个月，落地速度大大提升。在贸易自由化方面，围绕实现口岸管理部门"信息互换、监管互认、执法互助"的要求，在寮步车检场和虎门港启动"三互"大通关改革，在全国率先实现"三互"大通关水陆一体化。在市场监管现代化方面，着力打造商改后续监管"东莞模式"，确立"谁审批、谁监管，谁主管、谁监管"的行业监管格局，推进企业信用体系建设，探索建立跨部门信用约束管理制度。

（二）推进创新驱动发展，帮扶企业做大做强

针对企业创新能力不足、大多仍处于产业链低端、核心竞争力有待提高等突出问题，以实施创新驱动发展战略为引领，完善政策支持体系，大力推动企业转型升级。一是大力实施"科技东莞"工程。出台推动科技创新系列政策，设立总规模20亿元产业升级转型及创业投资引导基金，支持新型研发机构建设，打造大学创新城等重大科技平台，开展高新技术企业"育苗造林"行动和科技企业孵化器"筑巢育凤"行动，引进创新科研团队，打造区域创新发展高地、创新型企业高地和高端人才高地。二是全力推动加

工贸易创新发展。发挥作为全国加工贸易转型升级试点城市的先行优势，率先在全国构建开放型经济"四大体系"，着力实施加工贸易十大增效计划，推动加工贸易产品档次、企业形态和产业发展"三个高级化"。三是大力支持企业提升规模质量。出台鼓励引导企业兼并重组、做大做强等综合型政策措施，培育大型骨干企业。实施成长型中小微企业上规培育工程，加强政策扶持和指导服务力度，打造"小升规、规改股、股上市"的企业梯度培育体系。

（三）加强企业联系服务，优化企业发展环境

坚持问题导向，发挥政府积极作用，解决企业生产经营中碰到的问题。以党的群众路线教育实践活动和"三严三实"专题教育为契机，深入开展市镇两级领导挂点服务大型骨干企业、"企业困难大排解"、"企业总部大走访"等活动，建立"千干扶千企""政府购买服务支持企业发展"等机制，设立线上线下"企业问题池"，千方百计地帮助企业解决各种困难、稳定生产经营。创新搭建重点企业服务及运行监测平台，建立企业问题搜集、市镇领导对接、落实部门督办、问题处理评价等信息化处理机制，确保企业诉求得到有效回应。全面开展"机器换人"行动计划，通过设立"机器换人"三年6亿元专项资金、推动融资租赁、完善技改备案、搭建产需平台、建立24小时网上申报系统等措施，鼓励引导企业加快"机器换人"步伐。针对企业市场开拓问题，举办加博会、海博会、台博会、漫博会等系列展会，支持企业参加知名专业展会和参与境外产业合作，助推企业开拓国内外市场。

（四）大力减轻企业负担，维护企业经营稳定

2008年以来，为帮助企业应对国际金融危机，东莞先后出台了一系列关于减轻企业负担的政策措施，有效惠及广大企业。2008～2013年，共取消和减免涉企收费155项，累计为企业减负超60亿元。2013年以市政府"1号文"出台实施减轻企业负担"50条"政策，取消减免42项行政事业性收费，推动中介机构降低服务收费，推进再生资源市场管理改革，每年为

企业减负 40 多亿元。同时，全力帮助企业解决用工、用电、融资等困难以及物业产权等历史遗留问题，进一步降低企业的生产经营成本。特别是针对企业融资难、融资贵的问题，实施新 10 亿元融资支持计划，鼓励东莞银行机构开发知识产权质押贷款、专业市场优质业主集体授信等特色产品，引导民间资本参与组建新型经济金融组织，推动金融创新更好地服务实体经济发展。

二 东莞营商环境存在的突出问题

为全面摸清东莞市营商环境现状，课题组从企业基本情况、对东莞政务环境的评价、对东莞市场环境的评价、对东莞法治环境的评价、对东莞社会环境的评价以及对未来的看法六个方面设计了调查问卷，面向全市 32 个镇街和松山湖（生态园）管委会发送了调查问卷 660 份。综合调查问卷，以及各专责调研小组调研掌握和反馈的情况，当前东莞营商环境存在以下一些问题。

（1）在开放环境方面，对接自贸区须迈出更大步伐。近年来，东莞大力对接自贸区的改革创新经验，并取得了初步的成效。商事制度改革、项目投资建设直接落地改革、"三互"大通关改革、"互联网＋税务"等一批改革走在全省全国前列。但与自贸区领改革之先打造的营商环境高地相比，东莞尚有不足之处。

（2）在政务环境方面，政务服务水平有待全面提升。近年来，东莞围绕"创一流政府服务，造最佳营商环境"的总体目标，以简政放权推动政府职能转变为重点，扎实推进了审批事项清理、简政强镇改革、审批流程优化再造、"一门式一网式"政府服务模式改革等工作，有效提升政务服务效率和水平。但审批较多、程序较繁、效率较低等问题依然存在。

（3）在市场环境方面，主动服务企业体系有待升级。近年来，东莞充分发挥政府在营造良好市场环境中的积极作用，强化政府主动服务，努力构建"亲""清"良性互动新型政商关系，首创了外资企业一站式服务中心、创设常态化企业联系服务机制、"千千扶千企"、支持企业转型升级等主动服务企业特色经验。但从调研情况看,东莞主动服务企业、打造优良市场环境方面存在互动需求增长与沟通渠道不畅的矛盾、现实问题突出与解决力度不足的矛盾、政策设计预期与执行效果不佳的矛盾三个矛盾。

(4)在法治环境方面,市场后续监管亟须加大力度。东莞作为一个地级市,立法权有限并且集中于城市管理领域,法治环境建设更多体现在严格执法和切实维护企业合法经营权益上,体现在营造公平竞争的市场环境上。近年来,东莞在推进宽进严管方面做了大量工作,但相对于"宽进"取得突出成果,"严管"方面由于立法支撑、体制机制、资源配置等问题还存在有待完善之处。

三 关于打造法治化国际化营商环境的建议

(一)以对接自贸区为重点加强开放环境建设

对接自贸区是开放环境建设的重中之重。建议把对接自贸区工作与构建开放型经济新体制综合试点试验工作一体谋划、一体部署、一体落实,以探索莞版外商投资准入负面清单、建立复制推广自由贸易试验区改革创新经验进展情况清单和可复制推广的自由贸易试验区改革创新经验清单等"三个清单"为抓手,深入推进投资、贸易、金融、监管四个重点领域的改革创新,建立与国际接轨的规则机制,打造对外开放新优势。

1.健全对接组织机制

改进对接自贸区的工作组织机制,明确对接自贸试验区相关单位的职责分工,加强各部门推动重点改革任务的横向合作,推动对接自贸试验区各项工作真正落实到位。一是纳入综合试点试验一体统筹,强化纵向领导。把对接自贸区工作纳入构建开放型经济新体制综合试点试验一体统筹、一体部署,由市主要领导总牵头负责,相关分管市领导配合,各相关部门及镇街(园区)深度参与,对东莞对接自贸区工作进行总体统筹谋划,协调解决在重点领域和关键环节对接过程中遇到的重大问题，系统推进自贸试验区各项制度创新成果率先在东莞落地。做实做强构建开放型经济新体制综合试点试验专责小组（以下简称"试点专责小组"），专职承担推进与自贸区对接的相关工作。二是建立跟踪改革事项的专责小组，细化内部分工。借鉴佛山等城市的先进做法，按照"投资便利化、贸易自由化、金融国际化、监管现代化"四方面，试点专责小组组织相关单位建立相应专责小组，专门跟进复制推广自贸区改革创新经验的进展情况，对相关单位工作进展和落实情况进行监督检查，并及时报告构建开放型经济新体制综合试点试验领导小组，确保对接自贸区工作落到实处。

2. 探索制定和实施莞版外商投资准入负面清单

一是依法依规，先行先试。结合构建开放型经济新体制综合试点试验工作，按照国家统一部署，在符合法律法规、确保监管有效的前提下，主动自我革命，破除原有审批思维模式，大胆创新、先行先试，积极探索对外商投资项目实行准入前国民待遇加负面清单的管理模式，并积极争取负面清单以外的外商投资项目设立及变更的备案管理权限。二是总体设计，稳步推进。在理顺外商投资项目从审批制管理改为备案制管理模式的基础上，及时做好总结评估，掌握企业实际投资需求，并建立完善外商投资备案后的统计、监管及法律纠纷解决机制。积极争取国家、省有关部门支持，结合国家对外投资协定谈判进程，不断完善外商投资准入负面清单内容，逐步扩大服务业领域开放水平。三是部门联动，统筹实施。加强全市各部门的统筹实施，完善与上级部门的工作衔接，出台完善各项改革配套措施。建立全程电子化管理和跨部门联合核查制度，实施统一标准、统一平台管理，提升管理服务效能，形成"统筹有力、分工有序"的联合管理格局。

3. 明确对接重点改革

一方面，建立可重点复制推广的自贸区改革创新经验清单。其中，在投资便利化方面，重点对接"扩大外籍人员子女学校的设立区域和招生范围""允许独资举办非学历中等职业技能培训机构""允许独资举办非学历高等职业技能培训机构""开票易"电子发票等事项。在贸易自由化方面，重点对接国际贸易"单一窗口"、出口货物"一次申报、分批出境"、市场采购监管新模式、出口退税无纸化等。在金融国际化方面,重点对接"跨境融资租赁模式"、"跨国公司外汇资金集中运营管理"、"简化外汇业务办理流程"等。在监管现代化方面,重点对接"加工贸易行业分类监管""建立知识产权联合保护新机制""社会力量参与市场监督制度"等。另一方面,建立跟踪自贸试验区改革创新的长效机制。通过建立多元渠道,加强对自贸试验区改革创新经验的跟踪研究,为东莞构建开放型经济新体制提供持续更新的思路参考和政策建议。特别是牵头统筹单位要负责组织开展跟踪研究,指导各部门和各镇街(园区)做好对自贸试验区政策及其落地信息的跟踪、采集和掌握工作,研究自贸试验区创新举措在东莞复制推广的可行性。

4. 加大政策落实力度

一是建立东莞复制推广自贸区改革创新经验进展情况清单。建议由牵头统筹单位建立复制推广进展情况清单,对标自贸区可复制推广事项,市相关部门是否落实,包括哪些事项走在前列、哪些事项正在推广、哪些事项尚未推广,存在什么问题等。清单要定期更新、滚动推进,并完善相关问责机制。对复制得好、产生红利大和没有及时复制推广的事项,对相关部门进行全市通报。二是尽快落实既定工作,出台配套政策。按照既定工作部署,牵头部门应当尽快制定出台《关于推动莞港澳服务贸易自由化的实施方案》等配套政策,积极构建对接自贸区的政策体系。三是完善落实督察机制。把对接自贸区的各项工作部署纳入开放型经济新体制综合试点试验工作一体督察,推动各级各部门主动加强工作研究,狠抓工作落实。

(二)以"互联网+政务服务"为重点加强政务环境建设

政务环境建设是降低企业制度性交易成本的重要内容。建议东莞政务环境建设以加强统筹为引领,以"互联网+政务服务"为重点,扎实推进办事"最多跑一次"改革、"一门式一网式"政府服务模式改革,简化优化服务流程、创新政务服务模式、整合政务服务渠道,丰富政务服务内容,变被动服务为主动服务,着力为企业和群众提供高效、便捷、优质的政务服务。

1.加快完善统筹推进的政务服务体系

一是探索组建市镇两级政务服务管理机构。为解决目前行政服务管理机构职能交叉、统筹改革力度不足等问题,参考先进地区的做法,合理整合市行政服务办、市电子政务办、市网建办相关职能,设置市政务服务办公室,强化其统筹推进东莞政务服务改革的职能。各镇街(园区)设立政务服务中心,负责统筹本镇街(园区)有关政务服务改革事项、管理政务服务办事大厅(综合服务中心)及网上办事大厅镇街办事站、指导辖区内村(社区)公共服务平台建设等工作。二是制定宏观长远的系统规划。探索制定推进"互联网+政务服务"工作实施方案,从全市层面明确东莞推进政务服务改革的目标愿景、行动方案和计划要求等,有序优化提高东莞政务环境。

2.加快推进"最多跑一次"等政府服务模式改革

一是加快推进办事"最多跑一次"改革。通过大力推动技术创新与流程再造,整合政务服务资源,运用简政放权、优化流程、精简环节、网上办理、创新纸质材料和证照传递方式等手段,减少企业和群众到政务办事的跑动次数,推动大部分行政许可事项办理实现到政府"最多跑一次"。二是推动"一门式一网式"政府服务模式改革。完善市、镇、村三级政务服务平台载体,根据国家和省关于"一门式一网式"政府服务改革的工作部署和要求,结合东莞实际,研究建设以面向法人为主、集中企业设立和项目投资事项的专业型市级实体办事大厅;统一建设镇街综合服务中心(政务服务办事大厅),推动未进驻的部门加快进驻,将镇街综合服务中心打造为对接企业和群众办事"最后一公里"的服务平台;加强村(社区)基层公共服务综合平台建设,推动与镇街综合服务中心对接,将村(社区)对接的各类服务系统按照统一标准整合在一个平台上,为社区居民提供方便快捷的窗口服务。加快网上办事大厅建设,在网上办事大厅现有公共申办审批系统的基础上,拓展建设网上统一申办受理平台,与部门审批系统无缝对接,并设定便捷的审查技术手段和时限提醒功能,变多网受理为一网受理。

3.加快推进简政放权改革

一是深入开展简政强镇事权改革。探索以"全面开展"的方式向全市推开简政强镇改革，增强镇街（园区）推动经济社会发展的积极性和能力，形成权责一致、分工合理、运转高效、监督有力的市镇两级行政管理体制机制。将下放中心镇经济社会管理事项及权限以委托、交办等形式下放给所有非中心镇、街道实施，以实现市级部门对全市各镇街（园区）的事权下放均等化。加大放权力度，除法律法规无明文规定不得下放的，创造条件、最大限度地向镇街（园区）下放行政许可及其相配套的行政管理事权、行政执法权。对于下放后不利于统筹管理和综合平衡、不利于准确高效执行、下放后基本没有实施等不适宜下放的事权，收归市级行使。推动市级部门做好事权下放管理工作，防止交接过程中出现管理上的疏漏，加强对镇街（园区）的技术和业务的指导和培训力度，促使和监督镇街（园区）依法依规有序开展承接工作。二是完善政府部门权责清单制度。根据东莞编制市级和镇街（园区）权责清单的探索实践，进一步完善权责清单编制的顶层设计，统一清单编制标准和规范。同时，完善权责清单动态调整管理，探索随报随调工作机制，结合下放和精简事权等情况，适时更新权责清单，切实让权责清单发挥促进法治政府、责任政府和进一步转变政府职能的重要作用。三是编制中介服务管理清单。根据上级部署，以项目投资建设审批领域为重点，逐步清理东莞中介服务事项，建立完善中介服务事项目录。在此基础上，探索制定中介服务管理清单，对服务事项、服务内容、收费标准等进行明确规范，提升中介服务水平。

4. 加快完善部门联动协作机制

一是整合部门审批系统。探索将部门审批系统整合到网上公共申办审批系统，建立前台综合受理、后台分类审批、统一窗口出件的服务模式，将各部门行政许可和服务事项的咨询导办、预约办事、接件受理、进度跟踪和结果信息反馈等前台服务，集中到实体综合服务窗口或网上统一申办受理平台实施，将事项的审查、决定等在各部门业务系统后台开展。二是加快建设政务服务大数据库。完善政务信息资源共享平台，推动市、镇、村三级共享交换体系建设，为政务数据资源实现跨层级、跨区域、跨部门交换和共享提供有力支撑。建设档案数据中心管理平台，收集管理各部门、各业务系统形成的电子档案，并向各部门、各业务系统和市民提供可认证的电子档案。建立健全居民个人和企业法人电子证照库，推进公民身份证号和统一社会信用代码分别作为面向个人和企业服务事项、证照、材料的统一标识号码，实现群众办事的一号申办，历史办事数据可重复利用。

5.加快完善强有力的效能监察和绩效考核机制

一是加快完善效能监察系统。推动效能监察系统与统一申办受理平台、各业务办事系统的对接，建立全程留痕、过往可溯、进度可查的办事记录与督查机制，确保所有行政许可和服务事项办理流程、结果信息即时可查可管，实现过程公开、方便监督。二是建立健全绩效考核制度。在大数据管理的基础上，建立政务服务绩效评估机制和政务服务问责机制，对部门、镇街落实全市政务服务改革措施情况、提供政务服务水平和质量情况等进行绩效评估，定期发布绩效评估结果，将绩效评估结果与年底考评相挂钩，实现以评促建、以评促用。三是建立公众参与监督机制。建立健全政务服务信息公开机制、投诉举报机制，拓宽公众参与监督的途径和渠道，让权力在阳光下运行，及时发现和查处推诿扯皮、违规办理等问题。

（三）以精准服务企业为重点加强市场环境建设

良好的市场环境是吸引外资和人才、促进经济发展的重要因素。下来，建议全市各级各部门进一步强化主动服务意识，紧紧围绕企业发展核心需求，强化精准服务、精准帮扶，着力降低企业经营成本，破解企业发展壮大亟待解决的关键问题，做好"重商""安商""稳商"大文章，打造新常态下主动服务企业的升级版，为企业发展规模壮大和效益提升营造良好的市场环境。

1.完善沟通联络机制

在继续巩固骨干企业、重点企业沟通联络的基础上，进一步深化"千干扶千企""点对点招商服务"等"一对一"贴身服务，逐步将广大中小微企业纳入服务范围，将政府服务惠及广大企业。实行多部门联动信息共享机制，制定并落实信息月报制、专人负责制，推进服务联动，确保直接为企业解决问题。发挥服务企业联络人制度作用，通过快速反应机制，使企业反映的大部分问题得到快速有效的反馈与解决。及时掌握辖区重点企业信息资源，在各职能部门间实现信息共享，共同推进服务重点企业的常态化、长效性。充分利用东莞重点商协会会员企业多、影响广泛的优势，进一步强化商协会服务功能，建立市政府领导与行业协会、商（协）会负责人定期沟通协调机制，定期听取商协会对当前企业发展面临的问题以及推进东莞改革发展的意见和建议，发挥商协会在东莞改善政商关系中的桥梁作用。

2.着力破解"六大"难题

围绕企业反映集中的六大重点问题，集中攻坚、重点突破，扎实解决一批发展过程中遇到的"老大难"问题，为企业发展创造良好条件。建议可借鉴年度"民生十件实事"的工作机制，每年根据与企业沟通联络掌握的问题情况，确定"企业十件实事"，以钉钉子的精神和干劲，完善机制，加大力度，久久为功，切实解决一批企业长期反映的突出问题。

第一，优化资源配置，实施企业规模和效益"倍增计划"。实施"倍增计划"，必须坚持发挥市场的主体作用，政府不干预企业的经营决策，主要发挥引导（催化剂）、支持（助推器）、服务（服务员）的作用。通过整合各种发展资源，为纳入"倍增计划"的企业成长提供更优质、更到位的服务，有针对性地解决企业发展壮大遇到的突出问题，让其集中精力去发展。特别要正视东莞产业发展主管部门相对分散与企业发展所需服务日趋多样化和综合性的矛盾，积极借鉴前海蛇口自贸区经验，建立由牵头单位一体统筹、跨部门紧密配合的企业发展联合扶持机制。

第二，以大力推动金融创新发展为重点，破解企业融资难题。鼓励和引导商业银行和类金融机构创新符合民营企业发展特点的金融产品和服务模式。大力推广以融资租赁为代表的商业模式，建立融资租赁风险补偿和履约保函风险补贴制度。实施融资租赁业务奖励计划，鼓励融资租赁企业、商业银行支持企业技术改造。在专业镇推广缓解中小企业融资难试点工作，通过完善风险分担机制，提高金融机构支持专业镇特色产业发展的积极性。鼓励企业上市融资，加大对企业上市融资的资助力度。修订完善《东莞市商标

专用权质押融资资助暂行办法》，建立商标质押和评估体系，扩大商标质押融资范围。

第三，推进镇村土地、厂房统筹和"三旧"改造，拓展优质企业发展空间。针对土地资源紧缺、企业面临用地困难的问题，通过推进镇村土地和厂房统筹，加快"三旧"改造，进一步释放土地空间。一方面，推进镇村土地、厂房统筹。强化信息资源统筹，推动各镇街摸清辖区内土地和厂房的现状，包括面积、权属、使用状况、产出效益等，建立统一登记台账，并定期走访更新，为以后开展土地和厂房的统筹开发利用打好基础。同时，各镇街要根据实际情况，以把更多土地资源配置给优质企业为重点，综合利用统一征收、土地入股、联合开发、统一承租、统筹招商等多种模式，探索镇村土地统筹互利共赢的合作方式。另一方面，加快"三旧"改造步伐。开展连片组团式改造，推进"工改工"项目，优先保障科技创新项目和重大产业项目用地需求。完善科研用地管理办法，加大科研用地支持力度。

第四，突出提升城市公共服务水平，提升人才吸引力。围绕完善城市功能，增强城市集聚人才吸引力，重点抓好三项工作。一是优化基本公共服务供给。以居住证为载体，建立健全与居住年限相挂钩享受基本公共服务机制。加快出台实施基本公共服务同城同待遇批次清单，进一步促进发展成果共享。着力解决企业员工子女接受义务教育问题，进一步优化积分入学政策，对符合条件的重点企业、特色人才给予一定指标入读公办学校。对标广州、深圳等先进城市，不断提升教育、医疗等公共服务质量。二是加快完善城市功能。在"一中心四组团"新型城市格局下，加强重大基础设施和公共服务设施的统筹规划建设，以地铁建设进一步完善城市交通格局，超前建设光纤网络、4G基站等信息基础设施，确保东莞城市升级与人口素质升级相匹配。三是深入推进环境治理。进一步推进森林公园、湿地公园、"小山小湖"保护利用，加强环境治理，建设天蓝、地绿、水净的美丽东莞，实现城市空间品质全面提升。

第五，多管齐下，切实减轻企业负担。及时处理对企业的各种乱收费、乱摊派、乱罚款等增加企业负担的问题，切实维护好企业的合法权益。发挥服务平台的互动性，及时将国家、省、市、镇以及部门出台的减负政策和惠企政策传递给企业，帮助企业了解政策、用好政策。同时，实施涉企收费项目清单制度，加快出台市级涉企收费目录，对涉企收费目录清单之外的涉企收费一律不得执行。建立市、镇两级涉企收费项目清单的长效机制，从源头上杜绝涉企乱收费行为。适时对外公布实施政府定价或指导价的经营服务性收费目录，接受社会监督，推动涉企收费的规范化、制度化和透明化。另外，创新企业减负实施机制。探索实施第三方评估机制监督涉企收费行为，组织第三方机构对企业减负政策效果进行评估，切实增强政策的针对性和实效性。对企业反映强烈、社会影响恶劣的乱收费问题予以严肃查处，建立违规收费单位"黑名单"通报制度，确保各项减负政策落到实处。建立价格行为提醒告诫制度，健全快速反应体系，形成监测预警、检查处置、政策应对、舆论引导。

第六，加强产业链关键项目招商，优化产业配套。紧紧围绕完善产业链条、优化产业配套的目标，积极招引符合东莞产业导向、辐射能力广、带动能力强的重大项目，促进产业链向上下游延伸，形成互相配套、互相支撑的产业生态。对于对全市具有重要产业牵引和配套作用的重大项目，落实市领导挂钩督导制度，推动一线督查、一线调研、一线协调解决问题。加快发展生产性服务业，做强专业市场、品牌展会、公共平台、电子商务、现代物流等全链条环节，为产业发展提供支撑。

3. 加强政策落实评估

第一，完善政策制定机制。坚持科学决策、民主决策、依法决策，在政策制定过程中，积极听取相关部门、基层政府、企业和群众意见，对拟出台的具体措施进行反复论证，对可能出现的问题和风险进行提前预判和评估，提升政策的科学化水平。第二，加强部门自查自纠。对于出台的惠企政策，由督查部门牵头，组织相关部门定期进行自纠自查，紧紧围绕政策落实情况、执行情况、效果情况进行深入总结，查摆政策在针对性、操作性、覆盖面等方面存在的问题，形成分析报告。第三，建立第三方评估机制。充分利用广东省社会科学院及高校智库既贴近决策层又独立于政府部门的优势，引入第三方开展政策评估，确保评估工作的客观、全面和深入，不断提高政府公信力。第四，建立政策修订完善机制。对于政策落实过程中发现的问题，要及时通过修订条款、出台补充意见、优化具体操作流程等方式，进一步完善相关政策措施，确保政策效能的充分发挥。比如，对于企业反映加工贸易废料网上交易平台及政策不够完善，企业在具体操作过程中面临耗时长、风险大、不稳定等问题，建议相关部门在调研基础上进一步完善相关政策，提供灵活、科学的解决方案。

（四）以优化市场监管和服务为重点加强法治环境建设

立足东莞实际，东莞法治环境建设应以优化市场监管为重点，以权责一致为原则，以信息化平台和大数据应用为载体，以打造基层巡查和执法队伍为基础，以信用信息系统为保障，在"宽进"的基础上加强"严管"，加快形成权责明确、透明高效、法治保障的监管格局，从而全面营造统一开放、公平竞争、诚信守法的营商环境。

1. 以落实"宽进"措施为抓手完善市场准入机制

一是确保改革措施落实落地。在全面落实"宽进"措施的基础上，切实降低布局、资质、硬件等方面有"含金量"的审批门槛，减少不必要的审批、要件、程序限制，压缩办证周期。二是进一步完善"负面清单"。积极对接国家和省的改革政策，继续加大"宽进"力度，在权限范围内加快复制自贸区的市场准入"负面清单"经验。尤其是利用 CEPA 服贸协议正式施行的契机，在"负面清单"上放开手脚，迈开大步，承接港澳服务业全面进入。三是加大商改政策宣传力度。引导企业和群众正确区分主体资格和经营资格，减少对"先照后证"改革政策的误读，同时加大企业年报宣传力度，引导市场主体主动接受社会监督，提高诚信自治水平。

2. 以厘清职责、简政放权为核心健全监管执法协同机制

贯彻《广东省市场监管条例》有关监管职责划分、执法重心下移的原则要求，厘清职责，简政放权，建成权责明晰、分工合理、协同有力、运转高效的监管格局。一是加强前后端监管衔接。严格执行省政府 383 项后置审批目录，重新梳理完善推送事项、经营范围，规范用语、关键字及推送部门，明晰后续监管部门职责。借鉴南海制定实施经营范围，规范用语经验，开发经营范围自动生成功能模块，建立经营范围规范用语数据库，申请人在系统辅助下自主申报规范的经营范围，确保登记信息能够精确推送到后续监管部门。二是厘清部门职责。在贯彻"谁审批、谁监管，谁主管、谁监管"原则的前提下，对不涉及行政许可但行业敏感性较高、行业特征明显的行业，以及涉及多个部门且监管职责分工不明确的行业，或者省级审批机关在东莞无派出机构的行业，建议由市政府指定监管部门，防止出现监管死角。三是加大简政放权力度。积极争取上级部门支持，放宽不合时宜的布局、资质、硬件要求，减少不必要的审批、要件、程序限制，压缩办证周期。能够下放基层审批和监管的事项合理、分批下放给基层，不能下放的以委托、授权的方式支持基层部门开展后续监管，化解基层审批执法权限不足等问题。四是完善联合执法机制。对涉及多个部门的行业，参照东莞娱乐服务场所"1+4"监管体系经验，由责任单位分别发挥行政监管职能，制定行业标准和行业规则，完善行业准入和退出机制，相关单位前端协同审查、后端协同监管。对于区域性、行业性、群体性以及危及安全生产、环境保护、公共安全的违法经营行为，镇街、行业主管部门要牵头开展联合整治行动，严惩严处，规范市场经营秩序。

3. 以夯实基层为保障加强监管执法力量

一是积极对接"智网工程"，加快推进后续监管与"智网工程"对接，加快推进市场监管事项的"入网"进程，促进基层市场协管队伍和网格管理员队伍的有机融合。充分发挥"智网工程"优势，落实村（社区）属地管理责任，特别是对"三小场所"的日常监督管理，要注意加强信息采集，逐户逐楼建立工作档案，织成监管"天网"，防患于未然。二是加强基层执法力量配置。推动人员配备向基层倾斜，监管力量向基层下沉。部门内部挖潜，鼓励符合条件的人员参加执法证考试，壮大执法队伍力量。市级部门要加强对基层的指导，明确和细化执法监管规程，组织系统性、常态性的业务培训，提高人员素质。放权的同时要在人才、经费、技术、装备等方面予以保障，确保基层接得住管得好。三是加强基层市场协管队伍建设。充分发挥基层市场协管队伍在政策宣传、线索发现和督促整改等方面的作用，提高日常监管的核查效率和核查质量，提升基层监管效能，缓解执法力量不足难题。

4. 以信息化平台为载体丰富监管手段

加强监管数据采集、开放、分析应用，提升监管质量和效率。一是完善政务信息资源共享平台。制定统一规范的数据标准和平台运行管理制度，深度整合各部门的信息资源，将数据交换应用情况作为部门电子政务建设项目审查的前置条件，推动各部门提升数据提交质量，打破部门之间、政府层级之间的"信息壁垒"和"数据烟囱"。大力推进跨部门的业务联动应用，特别是通过网上办事大厅、电子证照、数字档案、企业网页、市民网页的建设，倒逼各部门信息共享、监管互认、执法互助、证照互通。以开展"三小场所"后续监管为突破口，通过数据共享，实现部门协同监管。二是升级改造协同监管信息化系统。推动部门业务系统与协同监管信息化系统数据对接，提高推送反馈质量。开发协同监管系统移动监管应用端，实现全程移动电子化、信息化监管。三是加强标准地址库建设。做好路名、门牌整体规划和规范管理，依托数字东莞地理信息公共平台，完善基础信息库，构建覆盖全市、统一规范、实时更新的基础信息库。探索在协同监管系统引入公安标准地址库，开发"标准地址查询工具"和"企业定位工具"，提升市场主体地址申报的精确度，从技术上防范地址虚报。四是深化市场监管大数据的应用。借鉴石龙镇建立企业大数据平台经验，以共享平台为支撑，建设市场监管主题数据库，以市场主体工商登记、行政许可、年报、行政处罚、投诉举报数据为基础，逐步关联整合纳税、社保、水电气等相关数据，构建市场主体360度立体画像，建立市场主体风险预警监测模型，通过数据比对、分析、监测，对企业风险进行综合预警、智能分级、协同防范，提高监管的针对性和精准性。

5. 以落实莞版信用管理办法为契机构建信用约束机制

加快构建以信息归集共享为基础，以信息公示为手段，以信用监管为核心的新型市场监管体制，形成"一处失信、处处受限"的信用环境。一是加强企业信息归集公示。升级改造东莞市企业信用信息公示系统，完善企业信息归集标准，将企业基本信息、经营信息、良好信息和警示信息完整归集到企业名下，形成企业完整信用画像。二是建立信用联合惩戒制度。依托协同监管信息化系统，开发联合惩戒模块。通过签署部门联合惩戒备忘录，建立失信联合惩戒发起响应机制。采用"重点突破，逐步拓展"的突进方式，率先针对被列入经营异常名录企业、严重违法失信企业、重大税收违法案件当事人、失信被执行人等失信主体实施联合惩戒，并逐步拓展至食品药品、环境保护、安全生产、劳动保障等重点领域，提高失信企业的违法成本，营造更加诚实信用的社会环境。三是畅通社会监督渠道。建立政府与行业协会、商会间的信用信息互联共享机制，引导行业协会、商会参与推动行业自律。支持发展信用服务机构，推动提供专业化信用服务，有序推进信用产业创新。强化"12345"政府服务热线平台功能，整合投诉举报渠道。完善"红黑榜"发布制度，发挥舆论监督作用。

6. 以企业简易注销登记改革为突破畅通企业退出渠道

一是完善主体退出机制。全面推行企业简易注销登记改革，对未开业或者原有债权债务已在申请注销登记前自行清算完毕的企业，精简登记流程，帮助更多创业者甩掉"退出难"的包袱。推进未开业或自行停业企业吊销工作，对公司成立后无正当理由超过6个月未开业、开业后自行停业连续6个月以上，经现场检查在公司登记的住所或经营场所无法取得联系，并且连续两年没有报税的公司，将依法吊销营业执照，促进"僵尸企业"有序清理。税务、中国人民银行等部门应在涉税、账户等信息查询方面开辟"绿色通道"。二是加强经营项目退出管理。对经营范围含有许可项目的主体，监管部门要提醒其及时办理许可审批手续，不符合条件的，要督促其到工商部门撤销经营范围关键词。对不符合条件又拒不办理变更手续的市场主体，利用企业信息公示系统向社会发布提示信息，公布监督渠道，有效防止其"抢跑"经营。

创新驱动篇

Innovation Driven

B.6
实施创新驱动发展战略，
提高东莞研发水平

东莞市科技局课题组*

摘　要：　近年来东莞按照"实施创新驱动发展战略走在前列"的战略决策，科技创新取得明显进展与突破。但研发投入总体偏低、创新融资环境有待优化、创新人才相对不足、科技服务业发展滞后等问题依然突出。建议从加快创建国家自主创新示范区、快推动新型研发机构"提质增量"、加快建立健全考核指标体系和优化科技资金安排等方面多措并举、部门联动提高东莞研发水平。

关键词：　科技创新　产业研发　东莞

* 课题组组长：吴世文。副组长：吴美良。成员：黄伟文、周颖。

一 提高东莞研发水平的必要性与重要性

（一）"三驾马车"结构变化倒逼东莞持续转型

2015 年，东莞全市进出口总额 10400.7 亿元，同比仅增长 4.2%，其中，出口 6429.5 亿元，同比增长 7.8%，进口 3971.2 亿元，同比下降 1.2%，各项指标比上年均有所下滑。而从更长的历史时期看（2010～2015 年），由于外需萎缩，东莞进出口增速呈下降趋势，拉动经济增长的主力逐渐让位于"内需"，2010～2015 年，东莞社会消费品零售总额从 1223.34 亿元增加到 2154.70 亿元，累计增长 76.1%；而出口总额同期累计增长仅为 49.0%。而"三驾马车"之一的固定资产投资总额同期仅增长了 29.7%。这表明，东莞经济增长已从外需、投资逐渐转向内需。如果考虑到东莞从业人员总量在"十二五"期间存在一个由升到降的过程，那么，东莞"三驾马车"结构变化更为重要的隐含意义是：东莞经济增长正在且将来更多依靠非要素（资本和人力）的增长方式。根据固定资产投资和从业人员投入而计算的全要素生产率（TFP）表明，东莞科技进步综合贡献率在"十二五"期间提高了 8 个百分点，至 2015 年末达到 58%，科技创新因素、制度创新因素在经济增长中已居于主导地位。

（二）制造业产业链面临产业向外转移的压力

在纺织服装、制鞋、家具等外向型明显的传统制造业中，持续低迷的利润率（上述三个行业分别为 3.3%、1.3% 和 1.8%）、高企的地价（"十二五"期间东莞平均楼价翻了一番）和不断上升的人员工资，使传统制造业在"十一五"末期即开始不同程度的产业转移。与电子通信产业不同，传统产业主导技术定性，技术升级空间狭小，创新模式固化，无法通过技术换代、产品创新、工艺创新或模式创新获得新的发展空间，这使这些传统工业必须通过区位转移的模式求存求生。例如，厚街镇制鞋产业大规模向东南亚、印度甚至埃塞俄比亚进行转移,厚街制鞋在"十二五"期间已萎缩至原有规模的 20% 以下;虎门大量纺织服装企业也向惠州博罗、河源高新区等地区转移。因此,由于技术创新《天花板》的存在,东莞传统产业的区位转移势在必行,特别是纺织、服装、制鞋、家具等低利润率、低劳动产出率的产业,其产业转移可能留下 378 亿元的产业空洞,占工业的比重达 15%。东莞要么主动迎接产业转移,加大企业研发投入、增强自主创新能力,通过高附加值、高劳产率的高新技术产业的引入和培育,填补这些可能出现产业空洞,要么被动承受产业转移带来的产业空心化和产业增长放缓甚至下滑的风险。

(三)超前的产业布局迫切要求实现从模仿到创新的转变

早在 2012 年之前的"十一五"期间,东莞通过延续十年,贯穿两个 5 年计划的"科技东莞工程",就开始实施创新超前布局。特别是在高新技术产业发展方面,加强与深圳的对接,积极融入深港创新圈,以松山湖为核心努力打造广深创新走廊重点中的"东莞平台"。实施三重工作以来,东莞持续引进战略性的重大项目,不断提高实施水平,一批科技创新项目和战略性新兴产业项目加速落地投产,一批高新技术企业"会师"东莞,深刻改变了东莞的产业面貌。例如,大朗三星从签约到投产仅用了 8 个月,华为松山湖项目推动东莞通信制造业跨入世界先进行列。在这些重大项目的带动下,东莞电子通信设备制造业保持高速增长态势,再次焕发出勃勃生机,2015 年在工业中的比重提高至 29.5%,成为东莞保持经济稳定增长的核心力量之一。此外,重大科技专项引领东莞产业研发快速发展。"十二五"期间,东莞通过重大科技专项和参与国家重大科学工程,迅速弥补基础研发短板,带动产业研发关键环节突破,带动了东莞科技实力的提升和驱动了产业的创新发展。至 2015 年,东莞累计实施了 13 个重大科技专项,全部布局于 LED 照明与太阳能光伏(5 项)、智能装备(2 项)、电动汽车(2 项)、生物医药(2 项)、计算科学(2 项)等东莞超前布局的下一代产业。

（四）不断提高研发水平是国家和广东省对东莞经济社会发展指标考核的硬性要求

R&D 投入及其占 GDP 的比重是衡量一个国家及地区科研活动规模和科研创新能力的重要指标，是东莞打造创新型经济强市的一个硬性指标，也是广东省委省政府对东莞实施创新驱动发展战略进行考核的重要内容；2015年东莞全社会 R&D 投入达 146 亿元，占 GDP 比重达 2.3%，R&D 投入强度低于珠三角九市平均水平，仅高于惠州、江门和肇庆。为更好地反映创新对经济增长的贡献，进一步推动我国国民经济核算与国际接轨，2017 年国家统计局改革研发支出（R&D）的核算方法，将能够为所有者带来经济利益的研发支出不再作为中间消耗，而是作为固定资本形成处理，简言之就是将 R&D 经费纳入 GDP 核算。此次改革，尽管目前还没在地方层面实施，但对地方的导向作用不容忽视，必将进一步促进地方政府和企业加大 R&D 经费投入。

二 提高东莞研发水平的主要做法与成效

（一）政策引导

一方面，研究制定政策。在贯彻落实国家和广东省科技创新政策的同时，结合东莞实际制定出台相应配套办法或细则，包括出台了《中共东莞市委东莞市人民政府关于实施创新驱动发展战略走在前列的意见》，制定了涉及新型研发机构的《东莞市加快新型研发机构发展实施办法》和孵化器的《东莞市加快科技企业孵化器建设实施办法》、《东莞市科技企业孵化器产权分割管理暂行办法》等配套措施，形成了"1＋N"创新驱动发展政策体系，推动了研发准备金制度、创新券补助、科技企业孵化器建设用地安排、科技成果转化收益等重大创新政策和制度在东莞市先行先试。另一方面，加强政策宣讲。开展政策宣传推广，创办"创新讲习所"，组织开展专题创新驱动讲座和政策宣讲，并在全市分片区组织巡回宣讲培训会，让更多

的创新主体和全社会知晓、掌握和用好省市科技创新政策，推动创新政策"红利"充分释放。

（二）主体培育

企业是科技创新的重要主体，必须调动企业主体的积极性，鼓励企业提高创新能力，加快创新驱动发展。一是大力培育高新技术企业。制订并实施高新技术企业育苗造林行动计划，建立了高新技术企业预评审培育机制，率先在全省启动高新技术企业后备库建设，对符合条件的入库企业和新认定企业给予财政后补助，对高新技术企业在研发、专利、人才、融资、用地等方面进行倾斜扶持，着力提升高新技术企业的数量和规模。目前全市科技型企业超过5000家，2015年新增国家高新技术企业303家，总数达到985家，位居全省第三位，比2010年增长193.45%。全市高新技术企业后备入库企业达到774家，位居全省第三位。二是推进企业研发机构建设。修订完善市企业工程技术中心和重点实验室的资助办法，建立了企业研发机构备案登记制度，大力推动企业研发机构建设，目前已累计登记企业研发机构2297家，目前已建有市级以上企业工程中心和重点实验室289家，其中东莞市东阳光公司2015年被认定为首个企业国家重点实验室，实现了"零"的突破。三是引导企业加大研发投入。深入贯彻落实高新技术企业所得税减免优惠政策及企业研发费用加计扣除政策，2015年全市企业研发投入加计扣除额33.59亿元，位列全省地级市首位。制定并实施引导企业加大研发投入的扶持办法，并争取到了省2.16亿元研发补助，鼓励企业建立研发投入准备金制度，实施"创新券"政策等，支持企业向高等学校、科研院所购买技术服务、开展产学研合作。

（三）载体建设

优化科技资源配置，把科技载体建设作为推进科技创新、加快产业转型升级的重要支撑。一是推动新型研发机构集聚发展。采取协同创新的方式，推动与北京大学、清华大学、中国科学院等高校院所共建新型研发机构，

2016 年新增东莞松山湖明珠实验动物科技有限公司、宜安科技新材料研究院、大连机床集团（东莞）智能技术研发中心有限公司、东莞中子科学中心等 4 家新型研发机构，总数达 31 家，累计服务企业超过 2 万家，引进和孵化科技企业 140 多家。二是推进重点科技园区和专业镇建设。以松山湖高新区为依托，建设中以国际科技合作产业园、两岸生物技术产业合作基地、台湾高科技园等重大创新载体，加快打造科技创新的高地，同时大力推进专业镇的建设，目前全市已有模具、家具、纺织、服装等 34 个专业镇，基本实现全覆盖。三是推进专业镇科技创新平台建设。围绕专业镇产业转型升级需求，出台《东莞市科技创新平台建设资助办法》等系列配套政策，大力引导鼓励专业镇与高校院所合作，联合搭建大型的专业化创新平台，先后组建了横沥模具制造、虎门服装和桥头环保包装 3 个产业协同创新中心，目前全市专业镇创新平台达到 12 个，得到了广东省委省政府的充分肯定。

（四）创新创业

构建全链条创新创业生态体系，推动"大众创业、万众创新"。一是加快建设科技企业孵化载体。制定并实施孵化载体"筑巢育凤"行动，推动各方力量建设各类综合型和专业型的科技孵化载体。目前全市共有各类科技企业孵化载体 36 家，孵化面积超过 110 万平方米，在孵企业和项目数超过 1000 个，累计毕业企业 300 多家。二是大力发展"四众"平台。推动以众创空间和股权众筹平台为主要形态的创新创业服务组织发展，并正在研究制定《东莞市加快"四众"平台建设实施办法》，目前已经涌现出天马创业营、"蚁巢"两岸青年创业基地、"蜂巢咖啡"等一批新型创业载体，以及牵投、原始森林、狮子头等股权众筹平台。2015 年全市共有 12 个创新创业组织被认定为省众创空间试点单位，培育创客项目数近 300 个，孵化企业约 150 家。三是连续举办创新创业大赛。每年承办中国创新创业大赛（广东东莞赛区），目前已举办至第六届，营造了"大众创业、万众创新"的热烈氛围，弘扬了创新创业文化，吸引和集聚了区域内外一大批技术、项目、人才等落户东莞创新创业。

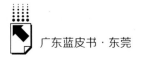

（五）科技合作

推动在开放中开展科技交流合作，坚持把开展科技交流与合作作为集聚国内外优质创新资源、加快提升区域创新能力的重要途径。一是大力推动产学研紧密结合。主动傍"科技大款"，每年组织多批次产学研对接活动，支持高校院所将更多的科研成果在东莞转化和产业化，目前东莞市企业与全国100多家高校院所建立了紧密的产学研合作关系，组建了31个省部产学研示范基地和12个省部产学研创新联盟。二是广泛开展国际科技合作。积极加强与美国、德国、以色列以及日、韩、中国港台等国家和地区的经贸技术交流与合作，目前中以国际科技合作产业园、中德精密制造中心、两岸生物技术产业合作基地等一批重大国际科技合作载体落户东莞市，并已与相关国家科研院所合作建立了25个省级以上国际科技合作基地。三是持续举办重大科技活动。每年承办中国（东莞）国际科技合作周，现已升格为国家级科技交流合作活动，由国家科技部和省人民政府联合主办，活动影响力与国际性、规模与成效越发突出，有效地推动了创新资源在莞加速集聚，目前已连续举办12届，累计推动与20多个国家和地区开展科技交流合作，促进2000多个科技项目达成合作意向。

（六）科技金融

创新财政金融投入机制，在加大财政科技投入的同时注重推动科技金融结合，大力引导社会资本支持创新创业。一是引导风险投资。设立了总规模20亿元产业升级转型及创业投资引导基金、首期5000万元的创新创业种子基金和每年2000万元的创业投资机构风险补助资金，引导风投资金投向。二是强化科技信贷融资支持。设立了2亿元的信贷风险准备金和每年6000万元的贷款贴息专项资金，积极实施"拨贷联动支持计划""重点企业信贷支持计划"，撬动银行为科技企业项目提供信用贷款，截至2015年底，累计放款金额近20亿元。三是推动科技企业上市融资。协助金融工作局开展上市后备企业的培育工作，培育了114家上市后备企业，并已推动众生药业、星河生物等 32 家科技企业在境内外上市，推动企业进入资本市场直接融资。四是完善科技金融服务体系。推动组建了东莞银行松山湖科技支行、浦发银行松山湖科技等 3 家支行，还组建了东莞市科技金融集团、东莞市科技创投联合会，成立了广东省科技金融综合服务中心东莞分中心、广东金融高新区股权交易中心东莞运营中心等，并在全市 33 个镇街（园区）设立了科技金融工作站，形成了覆盖全市的科技金融服务体系。

三　提高东莞研发水平的困难与挑战

（一）研发投入总体偏低，虽进入稳定增长期但存在"质量风险"

东莞全社会 R&D 投入强度相对偏低，2013 年，东莞 R&D 经费支出为 109.93 亿元，R&D 经费占 GDP 比重达到 2.02%，但仍低于全省（2.25%）的平均水平，在全省位列深圳（4.0%）、广州（2.27%）、珠海、佛山、中山、惠州之后，排第 7 位，也低于江苏的无锡（2.7%）、苏州（2.6%）和常州（2.5%）。2014 年东莞全社会 R&D 投入强度达到 2.16%，在珠三角主要城市排名第五，高于广州与惠州两市，略低于全省 2.37% 的平均水平。此外，东莞人均科技资源量低也制约着科技创新的活力和速度。从人均拥有的 R&D 经费来看，东莞低于深圳、广州、佛山、中山等主要城市，甚至低于全省平均水平，2013 年东莞人均 R&D 经费为 132 元，分别相当于深圳、广州、佛山、中山、珠海的 24%、58%、59%、67%、50%。尽管东莞近几年的科技资源总量增长较快，但人均科技资源含量增长乏力，低水平的人均经费支撑不足直接导致研发人员的待遇不高。

2015 年末，东莞 R&D 投入强度达到 2.3%，标志着东莞研发投入水平已进入稳定增长期和质量提升期。按照 R&D 逻辑曲线增长规律，东莞 R&D 强度增长可能将大大放缓，由过去 5 年年均增长 0.2 个百分点可能下滑至年均增长 0.1 个百分点，到 2020 年全社会 R&D 投入强度可能达到 2.8%，从业人员中 R&D 人员密度可能达到 180 人/万人。但是我们应该注意到，2010 ～

2014 年，东莞 R&D 经费内部支出中应用和基础研究支出总和不但没有一定幅度的增长，甚至出现较大幅度的下滑，2014 年 R&D 应用研究支出总额仅为 3754 万元，相当于 2010 年的 38.5%，基础研究支出总额甚至连续 5 年为 0，而这种情况直接导致 R&D 经费内部支出的结构严重恶化，代表产业原始创新能力的基础研究和应用研究在 R&D 中的占比由 2010 年的 2.0% 进一步下滑至 0.3%。这种情况表明，东莞产业转型升级过程中，来自产业内部深层次的技术变革力量仍然极为薄弱，而这种基础核心技术的缺失将严重影响产业未来的可持续竞争力。因此，未来 5 年东莞如不能改变这种"总量冲上去，质量掉下来"的创新困局，则很有可能因为质量和结构的下降与恶化陷入科技投入强度 2%～3% 的"增长陷阱"——如同 2005～2015 年的广州，即使坐拥全省优质创新资源，R&D 投入强度也难以突破 3% 的瓶颈。

（二）创新融资环境有待优化

尽管 2013 年以后东莞出台了系统科技金融扶持政策，鼓励通过创投、科技贷款等形式支持科技型企业发展，但从整体上看，东莞的科技、金融、产业"三融合"仍处于起步阶段，风险投资机构成立年限短，所投项目不多，科技贷款整体规模有限，距解决科技型企业的投融资难题差距较大。同时，尽管通过引入风险投资、创新创业机构带动创新融资环境的优化，但科技链与金融链仍处于"隔行如隔山"的封闭状态。至 2015 年，东莞本地存款余额已达 10 万亿元，即扣除居民储蓄存款，东莞的非个人金融资本存量也高达 4463.1 亿元之巨，这与东莞科技金融仅有百亿元级的金融信贷规模形成巨大反差。此外，东莞各项贷款余额与存款余额的比例仅为 58.8%，表明东莞金融资本仍有巨大利用空间——这从侧面佐证了东莞科技金融结合效率仍有待快速大幅提高。

（三）创新人才相对不足

2015 年东莞规模以上工业企业每万人从业人员有 27.7 人 R&D 人员，远低于深圳（162.1 人/万人），略低于佛山（28.1 人/万人），也远低于全省平均水平（69.4 人／万人）。在研发人才结构上，高层次人才占比较低，"十二五"期间研究生学历以上人员占科技机构人员的比重维持在 5% 左右，未有突破性的提高。在人才发展潜力上，东莞与周边的深圳、广州相比，在城市人居环境、职业发展潜力上均有明显不足，加之东莞吸引人才的政策并不具有突出优势，城市整体上吸引人才扎根发展的能力十分有限。人才是一切事业的基础，吸引人才潜力不足不仅影响科技创新，对城市发展的所有方面均有长远的不利影响。

（四）研发机构引领带动效应未显现

2014 年东莞规模以上工业企业研发机构设置率为 7.1%，比 2011 年下降 1.17 个百分点，与江苏、浙江等地区有较大差距，江苏省更是率先提出了大中型工业企业科技机构全覆盖的目标，要求在大中型企业中普遍建有科技机构。东莞研发机构不仅数量少，其技术水平也普遍不高，企业绝大部分的研发项目集中于试验发展阶段，应用研究占比很少，基础研究更是空白。

（五）科技服务业发展滞后

一是科技服务机构实力较弱。2013 年东莞共有科技服务机构 154 家，但缺少具有市场影响力领先的科技服务机构。整体上，科技服务机构存在着数量少能力弱、治理结构不完善、运行机制不灵活、人员结构不合理、社会信任度不高等诸多问题，实力较弱。二是高端科技服务业缺失，科技服务体系不完善。目前东莞科技服务业主要有知识产权服务、企业人员知识培训、检验检测等业务，与科技服务业发达地区相比，东莞科技服务业集中于低端服务业，缺少无形资产评估、技术交易中介服务、技术交流与合作、科技管理咨询等高端科技服务业，科技服务体系存在断层与空白。

（六）高新技术企业发展水平有待提升

一是新兴产业的高企规模为弱小。2015 年东莞高企所属行业共覆盖 45 个行业范围，其中最为集中的是计算机、通信和其他电子设备制造业，电气机械和器材制造业，通用设备制造业，专用设备制造业，分别有 192 家、139 家、107 家、88 家，这四个行业的高新技术企业数量达到全市的 55.2%，超过一半；但在一些新兴领域，高新技术企业数量增长较少，如医药制造业仅增加 2 家、互联网与其他服务增加 13 家。新兴领域的高新技术企业数量仍然较少，表明东莞新兴产业的规模仍较弱小。二是新增高新技术企业规模较小。东莞高新技术企业经营平稳增长，但从平均规模看，平均每家高新技术企业的工业总产值为 2.85 亿元，平均规模同比下降了 11.09%，其主要是由新增高新技术企业规模较小导致。2015 年全市新认定的 272 家高新技术企业，其平均工业产值仅为 0.98 亿元、各企业平均营业收入 0.96 亿元，远小于全市 2.85 亿元与 3.14 亿元的平均水平。

四　提高东莞研发水平的对策与建议

2013 年，东莞的研发经费投入强度已经达到 2% 这一创新型国家和地区的最低标准，正迈入创新驱动发展的初级阶段，需要在创新战略上做出重大转变。东莞要实现更高水平的发展，科技创新是关键，应从以下八个方面提高研发水平。

（一）加快创建国家自主创新示范区

按照国务院批复意见和省创建珠三角自主创新示范区的整体规划布局和思路要求，协调推进松山湖高新区自主创新示范区加快制定完善发展规划和空间规划，并争取将示范区范围扩大到生态园，全力打造国家级自主创新示范区。以松山湖国家自主创新示范区为龙头和"创新核"，辐射带动全市各镇街，加快推进构建完善全市"创新轴"和"创新网"，加速吸引更多高质量的科技企业和科技产业以及高水平的研发机构和研发人才集聚东莞；推进国家可持续发展实验区建设，在空间、政策和具体工作上与示范区形成有机结合；科学编制全市科学技术"十三五"规划，指导全市科技事业快速发展，切实推动"向科技创新要驱动力"。

（二）加快培育发展高新技术企业和建设企业研发机构

继续深入实施高新技术企业"育苗造林"行动计划，按照"增量提质"的要求，进一步做好高新技术企业认定（复审）和培育入库工作，推进一批高新技术企业引进高水平创新科研团队以及资本市场上市融资，推动其加快做大做强。全面推进实施企业研发准备金制度和"创新券"政策，对企业研发投入和购买技术服务予以补助补贴，推动企业持续加大研发投入。推动企业建设重点实验室和工程中心等研发机构；大力推动外资企业在莞建立区域研发中心；大力组织实施重大科技专项、工业攻关等科技项目及专利促进项目，积极对接广东省应用型科技研发与成果转化专项和省重大科技专项等，着力开展核心技术攻关，推动产出一批高质量的科研成果。

（三）加快推动新型研发机构"提质增量"

着力推动已建新型研发机构改革创新发展，落实《东莞市加快新型研发机构发展实施办法》，优化新型研发机构的运营管理机制，进一步释放其创新创业的活力，争取更多研发机构被省认定为新型研发机构；推动新型研发机构加强与市内企业、各镇街的对接，增强其技术辐射力；推动新型研发机构与各类投融资机构的对接，促进其技术成果加速产业化；依托相关新型研发机构，积极推动军工和民口科技资源互动共享，推进军民两用技术研发及相关成果产业化。按照"质量优先，数量并重"的原则，稳妥引进新的新型研发机构，加快大学创新城的建设步伐；大力推动市内研发能力突出的龙头企业组建新型研发机构；积极推进与省社会科学院的产学研合作，形成院地合作的良好格局。

（四）加快构建科技孵化育成体系

围绕"前孵化器—孵化器—加速器—科技园区"的孵化链条，继续大力建设科技企业孵化器，重点调动社会力量参与孵化器建设，依托科技园、新型研发机构、专业镇、大型龙头企业建设各类孵化器；推动引进专业运营机构和投融资机构，着力完善孵化器的创新创业综合服务功能，增强其运营能力和服务水平。积极吸引港澳台青年来莞创新创业，争取打造国家级港澳台青年创新创业基地。加快建设"互联网＋创新创业"示范市，启动东莞"四众"平台申报认定和组织管理工作，建设国家机器人智能装备众创空间等一批具有示范带动效应的"四众"平台；积极开展科研众包示范推广，鼓励有条件的企业将部分设计、研发工作向社会公众分包。

（五）加快深化科技体制改革

着力优化科技项目管理体系，切实建立起以市场为导向、符合科技发展规律的科技项目筛选、生成、评审和管理体制机制；推进科技财政资金开展网上众包分配改革，探索建立以企业为主导的互联网＋科技项目管理模式；推动落地新型研发机构成果转让转化收益奖励、高校院所科研人员技术入股收益提取等机制；落实经营性领域技术入股改革要求，选取相关高校院所进行试点，完善技术入股相关机制；大力推进发展科技服务业，培育发展更多高水平的服务机构，为科技成果转化提供专业化服务；加快推进东莞市知识产权交易服务中心的建设与运营，探索筹建技术产权交易市场，推进建设松山湖知识产权服务业集聚发展试验区；创新国际科技合作机制，以东莞国际技术转移联盟为依托，加速推进国际先进技术向东莞市转移转化；高标准建设国家知识产权示范市，编制好全市知识产权"十三五"规划；加强企业知识产权贯标工作，强化知识产权行政保护和司法保护，加快中国东莞（家具）知识产权快速维权援助中心发展，提升知识产权维权援助服务水平，推动建立严格的知识产权保护制度，为科技成果交易和转化提供更有力保障。

（六）加快推进科技金融更紧密融合

进一步发挥信贷风险池和贷款贴息专项资金作用，切实引导银行针对科技企业特点创新融资产品，鼓励相关银行机构继续加大对科技企业的信贷力度；实行风险投资补助，引导市内创业投资机构加大对科技企业的股权投资；高效运作创新创业种子基金，加大对初创期高成长性企业及项目的支持力度；积极对接广东省重大科技成果产业化基金，争取在东莞设立相关母子基金，加大对科技产业和科技企业的支持；充分发挥东莞市知识产权交易服务中心以及科技、金融与产业信息共享平台和各镇街（园区）科技金融工作站的作用，健全"有形技术市场＋无形技术市场"两种形态相结合的体系，开展"线上＋线下"两种模式相结合的对接，切实畅通和拓宽社会资本进入科技创新领域的渠道。

（七）加快建立健全考核指标体系和优化科技资金安排

根据广东省考核指标体系新变化新要求，调整优化东莞创新驱动发展工作相关考核指标体系并尽快出台，把全社会研发投入、发明专利申请量和授权量、国家高新技术企业认定数量和省级高新技术企业培育库入库数量、企业研发机构建设数量等指标作为对各镇街（园区）创新驱动发展工作的主要考核指标；将科技企业孵化器和新型研发机构建设数量以及创新科研团队引进数量等作为各镇街（园区）创新驱动发展工作的重点突破指标。调整优化科技专项资金，重点用于高新技术企业培育发展、科技自主研发平台建设、科技孵化载体建设、重大科技专项实施、创新科研团队引进、企业研发补助、知识产权成果资助等方面，切实集中力量扶持一批重点产业企业、重要平台载体和重大科研成果等，推动东莞市创新驱动发展持续走在前列。

（八）加快省市创新政策的宣讲落地

进一步加强国家和广东省科技政策特别是省"创新12条"政策及其各项实施细则以及东莞市"1＋N"创新驱动发展政策宣讲落地。一方面通过各类媒体特别是新媒体的作用进行宣传推广，让创新战略和政策深入人心，让创新文化和理念根植社会；另一方面继续发挥创新讲习所的阵地作用，同时借助有关行业协会的桥梁作用，市镇联动，重点面向企业、高校和科研机构等，组织专家队伍深入基层把各项政策送到家和讲透彻，让科技政策"红利"更广地惠及各类创新主体，更进一步激发和释放全社会的创新创业活力。

B.7
东莞大力支持科技孵化器发展，实施税收优惠政策

广东省地税局、东莞市地税局联合课题组*

摘　要：　科技孵化器作为推动"大众创业、万众创新"的重要力量，目前已在东莞形成一定的规模，对经济发展和科技创新产生了不错的效应。但随着孵化器行业的发展，配套软环境不完善、产权分割实施难度大等问题亟待解决。东莞应充分研究和利用好各项税收优惠政策，结合财政政策和简政放权，促进孵化器行业进入高质量发展阶段。

关键词：　科技孵化器　税收优惠　东莞

《国务院关于大力推进大众创业万众创新若干政策措施的意见》（国发〔2015〕32号）提出，要按照"四个全面"战略布局，坚持改革推动，加快实施创新驱动发展战略，而优化财税政策，强化创业扶持是推进大众创业、万众创新的一大举措。2016年，《广东省人民政府关于印发〈珠三角国家自主创新示范区建设实施方案（2016—2020年）〉的通知》（粤府〔2016〕31号）指出，珠三角国家自创区要作为全省实施创新驱动发展战略的核心区，辐射带动全省创新发展。东莞经济在广东经济转型过程中具有一

---

* 课题组成员：曾玉勤，广东省地税局法规处处长；张媛春，广东省地税局法规处副处长，注册税务师；刘红，广东省地税局法规处；陈志君，东莞市地税局法规科科长，注册会计师，注册税务师；陈少坤，东莞市地税局法规科。

定的代表性，近年来，东莞市政府陆续出台实施创新驱动发展战略走在前列的举措，以科技创新为核心带动全面创新，培育发展高新技术企业，引导企业加大研发投入，加快推动孵化器育成体系建设，推进"四众"平台建设，同时也加快推进国家自主创新示范区先行先试政策在当地的细化落实。

一　东莞科技孵化器企业问卷调查及分析

近年来，东莞市地税局在大力做好组织收入的同时，注重税收优惠政策的宣传辅导与跟踪管理服务工作，全面贯彻落实税收优惠政策，2015年全年市地税局组织税收收入457.85亿元，减免各项税费合计60.16亿元，占组织收入的13.14%，减税力度明显，在减轻企业税收负担、推进供给侧改革方面发挥很大的作用。在科技创新类税收优惠方面，2015年全年减免纳税人14164户次，共计税款5.82亿元，为政府加快发展创新驱动发展战略、推动产业转型升级发挥力量。

课题组选取了东莞的三十多户科技孵化器企业对相关的税收优惠政策问题进行问卷调查。在全部28个有效问卷对象中，有7个属于国家级孵化器，其余21个属于省局、市级或市级以下的孵化器。促进科技孵化器发展的税收优惠政策主要是依据财政部、国家税务总局《关于科技企业孵化器税收政策的通知》（财税〔2013〕117号）的规定，对符合条件的孵化器自用以及无偿或通过出租等方式提供给孵化企业使用的房产、土地，免征房产税和城镇土地使用税；对其向孵化企业出租场地、房屋以及提供孵化服务的收入，免征营业税。营业税改征增值税后的流转税优惠政策问题由财税〔2016〕89号文件衔接，地方税方面的优惠政策相比以往变化不大。

本次调研的孵化器企业以私营为主，显示了民间资本对孵化器行业的投资热情比较高（见图1）。近三年孵化器企业除净利润的增长出现波动外，其资产、收入、享受优惠减免的税额等各项指标都呈现稳步上升的态势，这反映了东莞市的孵化器企业在不断发展，但符合条件享受孵化器税收优惠政策的企业并不多（见表1）。同时从表2和图2可知，2011~2015年，东莞市孵化器企业的业务总量指标中无论是在孵企业数还是毕业企业数均呈现不断增长的态势，这说明东莞市孵化器企业的整体发展势头很不错。

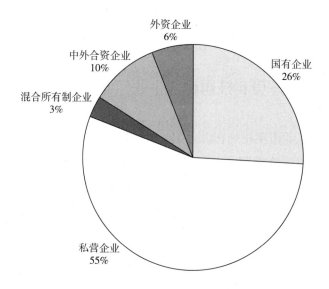

图1 孵化器企业登记类型情况

表1 孵化器企业的总量指标

单位：亿元

总量指标	2013 年	2014 年	2015 年
资产总额	82.18	96.83	168.46
固定资产	8.38	9.81	11.19
负债总额	50.49	57.18	120.68
主营业务收入	90.98	97.33	110.61
主营业务支出	72.92	74.72	88.83
净利润	7.41	9.49	7.3
享受优惠减免的税额	0.0082	0.0131	0.0162

在孵化器企业享受优惠方面，目前的税收优惠政策只针对国家级孵化器企业，而被调研的7家国家级孵化器企业中，有2家企业符合税收优惠的全部条件，并已享受了相应的营业税、房产税、土地使用税税收优惠，涉及减免税款160多万元，另外5家企业因在孵化场地面积、孵化企业经营情况等

表 2 孵化器企业的业务总量指标

面积单位：平方米

业务总量指标	2011 年	2012 年	2013 年	2014 年	2015 年	2016 年
场地面积	38301	98301	131946.76	189859.72	275553.31	246797.33
在孵企业数(个)	57	109	256	428	591	703
当年新孵企业(个)	22	56	106	164	220	208
在孵企业人数(人)	485	1252	3046	8663	10799	10361
累计毕业企业(个)	8	17	48	106	131	150

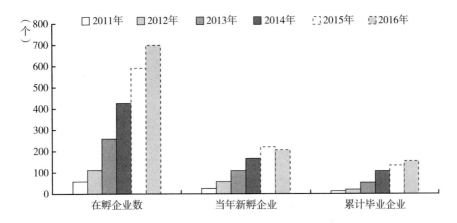

图 2 孵化器孵化情况总量指标

方面不符合税收优惠的条件，所以未能享受税收优惠。同期全省科技孵化器有 4 家企业享受了税收优惠，政策效果不明显。在孵化器企业未能享受税收优惠的原因方面，经归纳、整理得到表 3 的数据。

表 3 孵化器企业未享受税收优惠政策的原因、户数和占比

	条件内容	不符合条件的孵化器(家)	不符合条件的孵化器占比(%)
孵化器企业需符合的条件	取得国家级孵化器资格	15	53.6
	向孵化企业出租场地、房屋及提供孵化服务的业务收入在财务上单独核算	6	21.4
	供孵化企业使用的场地面积占孵化器可自主支配场地面积的 75% 以上(含 75%)，孵化企业数量占孵化器内企业总数量的 75% 以上(含 75%)	12	42.9

续表

	条件内容	不符合条件的孵化器(家)	不符合条件的孵化器占比(%)
在孵企业 需符合的 条件	企业注册地和主要研发、办公场所必须在孵化器的孵化场地内	7	25
	新注册企业或申请进入孵化器前企业成立时间不超过24个月	9	32.1
	企业在孵化器内孵化的时间不超过48个月。特殊领域的创业企业,孵化时间不超过60个月	6	21.4
	符合《中小企业划型标准规定》所规定的小型、微型企业划型标准	3	10.7
	属迁入企业的,上年营业收入不超过500万元	6	21.4
	单一在孵企业入驻时使用的孵化场地面积不大于1000平方米。特殊领域的在孵企业,不大于3000平方米	7	25
	企业产品(服务)属于《国家重点支持的高新技术领域》规定的范围,且研究开发费用总额占销售收入总额的比例不低于4%	6	21.4

从上述数据可知,目前享受税收优惠的孵化器企业数量不多的原因主要是享受税收优惠的前提是要取得国家级孵化器资格,而即使取得资格后,其运营的孵化场地、孵化面积、孵化企业等指标的限制也导致企业不一定完全符合优惠条件。因此,孵化器企业需要按照国家的要求切实改善经营条件,吸纳有需要、国家扶持的孵化企业,才能取得享受税收优惠的国家红利。

实际上,孵化器企业除了符合条件享受税收优惠政策外,还可以享受各级政府的财政奖励和补助。在本次问卷调查中,有2家孵化器企业受到了省级奖励和补助,其占比为6.5%;有5家企业受到了市级奖励和补助,其占比为16.1%;有2家企业受到了乡镇奖励和补助,其占比为6.4%;总共得到的政府补助金额为1095.06万元。

关于该项税收优惠政策对于孵化器企业所起作用的问题,本次问卷调查得到了28份有效问卷,其中,认为起到了很大作用的企业有5家,占比为16.1%;认为起到了较大作用的企业有6家,占比为19.4%;认为作用一般的有11家,占比为35.5%;认为没有作用的有6家,占比为19.4%。过半数的孵化器企业认为该项税收优惠政策作用欠佳，这说明我们的政策存在一定的改进空间，政策门槛较高。

另外，课题组在调研中发现，孵化器的产权分割问题也是制约孵化器企业发展的一个重要问题。由于孵化器产权不能分割转让给在孵企业，初创的在孵企业租用的房产不能到银行进行抵押贷款，削弱了在孵企业的融资能力，从而制约了在孵企业的发展壮大。同时，孵化器企业若能将部分产权分割，可回笼资金缓解运营压力。虽然东莞市政府在2015年8月出台了《东莞市科技企业孵化器产权分割管理暂行办法》，允许孵化器的房屋产权可以独立分割出售，但仍存在以下问题：一方面是产权分割行为作为新事物在法律法规层面的配套有待充实，孵化器和在孵企业都需要时间对产权分割带来的利弊做充分的考量，政府部门也需要将政策目的、办理流程等知识向企业加大宣传；另一方面，孵化器企业如果将房屋的产权出售，其可供在孵企业使用的场地面积、在孵企业的办公场所是否仍属于孵化器企业的孵化场地等问题有待相关部门进行明确，从而令孵化器是否符合税收优惠条件存在不确定性。如果孵化器企业进行部分产权分割出售时，在计算土地增值税时并不能像房地产开发企业一样对取得的土地使用权与开发成本支付的金额按照20%加计扣除，故其税收负担也相对较重。

二　现行支持科技孵化器发展的税收优惠政策存在的问题

从这次科技孵化器税收优惠政策调研结果分析，目前我国支持创业平台企业发展方面的税收优惠政策在促进科技孵化器发展方面发挥了积极作用，但还存在一些问题需要进一步改进。

（一）税收政策方面

1. 优惠政策重硬件、轻软件，不利于为孵化器企业服务的企业发展

享受孵化器税收优惠政策是以满足国家级孵化器标准为基础，但国家级孵化器标准除在创业导师服务和创业种子资金有一定的起点要求外，政策优惠与孵化器的创新和创业扶持服务并没有直接的关联。在当前国家级孵化器将孵化面积作为其硬性标准，给予土地相关税收优惠的情况下，税收优惠政策只对孵化器的基础服务供给有明显的激励作用，这会更多地激励孵化器扩大面积争创国家级孵化器。事实上，在孵企业对孵化器服务的需求已经从直接物质资源转向深层次服务需求。实证结果也发现，真正对促进在孵企业创新有更大作用的不是孵化器的孵化场地，而是孵化软件服务、技术人员等基础条件，如为在孵企业提供资金（孵化基金、公共服务平台投资额）、创业指导（创业导师数）以及帮助在孵企业获得风险投资等。[①] 但目前的优惠条件，不利于为孵化器企业提供服务的企业发展，也不利于孵化器软件环境的提升。

2. 优惠环节设置不合理，不利于对企业全程扶持

科技企业孵化器的完整链条包括了"科技苗圃－科技孵化器－孵化加速器"这三个环节。创业苗圃以孵化团队和项目为目标，在苗圃内"育苗"成功的团队和项目入驻孵化器；孵化器以孵化初创期企业为目标，从孵化器毕业的高成长性企业进入加速器；加速器主要以培育孵化器毕业的高成长性企业为目标，促进企业快速发展壮大。当前的税收优惠政策主要对成型孵化器及其孵化企业给予优惠，对孵化器前端的创业苗圃和后端的加速器缺乏优惠政策安排，税收优惠没有惠及科技创业孵化全链条。[②] 科技苗圃主要从事选种、培育、前期辅导工作，规模和面积一般较小，不可能符合国家级孵化器条件。孵化器毕业企业需要更大发展平台，也具备更好发展能力，但仍然需要一定的园区支持，但从孵化器毕业后，进入孵化加速器，就不能享受相关优惠，不利于企业初创期稳定发展。

3. 优惠缺乏整体性安排，不利于优惠效果的最大化

一是现行孵化器优惠主要对房产税、城镇土地使用税和营业税（增值税）

---

① 张越：《科技企业创业孵化器的税收政策研究》，《物流工程与管理》2016 年第 2 期，第 105 ~ 107 页。

② 东莞市统计局国家统计局东莞调查队：《东莞科技孵化器发展迅速，双创载体平台仍需丰富》，《东莞发展动态》2016 年第 19 期。

优惠，没有针对所得税的相关优惠政策，缺乏整体性安排。另外，"营改增"后，由于增值税的优惠不能抵扣，所以企业在下一环节需要补缴上一环节增值税。因此，有关的税收优惠政策应做好整体性的完善，才能发挥应有的作用。

（二）征收管理方面

1. 纳税人对税收优惠政策的理解有待加强

统计分析表明，目前税收优惠项目享受的企业数量较少，原因主要有以下几个方面。一是部分企业由于财务管理水平较低、人员安排跟不上等原因导致对科技企业孵化器税收优惠政策了解不够，未能主动根据税收优惠政策的条件调整企业的经营管理以达到税收优惠的要求。二是部分企业担心税收优惠政策执行不好反而会引起不必要的麻烦，带来税收风险。

2. 征管改革提高了对纳税人税收风险管理的要求

我国税收制度和税收征管正面临全面深化改革，税务部门积极贯彻落实"简政放权，放管结合，优化服务"政策，不断简化办税流程，方便纳税人办税。备案的税收优惠管理方式减少了纳税人事前审批的成本，但要求纳税人及时更新税法知识，对税法掌握更为精准及时，加强税收风险管理，掌握专业化备案技能。如初创企业囿于专业人才和成本限制，缺乏专门税务管理人才，在遵从税法及管理上面临较大压力。

（三）配套政策方面

东莞市政府出台了较多的配套政策鼓励孵化器及创业创新发展，并取得了较好成效，但有时缺乏与税收优惠政策结合的通盘考虑，存在以下问题。

1. 政府各部门鼓励创业创新各自为政，缺乏整体协调

涉及支持科技创新的政府部门众多，也各自出台了一系列优惠政策，但政策间协调还需要加强。一是财政政策与税收政策协调问题。表现在政府补贴方式多于税收扶持，不利于优惠政策规范化。当前对创新企业的财政扶持形式多、力度较大，企业存在重财政补贴，轻税收优惠的现象，削弱了税收调节作用。例如，东莞市 2015 年制定《东莞市加快科技企业孵化器建设实

施办法》，针对孵化器、在孵企业、投资在孵企业分别设定了孵化器评定奖励、孵化器经营奖励、孵化器高新技术企业认定奖励、孵化器孵化企业毕业落户奖励、孵化器毕业企业上市（挂牌）奖励、投资在孵企业补贴等多达30余项的奖励补贴。东莞市科技企业孵化器2013年税收优惠与财政补贴比大约是1:4。这些财政补贴确实起到了鼓励相关投资的效果，但削弱了税收优惠的效力。实际上，大部分孵化器企业只能通过政府方面获得财政补贴，由于不是国家级孵化器而无法享受到税收优惠政策。二是各部门认定资格与税收优惠政策不同步。税收政策对创新企业的优惠是建立在各部门对相关企业资格认定基础上，如科技企业孵化器、创投企业、高新技术企业认定等。如果各种资格认定门槛高、认定时间周期长，那么必然会影响税收优惠政策效果。调研中，部分企业不能享受税收优惠的原因是其他政府部门的资格认定或更新的时间过长，如企业普遍反映国家级科技孵化器认定时间需要2~3年，而税收优惠政策有一定时效性，一般是2年一个周期，这也意味着企业等到认定顺利完成，优惠政策有效期也结束了。

2. 孵化器产权分割存在制度障碍，不利于孵化器投入

科技企业孵化器大多是老企业改造、街道集体土地改造形成，构成多样，级别多样，土地权属复杂。按照一般的房产交易条件，多数孵化器不具备分割销售的条件。但由于孵化器前期投入资金大，周期长，通过产权分割可以盘活孵化器的建设资金，加快资金回笼，减轻建设方的资金压力，有利于加快孵化器的建设，尤其是促进民营资本在这方面的投入，故孵化器产权分割作为新兴事物蓬勃发展；结合当前各地开展三旧改造的热潮，通过改造旧厂房、旧建筑建设科技企业孵化器，对于盘活土地资产、促进经济创新有很大的促进作用，而孵化器本身也有强烈意愿通过部分产权分割销售及早变现。产权分割出售，在孵企业可以取得相应产权，能凭借固定资产来融资，甚至对在资本市场挂牌也有一定的帮助。目前，全国有不少城市的当地政府制定产权分割方面的政策，如杭州、上海、武汉、南京，广东省内也有东莞、佛山、广州等城市制定办法。东莞市在2015年出台了产权分割管理办法，允许以科技企业孵化器为主要内容，进行产权分割出售转让产业项目。

当然这在操作层面仍然存在一些制度性障碍。第一，产权分割后在孵企业可以获得产权，但按照孵化器管理规定，在孵企业毕业后必须撤离孵化器，那么，在孵企业获得的房屋产权实际上就是一种房地产投资，可能使科技企业孵化器建设房地产化，使孵化器偏离孵化和服务科技企业的初衷。第二，产权转移后，房产为在孵企业所有，孵化器不再符合向在孵企业出租场地的税收优惠政策，或者难以达到符合享受优惠政策的指标性条件。

3. 物质扶持多，专业化服务扶持有待加强

目前政府对孵化器扶持主要是资金支持，存在注重物质支持，忽视对科技企业的专业化服务支持问题。一是孵化器专业化管理缺失。从前文关于孵化器构成和服务定位看，科技企业孵化器的管理主要来自政府，管理人员也大多来自政府和科研机构，在管理和培育上缺少专业人才、实践经验及科学的管理体系，因此，这在一定程度上限制了科技企业孵化器的运转，延长了更新周期，无法满足企业在内部管理、市场营销等方面的需求。二是软硬件服务失衡，缺少公共技术平台。目前，科技企业孵化器的服务性能仍然是低端不完备的，服务种类虽多，但在很多软环境上是不成熟和空白的。在孵企业大多会得到硬件设备、房屋租赁以及税收等方面的政策优惠，但缺少公共服务平台，不能很好地满足企业发展的需求。

三　促进创新税收优惠政策的建议

（一）税收政策方面

1. 建立针对孵化器产权分割的税收优惠政策

孵化器产权分割实际上是一种限制流通的产权，目的是通过分割既解决孵化器企业的经营压力，又为在孵企业提供可抵押资产，解决其融资困难的问题，这就需要专门设计支持孵化器分割的税收政策。主要有以下两个方面。一是减轻孵化器产权分割的税收负担。孵化器分割主要涉及增值税、土地增值税，建议对增值税采取有条件的免税政策，对土地增值税按照普通标准住房政策给予优惠。同时也要限制转让范围和再转让范围。二是修改现存孵化器的税收优惠政策，考虑对孵化器免税的规定不一定以认定为国家级孵化器为标准，而以孵化器实际孵化面积、孵化企业等数量指标，适当降低享受税收优惠的门槛。当然，也要考虑避免出现孵化器被地产挟持的情况，防止以建设科技企业孵化器为名行转让地产之实。

2. 建议从新审议各种资格认定条件

简化科技企业孵化器税收优惠条件，降低当前税收优惠政策的门槛，增加对服务的软指标。事实上，随着各地孵化器楼宇的快速建设，我国孵化器孵化总面积已超过 5000 万平方米，办公场所和基本条件已经不再是企业创业的关键约束，而资金、社会网络以及创业辅导的缺乏对企业创业成长的制约越来越突出①。因此，在我国已经基本完成孵化器的建设布局后，现行的税收优惠政策难以促进孵化器深层次孵化服务的提升，需要进一步优化政策机制。基于孵化器的导向性创新服务的供给及其服务绩效来确定对孵化器的支持，强化孵化器投融资创业辅导等深层次创新孵化服务能力。例如，可以通过确立孵化服务标准、孵化绩效目标作为孵化器所得税减免的条件，建立有效的政策激励机制引导孵化器服务功能的提升，也可通过设立专项孵化基金，根据孵化绩效评价确立资助或奖励额度；或根据孵化器提供的服务内容给予税收减免支持或高新技术服务企业认证。

3. 建立注重长期和基础的优惠政策

建立对在孵企业服务的企业的税收优惠，鼓励为孵化器内在孵企业服务的金融平台、培训咨询导师平台建设。建立贯穿于在孵企业成长始终的科技"孵化苗圃－孵化器－孵化加速器"完整的优惠政策，注重对初创期、发展期企业的扶持。如对"孵化苗圃"内未成立企业的创业团队开展选苗、育苗和移苗入孵工作进行所得税扣除、土地相关税收优惠；税收优惠对具有高成长性的企业不仅要"扶上马"，还要"送一程"，鼓励其进入加速器更快

---

① 台德艺、徐福缘、胡伟：《税收和补贴政策影响下孵化器与在孵企业合作行为分析》，《科技管理研究》2015 年第 4 期，第 103～105 页。

成长。《广东省人民政府关于加快科技创新的若干政策意见》（粤府〔2015〕1号）提出要建立科技企业孵化器风险补偿制度，"省市共建面向科技企业孵化器的风险补偿金，对天使投资失败项目，由省市财政按损失额的一定比例给予补偿。建立省科技企业孵化器天使投资引导基金，参股引导科技企业孵化器、民间投资机构等共同组建天使投资基金"。同样，税收方面对创新初创期、孵化器前期等阶段同样可以制定相应的扶持政策。

4. 采取多层次税收优惠方式

对创新的税收优惠包括各税种，选择最具激励的税种鼓励企业创新，加大对企业所得税的优惠力度。优惠方式选择上，可以考虑对创新平台及企业采取税率优惠、税基优惠、税额优惠等多种方式。

（二）税收征管方面

1. 建立孵化器内小企业特别税收征管制度，减少纳税人遵从成本

目前税制变动较为频繁，税收征管变化也较大。孵化器内企业一般是初创小微企业，企业主对税法了解比较缺乏，税法遵从成本较高。一方面税务部门要通过改进纳税服务，降低纳税成本，如建立孵化器园区国地税合作的税务专员办公室，专门为园区企业提供上门的纳税服务；另一方面，可以考虑简化征收办法，探索对园区初创小微企业采取多税合一的简易征收办法。

2. 建立风险导向的专业化税收管理机制，降低纳税遵从成本

对创新企业全面推行风险管理导向的税源专业化管理改革。科技孵化器内的孵化企业具有鲜明的行业特色，易于实现专业化分类管理。例如，在孵企业主要是小微科技型初创企业，风险点确定，通过风险管理方法，对纳税人进行风险识别，针对不同风险纳税人，采取风险提示、纳税评估、税务审计、违法调查等方法，可以提高税收执法的针对性，减少对纳税人检查频率，降低税收遵从成本。

3. 发展社会化纳税服务，提高纳税服务绩效

各项税收优惠政策的推出、贯彻和落实，都必须加强税收宣传，尤其在推出阶段，要积极鼓励企业充分享受税收优惠政策。创新税收优惠政策专业性强，通过行业协会、创业园区等社会机构更能了解纳税人需求，他们进行的针对性纳税服务适应园区同类别企业集中的特点，容易发挥纳税服务的规模效应。税务部门应该充分研究如何与行业协会和孵化器合作，发挥社会纳税服务作用，实现税收优惠政策"最后一公里"无障碍。

（三）配套政策方面

1. 加强部门协调，发挥政策合力

一是规范财政直接补贴方式，增加税式支出优惠。协调扶持创新的财政税收优惠政策，发挥各自优势，分工合作。财政补贴政策主要着力对创新的基础性扶持，如园区等公共平台建设，多采取财政贴息、担保、土地政策、投融资环境建设、产权保护等方式支持。税收优惠政策着力于过程，加大优惠力度和稳定性，给纳税人长期稳定的预期。二是完善相关部门资格备案、审核制度。相关部门要简化认定和备案办法与流程，缩短认证备案时间，使相关资格配套认证、备案与税收优惠政策能及时对接，消除科技孵化器审核备案时间过长的问题。

2. 简化流程，落实产权分割实施细则

产权分割是促进孵化器投资的重要制度创新。针对产权分割涉及部门多、流程长的特点，建议规划、国土、房管、税务部门建立一个统一的工作协调机制，进一步细化工作程序，规范操作流程。要明确企业申报时间和时限，以及相关部门承办的时间和时限，使各职能部门按照职责，各尽其事，定期会商，能够使孵化器产权分割政策更好地发挥作用。

3. 练好内功，强化孵化器专业化服务能力

政府扶持创新要改变注重物质、忽视服务平台支持，注重硬件、忽视软件，注重结果、忽视过程等政策倾向，在制定各种标准、确定补助对象时注重对创新平台等软件和服务的评价比重，引导孵化器练好内功。例如，对科技孵化器专业管理团队建设、公共技术平台、融资平台、导师平台等服务平台扶持，要从切实提高创新平台对中小高新技术企业孵化能力方面入手，建立政府的扶持导向，引导各种平台科学合理的投资。

B.8
东莞打造区域创新高地，
催生发展新动能

东莞市社科联（社科院）课题组*

摘　要： 近年来，东莞围绕"实施创新驱动发展战略走在前列"的目标要求，大力实施"科技东莞"工程，取得了明显成效。但是与建设国家自主创新示范区的要求相比，与国内先进城市和自身经济总量相比，还存在一定差距。为此，东莞应抓住创新驱动发展这一核心战略和总抓手，坚持把创新发展贯穿结构调整和经济社会发展全过程，通过打造区域创新载体高地、创新型产业企业高地、创新资源集聚高地、创新服务高地和科技金融高地，不断催生新的主导力量、新的发展路径和新的增长动力。

关键词： 东莞　创新载体高地　资源集聚高地　科技金融高地

党的十八届五中全会提出：创新是引领发展的第一动力，必须把创新摆在国家发展全局的核心位置，贯穿党和国家一切工作，发挥科技创新在全面创新中的引领作用。当前和今后一个时期，既是东莞爬坡越坎、攻坚转型的关键时期，也是实现高水平崛起和全面率先建成小康社会的决胜阶段，无论是转型发展还是实现全面小康，核心都是创新。为此，必须牢固树立和自觉

---

* 课题组组长王思煜，东莞市社科联主席、东莞市社会科学院院长；张出兰，东莞市社会科学院助理研究员。

践行创新发展理念，积极主动适应经济发展新常态，顺应全球新一轮科技革命和产业变革趋势，把创新作为推动经济社会发展的核心战略和总抓手，深入实施创新驱动发展战略，着力将东莞打造成有影响力的区域创新高地，催生发展新动能，助推东莞创新发展走在前列。

一　东莞打造区域创新高地的优势条件

近年来，东莞全面贯彻落实国家、广东省提出的各项战略部署，大力实施"科技东莞"工程和"人才东莞"战略，科技创新对经济社会发展的支撑作用明显增强，为打造区域创新高地奠定了良好基础。一是科技创新政策体系不断完善。相继颁布实施了"科技东莞"工程的"1+5+8"系列政策、"创新驱动发展战略走在前列"的"1+N"科技创新政策体系，以及围绕科技金融融合、高层次人才积聚、促进创新创业等重点工程，出台了一系列促进创新创业的配套政策。二是创新能力建设不断增强。2015年东莞全社会 R&D 经费投入占 GDP 的比重达到 2.3%，建立了 27 家新型研发机构，东莞发明专利申请量和授权量分别为 1.11 万件和 0.28 万件，位居全省第四位和第三位。三是高新技术产业发展不断增强。2015年东莞国家高新技术企业数量 986 家，数量居全省第三，规模以上高技术制造业增加值 1008.51 亿元，占规上工业增加值比重 37.2%。四是创新创业载体建设不断加快。松山湖高新区成功入围珠三角国家自主创新示范区，中国散裂中子源项目建设不断推进，中以国际合作产业园、两岸生物技术产业合作基地、台湾高科技园、空间科技城等重点科技园区建设不断加快，组建了 12 个专业镇技术创新平台，其中横沥专业镇协同创新中心的建设情况还受到了李克强总理的批示肯定。五是科技金融融合不断深入。积极引导发展风险投资，设立各类创投引导基金、种子基金和风险补助金，健全财政社会资本联动机制。不断强化科技信贷融资支持，设立信贷风险补偿资金池和贷款贴息资金，"拨贷联动"支持企业创新。鼓励企业上市，充分利用多层次资本市场融资。建立了东莞科技金融集团，组建科技金融综合服务中心东莞分中心，不断完善科技金融服务体系。

二 东莞打造区域创新高地的问题瓶颈

虽然目前东莞在科技创新方面取得了较大的进步，但与先进地区相比、与自身经济总量相比，也存在一些问题，主要表现在以下几方面。一是企业各类科技研发投入偏低。东莞研发投入强度虽然已达到2.3%，但是还低于广东省的平均水平（2.5%），也低于佛山（2.6%）、无锡（2.73%）、常州（2.65%）、深圳（4.05%）等城市。2014年东莞规模以上工业企业R&D活动人员5.88万人，但是占规模以上工业企业从业人员的比重仅为2.29%，为珠三角最低。2015年东莞拥有各类企业研发机构364家，远远少于深圳（1283家）、广州（1150家）和佛山（1310家）等城市。二是研发产出及产业转化依然不足。2015年东莞每万人发明专利拥有量为9.5件，远远低于深圳（76.3件）、苏州（20件）、常州（18.78件）、宁波（18.09件）等制造业较发达的同类城市。2014年东莞规模以上工业企业新产品销售收入为2190.15亿元，新品率为18.42%，与深圳（30.83%）、无锡（20.8%）等城市的水平还有着一定差距。三是高端科技人才和骨干科技企业较为薄弱。目前东莞引进的"千人计划"专家仅有18人，远低于无锡（226人）深圳（154人）、苏州（187人）、天津（113人）等先进城市。东莞科技企业多为中小型企业，大型骨干的科技企业仍较少，缺乏如深圳华为、中兴，佛山美的，珠海格力，惠州TCL等真正意义上的科技企业巨头。四是松山湖创新引领辐射和产业技术支援服务效应有待增强。虽然近年来松山湖高新区龙头科技企业与新型研发机构通过引进配套项目、推动产学研合作等方式发挥了一定的辐射带动作用，但与杭州等先进城市相比，松山湖高新区对全市科技产业的引领示范效应还不够，在创新溢出、产业技术支援能力和科技平台共建共享等方面还有进一步提升的空间。

三 东莞打造区域创新高地的思路对策

当前，东莞应以建设珠三角国家自主创新示范区为新的契机，从创新载体、创新型产业企业、创新资源集聚、创新服务以及科技金融融合等方面全方位打造区域创新高地，不断催生发展新动能，推动增长动力由要素驱动向创新驱动转换，加快形成以创新为主要引领和支撑的经济体系和发展模式。

（一）打造创新载体高地

1. 高水平谋划建设东莞国家自主创新示范区

一是强化顶层设计，加强规划引领。要按照国务院批复意见和省创建珠三角国家自主创新示范区的整体规划布局和思路要求，加快编制示范区发展规划纲要，明确示范区发展指导思想、战略定位和发展目标、主要任务、保障措施等，为示范区建设提供"战略指向图"和"发展路线图"。同时，要制定实施方案和配套措施，明确考核指标，加强示范区工作考核，争当珠三角国家自主创新示范区建设的先行军、排头兵。二是强化区域统筹，打造"一区多园"区域创新体系。借鉴上海张江、天津滨海、苏南等国家自主创新示范区"一区多园"的发展模式，建立完善区域创新发展的利益平衡和共享机制，强化园区的核心功能和镇街的联动作用，加快构建"1+2+N""创新核—创新轴—创新网"的创新体系。三是强化政策创新，探索东莞特色自主创新政策。结合东莞的实际情况，加强对现有中关村先行先试经验推广政策的学习研究，推进相关先行先试政策在东莞得到有效落实。同时在科技金融结合、新型科研机构建设、人才引进、产学研结合、国际及粤港澳合作、创新创业孵化体系建设、知识产权运用和保护等方面进行全面改革探索和政策创新，力争为相关城市国家自主创新示范区建设提供有益借鉴。

2. 依托"散裂中子源项目"打造东莞科学城

一是科学谋划散裂中子源关联产业发展。充分发挥散裂中子源重大科学装置在产业科技方面的引领带动作用，加快开展散裂中子源关联产业布局及发展战略研究，并在此基础上制定产业发展规划，科学谋划产业空间布局，带动产业向中高端水平提升。二是大力打造"东莞科学城"。充分借鉴英国卢瑟福·阿普尔顿国家实验室打造科学城的成功经验，超前谋划布局建设一批重点实验室，着力引进一批国内外知名的科研机构和不同领域的顶尖专家，大力招引相关产业高科技企业，打造东莞"科学城"。三是探索推动东莞科学城和松山湖国家自主创新示范区对接。利用科学城毗邻松山湖国家自主创新示范区的地理位置优势，加强松山湖国家自主创新示范区和科学城在产业、科技、人员、项目等方面的互补对接，把"一城一区"打造成为发展新兴产业、培育高新技术企业的高地，实现科技与产业融合发展。

3. 加快推进重大创新载体建设

一是大力培育发展特色主导产业。要围绕松山湖国际机器人产业基地、中以国际科技合作产业园、东莞台湾高科技园等重大创新载体和特色产业园的产业定位，加快国内外知名高科技企业、研发总部在平台集聚，推动新兴产业规模化、集约化、特色化发展。二是积极引进培育高科技龙头企业。结合重大创新载体产业发展方向，抓住产业链、创新链重点环节和缺失环节，有重点地针对目标地区、企业开展招商工作，着力引进一批具有积极带动作用的总部型、研发型企业入驻，进一步完善产业链和创新链。三是大力发展专业化、特色化园区科技配套服务。要围绕打造特色园区开展研究开发设计、检验检测认证、知识产权评估、专利信息利用、科技咨询、商务服务、金融服务、物流服务、科技成果信息发布、科技成果交易等专业化、特色化科技服务。

（二）打造创新型产业高地

1. 大力发展新兴产业和新兴业态

一是大力发展新一代信息技术。东莞应将云计算、物联网、3D 打印等作为新增长点大力培育，鼓励研发机构和企业在相关领域加大技术研究和攻关力度，在相关核心技术和关键环节上取得重大技术突破，培育一批国内外知名的行业龙头企业，以示范工程为引领，加快新技术在制造业、服务业、社会民生等重点领域的推广应用。二是大力推广制造业新模式。东莞重点开展"企业筑云"工程，依托中国科学院云计算中心的工业云服务平台，开发面向工业企业的云制造平台，以印刷、服装、模具等行业为重点，加快推广云制造模式。鼓励有条件的企业加大移动互联网、数据传感监测、信息交互集成等智能制造技术的应用。三是大力培育服务业新业态。重点应加快推进国家电子商务示范城市建设，加强与阿里巴巴、京东、顺丰等电商巨头的对接合作，加快推动京东的现代服务业产业园、菜鸟网络的中国智能骨干网电商物流节点、顺丰的电商供应链产业园的投建，加快建成华南地区电子商务运营中心和智能物流仓储配送中心。

2. 加快培育引进创新型企业

一是大力培育高新技术企业。继续推进国家高新技术企业"育苗造林"行动计划，不断发展壮大高新技术企业培育后备库。切实贯彻落实好国家高新技术企业研发费用税前加计扣除等税收优惠政策，引导企业普遍建立研发准备金制度。建立高新技术企业培育考核制度，把高新技术企业培育工作纳入镇街、园区创新驱动发展工作考核，分解任务、明确职责。二是引进培育一批大型龙头骨干科技企业。面向国内外重点区域加强招商力度，建立招商引资"项目源"大数据库，招引更多技术含量高企业落户东莞。依托重点龙头骨干科技企业，建设一批高水平的企业研发机构。落实好大型龙头骨干科技企业在资金奖励、建设用地、用电保障、员工子女义务教育入学、市镇领导"一对一"挂钩服务等方面的扶持措施。三是培育中小微科技企业。完善东莞市中小微科技企业认定办法，对认定企业在入驻园区、税收、财政、科技项目等方面给予政策倾斜。鼓励各镇街以"三旧改造"为契机，推广高盛科技园、常平科技园等园区建设经验，加快建设一批"工改工"科技园区，吸引中小微科技企业入驻。

3. 完善科技企业孵化育成体系

一是加快推进科技企业孵化器建设。完善"创业苗圃＋孵化器＋加速器＋产业园"的孵化链，推广松湖华科、天安数码城等新型科技企业孵化器建设方式，引导企业、高校院所和民间金融机构等各类投资主体共同参与建设科技企业孵化载体，对建设运营成效优良的科技企业孵化器给予奖励性后补助。二是大力推动互联网孵化。借鉴天津、深圳、佛山等地经验，建设一批"互联网＋"专题产业园区或孵化器，大力发展综合服务型、专业平台型、投资促进型和虚拟非正式空间型等多种形式的众创空间，建设一批低成本、便利化、全要素、开放式的众创空间，孵化培育一批"互联网＋"创新型企业。三是大力提升孵化载体的服务水平和营运能力。推广"无偿创业服务＋天使投资＋以租转股"的新型孵化模式；在孵化器建立"联络员＋辅导员＋创业导师"的创业辅导体系。充分利用高新产业园区、文化创意园区、企业孵化基地等园区空间，建设众创、众扶、众包、众筹"四众"平台，优化网络创新创业生态圈。

（三）打造创新资源集聚高地

1. 加速国内高校及科研院所创新资源在东莞集聚

一是深化产学研合作。围绕东莞产业发展的重点领域和关键技术，依托"东莞市科技合作专线"，组织龙头骨干科技企业与全国重点高校院所开展产学研交流考察和项目对接。大力推广横沥镇模具产业协同创新中心、虎门镇服装产业协同创新中心建设经验，积极推动"一镇一校"合作计划，加强各专业镇龙头企业与高校院所"强强联合"。二是拓展新型研发机构建设模式。借鉴深圳"民办官助"和"国有新制"的新兴研发机构建设模式，鼓励境内外高校、科研机构、企业、社会团体及个人以多种形式创办新型研发机构。三是推动国家科技项目和国内大型企业的研发总部在东莞落地或建立基地。积极争取国家和省重大科技项目和载体平台布局东莞，推动国家实验室和高端研发人才在东莞集聚。鼓励龙头骨干科技企业、新型研发机构等积极承接和参与国家和省重大科技专项。鼓励大型企业在东莞建设研发总部或区域性研发中心，加快推动松山湖华为终端总部、麻涌菜鸟网络华南区域总部等重大项目建设进度，确保尽快投产运营。

2. 在更大更广的范围内集聚国际高端创新资源

一是拓展国际科技合作形式。加强与"一带一路"沿线国家和地区的创新合作，深入推进石龙中俄贸易产业园、中德精密制造中心、松山湖中以合作产业园建设；支持有条件的科技型企业与沿线国家建立研发机构、科技产业园区、科技企业孵化器和先进适用技术示范与推广基地。更好地发挥海博会、科技合作周等重大科技创新交流合作活动平台的作用，推动与沿线国家开展科技交流。二是创新莞港澳台科技合作。以松山湖台湾高科技园（两岸生物技术产业合作基地）为载体，深入推动落实东莞与台湾进行生物技术产业合作的平台"莞榕计划"，加快建设粤台金融合作试验区。推广莞城"联丰创意谷"的试点经验，推动有条件的镇街（园区）汇聚港澳台工业设计、跨境电商、企业诊断、专业服务咨询机构。三是推动"东莞制造"与国际先进产业技术对接。加强与发达国家在信息技术、生物医药、新能源汽车、高档数控机床、机器人、高技术船舶等领域开展工业4.0合作。以东莞国际技术转移联盟为依托，加速推进国际先进技术向东莞转移转化，实现东莞制造业与国外先进技术有效对接，打造全球先进制造中心。

3. 加快集聚高层次创新人才

一是拓宽高层次科技型创新型人才引进渠道。充分发挥已建成的美国硅谷、英国伦敦以及北京等海内外人才工作站的作用，采用柔性人才引进模式，以"项目＋人才＋智力"的方式，灵活引进海内外退休教授、专家、学者等高层次人才来莞服务。充分发挥中国（东莞）国际科技合作周、东莞市高层次人才交流洽谈会、"'千人计划'专家东莞行"等平台的桥梁纽带作用，大力开展招才引智。二是激发科技型创新人才创新活力。发挥国家自主创新示范区的政策优势，加快落实科研人员成果转让转化收益奖励政策、重要科研人员和经营管理人员股权激励政策以及自主创新示范区股权激励税收优惠政策，将专利创造、标准制定及成果转化作为职称评审、绩效评价和考核激励的重要依据，推动高校、科研院所和企业创新人才的相互交流，营造有利于科研人员的创新创业环境。三是以建设高水平理工大学为契机培育集聚一批学科专业人才和应用型人才。按照建设高水平理工科大学要求，支持东莞理工学院采取全职引进和柔性引进等灵活的引才方式，向全球重金引进一批活跃在国际学术前沿与产业一线、把握智能制造领域关键技术的杰出人才、学科领军和骨干人才、产业精英人才、创新创业团队和校长特聘人才，鼓励学院现有教职工在符合高水平理工科大学特聘岗位条件的前提下，竞聘相关特聘岗位，并享受相关待遇。

（四）打造创新服务高地

1. 完善科技创新服务机制

一是细化落实科研成果处置和科研人员收益奖励等制度。从国内一些试点城市的经验来看，落实科研成果处置权和科研人员收益奖励等政策在具体操作中会遇到很多具体实际问题。东莞应在政策实施中，应针对这些问题，借鉴先进城市创新举措，探索切实可行的具体措施和办法。二是加快建立科研成果转移转化机制。充分发挥国家自主创新示范区享受政策先行先试的优势，在全面落实国家自主创新示范区相关政策的同时，加快建立科技成果转移转化机制、科技成果市场化定价机制和科技成果转移转化监管机制等有利于科研成果转化的体制机制。三是着力完善知识产权创造、运用和保护机制。要实行更加严格的知识产权保护，完善快速维权机制，加大侵权行为查处力度，将故意侵犯知识产权纳入企业信用记录和个人信用记录，依法查处滥用知识产权排除和限制竞争等行为。要简化审查和注册流程，实现知识产权在线登记、申请和审批，降低专利申请和维持费用。要健全职务发明、专利许可等制度，尤其是要强化电商、大数据等新领域、新业态知识产权保护力度。

2. 完善科技创新公共服务平台

一是搭建一网式、一门式科技政务云服务平台。借鉴浙江杭州、深圳等地做法，运用云计算、大数据等新兴信息技术，以科技类政务云为应用重点，全面整合各部门科技类业务信息和镇街、园区科技类企业、高校、科研院所、创新载体等科技资源信息，建立公开统一的科技政务服务平台，实现科技资源、科技数据、科技服务管理的互连互通、开放共享，打造一网式、一门式的网上科技办事大厅、全天候的网上科技市场和高效率的网上科技政务，进一步提升科技精准服务、深度服务的水平。二是优化专业镇创新服务平台。应继续加强特色产业镇和产业集群公共技术服务平台建设，完善创新服务平台的运行管理机制，建立健全科研设备和科技信息开发共享制度，强化创新服务平台的服务功能。鼓励有条件的镇街围绕特色产业建立综合性创新服务平台建设，瞄准产业发展需求，推动与高校、科研院所、新型研发机构和金融机构对接，开展合作项目洽谈、知识产权维权、行业信息交流等工作，构建专业化、社会化和市场化的专业镇科技服务体系。三是构建高层次创新人才"一站式"服务平台。借鉴深圳做法，整合人才确认、补贴申请、落户安居、出入境、子女入学、社保医疗和政策咨询等人才服务项目，打造"一站式"创新人才服务平台，为高层次人才创新创业开辟绿色通道。设计"东莞市高层次人才服务 IC 卡"，为高层次创新人才在莞享受医疗、社保、税费优惠等方面提供便利服务。加大市领导联系高层次人才力度，定期走访高层次人才，丰富沟通形式，帮助高层次人才解决企业融资、市场开拓、子女入学等实际问题，营造聚才氛围。

（五）打造科技金融高地

1. 健全科技金融产品体系

一是大力发展股权投资。发挥东莞产业升级转型及创业投资引导基金、创新创业种子基金和创业投资机构风险补助资金作用，不断健全财政社会资本联动机制。二是扩大科技信贷规模。发挥信贷风险补偿金和贷款贴息资金的作用，对符合条件的企业给予贴息补助，强化科技信贷融资支持。三是鼓励发展民间融资。依托东莞民间金融街，吸引民间金融组织集聚发展。推动地方法人金融机构发起组建金融租赁公司，支持国内外各类融资租赁机构在东莞成立总部或开设分支机构，为企业、科研院所、开展科技研发和技术改造提供大型设备、精密器材等租赁服务。四是推动科技保险发展。支持符合条件的保险公司设立专门服务科技企业的科技保险专营机构，为科技企业降低风险损失、实现稳健经营提供支持。推广中小企业科技贷款保证保险、贷款担保责任保险、出口信用保险等新型保险产品，为科技企业提供贷款保障。

2. 创新科技金融融合发展方式

一是完善"投贷保"联动的融资方式。在东莞实施"拨贷联动"支持计划的基础上，借鉴苏州、南通等地经验，由财政资金设立"投贷保"

联动风险补偿资金，科技管理部门向实行联动的银行和创业投资公司推荐入围企业，以"投贷保"联动风险补偿资金为担保，银行按审核额度对企业发放贷款；发生代偿风险时，由科技创投公司跟进投资，把债权转为股权；创投资金撤出时发生的投资损失从"投贷保"联动补偿风险资金中列支。二是拓展"创新券"功能。借鉴天津"创通票"和深圳"创新券"比较成熟的做法，逐步拓展东莞科技"创新券"服务领域，为企业提供涵盖创新创业的全过程的初创服务、高企服务、知识产权服务、分析测试服务、新三板挂牌等服务。进一步扩大科技"创新券"的服务面，争取覆盖到符合条件的创客个人，提高财政资金对中小微创新主体扶持力度。三是扩大财政"后补助"范围。应借鉴四川、湖南等省经验，逐步扩大"后补助"范围。同时，借鉴上海张江做法，整合科技、发改、经信等部门的资助项目，建立公开统一的科技经费使用管理体系，避免发生重复资助。

3. 完善科技金融服务平台

一是把东莞科技金融集团打造成多元化、综合性的科技金融服务机构。借鉴北京中关村科技创业金融服务集团有限公司、佛山市金融投资控股公司等经验做法，不断拓展东莞科技金融集团业务领域，加快发展一批科技担保公司、创业投资公司、小额贷款公司、科技租赁公司、知识产权运营公司等子公司，打造股权投资、融资担保、融资租赁、中小企业信用管理等多元化、综合性的科技金融服务机构，构建全方位、多层次的科技金融服务体系。二是把省科技金融服务中心东莞分中心建设成一流的科技金融服务平台。借鉴佛山打造广东省科技金融综合服务中心的做法，加快推动科技型企业认定、信用增值服务、专项申报协助、培训教育、创业路演等专业服务平台建设，为企业提供一站式、多元化、全方位的科技金融信息服务，打造政府、企业、投融资金融机构和专业科技服务机构等共同参与的科技金融服务平台。同时，要根据东莞镇街科技金融发展需要，鼓励重点镇街和园区组建专业化的科技金融服务机构，逐步完善市、镇、园区联动的科技金融服务体系。三是打造科技金融超市。借鉴苏州、佛山等城市做法，整合各类金融信

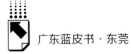

息资源和科技型企业信息资源，构建在线科技金融信息交流系统，打造科技金融网上超市；同时，选择科技型企业集聚度高的园区和镇街，建设实体科技金融超市，把金融机构的服务平台前移，并引入银行、担保、保险、创业投资、小额贷款、融资租赁、投资基金等机构入驻，打造"线下实体＋线上网络"的科技金融服务网络。

开放经济篇

Open Economy

B.9

东莞市加快构建开放型经济新体制研究

中国国际经济交流中心课题组*

摘　要：　改革开放三十多年来，东莞市在开放型经济体制机制创新上
　　　　　作了不少有益探索，逐步形成了以加工贸易为主导的开放型
　　　　　经济特征。本研究在分析东莞构建开放型经济新体制所具有
　　　　　的基础和优势条件、面临的问题与挑战的基础上，从管理模
　　　　　式、开发区（园区）协同开放新机制、外贸促进体系、金融
　　　　　服务等方面提出了具体的对策建议。

关键词：　开放型经济　新体制　东莞

* 课题顾问：张晓强，中国国际经济交流中心常务副理事长。课题指导：魏建国，中国国际经济交流中心副理事长。课题组组长：杨绪珍，中国国际经济交流中心经济研究部部长。课题组成员：张焕波，中国国际经济交流中心副研究员；刘向东，中国国际经济交流中心副研究员；李娣，中国国际经济交流中心博士；梁云凤，中国国际经济交流中心研究员；孙晓涛，中国国际经济交流中心博士；徐伟，中国国际经济交流中心副研究员；林江，中国国际经济交流中心博士。

一　东莞市构建开放型经济新体制的基础与优势

起步于"三来一补"加工贸易的东莞经济逐步形成外向型经济的发展模式，外资企业占比长期超过80%。在吸引外资发展的基础上，东莞市逐步形成了以加工贸易为主导的开放型经济。

（一）东莞市构建开放型经济新体制的基础

1. 经济对外开放程度高

东莞在全国、全省外贸当中占有较为重要的地位。在构建开放型经济新体制的6个试点城市中位居第一，与上海自贸区相当，约为重庆两江新区、大连金普新区等的3倍。在进出口外贸方面，东莞2016年外贸进出口总额11416亿元，同比增长9.8%，经济外向依存度约167.2%，进出口总量在全国各大城市中排名第5位，分别占全国的4.7%和全省的18.1%，仅次于上海、深圳、北京、苏州，超过其他5个城市的总和，出口额达到6556.8亿元，同比增长2%。

2. 吸引外资走在全国前列

截至2015年上半年，东莞市共有来自全球40多个国家和地区的1.1万多家外资企业，累计实际利用外资706亿元，分别占全国的4.2%和全省的20%。2015年东莞市实际利用外资53.2亿美元，同比增长17.5%，排在天津、上海、北京、杭州、苏州、深圳之后，位居全国第7位，高于其他试点城市。其中，2015年实际投资超千万美元项目69宗，同比增加20宗，累计实际投资29.6亿美元，增长113.1%。

3. 产业转型升级成效显著

2012年先后出台了《关于进一步推动加工贸易转型升级的意见》等一系列政策，针对加工贸易企业技术、资金、销售渠道大部分来自境外、创新能力不足等问题，每年安排20亿元"科技东莞"工程专项资金，重点推动加工贸易企业提升R&D水平、创建品牌、拓展内销等。2016年出台《东莞市关于促进加工贸易创新发展全面提升外经贸水平的实施方案》，每年拿出近 3 亿元推动加工贸易创新发展。截至 2016 年底，全市共有 8389 家外资企业从加工贸易转向一般贸易或混合贸易形式，加工贸易高新技术企业增加到322 家，获得境内外发明专利授权增加到 3899 个，拥有自主品牌的加工贸易企业数达 2000 家，拥有自主品牌 12454 个。机器人及智能装备、电子商务、现代物流、文化创意等产业加快发展，为产业升级注入了新动力。特别是智能手机产业成为经济增长新亮点，2016 年出货量达到 2.55 亿部，约占全球的 20%。规模以上工业企业内销比重超过外销，民营工业占比提高17.8 个百分点，民营经济税收与增加值贡献率逐年提高。

4. 对外经贸合作水平较高

东莞市先后开通"粤新欧""粤满俄""中韩快线"等国际货运班列，对外经贸合作水平有所提升。2016 年，东莞市对"一带一路"沿线国家出口增长 8.5%，铁路货值增长 39.7%，占全省的七成以上；东莞港开通了越南海防的直航航线，与石龙货运站试行水铁联运，年吞吐量突破 300 万标箱；打造"超级中国干线"，使香港机场与东莞实现空运货物在香港与珠三角地区间的快速流转；加强"引进来"和"走出去"相结合，搭建国际产能合作平台，如在埃塞俄比亚设立了中国东莞华坚国际轻工业园、中俄贸易产业园落户东莞石龙等。

5. 外贸新业态不断涌现

东莞市跨境电商、外贸综合服务业、服务贸易等外贸新业态较快发展。东莞推动与阿里巴巴全产业链合作，目前已有 1.1 万家企业开展跨境电商从事 B2B 业务，国际小包（B2C 业务）出货量突破日均 25.3 万件，增长106%。东莞市拥有以岭南、汇富为代表的 500 多家外贸综合服务企业，为超过 10000 家中小企业提供外贸服务，推动加工贸易企业特别是中小微加工贸易企业拓展市场、创新转型，积极发展服务外包业务，发挥松山湖（生态园）、莞城科技园等省级服务外包示范园区优势，成功引进一批优质服务外包企业。

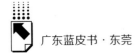

6. 科技创新能力有所增强

截至2016年年底，东莞市拥有高新技术企业2028家，高新技术企业培育入库1475家，国家高新技术企业总数和入库数均居全省地级市第一。发明专利申请量和授权量分别为17024件和3682件，同比增长52.45%和31.74%，位居全省第4位和第3位；PCT国际专利申请量为876件，同比增长160.71%，位居全省第3位；国内有效发明专利量11154件，位居全省第3位。

（二）东莞市构建开放型经济新体制的优势

1. 经济实力雄厚

2016年东莞市地区生产总值达6827.67亿元，位居全国地级市排名前20强；同比增长8.1%左右，快于全省及全国平均水平，增速为近三年最快。一般公共财政预算收入545亿元，增长8.2%。固定资产投资、社会消费品零售总额分别增长6%和12.6%。全市进出口总额、出口总额分别达11416亿元和6556.8亿元，稳居全国大中城市第5位和第4位。外贸进出口增速在全国外贸总额前五名城市中排名第一。东莞是全国第二个全年国税收入突破1000亿元的地级市。镇街平均生产总值突破200亿元。松山湖纳入珠三角国家自主创新示范区，在全国国家高新区综合排名由第53位升至第29位。东莞港吞吐量从58万标箱增长到350万标箱，是全国第十一大沿海港口、珠三角第二大内贸港口。

2. 经济市场化程度高

从市场主体来看，以外资企业和民营企业为主，国有企业较少，企业历史包袱相对较少，自主性和能动性强，充满创新活力。从加工贸易企业来看，全市共有加工贸易进出口实绩的企业5517家，其中，外资企业4627家，占全市加工贸易企业的83.9%；民营企业890家，占全市加工贸易企业的16.1%。东莞大力推进专业镇建设，围绕各区域的产业特色，着力做强龙头产业，形成了多个产业发展集聚区，目前全市已有模具、家具、纺织、服装等34个专业镇。

3. 政府职能转变较快

近年来，东莞市紧紧围绕服务实体经济发展，充分发挥市场在资源配置中的决定性作用和政府的积极作用，营造市场化、法治化、国际化的营商环境，构建政府服务"加一"、企业综合成本"减一"的优势，有力地促进了经济稳定健康发展，增强了经济发展活力和动力。积极推进企业信用分类监管，加快探索新型市场监管模式，初步建立了失信联合惩戒机制。

4. 自主改革开放意识强

近年来，东莞积极推动体制机制改革创新，在商事登记、"三互"大通关和项目直接落地等重点领域改革持续取得有效突破，领跑全省乃至全国。在外贸通关服务上，东莞 2015 年全面启动国际贸易"单一窗口"建设，是全国最早实现"三互"大通关水陆一体化的城市之一。在投资项目审批上，东莞在 2014 年就开始启动项目投资建设直接落地改革试点，在全国率先实行"先建后验、宽进严管"的投资项目建设模式，通过推广实施企业依法承诺制、备案制和并联审批制度等，成为全国投资审批效率最高、审批时间最短的城市之一。在商事登记改革上，东莞是全国商事登记改革试点城市，早在 2012 年就开始启动商事登记制度改革，并发出全国首张电子营业执照，在全国地级市中率先实现了全程电子化工商登记。首创新业态企业集群注册改革，支持和规范跨境电商集聚发展。2015 年又出台了《关于东莞对接国家自由贸易试验区发展的意见》，主动承接自贸区的政策外溢和辐射，全面复制推广自贸区经验。

5. 区位优势明显

东莞市位于广东省中南部，珠江口东岸，北接广州，南连深圳，处于粤港澳大湾区核心位置，与广州、深圳和惠州的 9 个县级行政区接壤，与广州、深圳、香港三城汇聚一起，组成了珠三角东岸最强经济走廊，是粤港澳大湾区建立世界级的创新中心和制造业转型升级高地中的重要基地。东莞市还是为数不多的"一带一路"双节点城市，具有显著的地理空间优势。从海上通道看，东莞毗邻港澳、邻近东盟、面向亚太，位处日韩—东南亚—澳洲这一亚太经济走廊的中心位置，自古以来就是"海上丝绸之路"的重要节点，海上通道十分便利。近年来东莞港（东莞港）的吞吐量持续增长，在全球百大集装箱港口排行榜中，已排名第54位。从陆上通道看，东莞是国际最长的货运班列——中欧班列的全国8个始发地之一，通过中欧班列可以顺畅地连通中亚、欧洲等地。东莞作为华南地区连接"一带一路"倡议的枢纽城市，为发展开放型经济提供了重要的交通物流保障。

6. 对外交通路网密集便利

东莞处于广州和深圳中间，路网更密集，对外交通更方便。东莞至深圳有八条高速，其中深圳外延的梅观高速、龙大高速、南光高速等3条免费高速通往东莞；广深港客运专线、深广和谐号、深茂高铁、赣深高铁设站；莞深地铁将无缝对接，东莞轨道1号线、2号线、3号线将分别与深圳地铁6号线、12号线和18号线、11号线对接。

7. 产业配套完善

东莞市制造业雄厚，产业配套能力强，具有多年来建立起来的完整高效工业配套系统，在传统工艺上有核心竞争优势，能够吸引新兴产业企业在东莞建立生产基地，就地采购零部件，将产品就近供给东莞的下游企业，销售到国内外市场。例如，以专注精密构件制造的东莞劲胜精密组件股份有限公司的客户包括三星、亚马逊、索尼、中兴、华为、TCL、魅族等知名企业。如东莞市松山湖高新区拥有完善的基础配套设施、产业孵化基地以及优良的居住环境和教育资源，已经吸引华为、漫步者、华中科技、电子科大、中移动、生益科技、正大集团等高科技企业迁入。

8. 全方位开放平台初步形成

东莞市充分利用区位优势和外贸强市地位，搭建全方位对外开放的载体平台，组织企业参加境内外展会。比如，东莞市承办广东21世纪"海上丝绸之路"国际博览会，筹办2016年中国加工贸易产品博览会，2016中国（东莞）国际科技合作周；实施"国际展销平台"培育工程，搭建中巴总部项目、南非、英国及迪拜"东莞产品展销中心"，组织企业抱团开拓新兴市场，构建海外产业对接高端平台，在埃塞俄比亚设立中国东莞华坚国际轻工业园；推动广东石龙铁路国际物流中心对外开放，在东莞石龙设立中俄贸易产业园，开通"粤新欧""粤满俄""中韩快线"等国际货运班列，打造"超级中国干线"，使香港机场与东莞实现空运货物在香港与珠三角地区间的快速流转。在日本、韩国、中国台湾、马来西亚、印度尼西亚、阿拉伯联合酋长国、巴西、美国等境外设立了近10个境外经贸办事处，帮助东莞企业加快走出去。

二 东莞市构建开放型经济新体制面临的问题

（一）外贸下滑和外资企业迁出压力增大

国际金融危机以来，全球经济尚未彻底走出低谷，全球贸易增速连续5年低于经济增速，国际贸易陷入长期低迷之中。东莞加工贸易承接国际产业转移放慢，产业和订单转出加快，要保持外贸强市的地位，需要顶住来自全球范围的贸易摩擦的冲击。面对严峻的外部环境，东莞不少中小微企业面临出口下降的困境，尤其是传统劳动密集型制造业出口大幅下降。

（二）中国经济发展进入新常态，转型升级压力增大

中国传统依靠资本、土地、劳动力等生产要素大规模投入驱动发展的模式正在发生改变；市场相对饱和，难以支撑迅速扩大的生产能力；能源资源和生态环境容量已经达到或接近上限。东莞作为中国制造的缩影，正在经历同样的问题。随着要素价格的持续攀升，东莞传统的成本比较优势已逐渐消失，而要发展高水平的开放型经济，需要加快推动形成以技术、品牌、质量为核心的竞争新优势，向"微笑曲线"两端延伸。

（三）东南亚低端产业和发达国家高端产业两头挤压

当前中国制造业面临低端产业向东南亚迁移和高端制造业向发达国家回流的两头挤压局面。在高端产业，一些发达国家近年来提出"再工业化"

战略，特别是美国特朗普政府采取各种措施鼓励跨国制造企业回流。在低端产业，东南亚一些国家依靠较低的劳动力成本大规模吸引外国企业投资。作为"世界制造业之都"的东莞，更是感受到空前的产业发展压力，近年来已经出现向东南亚等周边国家转移产能的情况，不仅包括劳动密集型的传统产品制造，也有电子信息产品制造。同时，在面向欧美等发达国家招商引资时，引进高端制造业的难度日益加大。

（四）周边城市同质竞争的挑战

在粤港澳大湾区城市群中，与港、澳、深、广相比，东莞的自身条件和基础并不突出，同时，东莞也没有享受到国家和广东省的一些高端政策优惠和试点资格，如自贸试验区等。这在一定程度上可能会产生挤出效应，迫使东莞的产业加速向一些政策高地转移。同时，东莞还面临周边佛山、惠州、珠海、中山等城市的同质化竞争，对优质资源的争夺将会更加激烈，如不能在协同发展上进行合作，难以形成多赢的局面。

（五）自主改革开放空间不足

在国家确定12个构建开放型经济新体制综合试点试验城市和地区时，并没有明确把中央事权范围的事项授予地方，试点城市和地区任何突破现有体制和政策的措施，需要逐级上报有关主管部门，特别是涉及多个部门时，更加难以取得实质性突破。例如，在推进形成高标准投资贸易规则体系中，涉及服务业开放、知识产权保护、负面清单优化改进等，大都涉及中央事权，地方要有所突破，必须逐级上报、跨部门协调。

（六）缺乏有效的平台支撑

东莞市虽拥有不少产业园区，但层级、档次普遍较低，只有松山湖1个国家高新技术产业开发区，既没有自贸区、国家级新区，也没有国家级经济技术开发区，不仅与一线城市有较大差距，甚至还比不上一些地级城市，如同为试点城市的福建漳州市拥有1个国家高新区、3个国家经开区。

（七）技术与人才支撑不足

2016 年，东莞 R&D 投入强度达到 2.5%，大幅落后于深圳，也低于周边的佛山、珠海。东莞的科技创新人才、高技能人才和具有国际化视野的中高级管理人才明显不足，人力资本的总体素质仍相对较低。东莞引进的"千人计划"专家仅为 37 人，远低于深圳（208 人）、苏州（219 人）等先进城市，规模以上工业企业每万人从业人员中有 R&D 人员 27.7 人，远低于深圳（162.1 人/万人）及广东省平均水平（69.4 人/万人）。

（八）公共服务配套不足

与优质生活圈的标准相比，东莞的教育、医疗、文化等公共服务水平滞后，如非户籍人口公办教育资源供给不足，随迁子女入读公办学校比例占随迁子女总数的 23.1%；执业医师资源同样严重短缺，2015 年东莞每千人拥有执业医师数仅为 1.92 人；文化配套设施不足，如 2014 年东莞全市人均拥有公共藏书 1.2 册，远低于深圳的 2.8 册、广州 1.8 册；公共交通承载能力不足，2014 年东莞市区拥有的公共汽车仅 1416 辆，远低于深圳的 30590 辆、广州 13010 辆。

（九）国土开发空间矛盾突出

经过 30 多年的开发利用，东莞市土地开发率接近 50%，新增工业用地较少，拥有用地指标不到 1 万亩，项目落地和企业拓展都面临着较大制约，特别是可供集中连片开发的地块匮乏和国有工业用地紧缺，造成部分优质项目无法及时落地投产、增资扩产。另外，部分企业在进一步扩大规模的过程中需要拓展空间，但由于大量厂房、土地存在历史遗留问题，明晰厂房产权、变更土地证、征地拆迁等系列用地手续程序多、耗时长，企业从确定投资意向经过征地、招拍挂等程序到最终动工，往往需要 2 年甚至更长时间，在一定程度上影响了企业项目投资的积极性。

（十）金融服务能力未能适应经济发展需要

东莞的科技、金融、产业"三融合"仍处于起步阶段，风险投资机构成立年限短，所投项目不多，科技贷款整体规模有限，距离解决科技型企业的投融资难题差距较大。东莞市金融体系规模较大，但企业贷款可获得性不强。外资金融机构数量较少，无法充分满足外商企业的特色金融需求。外资金融机构、各类股权投资基金、融资租赁公司、融资担保机构、小贷公司等发展得还不充分，无法满足先进制造业企业和创新型企业的金融需求。

三　东莞构建开放型经济新体制的建议

（一）加快形成开放型经济运行管理新模式

1. 深化行政审批制度改革

按照国际高标准的通行规则，深入推进行政审批制度改革，推出权力清单、责任清单和负面清单，构建边界清晰、分工合理、权责一致、运转高效、依法保障的行政服务体系。推动行政审批事项按照完全取消审批、审批改备案、实行告知承诺制、提高审批透明度和可预期性、强化准入监管等五种方式进行改革。深化"证照分离"改革，对实施"证照分离"的改革事项，强化政府部门的专业监管，全面提升开放条件下的监管能力。推进事权下放，推行市镇权责清单制度。以"互联网＋政务服务"为重点，建设和完善网上政务大厅，推进多部门共同审批、联合审批，实现审批事项网上全程办理，打造政府服务特别是审批服务"单一窗口"。

2. 完善外商投资管理模式

对外商投资实行准入前国民待遇加负面清单管理模式，提高外资准入的开放度和透明度。对外商投资和对外投资项目，将东莞市一级的行政审批权限下放到园区和镇，实行备案登记制度。探索由东莞办理省属权限的鼓励类、允许类外商投资企业设立、变更和终止等相关许可手续。在 CEPA 框架协议下，对港澳服务提供者在东莞投资属于备案范围的服务贸易项目实行备案制。推进外商投资项目直接落地改革，实施外资企业依法承诺制、备案制和事后监管制，实现外商投资从项目审批、市场准入、工程建设到运营监管的全流程优化。

3. 完善事中事后监管体系

强化市场主体责任，构建"政府主导、部门监管、企业自律、社会监督"的多元共治体系。利用信息化手段推动部门协同监管、基层互动监管和信用约束监管。健全综合监管平台，实现各领域监管信息的实时传递和无障碍交换，构建覆盖企业全生命周期的企业信息大数据平台。完善公共信用信息服务平台，发挥信用体系在改革创新、经济发展、社会治理、城市管理等方面的基础性作用，建立和实施"一处违法、处处受限"的失信惩戒和约束联动机制，推动社会信用体系建设。探索建立市场主体利益相关方协商机制，在政府经济决策过程中扩大社会公众参与。

4. 加快建立与国际通行规则相衔接的服务体系

加强东莞市商事调解中心与境外商事调解、仲裁机构的交流合作，建设公平贸易工作站，帮助企业做好外贸摩擦的预警、咨询、对话、磋商、诉讼等工作，有效维护企业的合法权益。积极推进行政审批评估评审技术服务机构脱钩改制，实现政事、政社、政企在机构、职能、人员、财务资产等方面的分开。吸引国际国内著名的中介机构来东莞设立分支机构；大力培育法律、会计、审计、咨询、评估、税务、广告、策划、设计、人力资源等国内中介机构，逐渐构建与国际接轨的中介服务体系。

5. 建设知识产权保护制度环境

加强东莞知识产权保护与仲裁机制建设。知识产权保护单位与市场监管、文化、版权等部门建立信息共享机制，联合开展知识产权执法保护行动，形成多元化处理知识产权纠纷机制。加大企业知识产权保护宣传力度，出台"全覆盖"的知识产权扶持与奖励政策，降低知识产权保护成本。加大电子商务等新型领域的知识产权执法力度，严厉打击各种涉及专利、商标、版权等知识产权领域的侵权假冒违法行为。

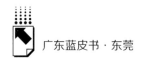

（二）积极建立各类开发区(园区)协同开放新机制

1. 创新行政管理体制

完善和创新开发区（园区）行政管理体制，进一步理顺权责关系，并赋予与之匹配的机构职能、人员设置、管理权限。进一步下放审批权限，赋予园区规划、国土、财政、环评、项目立项、施工许可等市级审批权限，提高行政效能。探索实行园镇领导交叉任职，由镇街党政"一把手"挂任园区工委副书记、管委会副主任，并建立有效的决策机制、问题协调机制、工作落实机制，充分发挥园镇联动发展的积极性。完善各镇（街）园区专门的港澳台对接机制，健全信息共享机制，促进莞港澳台服务业合作深入发展。

2. 提高土地利用效率

在市级园区开展"多规融合"试点，充分整合与土规、城规、控规、发展规划等不符的土地，释放土地空间，提高土地使用效率。完善市、镇两级城市更新常态化改造机制，统筹协调全市城市更新工作。创新产业用地分类、鼓励土地混合使用、提高产业用地容积率上限、土地分期出让、规范土地弹性引导与量化控制等措施，提高土地集约利用水平，提高单位用地产出率。

3. 建立多元化投融资机制

加大市级财政对园区基础建设的投入。充分调动民间资本、国有企业、集体经济积极性，建立政府主导、市场参与、社会资金广泛参与的投融资机制。加强园区与金融机构合作，通过设立专项发展基金、发债、投行、信托等形式，合理利用申请财政贴息和融资担保、建立产业基金和发行地方城市建设债券等多种融资方式，引导国内外各类资金参与园区开发建设。采取PPP融资模式推进园区基础设施建设。设立城投公司，允许投资公司参与土地收储和土地一级开发，用市场化手段加快园区开发建设。

4. 建立园区产业转移和对接机制

建立产业转移与承接的信息交流平台，提供国家及各地区政府经济政策、行业发展趋势、商品供需动态、备选项目等重要信息，帮助企业科学决策。设立东莞市园区间的产业对接及转移协调平台，定期不定期就产业合作发展、产业转移对接、共同投资开发、重大项目推进等加强协调与沟通，共同构建要素高效流通、资源合作分享的区域创新网络，以期产业转移与承接的周期更短、成本更小、效果更好。

5. 建立园区创新协同机制

加强对产学研合作的引导，形成以国内外市场需求为导向、以企业为主体、以学校和科研机构为纽带的新型合作机制。将创业中心的孵化功能延伸，把各园区的信息、政策、管理、服务优势与各园区的资金、人才、设备、土地等资源结合起来，深化统筹发展思路，建立企业孵化园，最终形成"孵化园＋加速器"的格局。遵循"政府引导、企业共建"模式，联合"产学研用投"共同参与，建设园区科技公共服务平台协作共享网络。以协作共享网络为纽带，形成满足行业共用、共享软硬件需求的条件类平台和以提高产业科技水平为目标的技术类平台。通过各分平台的业务输出、分平台间的横向协作，利用高效率、低成本、快服务的平台优势，整合优质资源，增强企业自主创新能力，优化产业发展环境。

（三）进一步完善国际合作新方式

1. 完善"走出去"服务机制

完善境外投资备案管理制度，推进境外投资便利化。创新投资服务促进机制，建立境外投资服务平台，为东莞企业"走出去"提供高效、专业、便捷的一站式服务。引导企业利用世界各类展会或国际相关行业协会举办活动等契机，开展项目合作、跨境并购、投资运作。推进适用于境外股权投资和离岸业务的税收创新。进一步完善境外投资促进和鼓励企业"走出去"扶持政策，为企业出海开展绿地投资、并购投资、联合投资等业务提供便利。

2. 建立适应经济全球化需要的人才服务体系和管理制度

建立灵活有效的柔性引进人才机制，多渠道引进欧美等发达国家高端人才，建立和完善创新型人才激励与评价机制，优化人才管理服务和环境。建设莞港合作创新创业平台、海峡两岸青年创业基地,创建松山湖(生态园)高新区省级人才发展改革试验区,加强开放型经济的人才交流活动,推动企业开展海外技术合作。进一步推动简政放权,减少相关管理部门在人才评价、流动等环节中的行政审批事项,建立符合人才成长规律和有利于人才发展的政策体系。依托新兴产业,集聚专业人才,深化人事制度改革和薪酬制度创新,打破人才体制壁垒,畅通人才进出渠道,激发人才创造活力。探索在东莞具备条件的公立学校开设国际班,满足海外人才子女教育多样化需求;并探索提供国际化的医疗保障措施,鼓励符合条件的医疗机构与国内外保险公司合作,加入国际医疗保险直付网络系统。

3. 完善国际技术交流和合作机制

按照"政府引导+企业自主"的原则,积极鼓励企业在海外建立新型研发机构,在海外布点,利用当地人才和技术优势,与海外有关高校院所共建海外研发机构,开展国际科技交流合作。进一步探索促进国际技术转移新机制。充分利用与深圳商务科技平台等现有的国际技术转移平台,积极探索建立有效的对接制度,引导平台现有国际技术合作的成熟资源转移至东莞,满足企业技术提升的需求。充分发挥互联网的信息传播优势,探索发展"互联网+国际技术转移"模式,整合已有资源,汇集企业需求,搭建统一、专业、有效的国际技术转移信息共享平台,定时发布项目对接及国际技术转移信息,为企业谋求国际技术转移合作提供对接信息,打造一个集成知识产权、各种科技成果和技术,集成各专业机构整体服务体系。

4. 完善与港澳台全方位合作机制

在CEPA框架协议下,创新与香港的合作机制,以生产性服务业为重点,促进两地服务贸易一体化,打造与港澳地区接轨的"一体化"高标准服务贸易体系,对接东莞高端服务业培育与发展。利用CEPA服贸协议正式施行的契机,尽快制定出台《关于推动莞港澳服务贸易自由化的实施方案》,在"负面清单"上放开手脚、迈开大步,承接港澳服务业全面进入。落实CEPA内地与香港服务贸易协议,借鉴广东省粤港澳合作促进中心经验,建立有效的莞港澳服务业合作促进工作机制,由外事局等有关部门承担相关工作，全面整合东莞市港澳事务在科技、金融、卫生、教育、文化、交通等领域相关机制和资源，搭建合作促进平台，推进莞港澳加工制造和现代服务业的融合发展。重点加强与港澳台地区在科技、金融、商贸、教育、公共服务等领域的合作，建立投资信息共享平台。结合两岸生物技术产业合作基地等需求，探索放开进出口检验，以方便进出、严密防范质量安全风险为原则，开展对台进口检验检疫制度创新。积极引导社会资本和港澳台及国外优质医疗资源发展高端医疗服务和健康产业。

5. 积极发挥政府、企业、协会等组织的对外联络功能，建立多层次合作机制

发挥东莞驻美国硅谷、德国杜塞尔多夫等境外经贸办事处的作用，探索与欧美、以色列等发达国家使领馆、商会协会、贸易振兴机构、产业服务机构建立代表处联络机制，搭建营商营销网络平台。构建友好城市国际合作平台，利用与东莞友好城市的交流平台，加强与所在国的先进技术领域以及教育科研机构的对接合作。积极引进欧美等发达国家的专业认证、检测等服务机构，提供产品检测、认证和设计、公共推广等服务。

（四）全力建设以质量效益为导向的外贸促进新体系

1. 完善外贸综合服务体系

制定外贸综合服务企业诚信管理办法，把按差错数考核改为按差错率考核，宽容守信企业的正常业务差错。对外贸综合服务企业，免除其所服务企业违规处罚的连带责任。对外贸综合服务企业按照实际营业收入征收印花税，税收征管实行国内制度"平行复制"，即实行参照国内其他地区（自贸试验区等特殊区域除外）利于企业发展的现行税收征管方式、标准执行，推动外贸新业态发展。加大对重点外贸综合服务企业出口退税的帮扶力度，对信用度高的大型优质企业简化出口退（免）税日常审核，提高退税办理效率。

2. 强化跨境电商服务平台和便利化机制建设

深入推进基于"单一窗口"的跨境电商"三互"大通关改革，实施"园区仓储＋公共平台＋智能核放"的跨境电商通关模式。创新商品备案自动审核模式，实现低风险商品 7×24 小时实时备案。对出口商品采取"清单核放、汇总申报"方式办理通关手续。对进口商品实行"集中申报、核查放行"。对出境商品以检疫监管为主，一般工业制成品出口不再进行法检。实施跨境电商出口退税无纸化管理。

3. 建立便利化的口岸管理和通关协作机制

强化大通关协作机制，加快建设统一的电子口岸平台，实现各口岸管理部门之间"信息互换、监管互认、执法互助"，有效提升贸易便利化水平。依托"网上海关"平台，推进审批集约化、网络化，除总署规定由直属海关负责审批的项目以外，其余减免税业务集中由东莞海关办理，适时拓展到原产地、审价、归类等多项征管业务领域，促进贸易便利化。建立东莞进出口企业正面清单，将东莞片区属地生产型企业纳入正面清单。对清单内企业被区域审单中心下达验估指令的报关单，按照"一次申报、分部处置"的原则，实行事后批量集中验估。探索建立以合格假定为核心的检验监管模式、以风险管理为重点检验监管模式，开展第三方采信工作，强化风险监测、风险分析和事中事后监管。探索创新加工贸易以本地保税仓储方式出口复进口检测监管模式。推动东莞港与南沙港、深圳港建立"一关通"。加快保税仓和出口监管仓整合，探索在出口监管仓实施入仓退税。

4. 完善跨境电商税收征管机制

在充分评估骗税风险、严把退（免）税审核关的前提下，整合资源、创新管理，优化跨境电商退税监管，包括对出口退税审核系统中的疑点提示及时予以排查，对单证中可能出现的疑点加以分析和排除，尽可能减少出口货物税收函调等；建立电商退税高速公路，在外贸企业出口退税"一级审核"的基础上，集中人手，抓住重点环节，优先审批，实时滚动办理零售出口退税，减少重复审核，保持电商零售出口退税畅通，尝试按商品大类设置综合退税率、对申报资料缺失出口货物实行"无票免税"等政策措施。

5. 完善贸易统计方式

完善加工贸易数据统计体系，加工贸易企业申报备案品牌及在报关单备注栏注明品牌和自主知识产权的，海关及相关部门要加强统计监测，协助打击假冒伪劣、侵权行为，加大对国内外品牌和知识产权的保护力度。整合加工贸易企业备案数据和进出口报关业务数据，建成加工贸易综合信息平台，商务、海关、检验检疫、国税、外汇等部门统一采用企业在海关录入的上述数据，实现一次录入、多部门共享。

6. 建立加工贸易与科技创新资源合作对接机制

创新加工贸易企业研发激励机制，引导企业加大研发投入、设立研发中心（机构）或区域性研发总部。创新重点科技园区投资开发和管理激励机制，拓展重大科技项目引进渠道，加快集聚科研、设计、检测等实体研发（设计）机构，为加工贸易企业提供专业服务。加大政府购买服务和科技"创新券"的推广应用力度，建立政府引导基金财政持续投入机制，建立省市合作"机器换人"融资租赁专项基金，积极筹建国家智能制造装备监督检验中心。简化深加工结转备案程序，明确深加工结转业务税收政策，对深加工结转业务实行统一的免税政策。

7. 建立加工贸易产品自主品牌营销体系

建立加工贸易企业品牌营销扶持体系，扶持一批品牌培育和运营专业服务机构。鼓励和引导企业收购和引进海外品牌、创建国内自主品牌、联合知名零售连锁企业创建联合品牌。引导加工贸易企业实施品牌战略，打造生产型出口企业百强品牌。鼓励优势产业集群所在镇街注册并推广区域品牌，创建广东省或全国知名品牌创建示范区，提高区域知名度。

8. 建立支持加工贸易企业由"单纯生产制造"向"生产服务混合型"转变的体制机制

按照"政府搭台、企业唱戏"的方式，重点通过"众筹、众包、众扶、众智"等多种方式，优化整合现有服务外包企业，支持其提供生产性服务，尤其是开展科技研发、知识产权保护、人才培训服务、品牌营销、市场推广、法律咨询、会计核算等多领域的现代服务活动。落实CEPA内地与香港服务贸易协议，探索成立莞港澳服务业合作促进中心，搭建合作促进平台，推进莞港澳加工制造和现代服务业的融合发展。

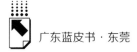

9. 深化产品质量制度改革

提高国产品检验检测标准,加快建设智能制造装备国检中心、强制性产品认证指定实验室,推广先进质量管理方法,开展产品质量风险监测,提升产品环保和安全等标准,完善企业产品质量追溯和质量安全检验检测体系。完善制造业技术标准体系,组织实施关键基础产品质量攻关计划。重点行业实施能效"领跑者"制度和名牌带动战略。建立行业出口质量安全示范区,充分发挥示范区企业在诚信经营、质量管理、品牌建设、社会责任和行业自律等方面的示范作用,推动东莞优势制造行业向规模化、高端化、品牌化发展。开展出口集聚产业WTO/TBT评议基地建设,提升企业应对国外技术型贸易措施的能力。

(五)积极探索金融服务开放型经济新举措

1. 加快推进金融制度创新

研究出台相关实施细则和政策措施,推动金融开放创新。建立自由贸易账户,推动账户开立和使用便利化。适时探索启动个人境外投资、限额内可兑换等工作。扩大人民币境外使用范围,拓宽境外人民币投资回流渠道,促进人民币跨境双向流动。探索以境外股权、资产等抵押融资担保、第三方担保、融资租赁等方式,拓展"内保外贷""外保外贷"等跨境融资渠道。充分利用政府信用,将政府投融资项目的国有企业作为债务主体,进入国际金融市场,融入境外低成本的资金。充分利用外商投资融资租赁企业的外债额度,搭建融资租赁公司与融资企业的合作平台,引导融资租赁企业积极通过融入境外低成本的资金,推动融资企业盘活存量资产,增强再融资能力。

2. 完善金融服务实体经济的机制

大力发展股权投资基金,建立政府引导基金财政持续投入机制,建立省市合作"机器换人"融资租赁专项基金,探索推行"拨贷联动支持计划",采取"先政府立项、后银行贷款、再财政拨款"的形式进行支持,引导加工贸易企业利用机器人设备进行技术改造升级,推行智能车间、数字化工厂等智能制造模式,提升制造业劳动生产率。鼓励金融机构创新进口设备抵押贷款、进口保单质押融资等金融产品。积极开展订单质押贷款、应收账款质押贷款业务。运用承兑和贴现等票据融资方式,为中小企业提供低成本融资工具。鼓励各金融机构依托东莞港,与资质强、信誉好的仓储物流企业合作,为银行信贷提供第三方动产质押管理,开展仓单质押、动产质押、保兑仓和开证监管等方式的融资业务,对于成长型小企业开办股权质押融资业务。

3. 建立金融机构"走出去"体系

大力支持本地法人银行提高国际化水平和跨境融资能力,打通本地法人银行与境外金融机构直接沟通渠道,探索在中国香港等地设立本地法人银行的境外分支机构。通过加强与自由贸易试验区金融机构的资源共享和业务合作,促进东莞金融机构的对外开放水平,提高东莞金融机构服务、业态和产品的创新能力,更好地服务实体经济发展。支持莞、港、澳三地机构共同设立人民币海外投贷基金,为企业开展海外投资并购提供投融资服务。探索以证券业合作作为东莞与港澳台金融合作的突破口,促进东莞资本市场的完善与发展。鼓励基金、信托、金融租赁等机构通过国际合作对"一带一路"项目提供融资支持。

4. 建立新型经济金融组织体系

推动海外资产管理机构落户,鼓励外资金融机构设立合资证券公司,吸引国际知名投行落户。发展风险投资、股权投资等类型基金,为成长中的企业提供必要的金融服务。重点提高政府引导基金的运作效率,使其在推动相关产业基金的成立和发展中发挥引领和撬动作用。发展融资租赁业,满足众多出口制造业企业固定资产投资资金需求。建立以政策性为主体的融资担保体系,搭建企业与金融机构之间的桥梁,提高信用风险较高主体的融资可得性。

5. 建立金融监管协调机制

积极对接中央和地方金融监管的协调新机制,探索建立跨部门、跨市场、跨行业的金融风险监测预警平台,引导和推动金融机构加强内部风险控制,守住不发生系统性、区域性金融风险的底线。完善对持有各类牌照金融机构的分类监管机制,加强金融监管协调与合作。探索建立跨境资金流动风险监管机制,对企业跨境收支进行全面监测评价。强化外汇风险防控,实施主体监管,建立合规评价体系,以大数据为依托开展事中事后管理。做好反洗钱、反恐怖融资工作,防范非法资金跨境、跨区流动。通过打造稳定、安全的金融环境支持本地金融机构的健康发展,吸引外部金融机构的加入。

(六)尽快形成全方位对外开放新格局

1.完善落实"一带一路"倡议服务机制

引导企业参与"一带一路"沿线国家投资和贸易。建立与"一带一路"国家政府、商会协会以及企业三个层面的合作机制,推动与沿线国家开展产能合作。以做大做强东莞港为抓手,主动融入粤港澳大湾区建设。在成功开通中国台湾、越南海防直航航线的基础上,进一步推动开拓国际航线。探索打造国际采购、国际配送和全球集拼分拨管理平台。探索与世界各地港口建立港口联盟,推动东莞港与国际一线港口实现对接。以港口为"引擎",发展临港经济,依托港口建园区,依托园区引企业,依托企业搞创新,打造临港经济创新发展生态圈。为企业提供便宜、快速的物流通道,进一步帮助企业开拓"一带一路"沿线国家市场。探索国际货运班列跨区域检验检疫通关一体化机制。实现"三通两直"(通报、通检、通放和出口直放、进口直通),提高口岸通关放行效率。

2.出台高效、联动的东莞特色水铁联运服务保障机制

大力建设口岸基础设施,鼓励企业开展水铁联运业务,打造连接"一带""一路"地区的货运交通枢纽和产品集散地。积极申报多式联运海关监管中心。以中外运广东公司"东盟—广东—欧洲"公铁海河多式联运项目被交通部、国家发改委列入全国第一批多式联运示范工程项目名单为基础,积极争取申报成为多式联运海关监管中心,将各种运输方式的货物进行换装、仓储、中转、集拼、配送等作业集合为一体。多式联运途中的货物换装、拆拼作业将不再需要分别进行转关申报,以便整合监管资源,提高通关效率。

3. 建立国际展览服务新机制

鼓励企业参加境内外国际品牌贸易展览会，通过展会平台抢抓订单和发展机遇，扩大国际市场的参与度和话语权。积极引入外事侨务港澳资源参与粤海产业园、中以产业园、中俄贸易产业园等重大平台建设，加强外侨资源与东莞市产业对接力度，发挥东莞市园区的环境和政策优势，吸引海外高层次人才来莞创业发展。引导和推动莞商资本开放合作，积极拓展海外市场，重点打造中俄贸易产业园等国际产能合作平台。加强与南太平洋岛国、东盟、南美、非洲等海外市场的经贸文化旅游交流合作，挖掘与新兴市场的合作潜能。建立境外东莞产品展销中心。鼓励东莞优质企业抱团开拓南美、非洲、俄罗斯以及中东、东盟等新兴市场，建立东莞产品的境外展销中心，着力打造永不落幕的展贸会，扩大国际市场的参与度和话语权。

4. 构建大宗商品交易体系

依托东莞产能和区位优势，立足商品现货交易，建设集交易、仓储、物流、结算等功能于一体的大宗商品现货交易平台，培育国际商品交易集散中心、信息中心和定价中心，促进进出口产品与市场需求有效对接，积极培育一批国际商品交易平台，打造国际国内重要原材料及商品市场集聚地。鼓励有实力的商贸企业、制造企业建设大宗商品现货交易平台。大力引进清算、结算中心等相关机构，加快建设集大宗商品交易、结算、金融服务等功能于一体的交易平台，实行大宗商品交易平台增值税平进平出。

B.10
东莞参与粤港澳大湾区建设的
定位功能与发展策略研究

中国（深圳）综合开发研究院课题组*

摘　要：　粤港澳大湾区城市群为中国开放程度最高、经济活力最强的
区域之一。本研究深入分析了东莞参与粤港澳大湾区建设的
机遇、挑战和基础优势，明确了东莞在粤港澳大湾区建设中
的使命、定位与功能，并提出了东莞参与粤港澳大湾区建设
的相应路径选择。

关键词：　粤港澳大湾区　产业合作　东莞

随着经济全球化的深入和城市化的发展，城市之间的竞争不再仅仅表现
为单个城市的竞争，而是越来越表现为以核心城市为中心的城市群或城市集
团的竞争。以大城市为核心的城市群已经成为一种具有全球性意义的城市—
区域发展模式和空间组合模式，只有城市群才能有足够的产业集聚和经济规
模参与全球性的城市竞争和合作，形成强强联合的经济共同体和命运共同
体，应对全球化的挑战。城市群作为国家参与全球竞争与国际分工的基本地
域单元，将决定 21 世纪世界经济的新格局。

经过近四十年的持续快速发展，粤港澳大湾区城市群已成为中国开放程
度最高、经济活力最强的区域之一。从经济规模、外向程度、产业形态、城

---

* 课题组组长：胡振宇，中国（深圳）综合开发研究院可持续发展与海洋经济研究所所长；成
员：安然、周余义、张洪云。

市竞争力和区域合作水平等方面看，粤港澳大湾区城市群已具备建成国际一流湾区和世界级城市群的基础条件。在国家层面大力支持和粤、港、澳三地的积极推动下，粤港澳大湾区城市群进入加速一体化发展的新阶段。东莞在产业基础、经贸联系、资源储备、设施连通等领域具有良好的基础优势，但同时面临城市地位偏弱、产业层级偏低、高端平台偏少、环境负荷偏重等诸多挑战，迫切需要在国家湾区战略的发展大局中，主动作为、发挥优势、精准定位、坚守使命，全面融入粤港澳大湾区城市群建设，在更高起点上实现更高水平发展。

一 东莞参与粤港澳大湾区城市群建设的机遇与挑战

（一）重大机遇

一是粤港澳大湾区城市群建设上升为国家战略。粤港澳大湾区城市群建设是继京津冀协同发展、长江经济带之后，从国家层面推动的又一具有全局意义的区域经济发展战略，是国家在新常态、新形势下赋予该区域的新任务、新使命，可以最大限度地破除粤、港、澳三地协同发展的制度性障碍，畅通三地人流、物流、资金流和信息流，充分发挥港澳在对接国际市场、输出专业服务方面的突出优势，更大提升粤港澳大湾区在世界湾区经济中的价值链层级，助推世界级城市群的形成，为东莞主动融入粤港澳大湾区城市群建设，从更高层次、更高水平参与国际竞争创造了良好机遇。

二是湾区经济进入创新经济发展的新阶段。从全球湾区经济发展的一般规律看，湾区经济的发展一般呈现由港口经济、工业经济向服务经济、创新经济演化的过程。粤港澳大湾区正处于由服务经济主导向创新经济转变的新阶段，在以广州和深港为两极的创新经济发展引擎之间，迫切需要以环珠江口城镇密集区为核心，积极拓展新空间、发展新经济，引领粤港澳大湾区开创湾区经济发展新格局，为加速推动东莞滨海湾新区、广深科技创新走廊等

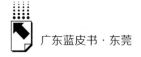

优质空间实现高水平开发，打造对粤港澳大湾区具有重要意义的都市功能空间提供重要平台。

三是湾区产业协同发展迈向更高水平。改革开放以来，珠三角依托毗邻港澳的区位优势，共同构建了处于全国领先水平的产业体系及关联紧密的城市体系，并且在逐渐通畅的要素流动中实现了产业的协同升级。在国家大力推动新一轮高水平开放，创新经济日益成为湾区经济发展主引擎的新阶段，发挥大湾区不同城市产业优势，加快推动粤港澳之间更高水平的产业协同合作，尤其是科技和金融等高端服务领域的创新合作，将进一步巩固粤港澳大湾区在全国的战略枢纽、经贸合作中心和重要引擎地位，为东莞构建更具国际竞争力的开放型经济体系创造新的发展机遇。

四是湾区交通一体化实现新跨越。加强交通基础设施规划衔接，构建内联外通、综合立体、开放融合的综合交通运输网络，促进要素流动成本持续降低，实现城市间互联互通、高效融合发展，是粤港澳大湾区城市群建设的重要目标。东莞已经与深、惠两市共同编制了《深莞惠交通运输一体化规划》，计划与周边城市合作共建 32 条边界道路。同时，逐步加密跨市公交线路的布局，优先加强与广州、深圳的地铁和交通枢纽接驳，全面促进东莞融入大湾区"一小时优质生活圈"，积极创建和分享大湾区发展红利。

（二）面临的挑战

一是城市地位偏弱。东莞建成区面积达 956.5 平方公里，经济总量近 7000 亿元，人口规模超过 800 万人，城镇化水平接近 90%，基本具备了一个国际化大都市的规模和条件。但是，长期以来，受广州与深港两大都市区的双向"虹吸效应"，东莞并没有形成与一个国际化大都市相匹配的空间形态，迫切需要在湾区战略大格局下，重新发现和挖掘滨海资源的战略价值，发挥后发优势，全力推进以滨海湾新区为核心的战略空间高水平开发，从更高层次、更大范围吸引更多高端资源要素集聚，营造与广深港都市区相一致的现代都市空间，共同打造粤港澳大湾区的都市发展主轴。

二是产业层级偏低。从自身来看，近年来，东莞在促进产业转型升级发展上取得了显著成效，但总体上，粗放型、低附加值的产业特征仍没有根本性改变。从外部环境来看，当前，国际国内产业面临深刻调整，发达国家高起点"再工业化"吸引中高端制造业回流与发展中国家利用成本优势吸引劳动密集型产业转移对东莞造成"双重压力"。

三是高端平台偏少。受分散的镇域经济发展限制，东莞在市级层面掌控的资源十分有限，重大平台建设相对困难，高端发展平台更是稀缺。从园区来看，东莞省级以上园区仅松山湖（生态园）和东部工业园区两个，与广州、深圳、珠海、佛山、惠州等珠三角其他主要城市相比明显处于弱势地位。从口岸来看，东莞面临周边一类口岸竞争。广州拥有一类口岸16个，南沙港有65条外贸航线；深圳拥有一类口岸15个，盐田港有99条外贸航线、蛇口码头有106条外贸航线；东莞只拥有一类口岸2个，东莞港仅有3条外贸航线。

表1　东莞与珠三角其他主要城市省级以上开发区比较

城市	名称	级别
广州 （12个）	广州经济技术开发区	国家级
	广州高新技术产业开发区	国家级
	广东广州保税区	国家级
	广州南湖国家旅游度假区	国家级
	广州南沙经济技术开发区	国家级
	广东广州出口加工区	国家级
	广东南沙出口加工区	国家级
	广州花都经济开发区	省级
	广州白云工业园区	省级
	广东增城工业园区	省级
	广东从化经济开发区	省级
	广州云埔工业园区	省级

续表

城市	名称	级别
深圳 （6个）	广东沙头角保税区	国家级
	深圳市高新技术产业园区	国家级
	广东福田保税区	国家级
	盐田港保税区	国家级
	广东深圳出口加工区	国家级
	深圳盐田保税物流园区	国家级
珠海 （6个）	珠海高新技术产业开发区	国家级
	广东珠海保税区	国家级
	珠澳跨境工业区	国家级
	广东珠海高栏港经济开发区	省级
	广东珠海富山工业园区	省级
	广东珠海金湾联港工业园区	省级
佛山 （7个）	佛山高新技术产业开发区	国家级
	广东佛山顺德工业园区	省级
	广东佛山南海经济开发区	省级
	广东佛山禅城经济开发区	省级
	广东佛山南海工业园区	省级
	广东佛山三水工业园区	省级
	广东佛山高明沧江工业园区	省级
惠州 （6个）	惠州仲恺高新技术产业开发区	国家级
	惠州大亚湾经济技术开发区	国家级
	广东惠州出口加工区	国家级
	广东惠州惠阳经济开发区	省级
	广东惠州大亚湾石化产业园区	省级
	广东惠州工业园区	省级
东莞 （2个）	广东东莞松山湖高新技术产业园区	国家级
	广东东莞东部工业园区	省级

四是环境压力偏重。目前，东莞产业经济已进入要素成本周期性上升阶段，同时面临土地、水环境、能源、生态等负荷不断加重的巨大压力，要实现新一轮飞跃，必须加快产业集约化发展进程，通过深化改革、科技创新和

对外开放，推动发展方式从粗放型向集约型转变，推动发展模式从要素驱动向创新驱动转型，切实构建可持续发展的产业体系。

二　东莞参与粤港澳大湾区城市群建设的优势

东莞位于珠江口东岸，从城市经济、人口规模来看，已经具备建设国际化大都市的良好基础，并且拥有无可替代的战略空间资源优势、灵活稳健的体制机制创新能力、面向全球的开放经济体系、持续升级的莞港澳产业合作基础和不断增强的自主创新发展能力，是粤港澳大湾区城市群迈向国际一流湾区和世界级城市群不可或缺的战略组成部分。

一是无可替代的战略空间资源优势。进入以湾区经济为引领的新时代，珠江口东西两岸各类高端资源要素加速向滨海集聚。目前，以前海蛇口、南沙、横琴自贸区为引领，以深圳大空港、东莞滨海湾新区、中山翠亨新区等构成的新兴滨海都市空间正在快速崛起。东莞拥有 97.2 公里海岸线，沿岸东莞滨海湾新区的成熟土地资源超过 40 平方公里，是珠江口沿岸最大的连片待开发区域，是重构粤港澳大湾区滨海都市空间，大力发展新经济、培育新动能，引领粤港澳大湾区迈向世界一流湾区无可替代的战略空间。

二是灵活稳健的体制机制创新能力。改革开放以来，东莞依托灵活稳健的体制机制创新能力，抓住了两轮国际产业转移的机遇，实现了经济的腾飞；也成功经受住了 1998 年亚洲金融危机、2008 年国际金融危机的巨大冲击，实现了社会经济的持续转型发展。近年来，东莞在全国率先推进商事制度改革、"三互"大通关改革以及"三位一体"新型市场监管模式改革，积极承担国家新型城镇化综合试点和构建开放型经济新体制等国家改革试点的新使命，在一些重点领域改革中走在了全国前列，对于分享东莞改革经验，推动粤港澳大湾区城市群建设具有重要价值。

三是面向全球的开放型经济体系。东莞的产业体系，是在全球第三次产业转移浪潮下，通过"三来一补"和"复制群居链"两种特殊的发展路径逐步建立起来的，从形成之初就直接面向全球市场。近年来，随着国家"一带一路"倡议的深入推进，东莞企业"走出去"的步伐也在不断加快，逐步实现了由单纯"引进来"向"引进来"与"走出去"相结合、商品和要素双向跨境流动的阶段转变，形成了深度参与全球资源配置和市场竞争的开放型经济发展新格局，为推动粤港澳大湾区城市群从更高层次、更高水平参与全球竞争提供新动能。

四是持续升级的莞港澳产业合作基础。自全国第一家来料加工企业——太平手袋厂建立以来，东莞充分把握国家、广东省赋予的政策机遇，发挥自身区位优势，积极开展与港澳地区的深度合作，不仅在产业上实现了从加工贸易到制造业转型升级，再到服务贸易自由化的不断升级，而且在合作领域上逐步完成了从单纯的资金、原料、技术等基础领域向平台、服务、人才、政策等领域的全方位突破，为在湾区战略下深入推进粤港澳深度融合发展，开创粤港澳城市群全面合作的新局面积累了丰富经验。

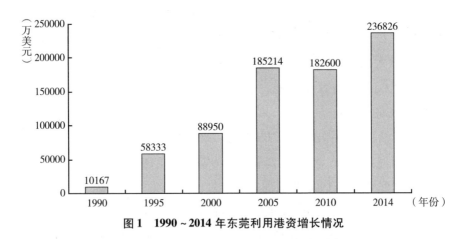

图1　1990～2014年东莞利用港资增长情况

五是不断增强的自主创新发展能力。"十二五"期间，全市R&D比重达2.4%，增速连续五年排全省第一位。国家高新技术企业从413家增加到1500家，省级创新科研团队从9个增加到26个，总数均居全省地级市首位。新增新型研发机构17个、科技孵化器42个、博士后科研工作平台44个，总数分别达到32个、48个和68个。国家大科学装置散裂中子源首台设备安装运行，企业国家重点实验室实现零的突破，松山湖高新区纳入国家自主创新示范区，在全国国家高新区综合排名由第53位升至第29位，为东莞联合广州、深圳及香港打造广深科技创新走廊，构建国际化、开放型区域创新体系奠定了良好基础。

三 东莞的使命、定位与功能

（一）承担四大使命

一是共筑环珠江口都市连绵区，打造世界级湾区发展新引擎。环珠江口都市连绵区是在环珠江口城镇发展格局的基础上，通过新一轮的跨区域基础设施的建设、高品质都市空间的打造和高水平产业协作体系的建立，形成更大区域、更高水平、更具竞争优势的现代化、国际化大都市区，是粤港澳大湾区城市群建设的核心区和参与全球竞争的引领区。东莞地处珠江口东岸发展主轴中段，是环珠江口都市连绵区东岸发展主轴形成的关键区域，也是薄弱环节，亟须在粤港澳大湾区城市群建设的战略机遇下，创新城市化发展新路径，努力构建与世界级一流湾区核心相适应的新型都市空间，承担共筑环珠江口都市连绵区，打造世界级湾区发展新引擎的新使命。

二是共建广深科技创新走廊，创建湾区科技产业创新发展新格局。广深科技创新走廊是我国创新资源最集中、规模最大、联系最紧密、创新能力最强的科技产业创新高地，是粤港澳大湾区未来集聚全球创新资源，打造引领世界的创新策源地的核心区。东莞位于科技创新走廊中段，可充分发挥松山湖珠三角国家自主创新示范区的引领作用，加强与穗、深、港创新圈的对接合作，推动重大科技平台和基础设施共享，促进人才、技术、资金、信息等创新要素自由流动、深度融合，建成国内领先的创新型城市、国家级科技成果转化中心，加快促进广深科技创新走廊发展，全面提升区域创新体系整体效能，构建湾区科技产业创新发展新格局。

三是打造法治化国际化营商环境，增强湾区国际竞争新优势。加快建立符合国际惯例和世贸规则的开放型经济新体制和全球营商环境最佳区域，是提升粤港澳大湾区和我国全面参与全球经济竞争合作，争创国际经济贸易合作竞争新优势的重大方向。东莞作为广东省唯一的全国构建开放型经济新体制综合试点试验城市，近年来，在商事登记制度改革、外商投资管理服务体制改革、项目投资建设审批体制改革等走在全省全国前列，为发挥东莞改革经验优势，示范引领湾区其他城市共同构建法治化、国际化、便利化的营商环境奠定了良好基础。

四是提升湾区经济辐射带动作用，服务国家战略发展新需求。发挥湾区的"对内对外"双重辐射作用，打造推进"一带一路"建设的重要支撑区，辐射带动泛珠三角区域联动发展，是国家赋予粤港澳大湾区的重大使命。东莞具有开放的经济体系，可统筹利用港口、铁路、华侨、港澳和文化等资源，加强与"一带一路"沿线国家的经贸、科技、生态环保及人文交流领域的合作，努力建设成为"一带一路"重要节点城市。另外，可充分发挥东莞的制造业基础优势，利用粤港澳大湾区的机场、港口、铁路等战略通道叠加条件，加强与泛珠三角地区的产业和经贸合作，构建更加紧密的产业协作新体系，实现东莞发展能级和粤港澳大湾区辐射带动作用的双提升。

（二）聚集三大定位

一是国际智造名城。突出和强化东莞在粤港澳大湾区城市群中的制造业基础优势，围绕增强先进制造业核心竞争力，大力实施"东莞制造2025"战略，把智能制造作为实现东莞制造业转型升级的主攻方向，加快推进工业化与信息化深度融合，建设国家级两化深度融合暨智能制造试验区。面向全球引进智能制造领域关键技术领军人才和创新创业人才，率先突破在智能穿戴设备、智能机器人、增材制造（3D打印）、高端新型电子信息、高端装备等领域的关键核心技术，打造一批产业链条完善、辐射带动力强的智能制造产业基地，逐步形成以高科技为主导的粤港澳大湾区先进制造业集群，打造具有全球影响力的国际智造名城。

二是国际经贸合作枢纽。把握国家实施"一带一路"倡议和广东自由贸易试验区建设的重大机遇，进一步加强对接港澳地区和自贸区的改革创新，努力实现在推进贸易自由化、投资便利化、审批便捷化方面继续走在粤港澳大湾区城市群前列，加快构建与国际接轨的开放型经济体制机制，推进重大基础设施互联互通，提升港口口岸通关能力，构建全方位、多层次、高水平的对外开放新格局。继续办好中国广东"21世纪海上丝绸之路"国际博览会，深化拓展与"一带一路"沿线国家在贸易、投资、金融、教育、科技、文化、旅游、卫生、环保等领域的交流与合作，提升东莞在全球范围内的配置资源能力，建设粤港澳大湾区国际经贸合作枢纽。

三是宜居宜业宜游的现代幸福都市。以全力改善民生、提升城市品质为重点，加快补足社会管理和公共服务短板，逐步扩大多层次、多样化的基本公共服务供给，建成覆盖城乡、功能完善、分布合理、均等公平的基本公共服务体系，促进发展成果共享。强化生态环境保护治理，突出源头控制和底线控制，建立生态红线体系，形成绿色清洁生产方式和低碳健康生活方式。加强历史风貌建筑和文化遗产保护，加大对非物质文化遗产的保护力度，创建国家历史文化名城。大力推进"智慧东莞"建设，促进城镇基础设施智能化、城镇管理信息化和公共服务智慧化，提高城市精细化管理水平，建设宜居宜业宜游的现代幸福都市。

（三）强化三大功能

一是强化科技创新成果的转化功能。粤港澳大湾区打造国际科技创新中心，就是要统筹利用全球科技创新资源，强化转化能力优势，把更多科技成果转化为先进生产力，把创新落到发展上。东莞以国际智造名城为目标，需要进一步加强推动创新成果实现产业化的能力建设，努力建成国内领先的创新型城市、国家级科技成果转化中心。

二是强化扩大开放合作的示范功能。一方面，以广东自贸区改革创新为标杆，加快推动对接自贸区的改革创新，着力将东莞建成广东自贸区的示范拓展区和优先延伸区。另一方面，全面加强莞港澳合作，打造与港澳接轨的高标准服务贸易体系。另外，加快建设境外服务网络，鼓励企业抱团"走出去"，建设"一带一路"国际经贸合作枢纽。

三是强化现代优质生活的服务功能。完善城市治理体系，提高城市治理能力，不断提升城市环境质量、人民生活质量和城市竞争力，建设和谐宜居、富有活力、特色鲜明的现代化城市，大大提升城市幸福感。

四 东莞参与粤港澳大湾区城市群建设的六大路径

（一）深入开展价值挖掘，将滨海湾新区打造成粤港澳大湾区的战略支点

东莞滨海湾新区位于广东自贸区南沙片区 15 分钟经济圈和前海蛇口片区半小时经济圈，是整个珠三角地区承接自贸区外溢效应和辐射效应的第一线，具有对接自贸区的先发优势。迫切需要在湾区战略大格局下，重新发现和挖掘滨海资源的战略价值，加强顶层设计，强化资源统筹，全力推动东莞滨海湾新区作为国家和省级层面统筹推进粤港澳大湾区城市群建设的战略平台，高起点、高标准打造粤港澳大湾区城市群的战略支点。

一是支持东莞滨海湾新区综合统筹开发。争取国家发改委、国家海洋局等高层部门引领推动，举全市之力建设滨海湾新区"一带一路"国际合作示范区，纳入国家"一带一路"重点项目，实施整体填海，争创国家级开发区，打造东莞新的增长极。

二是打造粤港大湾区融合发展先导区和"一带一路"国际合作示范区。全面加强与广州南沙、深圳大空港以及港澳地区在重大基础设施、产业载体和公共服务设施建设和供给上的对接和对标，同时强化国际商贸服务平台建设，将滨海湾新区造成为粤港澳大湾区与"一带一路"沿线国家和地区重要的新兴产业合作枢纽、国际贸易服务枢纽、科技创新孵化枢纽、文化信息

流通枢纽和国际人才交流枢纽，打造粤港大湾区融合发展先导区和"一带一路"国际合作示范区。

（二）构建"一廊两核三带"的区域创新体系，联合打造广深科技创新走廊

立足珠江口东岸创新资源密集分布的基础优势，充分发挥松山湖珠三角国家自主创新示范区的引领作用，加快推进滨海湾新区创新资源集聚，引领科技产业发展由点式布局向点—轴式扩张升级，努力构建"一廊两核三带"的区域创新体系，形成屹立于广州和深港两大创新圈之间的创新脊梁。以共建共享公共服务平台为突破口，推动穗、莞、深三地产业公共服务平台的共建共享，联合推进国家重点实验室、工程中心、综合性研究院等科技创新平台建设，加强走廊沿线各区域产业关键共性技术攻关，促进科技成果转化和产业化，形成产学研资一体化发展的广深科技创新走廊。

"一廊"是指通过打破跨区域跨领域的制度障碍，推进重大科技平台和基础设施共建共享，形成的穗莞深人才、技术、资金、信息等创新要素自由流动、深度融合的"创新走廊"东莞段；"两核"是指松山湖和滨海湾新区两大科技创新发展核心；"三带"分别是指广深高速创新带、莞深高速创新带和广深铁路创新带。

（三）高标准对接国际经贸规则体系，共创国际一流营商环境

一是加快对接自贸试验区改革创新举措。建立复制推广自贸试验区改革创新经验进展情况清单及可重点复制推广自贸试验区改革创新经验清单，以定期更新、滚动推进、跟踪问效为主要方式，推动复制推广工作取得实效。积极争取参照自贸试验区在莞执行实施跨境双向人民币资金池政策、加工贸易企业进口设备征税方式改革、允许设立人民币海外投贷基金、允许中资企业和金融机构开展跨境融资业务、允许设立地方金融资产管理公司等政策。

二是深化行政审批制度改革。以滨海湾新区为试点，探索制定行政权责清单，明确政府职能边界，推动政府职能边界以外事项向市场开放。实行

"一门式受理、一颗印章、集中审批"，推进以"证照分离"为核心的投资项目综合审批模式。加强行政监督，实现企业经营许可、开发建设、人才引进等环节行政审批封闭运作和全流程监督规范管理。

三是加快打造国际贸易"单一窗口"2.0版本。加快国际贸易"单一窗口"建设，搭建涵盖投资、贸易、通关服务及监管的"一站式"开放型经济综合服务平台，整合政府及企业资源，拓展行政服务、港口物流、通关服务、金融支付等功能，深度对接国际贸易全产业链条以及企业"走出去"、与"一带一路"沿线国家和地区国际贸易需求，打造"单一窗口"2.0版本。

四是强化知识产权保护能力建设。高标准建设国家知识产权示范市，加快建设东莞市知识产权交易服务平台，推动知识产权转化运用。完善知识产权保护相关法律法规，建立"快速维权"通道，提高知识产权审查质量和审查效率。实施专利、商标和版权"三合一"的综合管理和行政执法，依法从严、从重、从快打击侵权行为、处理侵权案件。

五是切实降低实体经济企业成本。加强对税收、技改、研发、人才等政策制定和调整的可行性研究，增强政策制定的稳定性、连续性、可预见性和可操作性，避免有些政策"好看不好用"，减少企业隐性成本。探索以政府和社会资本合作的方式（PPP）建立中小微企业转贷基金，重点支持中小制造业企业"过桥"转贷，拓宽融资渠道，有效降低企业融资成本。

六是高标准对接国际经贸规则。在CEPA、ECFA框架协议下，健全莞港合作新机制，落实粤港澳服务贸易自由化。以香港成熟的法制、会计、信用、监管等制度为基准，建立一套既与国际惯例接轨又满足内地业务规范要求的服务业制度体系，促进莞港两地法律、会计、评估、检测、认证、医疗、教育等专业机构跨境执业。深化粤港澳合作，协同参与新一轮国际经济贸易规则试验，积极推进与高标准自由贸易园区的国际合作与交流，主动提出新主张、新倡议、新行动方案，构建多双边全方位合作新格局。研究借鉴发达国家制定负面清单的设计方向，进一步放宽对外资市场准入限制，扩大服务业市场开放，完善负面清单的形式和内容，逐步形成与国际接轨的短清单模式，构建与国际投资和贸易通行规则相衔接的制度体系。

（四）加强穗莞深港产业对接，构建具有全球竞争力的湾区现代产业体系

以"大组团式"发展为抓手，以重点园区为载体，实施"对接湾区、融入深广"策略，加强穗莞深港产业对接，构建以高新技术产业、现代服务业为先导，以先进制造业为支撑的区域产业合作体系。

一是加强高新技术产业对接，建设具有国际影响力的科技创新中心。依托中心组团现代服务业、高新技术产业和战略性新兴产业的发展基础，以松山湖（生态园）为龙头，带动周边镇街，加强与广州科学城、深圳南山科技园的对接合作，建设具有国际影响力的科技创新中心。加快发展智能机器人、智能手机等智能装备制造及生物医药、云计算、新能源、节能环保制造等新兴产业，建设环松山湖地区智能制造集聚区。

二是加强先进制造业对接，全力打造"世界工厂"升级版。发挥东南组团临深片区的区位优势，重点承接深圳创新成果转化和先进制造产业转移，辐射带动东北组团，重点发展高端装备制造业与现代物流业，加快推进东部片区一体化，建成产城融合发展示范区、深莞惠一体化合作先导区，建设具有全球竞争力的先进制造基地。

三是加强高端服务业对接，提升湾区经济转型升级引领作用。充分发挥西南组团、西北组团位于环珠江口都市连绵区东岸发展主轴的区位优势，依托轨道、高速、港口等战略通道，着力优化服务业发展的制度和政策环境，加强与深圳、广州的服务业对接，建设现代服务业聚集区，培育发展新业态，鼓励商业模式创新，构建高效生产和优质生活服务体系，提升湾区经济转型升级引领作用。

（五）强化重大交通基础设施规划衔接，加快推动湾区城市群融合发展

紧紧抓住粤港澳大湾区城市群、"深莞惠（3＋2）"新型都市圈的建设契机，按照适度超前的原则，以轨道交通和高快速路网建设为主体，做好各

种运输方式的规划布局和无缝对接，构建融入粤港澳大湾区城市群的综合交通运输体系。

一是建设多层次的轨道网络，构建"穗莞深"快速联系通道。继续推进穗莞深城际、佛莞城际、莞惠城际建设，积极推进赣深铁路、深茂铁路、中南虎城际的建设，适时引入建设莞深快轨。"十三五"期末，力争实现轨道交通1、2、3号线与广州深圳的对接，轨道交通1号线西端与广州5号线东延线衔接，南端与深圳6号线支线衔接，1号线支线南端与深圳22号线衔接，2号线南端与深圳20号线衔接，3号线支线与深圳11号线衔接，穗莞深城际连通广州、东莞、深圳，多层级轨道复合走廊将东莞市融入国家铁路网和"珠三角"一小时交通圈。

二是强化穗莞深惠高快速路网衔接。重点加快推进虎门二桥、从莞高速东莞段（含清溪支线）、深圳外环高速东莞段、莞番高速—河惠莞高速、清平高速、莲花山过江通道等高速公路和沿海公路、东部快速延长线建设，启动松山湖与市区第二通道建设，加快推动连接广州开发区的东江大桥扩建，与现有的广深沿江高速、广深高速、增莞深高速、博深高速、虎门大桥—甫莞高速、龙林高速、龙大高速和在建的从莞高速（含清溪支线）形成网络状、可达性高的高速公路体系。

三是实现对环深片区路网的全面对接。根据《深莞惠交通运输一体化规划》建设要求，对三市边界道路进行优化衔接和补充加密，在莞深边界规划建设7条高速公路、8条快速干线和17条其他干线衔接的路网格局，实现莞深路网的全面融合，进一步促进莞深交界沿线创新资源的融合、吸收和再创新，形成新兴产业集聚发展新优势，推动两地产城融合发展。

（六）补齐环境和服务短板，建设更高品质的民生幸福城市

一是加强优质公共服务供给。第一，积极完善积分制入学办法，向符合条件的民办学校购买服务，实行学杂费补贴，提高外来务工人员子女就读义务教育学校的保障水平，降低产业工人融入门槛。第二，积极推进"健康东莞"建设。科学整合和合理扩增全市医疗卫生资源，着力构建与经济社

会发展水平相适应、与居民健康需求相匹配、体系完整、层次分明的综合性医疗卫生服务体系。第三，以外来务工人员为重点，稳步推进社会保险扩面征缴，扩大社会保险覆盖面，基本实现"应保尽保"。完善社会保险关系转移接续政策，健全全面医疗保障体系，建立更加公平可持续的社会保障体系。

二是提高城市精细化管理水平。着力推进"互联网＋"行动计划，建设"智慧东莞"，促进城镇基础设施智能化、城镇管理信息化和公共服务智慧化，实现城市精细化管理和资源集约化利用。全面落实《东莞市创新基层社会治理综合改革实施方案》，创新基层社会治理方式，实行"一张网"机制，完善市、镇（街道）、村（社区）网格化管理"三级联动"体系。

三是加强生态环境修复。以"森林进城、森林围城、绿道穿城、绿意满城"为主线，开展生态景观防护林营建和水源涵养林改造，打造"都市休闲、水乡湿地、山区森林"三大生态圈，争当珠三角森林城市群建设排头兵。

B.11
东莞市推动加工贸易创新转型,
提高经济国际化水平

东莞市提高经济国际化水平课题组*

摘　要: 改革开放以来,东莞从加工贸易起步,经过30多年的演变, 加工贸易已经从一种纯粹的贸易形式概念,发展成为一种生 产制造生态,奠定了东莞在全国开放型经济发展中的特殊地 位。本报告深入分析了东莞以加工贸易为主体的开放型经济 发展特征和发展趋势,并提出了推动东莞加工贸易创新转型、 提高经济国际化水平的对策建议。

关键词: 加工贸易　开放型经济　东莞

一　东莞以加工贸易为主体的开放型
经济发展阶段特征

从严格定义来讲,加工贸易是一种贸易方式,保税是其灵魂核心, 是指经营企业进口全部或者部分原辅材料、零部件、元器件、包装物料, 经加工或装配后,将制成品复出口的经营活动,包括来料加工和进料加 工。但是,经过30多年的演变,加工贸易在东莞的发展已经从一种贸易

---

* 课题组组长:杨晓棠。副组长:卢汉彪、陈仲球、吴小峰、吴世文、谢玉华、吴振标、黄浦、 林立新、钟邦奇、詹志斌、叶建华、郑坚成。成员:方见波、莫国源、刘国新、黄朝东、曾 育辉、林超明、雷慧明、方绍明、夏能礼。

形式概念发展成为一种生产制造生态，成为东莞经济发展最突出的特点、吸收外资的重要方式和进出口贸易主力，创造了全国约8％的加工贸易进出口。

改革开放以来，东莞开放型经济从加工贸易起步，从无到有、从小到大，内涵和外延不断丰富，产业链条不断向多元化纵深方向推进，国际产业合作层次不断提升。回顾其在东莞的发展历程，大致可以划分为三个阶段。

（一）1978～1998年：纯粹代工制造阶段

这一阶段，以发展"来料加工"、"三来一补"企业为主，通过加工贸易（来料加工）的方式承接香港加工制造企业的加工制造业务，中方收取加工费。而且，产业以传统产品制造为主，以"三来一补"企业为主，产业布局比较零星分散。到1998年底，东莞从事加工贸易的企业达13425家，加工贸易进出口占全市进出口比重达到顶峰，占95.2％。

（二）1998～2008年：产业转换提升阶段

这一阶段，东莞从事加工贸易的企业以港台地区和日韩大企业为主，产品的制造从传统产品制造向以IT为代表的现代制造业和高技术产业转变，企业形式从劳动密集型向劳动密集与资金技术密集型相结合转变。伴随从事加工贸易企业的产业转换提升，带动了东莞外贸进出口的蓬勃发展，吸收外资的快速增长。到2008年底，世界500强企业在东莞投资设立了90家企业，全市拥有IT制造企业3000多家，加工贸易进出口总额占全市进出口总额的88.2％。

（三）自2008年至今：转型和融合发展阶段

这一阶段，加工贸易企业加快转型升级步伐，由生产制造向"微笑曲线"两端延伸，初步探索出一套可供全国借鉴的加工贸易转型升级做法。伴随这种转型升级，加工贸易企业已经是跨国公司高技术的产业链中的重要一环。加工贸易内涵进一步丰富，外延不断扩展，形成以加工贸易为主体开放型生态经济：生产制造形式既有单纯的 OEM 制造，又有 OEM 与 ODM 混合生产，更有 OBM 生产经营；经营主体既有外资企业，又有民营企业；销售市场既有出口，又有内销。内外一体化、多元均衡发展的格局逐步形成，加工贸易占比下降，从 1998 年顶峰时期的 95.2% 下降到 2016 年的 53%，一般贸易占比提高到 29.4%。与此同时，伴随着新经济形态的转变，跨界融合发展的趋势越来越明显，依托制造业基础，涌现出跨境电商、服务外包、外贸综合服务等一批新业态、新模式，企业经营形态从单纯生产制造向品牌、并购、上市、"走出去"等多元化经营转变，国际产业合作层次不断提升，推动开放型经济逐步走向高端化。

二 以加工贸易为主体的开放型经济在东莞经济社会发展中的重要地位

实践已经证明，加工贸易是经济全球化的重要表现，是连接国内国外两种资源、两种市场的有效形式，特别是在东莞，加工贸易转型升级是全市开放型经济发展的基本途径，通过其产业链溢出、技术溢出和人员溢出效应，有力地推动了地方的经济增长和社会发展。

（一）加工贸易转型创新是东莞发展开放型经济的基本途径

加工贸易在东莞开放型经济发展中举足轻重。自 1978 年以来，东莞加工贸易企业实际吸收外资累计达 606 亿美元，占全市的 85.9%。1998 年以来，全市加工贸易出口累计达 8399 亿美元（截至 2016 年底），占全市外贸出口总额的 80.4%。伴随着加工贸易的转型升级和创新发展，东莞开放型经济逐步实现了从产业、模式到发展水平的演进。特别是在刚刚过去的"十二五"期间，东莞以创新驱动战略为核心，探索了推动加工贸易向产业链两端延伸这一转型升级的成功路径。在重重的困难和压力的挑战下，开放型经济依然实现平稳发展，对外贸易跃上新台阶，利用外资实现重大跨越。

"十二五"期间外贸进出口总额达 7629.1 亿美元，高于"十一五"时期外贸总额的 46.8%，平均年增长 6.7%。2014~2016 年连续三年增速居全国外贸总额前五名城市第一。2011 年以来，实际利用外资相继突破了 30 亿、40 亿、50 亿美元大关，实现了年均两位数增长，其中近 3 年增幅均位居珠三角九市第一。

（二）加工贸易是东莞快速实现工业化的决定因素

改革开放 30 多年来，东莞走的是一条"外向带动"发展战略。1978 年，东莞工业基础薄弱，全市三次产业比重为 44.6∶43.8∶11.6，通过发展加工贸易，东莞开始承接发达国家和地区的制造业转移，快速实现了工业化，顶峰时期第二产业占比高达 57.3%。加工贸易既是东莞外贸进出口的主要方式，又是东莞吸收外资发展现代工业的主要形式。以 1997~2016 年东莞工业发展的数据为例，东莞 GDP 保持了年均 15.8% 的高速增长，而同期加工贸易吸收外资、加工贸易出口均保持了同步增长的态势，年均增长达 17.7% 和 16.5%。东莞规模以上加工贸易企业工业总值由 1997 年的 203.1 亿元发展到 2015 年的 6389.8 亿元，增长 130.5%；2016 年规模以上外资工业增加值占 55.8%，即全市规模以上工业总产值增长，五成以上均来源于加工贸易。

（三）加工贸易是东莞对接国际技术、质量和市场的直接途径

改革开放初期，东莞工业基础薄弱、门类单一，技术和质量处于较低水平，难以打入国际市场。以发展加工贸易为契机，东莞快速融入国际产业链，积极承接发达地区产业转移，逐步接触和引进国际先进技术，2007 年以来，全市技术合同进出口年均增长 45.7%。东莞制造产品质量逐步与国际标准接轨。由于对质量的严格要求和成本方面具有优势，东莞制造产品快速行销美国、欧盟等地市场。近年来，越来越多的加工贸易企业在保持原有发达国家地区，如欧美市场份额的基础上，同时注重不断开拓新兴市场。截至 2016 年底，东莞对美国市场的加工贸易出口达 143.7 亿美元，占总量的

25.0%。欧盟市场加工贸易出口达 77.6 亿美元，占总量的 13.5%。对"一带一路"新兴市场出口 124.5 亿美元，占总量的 21.6%。

（四）加工贸易是民营企业快速发展的孵化器

改革开放初期，东莞民营经济基本上是"一穷二白"，既无资金，又无技术，更没有市场途径。但是，随着外资加工贸易企业的大量进入，为东莞民营经济提供了发展壮大的土壤环境。在加工贸易的直接或间接带动下，东莞民营经济也实现了长足发展。截至 2016 年底，东莞注册个体工商户和私营企业已近 80 万户，数量是 1997 年的 7 倍。比如，虎门著名民营企业以纯集团老板郭东林，在创立企业之初，原来只是通过承接加工贸易企业的订单进行配套加工。通过多年的承接加工，不断化"外功"为"内功"，2000年正式注册成立公司，并推出了自主品牌"以纯"。目前，以纯集团在全国范围内有 23 家分厂，在职员工约 25000 人，并在全国开设 3000 多家专卖店，销售点遍布国内各省份，并在越南、俄罗斯、香港等国家和地区开设专卖店。

（五）加工贸易是促进东莞与港澳台经济合作的纽带

通过发展加工贸易，东莞大量承接港澳台地区的产业转移，加工贸易成为促进东莞与港澳台地区经济融合十分有效的手段。香港制造业在改革开放初期就开始就近向珠三角转移，在充分借助珠三角地区的成本优势的基础上获得了持续性发展，从而强化了其竞争优势。香港的服务业依托这种"前店后厂"的分工，很好地获得了珠三角地区港资企业的产业服务市场，从而保持了香港服务业的繁荣发展。截至 2016 年底，东莞拥有港资企业 6200多家，占全市外资企业的 55.8%。累计实际吸收港资 418.6 亿美元，占全市比重的 55.5%。比如，港资企业伟易达在 1986 年在东莞投资加工贸易企业，初期投资仅 500 多万美元。经过 30 多年的发展，香港伟易达在莞投资的加工贸易企业及关联企业 30 家，投资总额超过 5 亿美元，年出口超过 15亿美元。台湾在 20 世纪 80 年代末以鞋业为代表，90 年代中后期以 IT 业为代表，台湾的产业逐渐向东莞转移，大陆与台湾合作实现了从经济到社会、文化方面的全面交流。目前常年在东莞工作和生活的台商及其家属将近 10 万人，全国第一所台商子弟学校、台商医院等纷纷落户东莞，楼高 289 米的东莞台商大厦也已经启用。

（六）加工贸易是就业机会和财政税收的重要来源

加工贸易的发展，一方面使东莞成为全国重要的出口创汇地区，对东莞改革开放初期外汇不足问题的解决及成功抗击亚洲金融风暴冲击，乃至进口先进设备用汇等都提供了重要保障。而且，随着进口设备层次的提升和逐步拓展内销市场，加工贸易对国家和地方财税收入的贡献也越来越大。据统计，2001～2016 年，东莞加工贸易企业缴纳了税款 3283.7 亿元，占同期全市国地税征收的 31.7%。另一方面，在此期间，东莞提供了大量劳动就业岗位，这不仅解决了本地劳动力的就业问题，更为内地农村富余劳动力提供了更多的就业机会。据统计，加工贸易年均提供的就业岗位达 500 万个，涉及广东以外近 30 个省份。

三 当前东莞以加工贸易为主体的开放型经济的主要特点

目前，东莞以加工贸易为主体的开放型经济发展主要呈现出五个融合发展的新态势。

（一）从二元割裂向内外贸一体化发展

市场是决定资源配置的核心要素。近年来，随着加工贸易转型升级的深入推进，内外贸一体化趋势逐步形成。截至 2016 年底，全市共有加工贸易进出口实绩的企业 5077 家，其中，外资企业 4209 家，占全市加工贸易企业的 82.9%；民营企业 868 家，占全市加工贸易企业的 17.1%，是 2008 年的 1.7 倍；加工贸易企业中单纯从事加工贸易业务的企业 2449 家，占加工贸易企业数量的48.2%，以加工贸易和一般贸易混合贸易形式开展经营的企业2628家，占加工贸易企业总量的51.8%；加工贸易国内采购率从2008年的12.5%上升到2016年的25.2%，产品内销占内外销比例从2008年的27.3%上升到2016年的35.1%。从事加工贸易的企业基本形成了积极利用国内国际两种资源，努力开拓国际国内两个市场的良好格局，全市呈现加工贸易、一般贸易、内外销一体化协同发展的良好态势。

（二）从传统制造转变为以先进技术为主

加工贸易企业自诞生之初就是以产品分工为核心的国际产业合作体系中的重要一环，随着加工贸易"技术溢出效应"的不断显现，东莞加工贸易企业创新、研发能力不断增强，更深层次地融入了国际产业链。加工贸易企业产品制造的层次逐步由传统大宗商品的生产制造转向机械设备、电子信息产品的生产制造。比如，近年来，以苹果、三星、华为、OPPO、VIVO、小米、金立为代表的国内外知名智能移动终端品牌逐步崛起，我市相关配套加工贸易企业迅速发展，涉及的配套生产加工贸易企业达1100多家，2016年相关产品的加工贸易出口额203.4亿美元，同比增长5.5%，高于同期全市加工贸易出口11个百分点，拉动全市加工贸易出口提升1.7个百分点。2016年，全市加工贸易出口574.4亿美元，其中，机电产品（与高新技术产品有交叉）出口408.4亿美元，占71.1%；高新技术产品出口226.3亿美元，占39.4%。

（三）从单纯加工制造转为以"品牌+设计"为主

东莞加工贸易发展之初，受到人才配套、技术水平等因素的制约，加工贸易企业大多数主要从事代工生产，是典型的生产车间，而研发设计及接单都在境外，"前店后厂"合作模式十分明显。而目前越来越多的加工贸易企业实现研发设计本土化，将境外的产品研发设计等创新环节转移到东莞，从原来的单纯加工制造，逐步转向技术研发创新。截至2016年底，全市共有1596家加工贸易企业设立了研发中心或内设研发机构，322家申请成为高新技术企业。2016 年加工贸易企业专利申请量达 1289 件；"委托设计（ODM）＋自有品牌（OBM）"混合生产出口比重，从 2008 年的32.5%，上升到 2016 年的 74.6%。拥有自主品牌的加工贸易企业数量超过 2000 家，累计注册品牌突破 12000 万个。

（四）从货物贸易向与服务贸易协同发展转变

目前，东莞市部分加工贸易企业在长期的生产和知识积累中，逐渐改变了以往代工经营的模式，注重加工贸易产业链条的延伸，由生产型向生产服务型转变，并衍生了一批新业态。比如，2016 年，全市服务贸易约为 122亿美元，占对外贸易额的 6.6%，比 2008 年提升了 4.4 个百分点。2016 年，全市服务业吸收外资 18.9 亿美元，占全市利用外资总额的 40%。

（五）产业辐射带动作用日趋显著

随着加工贸易转型升级的纵深推进，要素集聚效应逐步凸显，产业配套更加完善，企业之间深加工结转业务日益频繁，成为我市吸引外商投资的最突出优势。据测算，目前东莞 70% 以上的加工贸易企业都有深加工结转业务，2016 年全市加工贸易企业深加工结转业务量达 213.3 亿美元，占加工贸易进出口（含深加工结转）总值的 27.1%。产业配套完善不仅吸引了越来越多的龙头企业落户，而且为众多中小型配套企业提供了发展空间，两者相互依存，共同发展，形成了良性的循环网络。特别是加工贸易发展的带动下，民营企业在与加工贸易企业进行产品配套中发展壮大起来，并通过引进消化吸收，形成了虎门服装、厚街家具和大朗毛织等特色产业群。

四 推动加工贸易创新转型提高经济国际化水平的新对策

以加工贸易为主体的开放型经济在相当长一段时期内，仍是东莞经济和社会发展的主要动力。东莞要实现经济和社会持续转型创新，在更高基础上实现更高水平的发展，就开放型经济发展而言，关键在于能够及时有效地通过加工贸易创新发展，破解加工贸易植根性差、自主性不强的问题，推动加工贸易向产业链两端延伸，建立自主性更强的开放型经济和国际化水平更高的开放格局，重塑发展新优势和新动力。

（一）以推动技术创新和品牌建设为核心，着力提升企业竞争力

全面总结近年推动加工贸易转型升级的经验做法，把握当前市场倒逼企业转型和我市作为全国加工贸易创新发展试点城市的机遇，通过技术创新、品牌创新，使加工贸易发展迈进创新发展的转型升级新阶段。

1. 建立加工贸易企业技术创新促进机制

以专业化、市场化为核心手段，建立引导加工贸易以科技创新为核心的创新发展的促进机制。利用财政扶持资金的杠杆作用，引导银行针对加工贸易企业特点创新融资产品，引导各类基金和风险投资，鼓励相关银行机构继续加大对加工贸易企业研发的信贷力度，支持加工贸易企业增加对关键技术和核心技术研发的投入，支持研发投入增长迅速的企业向高等学校、科研机构、科技服务机构购买技术和服务。着力推动新型研发机构改革创新发展，优化新型研发机构的运营管理机制，鼓励广大加工贸易企业与新型研发机构开展对接。

2. 建立加工贸易企业自主研发培育机制

推动加工贸易企业由单纯的贴牌生产（OEM）向委托设计（ODM）、自有品牌（OBM）方式发展。鼓励加大研发投入和技术改造力度，全面推进实施企业研发准备金制度和"创新券"政策，对企业研发投入和购买技术服务予以补助补贴，推动企业持续加大研发投入鼓励企业积极开展"机器换人"，提高生产自动化、智能化水平。加强与高等院校、科研机构协同创新，推动企业建设重点实验室和工程中心等研发机构；大力推动加工贸易企业在莞建立区域研发中心；大力组织实施重大科技专项、工业攻关等科技项目及专利促进项目，积极对接广东省应用型科技研发与成果转化专项和省重

大科技专项等，着力开展核心技术攻关，推动产出一批高质量的科研成果。探索与东莞服务外包公共平台合作，通过"众筹、众包、众智"的方式，整合和配置各主要服务外包企业的公共技术服务资源，提供涵盖共性技术支撑、知识产权保护、人才培训服务、公共品牌建设与市场推广等在内的各项公共服务，推动加工贸易企业的研发设计环节进入服务外包领域。

3. 建立加工贸易企业国际质量体系建设促进机制

以建设"全国质量强市示范城市"为重要发展契机，支持企业重质量、塑品牌，打造一批示范作用显著、品牌效应明显、综合竞争力突出的代表企业，进一步推动东莞加工贸易向质量效益型方向深入发展，提升"东莞制造"国际知名度和竞争力。进一步鼓励加工贸易企业取得 ISO14000 系列环境管理体系、ISO9000 系列、OHSAS18000 系列职业健康安全管理体系、SA8000 社会责任标准等国际通行的质量管理体系认证证书，及产品取得欧盟 CE 等国际市场准入认证。对获得国家质检总局授予的"中国出口质量安全示范企业"或"出口免验企业"称号的出口质量安全标杆企业，支持其打造生产型出口企业百强品牌，鼓励加工贸易企业参与质量认定标准制定。

4. 建立加工贸易企业自主品牌发展机制

建设东莞制造品牌联盟等品牌推广公共服务机构，组织一批拥有自主品牌、终端消费品的加工贸易企业，优先提供海内外高端展会资源，推动企业建立分销渠道与用户服务体系。深入贯彻实施各项名牌配套扶持政策，提升加工贸易企业创建名牌名标积极性；鼓励中小加工贸易企业培育和优化商标品牌，支持大型骨干企业创建具有国内和国际影响力的品牌，鼓励有实力的企业积极收购国外品牌；选取一批重点加工贸易企业为试点，加强与沃尔玛、家乐福、百佳、吉之岛、华润万家等传统零售商合作，结合现有商贸平台，创新商业模式，支持联合创立品牌，共同搭建境内外营销网络。

（二）以发展新业态、新模式为导向，着力搭建国际商贸平台

着力解决制约开放型经济新业态、新模式发展的关键障碍，搭建贸易平台，鼓励企业发展自主贸易、发展自主性更强的开放型经济。

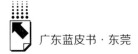

1. 建立国际展会全球合作网络平台

设立专业化的会展中心,统筹全市会展业发展,推动本土展会与国际高端展会的合作对接,强化财政资金引导作用,扩大政策受惠面,提升办展层次和水平。梳理全球知名展会名单,加强与德国、美国、香港等国家和地区的办展机构联系,建立境外展会合作网络,与展会组委会实现常态化有效对接,主动组织东莞企业抱团参加国际知名展会,争取设立东莞品牌集中展示区。

2. 建设大宗商品交易平台

依托东莞产能和区位优势,积极培育一批国际商品交易平台,打造国际国内重要原材料及商品市场集聚地;支持珠宝、塑料、农产品等交易平台提质扩容,大力引进清算、结算中心等相关机构,加快建设集大宗商品交易、结算、金融服务等功能于一体的线上、线下交易平台,推动加工贸易企业充分利用大宗商品交易平台加快发展。依托东莞保税物流中心(B型)及虎门港西大坦商贸主港区设立东莞虎门港综合保税区,借助综合保税区政策功能叠加优势,进一步推动我市"全国加工贸易转型升级试点城市"先行先试战略的实施,探索打造我市经济结构战略性调整升级的新平台和新路径,全面提升对外开放水平。

3. 创新跨境电子商务服务平台

探索创新跨境电子商务监管流程,将M2B2B、M2B2C、B2B、B2C等跨境电子商务交易模式全部纳入监管范围,设计不同交易模式的监管流程,推动建立货物贸易与服务贸易、进口与出口的标准化监管流程。对跨境电子商务实行"清单核放、集中纳税、代扣代缴"通关模式,并探索建立适应跨境电子商务业态发展的转关物流方式,研究推进跨境电子商务区域通关一体化。加强关检合作,实现"一次申报、一次查验、一次放行"。探索税收管理制度创新,简化退税管理模式。

4. 建立外贸综合服务发展平台

强化与海关、检验检疫、外管、国税等监管部门合作,探索建立与外贸综合服务企业类型相适应的企业分类管理办法,完善相应的登记备案制度和评级管理措施。推动调整外贸综合服务企业的海关管理类别，建立与其管理类别相适应的查验、监管模式，享受相应的便利管理措施。建立符合外贸综合服务企业实际的印花税征收标准。加快推动传统外贸公司向外贸综合服务企业转变，为中小微进出口企业提供物流运输、快捷通关、银行结算、财税管理、退税融资、贸易融资、贸易培训、国际采购与参加展会等专业服务，进一步解决中小微进出口企业发展遇到的成本、融资、订单、参展等核心问题。

5. 建立市场采购检验监管公共服务平台

深化与海关、检验检疫部门合作，通过建立市场采购出口木制品及木家具、玩具集中检验检疫区，支持有条件的专业市场探索开展市场采购贸易，加快创新国际贸易模式。探索市场采购贸易方式出口的货物直接免征增值税、在征收方式上采取不征不退的方式，加快贸易便利化政策优惠。研究开发市场采购出口商品检验监管公共服务平台，力争实现"市场采购商品信息全采集、全程信息化管理"。探索线上平台和线下集中检管场组合监管的创新模式，促进"大面撒网"的粗犷式查验向"重点布控"的精准查验转变。

6. 做大做强"两仓"贸易平台

积极引入优质保税仓和出口监管仓（"两仓"）企业，充分发挥"两仓"对外贸稳增长的支撑作用。鼓励香港百货、零售行业企业（机构）及本市企业使用我市保税仓和出口监管仓。加快保税仓和出口监管仓整合发展，推动保税物流供应链条延长至国际、国内两个市场，提高企业运作效率。支持大型企业依托海关特殊监管场所发展专业物流配送、售后维修、检测、展示等流通性增值服务业务。探索在出口监管仓实施入仓退税。

（三）以发展多维度国际经济合作为重点，着力构筑大开放格局

改变被动承接国际产业转移的现状，紧盯国际产业合作的前沿，主动开展高质量的招商引资，拓展国际合作的深度。

1. 强化对先进地区招商统筹

成立市一级的招商局或者将市外商投资促进中心升格为投资促进局（二级局），建立部门联动机制，改变当前招商引资、招商引技、招商引智各自为战格局，加强市级统筹招商工作的开展。要把招商引资的重点区域更多地转到欧美等先进国家，持续开展欧美招商行动；借助境外驻点、海外招商服务机构、海外重点商会等渠道，通过建设国际技术转移中心、发展国际投资促进基金等方式，强化对高端制造、先进技术和新业态的招商合作。有针对性的引导加工贸易企业加强国际产能合作、创新发展，进一步向全球价值链高端跃升，延长产业链，向生产制造与服务贸易融合发展转变，由加工组装企业向技术、品牌、营销型企业转变。

2. 建立国际经贸合作网络

与香港贸发局等国际贸易促进机构开展合作，共享国际经贸合作网络资源。积极建设东莞国际合作网点，搭建国际合作网络，收集国际招商引资、产业合作资源，开展经贸合作对接。以创新驱动和扩大开放为动力，以国际产业分工深度调整和实施"东莞制造2025"为契机，立足市情，创新发展加工贸易。依托境外经贸合作中心、产品展销中心资源，积极开展东莞制造集体品牌的海外推广和市场营销，在阿联酋、南非等地建成东莞产品展销中心的基础上，争取建立东莞产品全球展销网络。加快建设东莞产品"海外仓"，把物流、产品服务、市场营销体系延伸到当地市场。建立对外交往良性机制，定期选派干部赴重点地区开展驻点工作，推动对外交往阵地化、机制化。

3. 强化莞港澳服务业合作

落实CEPA内地与香港服务贸易协议，借鉴广东省粤港澳合作促进中心经验，探索成立莞港澳服务业合作促进中心，全面整合东莞港澳事务在科技、金融、卫生、教育、文化、交通等领域相关机制和资源，搭建合作促进平台，推进莞港澳加工制造和现代服务业的融合发展。

4. 建立国际技术转移合作对接机制

探索与深圳商务科技平台等现有的国际技术转移平台建立对接制度，引导平台现有国际技术合作成熟资源或溢出资源转移东莞，与加工贸易企业实现有效对接。探索发展"互联网＋国际技术转移"模式，搭建东莞国际技术转移信息共享平台，定时发布项目对接及国际技术转移信息，为企业谋求国际技术转移合作提供对接信息。按照"政府引导＋企业自主"的原则，鼓励企业在海外建立新型研发机构，加强技术引进和消化吸收。

5. 推动国际产能合作有序开展

积极落实"一带一路"倡议，鼓励有实力的本土企业与"一带一路"沿线国家有序开展国际产能合作，转移过剩产能，实现优势互补。推广华坚埃塞轻工业园模式，引导和推动莞商资本开放合作，鼓励以市场化为主导，组织企业抱团走出去与沿线国家开展产能合作。建立与"一带一路"国家政府、商会协会以及企业的三个层面的合作机制，推动与沿线国家开展产能合作。

（四）以全面提升竞争优势为目标，着力强化国际大通道建设

主动对接区域发展战略，全面深化国际大通道建设，力争在硬件和软件发展方面取得突破，改变大通道竞争优势不强的不利局面。

1. 推动东莞港自主融入粤港澳大湾区发展

以做大做强东莞港为抓手，打造对外连接自贸区窗口，主动融入粤港澳大湾区建设。在成功开通中国台湾、越南海防直航航线的基础上，进一步推动开拓国际航线。探索打造国际采购、国际配送和全球集拼分拨管理平台。探索与世界各地港口建立港口联盟，推动东莞港与国际一线港口实现对接。以港口为"引擎"，发展临港经济，依托港口建园区，依托园区引企业，依托企业搞创新，打造临港经济创新发展生态圈。

2. 加快建设"一带一路"国际物流枢纽

提升"中欧班列、"中韩快线"等跨境班列运营水平，形成覆盖东盟、中亚、俄罗斯、欧洲、韩国等地区和国家的货运大通道。加快中俄贸易产业园建设，依托园区进行功能集成创新。以东莞港为航运节点，利用国内外知名航运企业资源，进一步打通与"一带一路"沿线国家港口直航通道，推

进互联互通。以广州、深圳、香港三大机场"一小时经济圈"为中心,力争开设更多"空陆联运"直通模式的机场货站,积极推广"超级中国干线"模式,铺设通达沿线国家的"空中丝路"。为企业提供便宜、快速的物流通道,进一步帮助企业开拓"一带一路"沿线国家市场,基本形成一港一铁"连接"一带一路"国际物流战略枢纽。

3. 开展水铁联运构建国际物流大通道

研究出台高效、联动的东莞特色水铁联运服务保障政策,支持口岸基础设施建设,鼓励企业开展水铁联运业务。以中外运广东公司"东盟-广东-欧洲"公铁海河多式联运项目被交通部、国家发改委列入全国第一批多式联运示范工程项目名单为基础,积极争取申报成为多式联运海关监管中心,将各种运输方式的货物进行换装、仓储、中转、集拼、配送等作业集合为一体。多式联运途中的货物换装、拆拼作业将不再需要分别进行转关申报,以便整合监管资源,提高通关效率。

(五)以落实和争取惠企政策先行先试为抓手,着力打造先发优势

认真梳理制约开放型经济发展的问题,坚持解放思想,既逐项落实改革工作,又用好试点城市机遇,积极争取上级支持惠企政策的先行先试,保持先发优势。

1. 建立降低制造业成本的支持机制

进一步规范涉企镇村经营服务性收费,适度控制涉企"五险一金"的升幅,暂缓残疾人就业保障金征收等,直接降低制造业企业的成本负担。再次推行中小企业融资贴息支持计划,对租用镇村土地、自建厂房发展的中小加工贸易企业探索国内融资支持方法,提供企业融资造血功能。

2. 推动外商投资项目"放管服"改革政策落地

推动外商投资简政放权,对外商投资和对外投资项目,将东莞市一级的行政审批权限下放到园区和镇,实行备案登记制度。重点推行项目申报资料标准化,推行商务、工商、质监、税务、社保、外汇、财政、海关、检验检疫等部门对企业投资登记注册实施"一站受理、多证联办"。推动投资建设

项目"直接落地"改革，配套实施外商投资信息、年度投资经营信息报告机制等监管措施，实现外商投资从项目审批、市场准入、工程筹建到运营监管的全流程优化。

3. 建立有利于提升加工贸易监管效能的服务机制

加快加工贸易监管模式改革，推广实施"以企业为单元，总量控制、账册管理、定期核销"的加工贸易监管模式，将现行联网监管（电子账册）主要面对高资信企业的管理要求转变为一种普适性的监管模式。探索构建以企业自律为基础，与企业生产实际相适应的单耗管理新模式。创新加工贸易以本地保税仓储方式出口复进口检验监管模式，为东莞加工贸易企业提供本地化、前置化、便利化监管。实施检验检疫通关一体化，实现"三通两直"（通报、通检、通放和出口直放、进口直通），提高口岸通关放行效率。

4. 加强加工贸易创新发展政策要素供给

利用建设试点城市机遇，落实加工贸易创新发展促进机制改革创新，出台务实政策，支持建立加工贸易与科技创新资源合作对接机制，建设技术成果展示与交易平台，完善科技成果转化服务体系，鼓励加工贸易企业参与科技成果交易。支持建立加工贸易企业品牌营销扶持体系，扶持一批品牌培育和运营专业服务机构，开展品牌管理咨询、市场推广以及电子商务等服务，鼓励和引导企业收购和引进海外品牌、创建国内自主品牌、联合知名零售连锁企业创建联合品牌。支持创新加工贸易废料管理制度，让加工贸易企业废料交易阳光化，管理规范化。推动加工贸易企业拓宽自主营销渠道、创建自主品牌、发展高端制造三个维度构建加工贸易创新发展新机制，支持加工贸易逐步向价值链高端跃升，培育以自主营销、自主品牌、高端制造为核心竞争力的加工贸易发展新优势。增强加工贸易企业发展人才支撑，加强国际合作，建立加工贸易企业与国内外职业学校、高等院校、培训机构合作机制。加强跨境电子商务以及各类专业技术等高级人才的培养和储备。支持开展海外技术合作，支持引进国外技术团队、设计师，实现研发设计国际化、市场营销国际化。鼓励加工贸易企业引进海外专家。

5.积极争取先行先试关键政策

利用建设试点城市机遇，积极争取国家先行先试政策，破解制约我市开放型经济发展的关键问题。争取加工贸易企业进口设备增值税实行"台账管理"。积极争取成为国家跨境电子商务综合试验区，借鉴2016年初国家在天津市、上海市等12个城市设立的跨境电子商务综合试验区的经验和做法，在技术标准、业务流程、监管模式和信息化建设等方面积极争取国家先行先试政策，特别是积极争取跨境电商企业所得税按15%征收先征后退的税收优惠政策。积极争取中国服务外包示范城市所能给予的技术先进型服务企业所得税按15%征收的税收优惠政策，对东莞符合条件的服务外包企业给予企业所得税税收差额返还。

B.12
东莞市完善投融资体制机制，
推动金融开放创新

东莞市投融资体制机制改革创新课题组*

摘　要：　投融资体制机制改革和金融开放创新是经济持续健康发展必须面对的重大课题。本报告从完善政府投融资体制机制工作入手，立足于东莞轨道交通建设和截污管网建设这两个当前最迫切的投融资工作任务，从强化顶层设计、完善审批机制、确保重点任务等方面提出了政策建议。

关键词：　投融资　金融　东莞

投融资体制机制改革和金融开放创新是经济持续健康发展必须面对的重大课题。当前，东莞经济发展进入新常态，面临"三期叠加"的下行压力，财政收入增幅逐步由高速转为中高速，而加快轨道交通等基础设施建设，补齐治污、治河、治废等民生建设的短板带来的公共投资需求不断膨胀，不可避免地面临着严峻的收支矛盾挑战。然而东莞市场发育充分，财政风险承受能力较强，金融对经济发展的引领作用还有很大的发挥空间，具备在更高起点上谋划更高水平发展的基础和有利条件。东莞构建开放型经济新体制也提出要加快推动基础设施互联互通和构建开放安全的金融体系。因此，迫切需

---

*　课题组组长：张科。副组长：罗军文、何锦成、张清山。成员：朱斌华、刘杰、叶绍焜、黄锦发、黎达潮、袁丽群、方见波、黄宇东、任洪杰、刘震新、刘波、尹锦容、邓伟斌、廖玉林。

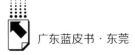

要打破当前投融资机制滞后的局面，通过进一步创新投融资体制机制来厘清责任、用好资源、破解难题，通过推动金融开放创新来提供政策工具和有效防范风险，真正实现"借得到、用得好、还得起"。

一　东莞投融资体制机制建设和金融开放创新工作进展

2012年以来，为了解决基础设施投资需求和财政投资资金不足的矛盾，东莞顺应形势发展，转变政府投融资理念，推动投融资体制改革和金融开放创新，在推动基础设施建设、营造良好的金融生态方面取得了一定成效。

（一）树立经营城市理念，做大做强政府投融资企业

为了解决重大基础设施、园区开发、镇街发展过度依靠市财政资金投入的难题，缓解财政压力，2012年东莞组建了东财公司、东实集团、水投集团三家市属投融资企业，连同交投集团（2015年由市路桥总改制并更名为交投集团），形成四大投融资企业。根据市政府明确的投资领域和业务模块，四家投融资企业各自开展政府融资工作，其中，东财公司负责筹集并向东实集团注入40亿元注册资本金，承担市对镇街借款形成债权资产的管理以及受托管理基础设施和公共服务政府投资基金；东实集团主要承担轨道交通的筹资和投资建设；水投集团主要负责全市水资源、水环境、水安全等水务项目的投资、建设、运营及开发；交投集团主要负责非经营性收费公路、高速公路、城市巴士等领域。2016年，组建了东莞金控集团，着手打造市属金融板块的大型国企集团。

（二）落实国家对地方政府融资的新要求，探索实施规范的融资模式

自2015年1月起新《预算法》实施，从法律层面严格禁止政府通过投融

资企业进行融资的做法。按照新形势、新政策的要求，东莞及时转变思路，通过发行政府债券、推行 PPP 和政府购买服务等方式探索新的融资模式。

一是积极向省申请政府债券。2015 年以来，东莞共取得置换债券额度432.26 亿元，全部用于置换公共基础设施领域的政府债务，节约债务利息支出超过 15 亿元，平均拉长债务期限约 21 个月。政府投融资企业经过政府债券置换以后，解除了企业报表负债，降低了负债水平，释放了举债空间，增强了融资能力。同时，东莞还取得 20.75 亿元新增政府债券，有力地支持了市镇两级重大项目的投资建设。

二是大力推行 PPP 模式。在推行 PPP 工作方面，2015 年东莞出台了《关于在基本公共服务领域推行政府和社会资本合作模式的实施意见》，完善了 PPP 模式的管理制度；组建了市 PPP 专业咨询机构库，举办了 PPP 专题培训会议；组织申报国家、省推介示范项目，完成市镇两级 PPP 项目的申报或储备。

三是与政策性金融机构的融资合作，探索推进政府购买服务的建设模式。2015 年以来，东莞积极与国家开发银行合作，实施市水生态建设项目一期（工程投资 12.25 亿元）、二期工程（工程投资 17.3 亿元）的政府购买服务实施方案，通过向国家开发银行申请项目贷款，为项目建设提供了期限较长、成本较低的建设资金。

（三）注重上下联动，因地制宜地探索园区投融资工作

目前，东莞共有四个市属园区，功能定位、所处阶段、发展规模各不相同。从市属园区的建设发展历程来看，均是在前期主要靠政府支持、财政投入，中后期逐步通过园区综合开发，努力走上滚动发展的轨道。

一是"扶上马、送一程"的财政支持。园区控股公司是连接上下级政府、财政与园区、政府与市场的一个关键纽带，在园区开展投融资工作的前期，市财政不仅给市属园区投入大规模资金，切实保障园区的征地拆迁、基础设施等硬件建设，同时，还按照统一的政策标准支持园区组建控股公司，保证每个园区的控股公司初始有 4 亿元注册资本金，为开展园区建设开发和

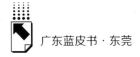

投融资提供启动资金。

二是紧扣园区建设任务探索融资工作。各园区立足实际，优化整合园区自有资源，逐步将控股公司打造成资金筹集、资源开发、资本运作的多元化产业投资投融资企业。近年来，园区控股公司主要依托传统融资手段，筹措必要的建设发展资金。在2015年新预算法实施以前，园区控股公司探索通过土地、物业抵押、政府增信等方式，为园区重点任务取得了大量融资，如银瓶新区控股公司取得17.56亿元融资，较好地保障了园区土地统筹工作；虎门港控股公司取得7亿元融资，有力地支持了园区重点泊位等基础设施建设。

三是因地制宜地发挥控股公司的资源整合和撬动引导作用。松山湖管委会自2009年起通过控股公司以引导资金的方式参股相关基金，将企业和资金引入园区，迄今通过松山湖控股公司参与的基金项目5个，其中引导基金出资8,550万元，撬动投资总规模约为5.4亿元的社会资金。松山湖控股公司还与东实集团公司合资成立高科技园区开发公司，未来将在科技物业建设运营、交通路网建设以及商业配套建设方面展开深入合作。虎门港集团公司已经形成相互配套的三大投资板块，包括码头板块、物流板块和公共配套，具备较强的融资能力。其中，以土地投入和现金投入相结合，完成5～6号码头、7～8号码头、保税物流仓库等项目，对外投资超过10亿元。银瓶创新区也借助新区控股公司与粤海集团，以股权投资等方式合作推进园区开发建设。

（四）加强政府投融资审批，切实防范财政金融风险

政府投融资审批管理机制，主要涉及项目立项审批和融资审批两方面，其着眼点是加强管理、有效调控、防范风险。在立项审批方面，东莞从项目立项审批、前期经费管理、项目资金调剂、预算管理等方面明确相关规定，覆盖项目审批和建设管理全过程，加强项目年度计划控制，规范项目报批程序，理顺部门职责分工，不断简化项目审批流程，特别是对纳入重大项目的政府投资项目，出台重大项目管理办法，以"绿色通道"减少部门间的审

批前置条件限制等，促进投资项目有序上马。与此同时，在涉及政府投资项目的融资工作方面，东莞采取前置审批制度，即不经市政府批准，不得融资建设，做到了有序举债、合理举债、严格举债，将政府融资规模控制在合理安全的范围。

（五）探索利用境外融资的操作路径

近年来，东莞积极引导企业利用资本市场，拓宽直接融资渠道，降低项目融资成本，为政府融资、企业融资提供更多金融工具。在政府融资工作方面，东莞充分借助资本市场、银行间货币市场、信贷市场多种途径融资，先后通过发行信托计划、支持投融资企业组建产业投资基金、发行短融和中票、融资租赁、加强与政策性金融机构合作等，支持了从莞高速、水生态一期工程、水谷投资基金、机器人产业等重大项目、重大产业布局的资金投入。同时，东莞跨境融资也开展了成功的探索。2015 年东莞利用广东融通融资租赁公司的渠道，以惠常高速公路资产为标的物，通过售后回租方式，成功向建设银行香港分行借入 3 年期人民币外债资金 9.88 亿元，是东莞基础设施领域通过售后回租实现跨境融资的首个成功案例。

（六）支持新型经济金融组织发展，丰富社会投融资渠道，服务实体经济转型升级

相对于传统的银行、证券、保险等金融机构，新型经济金融组织适应社会经济发展的需要而兴起，包括股权投资、小额贷款、融资担保、融资租赁、商业保理以及各类互联网金融等新型金融业态，具有灵活、便捷、融资门槛低等特点，为中小微企业融资提供了更多的渠道和手段，增强了金融市场活力。据统计，截至 2016 年 6 月末，东莞登记的各类基金管理机构 121 家，管理规模约 74 亿元，其中注册地在东莞的基金管理机构 73 家，管理规模约 36 亿元。小额贷款公司 17 家，注册资本共 24.5 亿元，自 2009 年以来累计投放贷款 280 亿元，2016 年 6 月末贷款余额为 26.18 亿元。融资担保公司法人机构 41 家，注册资本金共 63 亿元，2016 年上半年共发生担保额 29

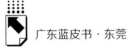

亿元，6月末在保余额 103 亿元。外资融资租赁企业有 3 家，内资融资租赁企业有 11 家，注册资本金共 16.6 亿元，租赁资产合计 26.95 亿元。

（七）积极探索通过政府引导基金引领社会投融资机制创新，带动社会创新创业和实体产业转型升级

2012 年市财政设立总规模为 20 亿元、首期 5 亿元的政府引导基金，通过与基金管理公司共同发起设立市场化运作的股权投资基金，撬动社会资金投资创业创新项目，支持企业发展壮大。目前市财政参与出资设立的投资基金共 3 只，其中，私募股权投资基金包括东莞红土创业投资有限公司、东莞中科中广创业投资有限公司、东莞市博实睿德信机器人股权投资中心等 3 只，累计到位资金总规模 10.97 亿元，其中市镇两级财政累计出资 2.6 亿元，社会出资 8.37 亿元。

二 存在的困难和问题

（一）政府投融资顶层设计缺失

政府投融资工作涉及部门广、政策限制多、协调难度大，而顶层设计和管理体制存在的不足较为突出。

一是投融资企业战略布局和管理体制需要优化。目前，东莞对国有资本布局缺乏决策指引，治废、公交、战略性产业等重要领域存在明显短板，投融资企业功能定位不清，部分企业业务过于宽泛、主业不够突出，企业之间存在职能交叉和重复配置，资源整合力度不够，企业之间发展不够均衡，没有形成协同发展效应。同时，市国资委对投融资企业进行监督管理，所依据的政策文件主要是针对一般经营性的国有企业的，与东莞对投融资企业的功能定位、职责任务以及监督管理的要求尚有一定差距。

二是政府投融资没有整体规划。目前东莞政府投融资项目整体规划有所欠缺，投融资项目储备库建设滞后，规划性不强、连续性不够、投资后劲不

足，没有形成"储备一批、推进一批、开工一批、竣工一批"的项目建设格局。实践中，对项目建设的规划布局系统考虑不够，基本上是分散提出、随报随批，缺乏整体性、科学性和长远性。部门提出政府投融资项目，融资方式的论证不严谨，与财政的中长期规划脱节明显，缺乏系统性、前瞻性、协调性，政府投融资工作"借、用、还"的统筹规划较弱。

三是政府投融资领导协调机制没有建立。目前，东莞的政府投融资工作依然是部门分散开展，投融资企业单兵作战。政府投融资项目投资金额大、涉及范围广，政策困难多、体制障碍多、关联部门多，投融资企业以企业身份去协调推进，困难较多。一个环节解决不了，往往会影响整个项目进度，耗时耗力，投融资企业不能专注做好主业，容易造成部门之间、部门与投融资企业之间责任推诿。如不建立以市政府为总牵头、相关职能部门共同参与的政府投融资领导协调机制，部门和投融资企业的职责优势难以正常发挥，无法实现优势互补，形成工作合力。

（二）政府投融资的重点领域需要突破

一是土地资源统筹开发困难。从目前的政府融资环境来看，土地资源仍然是政府融资的重要手段，也是扶持投融资企业做大做强的有力抓手。东莞的土地面积较小、开发强度高，投融资企业在土地统筹开发方面仍然没有实质性突破，如果不能做好土地统筹开发，就无法取得基础设施建设带来的土地增值收益，投融资工作就会受到较大限制，难以可持续发展。

二是投融资企业过于依赖财政。虽然投融资企业已有较大的资产规模和人才队伍，但是在融资理念和融资模式上，仍然是过度依赖市财政的资金支持，融资的还本付息责任依然由市财政负担。这种情况下，政府融资工作从本质上还是财政融资，投融资企业的造血功能和模式创新偏弱，不能走上滚动发展、良性循环的轨道。在政府投融资规模不大的情况下，这种做法尚可应付，但若轨道交通、截污次支管网等重大项目并行上马，这种融资模式将难以持续。

三是推行PPP的困难突出。根据财政部《政府和社会资本合作项目财政承受能力论证指引》，国家对政府PPP支出设置了控制指标，要求本级政府实施的PPP项目每年需从预算中安排的支出责任不超过本级一般公共预算支出的10%。按照2015年市财政一般公共预算支出324亿元计算，市一级的PPP规模目前只能控制在30多亿元的规模，难以支撑东莞的投融资项目。与此同时，从镇街已纳入市PPP储备项目库的项目推进情况看，镇街（园区）推广PPP模式的积极性还不高。

（三）政府投资项目审批机制创新和审批效率有待进一步提升

当前政府投资项目管理体制存在一些不足，一些规定缺乏灵活性，对效率兼顾不够，一些职能部门在项目审批过程中分工配合不足，都对政府投资项目的前期工作造成一定影响。

一是前期工作深度不够。大部分单位对前期工作不重视，前期论证不充分、考虑不周全、项目建议书和可研报告深度不够，对项目合规性、可行性、用地、拆迁、管线迁改、地下空间、开发条件、建设难易程度等前置条件和重要指标考虑较少或不细致，直接影响项目立项、设计、招投标和动工建设时间、工期长短、质量和投资控制等。建设单位介入较少，相关部门对前期工作审核把关不严，重程序而轻实质，导致后期施工阶段工程变更和设计调整多，甚至工程完工后仍需调整，进度和投资控制难度大。

二是程序缺乏灵活性。根据东莞规定，估算投资规模200万元以上的财政投资项目无论项目性质、规模大小都需从项目提出到申报年度计划等8个步骤开展报批，使一些投资规模小、技术方案简单或不涉及用地、规划、环保的修缮改造类和桥梁加固类项目前期工作耗时较长，项目进展慢。对于整体打包、组合打包的项目立项一直没有尝试，不利于加快项目审批和项目融资。

三是前期耗时较长。根据政府投资项目主要代建单位反馈，项目从报建到落地，至少提交200多项资料、涉及20～30个部门，其中纳入"绿色通道"的项目实行并联审批做法，约15个环节可以同步进行，但总体上所需的审批时间依然较长。

（四）政府融资手段仍然较为单一，金融工具和融资路径的创新
有待加强

目前东莞基础设施建设的融资渠道仍以传统信贷为主，难以满足基础设
施建设的资金需求，具体表现在：

一是融资结构有待优化。基础设施建设项目具有资金投入大、回报周期
长、回报率较低等特点，商业银行的信贷属于期限较短、成本相对较高的资
金，且受宏观调控政策影响较大，资金供给的稳定性和可持续性方面相比存
在不足。而随着金融资本市场不断发展和完善，融资渠道和工具越来越多样
化，社会融资将更多地利用直接融资渠道，受投融资企业发展阶段等多重因
素影响，东莞的政府投融资企业对直接融资渠道和工具的有效运用仍然不
足。以2015年底政府债务管理系统中登记的政府债务情况来看，东莞总的
政府债务规模为612亿元，其中金融机构信贷融资占比高达73%。投融资
企业直接融资渠道有待拓展，整体融资结构有待优化。

二是跨境融资渠道和保险资金运用模式有待进一步探索。东莞的经济对
外依存度高，但存在跨境融资模式单一、融资主体单一、规模偏小等突出问
题。如何创新工作方式，拓宽境外融资渠道特别是基础设施建设项目跨境融
资的渠道，仍有待加强研究。截至2016年12月末，全市跨境融资余额仅为
39.10亿美元，约占全省跨境融资余额的9.76%，但用于政府基础设施投资
领域的资金占比极小。从借债主体类型上看，除地方法人银行外，企业借债
主体主要为外商投资企业。另外，保险资金与银行信贷资金相比，具有成本
低、期限长、规模大的特点，但目前东莞在基础设施建设领域尚未有效引入
保险资金，政府、投融资企业与保险机构合作的模式有待研究和探索。

（五）类金融经济组织整体竞争力不强、缺乏拳头品牌

以基金业为例，目前东莞登记的各类基金管理机构121家，管理规模约
74亿元；广州是712家、规模超2500亿元；深圳是2668家、规模超1万亿
元。东莞经济总量约为广州、深圳的1/3，但基金管理机构数量仅为广州的

1/6、深圳的1/22；管理规模仅相当于广州的3%、深圳的0.7%，差距巨大。其他新型金融业态的发展也相对滞后，如：东莞小额贷款行业在全省率先试点，但目前小贷公司数量在珠三角七市中排名第五（仅超过珠海、惠州），民间申报设立小贷公司积极性降低；融资担保业务总量呈现逐年萎缩态势；融资租赁业在实际经营中还存在较多制约，发展缓慢，2015年我国融资租赁市场渗透率（即租赁交易总额占固定资产投资总额比例）约5.23%，而东莞融资租赁市场渗透率仅约1%。

（六）政府引导基金引领股权投资发展与预期目标仍有差距

一是引导基金的实际使用效率偏低，从2012年市财政安排首期5亿元的引导基金算起，截至2016年末市财政实缴出资1.8亿元，财政资金实际使用效率仅36%，主要原因在于股权投资基金涉及的前期调查、商务谈判、部门协商、研究决策、组织募资的过程比较漫长。二是股权投资基金设立和运营管理的模式有待进一步优化，目前引导基金采取直接参与发起设立投资子基金的模式，单只子基金的规模、力量和资源有局限，缺乏母基金层面的运营管理，无法发挥联动协同效应，不利于资源整合和高效批量地引进优质基金，不利于引进基金业专业人才和培养本地人才，难以担起引领东莞创新创业、实体产业整合升级和扶持新兴产业发展的重任。三是事中跟踪服务和事后绩效考核监督机制不完善，目前引导基金采取委托管理的方式，未建立健全绩效考核制度，容易造成日常监管职责不清的现象，缺乏专职的执行机构，事中跟踪服务和事后监督考核责任难以保障。

三 完善投融资体制机制和推进金融开放创新的对策建议

（一）强化顶层设计，建立科学有效的政府投融资机制

1.科学规划和整合优化全市国资战略布局

注重分类管理，要根据东莞公共事业建设和产业化需要，科学划分国资

功能板块，探索补齐环保、金融、战略性产业方面的国资短板，明晰板块龙头企业的定位、主业和绩效目标，强化国有经济的公共性、公益性和引领性，充分发挥东实集团、水投集团、交投集团、金控集团等大型国有企业的引领作用，坚持走市场化、产业化、资本化的可持续壮大之路。坚持从资源变资产、资产变资金的运作思路，统筹政府存量的土地、物业、特许经营权等公共资源，按照投融资企业板块和规范程序通过注资、授权等方式，交由投融资企业运营，做大资产规模和现金流，提高造血功能，增强融资能力。

2. 做好政府投融资规划

编制中长期（3~5年）政府投融资规划，着力保障政府投融资工作的整体性、前瞻性、协调性，确保与财政可承受能力相匹配，可以实现财政预算跨年度平衡，防范财政金融风险。要立足东莞经济社会发展需要和基础设施投融资需求，科学编制市本级的中长期政府投融资规划和年度投融资计划，并由市政府审定实施。科学编制东莞"十三五"基础设施投融资规划，以规划引导投融资工作的开展。对"十三五"期间主要公共基础设施投资需求进行重新梳理和分析，参照政府投资项目储备库管理模式，在政府总体投资项目储备库的基础上，增设融资项目储备库。政府投资项目储备要做到"干着今年、备着明年、看着后年、想着大后年"，在推进当年政府投资项目建设进度的同时，及早谋划未来三年开工项目，形成连续不断、滚动实施的储备机制。要将有意向、有条件融资的项目纳入储备库管理，着重选择具有比较优势、符合国家产业政策（金融政策）、符合产业发展方向的项目，实行常年筛选、滚动储备。储备库项目分为意向项目、预备项目和正式项目，正式项目随时可与金融机构或可用融资资金无缝对接，提高政府融资效率。编制年度政府投融资计划，要明确建设项目、投资规模、融资方式、目标任务、责任主体，并与财政预算相衔接，使政府投融资工作可分解、可操作、可考核，确保政府投资项目有计划有步骤向前推进。园区应编制园区中长期投融资规划和年度计划，上报市政府审定实施，由园区管委会（或代管镇）抓落实，市政府予以考核督导。

3. 切实发挥已有工作协调机制的协调保障作用

明确牵头部门，强化政府部门的协作配合，协调解决投融资企业在投融资过程中遇到的重大事项和难题，减少投融资企业分头作战、分层协调的困难，提高工作效率。

（二）完善审批机制，提高政府投融资项目的审批效率

1. 深化投融资项目立项前期研究

项目提出单位要对拟建项目的必要性、规模与标准、投资进行深入研究，同时需考虑建设用地、规划、环保、供水、交通、拆迁等是否符合建设条件的情况。对投资规模5亿元及以上的项目，在可行性研究报告中增加项目融资方式可行性论证环节，加强融资工作前期准备。实行财政投资项目"交钥匙"计划，对通过投融资新建的工程，在使用单位、主管部门或市政府提出项目时，需先明确项目建设单位，原则上以职能局或投融资企业作为承接主体，组织项目前期研究、报建、施工管理、竣工验收等工作，完工后移交给使用单位或管养单位，避免出现审批环节断节、部门推诿等情况。

2. 优化项目审批程序，探索项目整体打包立项

首先是对政府投资项目实行分类管理，进一步优化审批环节，简化审批程序。要区分不同类型、不同投资规模的项目，执行不同审批流程，尤其对部分投资额较小，不涉及新增用地、规划调整，或者简单的装修改造项目，通过简化审批流程提高审批效率。其次是将市政府审定项目投资规模的时间点从项目建议书阶段改为可行性研究报告阶段，原则上做到"不成熟、不上会"。逐步取消项目建议书审批，以市政府批复或国家、省市规划代替；对投资额较小的项目，在满足各前置条件后，直接开展初步设计。再次是优化政府投资安排方式。对需要财政支持的经营性项目，主要采取财政注入资本金到相关国有企业、再以企业名义立项的方式；对采取投资补助项目，市政府只批复资金申请报告，建设单位按权限划分在市发改局或相应中心镇办理项目立项手续。最后是探索研究集中打包立项，借鉴安徽合肥在巢湖治理

过程中的经验，对于关系密切的组合开发、连片开发或集中开发的多个项目，实行整体打包立项，以提高项目审批效率。

（三）用好关键抓手，确保政府投融资渠道畅通

1. 大力推广应用 PPP 模式

目前国家逐步完善规范政府购买服务政策，防范地方政府借政府购买服务进行变相融资。东莞市前期探索采取政府购买服务方式解决项目投资和提高服务效率取得一定经验，在目前国家对政府购买工程服务政策仍未明朗的前提下，为降低政策风险，今后宜按 PPP 模式推动新项目。虽然 PPP 模式的应用流程相对繁琐，推进效率受到一定影响，但推广 PPP 模式是近年来国家大力推行的政府投融资的主要模式。东莞目前在制度建设、配套措施保障、项目储备、激励机制等方面都已经做了大量基础性工作，结合目前东莞镇街财力，园区建设和镇街投资项目未来可优先考虑运用 PPP 模式建设，重点是以项目落地为突破口，尽快探索出成功案例。财政、发改等职能部门也要进一步研究简化 PPP 项目的审批流程，提高 PPP 模式的实施效率。

2. 用好政府债券和政府投资基金两大手段

政府投融资项目的顺利实施，关键是要政府方筹措项目资本金。从长远来看，投融资企业要增强造血功能，通过资产证券化进行融资，筹措政府投融资项目的资本金，实现良性循环发展。但从短期来看，投融资企业暂时还不具备这样的能力，而政府债券和政府投资基金，在期限、成本、发挥财政杠杆作用方面有着独特优势，是推动政府投融资工作的有效手段。因此，为了增强政府投融资的主动性、确定性，市财政还要继续积极争取政府债券额度，完善政府举债项目筛选机制，科学分配政府债券指标，支持重点项目、紧迫项目。同时要充分发挥政府投资基金的引导和撬动作用，用好 200 亿元的基础设施和公共服务投资基金，引导金融资金、社会资本投向东莞的公共基础设施项目。

（四）强化模式创新，筹集解决重大基础设施建设资金

1. 做好土地统筹开发，支撑轨道交通项目建设

接下来，东莞要开展的轨道交通项目，资本金部分主要由政府方（含东实集团）负责筹集，项目建设贷款可通过银行贷款等多种方式筹措。政府对项目建设和运营的资金投入、付费支出，应扩大筹措范围，加大从土地统筹开发收益中筹集的力度。为拓宽轨道建设资金筹集渠道，借鉴佛山、深圳、贵阳等地区的先进做法，建议从以下五个方面开展。

一是切实发挥规划的引领和控制作用，强力保障轨道站场TOD综合开发。首先是优化TOD规划协调机制。由市轨道交通建设工作领导小组统筹轨道站场TOD规划建设工作，定期召开会议，研究解决TOD规划中的实际问题。其次是在规划、国土政策方面给予支持。增加轨道交通站点可开发用地规模，提升轨道交通站点土地价值；将城市轨道交通站点的规划更多地向未建成区倾斜，同时对于难以统筹的土地以规划控制为主，便于减轻收储难度和成本；预留部分城乡建设用地指标。最后是提高站场配套设施运营水平。考虑适当规划设置立体停车场，适当增加站场配套商铺规模，合理规划户外LED广告、T牌广告，增加地下通道广告位。

二是充分利用"三旧"改造政策，在各利益主体之间合法合规分配土地收益，调动各方积极性。2016年9月14日，《广东省关于提升"三旧"改造水平促进节约集约用地的通知》（粤府〔2016〕96号）明确规定，"三旧"改造所得出让收益可按规定用于补偿原土地权利人。建议市委、市政府明确轨道站点控制范围内的"三旧"改造原则上由政府主导，并由市"三旧"办牵头进一步完善和修订东莞"三旧"改造项目土地出让金计收和分配办法，支持以政府主导或东实集团参与的方式推进站点周边的"三旧"改造。

三是鉴于国土资源部已批复原则同意我市在轨道交通周边开发区域采取土地使用权作价出资等有偿使用方式供地，制定相关配套政策和具体操作流程，将轨道站点共构地块和轨道车辆段（停车场）上盖物业所涉及土地采

用作价注入轨道交通建设运营单位，由轨道交通建设运营单位负责开发建设，开发收益全部用于轨道交通建设。

四是明确城际轨道交通沿线相关镇街缴纳运营保障金的责任，为 TOD 项目用地合作开发提供有利条件。东莞境内珠三角城际轨道交通项目采用由东莞市主导开发、固定省级净收益的合作开发模式，落实东莞建设用地规模 7693.2 亩，合计需上缴省、市级运营保障金总金额 54.69 亿元。由于东莞上缴的运营保障金规模大，涉及的镇街较多且财力差异较大，因此，应根据 TOD 项目用地合作开发模式的要求，参考佛山等地的经验做法，通过市政府总牵头和总协调，相关镇街明确责任，由城际轨道沿线各镇街通过向省申请土地储备专项债券的方式筹资，以偿还省市级运营保障金。

2. 积极推行厂网一体化，大力支持"十三五"水环境治理可持续发展

根据市委、市政府的工作部署，东莞要力争在 2020 年底新建 2800 公里截污次支管网，其中，2018 年底前新建 1800 公里，投资估算 127 亿元，至 2020 年再新建约 1000 公里。为确保完成"十三五"期间全市截污次支管网建设计划，应借鉴重庆和成都的有效做法，探索采用厂网一体化、适当提高水处理补贴等措施，支持水投集团通过市场化经营模式，盘活现有的水处理资产，多渠道筹集资金。相关建议如下四点。

一是运用市场化经营模式，加快截污次支管网建设。探索由市政府通过特许经营方式授权水投集团进行项目投资、建设、运营，通过市场化运作方式筹集资金实施项目建设、运营工作，为政府提供优质的建设和运营服务；市财政给予项目资本金和合理利润，以实现项目投资回收。

二是实施"厂网运营一体化模式"试点，加快推进水污染治理工作。加快已选取的市区污水处理厂试点一体化营运管理工作，将市区污水处理厂截污管网运营服务费以合理利润纳入污水处理服务费中，并研究以服务质量、服务效益为导向，试行按效果付费的可行性和可操作性，待取得成效后逐步在水投集团掌控的污水厂和管网中扩大试点范围，接下来在全市范围内推进日常托管工作，由市环保局以购买服务方式委托水投集团负责日常维护运营，市财政支付合理的管网运营服务费用。

三是实现污水处理行业一体化，增强行业影响力和竞争力。研究以"政府回购、市场定价、水投承接"方式，一揽子推进全市 BOT 污水处理厂经营权收购工作，即市政府成立 BOT 污水处理厂经营权回购工作领导小组，由市环保局牵头、市水投集团具体负责，以市场价回购水投集团以外的 BOT 污水厂经营权；水投集团自行筹集资金，以市政府收购的价格为标的，与市政府进行经营权交易，从而获得市政府的 BOT 污水处理厂经营权。同时，水投集团根据实际情况，有序推进全市污水处理厂及截污管网一体化运营，力促东莞污水处理行业一体化发展。

四是加快推进资本上市，构建水务环保投融资体系。以做大做强市属国有企业为导向，以构建一个多元化、多层次、多渠道的投融资体系为目的，由水投集团按照市政府有关文件精神，加快推进旗下的污水处理业务（石鼓公司）挂牌新三板；稳妥研究整合企业经营板块 IPO 可行性操作方案，通过充分利用直接投融资渠道，增强融资能力，降低融资成本，努力构建水务环保事业的投融资体系，提供更多低成本的市场资金用于推进东莞水环境、水生态全面改善。

3. 探索多渠道融资，以市场化方式推动高速公路建设

一直以来，东莞高速公路投资建设实行市场化运营，主要采取 BOT 形式进行建设运营。目前，深圳外环高速东莞段项目经两次公开招标失败后，市政府已同意由市新远高速公路公司牵头、沿线镇参股成立股份公司，承担项目建设。但总的来看，深圳外环高速东莞段、莞番高速东莞段等高速公路项目面临以下问题。一是投资规模大、预期收益不理想、经济效益测算较差。二是征地拆迁所占费用较高、需时较长，导致项目建设工期延长，项目成本高。同时征地拆迁工作责任及费用负担问题存在分歧，如何合理分配政府与企业风险将成为关键点。三是风险防范与利益分配机制尚不明确。工程建设和经营周期存在征地拆迁标准调整、银行利率上升、政府行为的投资调整及非主观性工程建设延期等风险，车辆通行费收入亦存在较大不确定性，将影响项目后期运营，需制定合理的调价机制以使项目可持续运营。鉴于上述情况，东莞应进一步研究通过 PPP 模式等有效方式推动高速公路投资建设运营。具体由市交通局委托第三方机构对项目进行科学的财务测算，尽可能准确测定项目成本，健全确定项目成本、投资回报的合理机制；考虑存量项目分期或分段实施的投融资模式，在审批手续或政策上给予支持。

与此同时，交投集团应强化资源的综合开发和运营管理，提高项目综合效益，依托自身成熟、稳定的经营优势和多元化融资渠道的有利条件，继续用好中期票据、短中期融资券和发行公司债等低成本融资工具，进一步探索利用融资租赁、境外发债等手段，拓展境外融资，降低项目融资成本。

（五）做强投融资企业，促进政府投融资工作可持续发展

1. 以管资本为主推进国资委职能转变，增强投融资企业活力

根据中央、省提出的政策要求，市国资委要把握依法履行出资人职责的定位，科学厘清国有资产出资人监管的边界，建立或完善监管权力清单和责任清单，实现以管资本为主的职能。重点管好国有资本布局、规范资本运作、提高资本回报、维护资本安全；切实做到依法放权，不缺位、不越位，将依法应由投融资企业自主经营决策的事项归位于投融资企业，将延伸到子企业的管理事项原则上归位于一级企业，将配合承担的公共管理职能归位于相关政府部门和单位。大力推进依法监管，着力创新监管方式和手段，改变行政化管理方式，提高监管的科学性、有效性。

2. 完善投融资企业投资管理体制，提高企业效率

进一步提高投融资企业决策与经营管理效率，由市国资委具体研究对投融资企业的投资项目科学分类，不同类别实施不同的管理办法，按照"一企一策"的原则对集团投资监督管理事项进行适当的调整，实现简化流程、加大投融资企业自主决策灵活度、国资委加强监管之间的平衡。研究将投融资企业投资项目分为承接政府性项目、政府性项目衍生项目、自主经营类项目，并以投资金额科学分档，划分政府、国资委和投融资企业的审批权限。原则上，政府性项目3000万元以上的报市政府审定后实施，不超过3000万元的由投融资企业自主决策；政府性项目衍生项目单项投资额在5000万元以上时，报市国资委审批，不超过5000万元的，由投融资企业自主决策；

自主经营类项目单项投资额在 1 亿元以上的，报市国资委审批，不超过 1 亿元的，由投融资企业自主决策。

3.完善投融资企业的考核机制，提升企业动力

充分考虑投融资企业功能定位、行业特点、资产规模等因素，对主要承担政府交办任务的投融资企业，采用经济效益和社会效益相结合的考核办法，坚持年度考核与任期考核相结合，考核评价结果作为投融资企业领导人员薪酬激励和选拔任用的重要依据，鼓励投融资企业按照有关政策制定和实施中长期激励方案。在考核指标的设计上，研究制定年度目标值、力争值相结合的指标体系。年度目标值是硬性的指标，应提高对投融资任务的考核权重，并与投融资企业负责人的薪酬直接挂钩，纳入年度绩效考核。力争值是加分指标，其设立目的是鼓励投融资企业向更高的目标进发。同时，由于投融资企业每年接受市政府的投融资任务不同，对投融资企业的考核分年度设立考核办法，以适应不同目标的需要。加强专项资金绩效管理，完善"编制有目标、执行有监控、完成有评价、结果有反馈、反馈有应用"的全过程绩效管理制度。

4.统筹盘活园区资源，壮大园区控股公司实力

园区开展投融资工作过程中，要充分借助全市的金融资源、金融手段，也要根据园区的实际特点，探索符合自身需要的投融资渠道，促进园区发展。比如松山湖（生态园）园区要针对土地资源增量不足、存量未得到较好利用的问题，把握创建自主创新示范区的良好时机，落实一系列有利于盘活现有土地及物业的政策，包括探索研发用地物业产权分割转让实施办法、试点土地混合使用，通过掌控园区物业资源、腾出内部发展空间。虎门港园区要依托镇港统筹优势，整合港口、岸线、土地等资源，实现有机开发、多元化运营。银瓶新区则要加强与粤海集团的深度合作，科学利用宝贵的土地资源，高质高效地开展招商引资，推动新区的产业链发展，实现园区开发建设滚动发展和良性循环。长安新区则要加强新区发展定位，依托长安镇和东实集团的支持，加大与有实力、有资源、专业强的大型央企等社会资本的合作，加快完善围填海方案和围填海后的整体规划，实现园区稳步发展。

（六）积极探索金融开放创新的新渠道新路径，构建开放型金融生态

1. 积极推广借鉴自贸区经验，推动地方金融开放创新

自 2015 年 4 月挂牌以来，广东自贸区在投资便利化、贸易便利化、金融贸易航运业务创新、粤港澳合作、国际化法律服务等方面先行先试，总结梳理了首批 17 个制度创新案例，其中在深化粤港澳金融合作、创新跨境融资模式等方面，值得东莞结合自身实际，在深化改革、扩大开放的过程中学习借鉴。

一是不断深化粤港澳金融合作。支持东莞银行、东莞农商行在自贸区设立分支行，充分利用自贸区的政策，与港澳金融同业开展跨境人民币借款、人民币信贷资产转让、外币离岸业务等。鼓励东莞证券、东莞信托、华联期货等非银行金融机构探索在自贸区设立分支机构的可行性，积极开展跨境人民币业务。以深化跨境金融合作，推动地方金融开放创新，拓宽地方金融机构运营资金的来源，提升国际化经营水平。

二是引导企业积极利用境外发债模式，缓解企业融资难融资贵的问题。优化理顺企业境外发债的审批流程和服务机制，引导企业主动学习对接自贸区企业境外发债的创新经验，拓宽境外融资渠道、畅通融资路径，缓解企业融资难、融资贵的问题。

2. 积极利用全口径跨境融资政策引入境外资金

自 2016 年 5 月起，人民银行将全口径跨境融资政策扩大至全国的金融机构和企业，不再实行外债事前审批，跨境融资规模按金融机构和企业的资本或净资产乘以相应的杠杆率计算。目前银行的融资杠杆率为 0.8，非银行金融机构和其他企业的融资杠杆率为 2。以东莞农商行和东莞银行 2015 年经审计的一级资本测算，其可利用的境外融资规模分别约为 162 亿和 120 亿元人民币，如能加以有效利用，将有力支持基础设施和企业融资。投融资企业可积极研究利用全口径跨境融资渠道，以个案申请的模式申请办理跨境融资业务，市人民银行将积极与上级管理部门沟通协调，争取为东莞投融资企

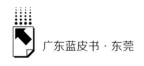

业打通境外融资渠道。

3.积极引导融资租赁企业活用外债额度

根据现行的有关规定，外商投资融资租赁公司可利用的外债额度为净资产的10倍。以广东融通融资租赁有限公司为例，目前其净资产为7亿元，利用外债额度最高可达70亿元，该公司2015年以惠常高速公路资产为标的物成功举借外债9.88亿元，则其还可利用外债额度60亿元。因此，东莞可搭建融资租赁公司与投融资企业的合作平台，引导东莞融资租赁公司活用外债额度，积极向境外融入低成本的资金后，通过业务合作平台导入投融资企业，推动投融资企业盘活存量资产，增强再融资能力。

（七）大力发展新型经济金融组织，进一步拓宽企业融资渠道

1.创新优化政府服务管理机制，构建规范健康的营商环境

一是建立全市统一的集体土地和建筑物登记管理、租赁财产登记交易等公共服务平台，营造法治、健康、有序的营商环境，为新型经济金融组织开展业务提供有力的制度保障。二是构建政府、银行、担保机构的风险分担机制，鼓励设立混合所有制的融资担保公司，搭建融资担保平台，推动政策性融资担保机构发起设立担保基金的可行性和实施方案。三是搭建政府与保险机构合作平台。搭建"政府引导协调、平台企业与保险机构主导、保险行业协会沟通服务"的合作平台，引导平台企业与保险机构以项目为落脚点开展业务合作，鼓励各大保险公司总部加大对东莞的资金投放力度。加快推进东莞阳光人寿保险公司的组建，填补东莞保险法人机构的空白，为东莞基础设施和重点领域的投融资开辟新渠道。四是建立健全类金融机构监督管理机制。将具备接入条件的新型经济金融组织纳入人民银行的金融信用信息基础数据库，进一步扩大信用记录的覆盖面。对小贷公司实施分类监管评级制度，推动银行机构加强与小贷公司的银贷合作。

2.完善财税政策扶持体系，促进新型经济金融组织蓬勃发展

制定全面的类金融产业发展规划和分行业的配套政策扶持体系，强化政策导向和激励机制，引进一批、培育一批，促进新型经济金融组织快速兴

起、聚集，形成多元化的新型经济金融组织蓬勃发展、做优做强做大类金融产业的新格局。

3. 加强对现代金融服务业专业人才的引进和培养工作

整合高校、科研院所和金融机构的人才培养培训资源，加强和完善对金融人才的引进培养机制，给予金融高端人才同等享受东莞特色人才的相关待遇，营造吸引人才、留住人才、扎根发展、宜业宜居的环境。

（八）用好用活政府引导基金，打造基金产业聚集带

1. 加快推进发起设立产业投资母基金的工作，加快形成聚集效应

加快推进发起设立产业投资母基金的工作（政府引导基金出资 10 亿元），有效撬动民间资本，再由母基金管理机构募资设立若干支子基金，形成"1＋n"的产业投资基金体系，总体投资规模预计将达到 50 亿元，以在东莞快速聚集一批产业投资基金、机构和人才，打造基金聚集带。

2. 灵活运用产业并购基金等手段，实施存量企业"倍增计划"

以母基金为试点，逐步提高财政资金间接投入、有偿使用的比例，通过引进国内高水平的基金公司或资产管理机构，并充分调动镇街、园区、国有类金融企业集团和民营企业集团参与的积极性，共同发起设立产业并购基金，灵活运用多种投融资工具和手段，重点实施存量企业"倍增计划"，支持有能力、有优势的企业实施产业链的纵向并购整合或横向的兼并重组，支持更多企业加快成为细分行业领域龙头或骨干企业，提高企业效益，做大产业规模，促进实体产业转型升级。

（九）规划建设有东莞特色的"基金小镇"，培育经济发展的新动能和新增长极

1. 做好充分的前期调研和论证

在充分调研论证的基础上，形成可行性报告或实施方案，上报市委市政府审批同意后，建议列为市"十三五"规划的重点建设项目。

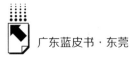

2. 找准定位、做好选址和整体规划、有序推进开发建设

积极推动政府与市场合作的建设模式，政府负责做好小镇的发展定位、整体规划、政务服务、产业引进培育、配套政策扶持等；市场主体负责投融资、开发建设、招商运营和物业管理等。

3. 创新运营管理和服务的机制

"基金小镇"是产业集群的独特形式，既不同于行政建制镇，也与各类产业园区有明显区别，是生产、生活、生态、文化等有机结合的创新创业社区。要根据小镇的特点，实施创新性和市场化的运营管理服务机制，把"基金小镇"打造为政企合作、城市运营的示范项目，构建全方位的新型金融业态聚集地和生态圈。

（十）做大做强金控集团，推动地方金融板块整合创新发展

把东莞金控集团打造为全市金融资源整合的平台，做全地方金融牌照，形成完整的金融产业链，为东莞基础设施投融资和产业发展提供有力的支持。

1. 打造金融创新驱动发展平台

加强集团内银行、信托、证券、保险、基金、期货几大业务板块的联动协同，激发创新活力，实现产品创新、经营模式创新和研发机制创新，推动地方金融资源整合与创新发展，提升地方金融的整体实力和竞争力。

2. 打造金融科技产业融合平台

以资本为纽带，做大做强类金融业务板块，实现对科技、产业和城市基础设施建设等项目的"直投直融"，形成与传统金融业错位互补发展的金融产业链。

3. 打造金融资本运作投资平台

加强对国有金融资本的投资运营，充分激发控参股公司的发展活力，灵活运用多种金融手段和工具，以市场化运作支持政府基础设施建设项目，开辟投融资新渠道、新路径。

B.13
东莞构建开放型经济新体制，
争创国际合作竞争新优势

东莞市社科联（院）、东莞理工学院联合课题组*

摘　要：　与东莞传统的外向型经济、出口导向型经济相比，开放型经
济是个开放程度更高、监管服务要求更严的经济形态。东莞
构建开放型经济新体制要立足自身优势、补齐存在短板，在
体制机制创新和制度建设上下功夫、在重点改革措施落地和
见效上下功夫、在边探索边总结边提升上下功夫，进一步推
动东莞高水平发展，全面增强东莞综合竞争力。

关键词：　开放型经济　国际合作　东莞

一　东莞构建开放型经济新体制的重要意义

构建开放型经济新体制是我国在改革发展新时期推进新一轮高水平对外开放的重大战略举措，是适应引领经济发展新常态、推进供给侧结构性改革的应有之义，是主动应对外部环境深刻变化的客观需要。国家直接指定东莞为全国开放型经济新体制综合试点试验城市，这是对东莞开放型经济发展的高度关切，是对东莞进一步提升开放型经济水平寄予的厚望，也是东莞进入

*　课题组成员：王思煜，东莞市社科联主席、东莞市社会科学院院长；谭裕华，东莞理工学院社会发展研究院讲师、博士；张志民，东莞市社会科学院经济与产业发展研究所副所长；吴倩玲，东莞市社科联学术研究部科员。

改革发展新阶段自身发展的内在需要。我们既要集全市之力精心谋划和切实搞好为期两年的综合试点试验工作，出色地完成国家赋予东莞试点试验的各项改革任务，探索形成一批可复制、可推广的经验和模式，更要把试点试验作为东莞新一轮高水平开放的契机，争取国家和省的政策支持，为开放型经济发展争取更多的政策红利，突破改革发展中遇到的瓶颈、难题和障碍，推动东莞高水平发展，全面增强东莞综合竞争力。

（一）着眼于以高水平开放倒逼深层次改革

当前，东莞市经济发展步入"新常态"，面临速度换挡、结构调整、动力转换等节点，"三期叠加"效应显现，经济社会发展面临的瓶颈亟待突破，一些深层次问题亟待解决。如在宏观层面，面临新动能不足和旧动能减弱、制造业核心竞争力不够强和转型升级缓慢、区域创新能力薄弱和企业研发投入不足、资源能源趋紧和环境压力加大、产业人才结构不合理和高层次人才缺乏、城市空间结构整合困难和对高端产业要素的承载力不强等制约和难题；在企业层面，面临相当数量外资和民营制造业企业经营模式没有根本转变，部分本土企业仍然未摆脱传统路径依赖，企业的成长能力、市场位势、创新动能、产业模式、管理机制亟待创新和提升，部分企业生产经营困难等瓶颈和难题；在管理层面，面临经济运行管理机制与发展高水平开放型经济不相适应，城市建设管理与发展高端产业高端企业、引进高端人才的要求不相适应，公共服务管理与市场主体和广大市民的诉求不相适应等矛盾和难题。要突破这些瓶颈和难题，我们需要有整体方案和顶层设计，需要在制度上、体制上、机制上来一次大的突破性创新。而对外开放具有"四梁八柱"性质，能发挥支撑作用，是中国的大战略。为此，无论是推进供给侧结构性改革，推进高水平开放，还是解决"新常态"下面临的各种问题和挑战，都必须以构建和完善开放型经济新体制为统揽，以试点为契机，制定实施一系列专题性改革创新政策体系，尤其这两年要抓好各项试点改革任务的落实，为全国改革探索积累经验。

（二）着眼于以开放创新促进产业提质增效和转型升级

东莞是全国开放型经济体量较大的城市之一，无论是利用外资总量、外商投资企业数量，还是外贸出口量，在全国大中城市中都位居前列。近年来，东莞以加工贸易转型升级试点、外商投资管理服务改革试点、"三互"大通关改革试点等为抓手，不断推进外资经济转型升级，促进整个产业体系向中高端迈进。这次东莞被国家指定为构建开放型经济新体制综合试点试验城市，是一个更大的"政策红包"，是与上海、广东、福建、天津等自贸区相当的重大政策扶持。我们要抓住良机，制定实施一系列促进产业提质增效和转型升级的政策措施，具体要根据东莞加工贸易的现状和趋势，围绕提质增效和转型升级，大力促进加工贸易创新发展，推动加工贸易与科技创新、质量建设、生产性服务业等深度融合，建立质量效益导向型的外经贸促进新体系；要立足提升外资经济的根植性，积极引导外资企业与本土企业开展深层次全方位的资本、技术和产业合作，完善产业链条，实现外资企业和本土企业的互利共赢；要充分发挥东莞先进制造业基础雄厚、配套完善的优势，深入实施"东莞制造2025战略"，坚持"走出去"与"请进来"相结合，积极推进国际产能合作，提升全球资源配置能力，建立具有全球竞争力的先进制造业基地。

（三）着眼于新一轮高水平开放中培育新的综合竞争优势

改革开放以来，东莞凭借其得天独厚的区位优势、要素成本优势和人缘地缘优势，大力引进外来资本、技术和人才，发展外资经济，同时也带动了民营经济发展。2008年国际金融危机后，随着全球经济的深度调整，低速增长和需求疲软的常态化，随着国内各种要素成本的集中上升，东莞传统的竞争优势逐渐削弱，在国际经济形势错综复杂和国内经济下行压力叠加作用下，东莞面临的竞争格局和形势更加严峻。站在新的转折关口，我们必须坚定信心，保持定力，以更加积极的姿态，参与全球产业分工和经济竞争，在扩大开放中，加快构建开放型经济新体制，不断巩固和拓展传统竞争优势，加快形成产业配套、营商环境和管理服务等综合竞争优势。尤其要落实国家新近出台的关于促进加工贸易创新发展的若干政策，鼓励企业开展科技创新和商业模式创新，提升出口产品的质量、档次和要素创新比重，加快培育以技术、品牌、质量、服务为核心的外贸竞争新优势，提高加工贸易的附加值。

（四）着眼于构建与国际接轨的开放型经济运行管理新模式

一个经济体、一个城市的经济运行管理模式是否与国际惯例接轨，是否与国际高标准投资和贸易规则相适应，是衡量其营商环境优劣的主要因素，也影响着国际大企业、大财团、跨国公司的投资决策。无论是国家层面出台的关于构建开放型经济新体制的实施意见，还是商务部和国家发改委下发的试点试验方案，均把构建开放型经济运行管理新模式放在突出位置，这说明改革当前经济运行管理模式已成为紧迫任务。近年来，东莞虽然在这方面进行了大量探索，开放型经济运行管理机制和模式不断完善，也为其他城市创造了有益经验借鉴，但总的来讲，东莞目前经济运行管理机制与高标准国际投资贸易的要求还有一定差距，在投资便利化、审批便捷化、监管法制化、贸易自由化、金融国际化等诸多方面，还不能很好地与国际惯例接轨，还有很大的提升空间。为此，要抓住综合试点试验的大好机遇，发挥自身开放程度较高、外向型经济较发达的优势，在前几年探索实践的基础上，着力学习借鉴国际先进经验和我国自贸区的相关政策，大胆探索推进外商投资项目管理服务改革、加快审批体制和流程改革、推进对外贸易服务机制创新、推进法制化市场监管体系改革、推进企业信用体系建设，努力建立起与国际高标准投资和贸易规则相适应的经济运行管理方式和模式。

二　东莞构建开放型经济新体制的优势

改革开放以来，东莞一直是我国发展外向型经济的典范城市，外向型经济规模实力持续增长，改革创新继续走在全国全省前列，"一带一路"跨境大通道顺畅便捷，对外经贸交流合作紧密。近年来，在全球外贸出口普遍下滑的不利环境下，东莞对外贸易和双向投资依然保持稳定增长，在开放型经济体制机制创新上取得不少有益探索。此次被列入构建开放型经济新体制综合试点试验城市，也说明东莞具有较好的对外开放的基础条件和比较优势。

（一）外向型经济规模实力较为雄厚

开放型经济的发展需要强有力的经济基础作为支撑。2015 年东莞 GDP 为 6275.1 亿元，在构建开放型经济新体制的六个试点城市中位居第一，与上海自贸区相当，约为重庆两江新区、大连金普新区等国家级新区的 3 倍。在进出口外贸方面，东莞优势更为明显，2015 年东莞进出口总额达 1676.7 亿美元，仅次于上海、深圳、北京、苏州，位居全国第五，超过其他 5 个试点城市的总和。2015 年东莞实际利用外资 53.2 亿美元，位居全国第八，同样远高于其他试点城市。东莞的外向型经济发展规模一直稳居全国前列，为构建开放型经济新体制奠定了扎实的经济基础。

表 1　构建开放型经济新体制试点地区经济规模比较（2015 年）

试点地区	GDP（亿元）	进出口总额（亿美元）	出口总额（亿美元）	实际利用外资（亿美元）
东莞市	6275.1	1676.7	1037.2	53.2
济南市	6100.2	91.1	60.0	15.8
南昌市	4000.0	114.6	85.9	27.1
唐山市	6103.1	139.1	85.2	12.4
漳州市	2767.5	93.4	74.7	10.9
防城港市	620.7	86.0	23.1	4.6
上海浦东新区	7756.7	2714.0		64.6
其中：上海自贸区	6241.2	1190.6	325.4	30.0
重庆两江新区	2000.0	317.5		41.4
陕西西咸新区	432.1			
大连金普新区	2320.0		133.2	
武汉城市圈	18537.9	351.5	201.3	88.0
其中：武汉市	10905.6	280.7	151.5	73.4
苏州工业园区	2060.0	796.0		16.0

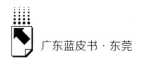

（二）改革创新走在全国全省前列

近年来东莞紧紧围绕"三个走在前列"目标，积极推动体制机制改革创新，在商事登记、"三互"大通关和项目直接落地等重点领域改革持续取得有效突破，改革创新领跑全省全国。在外贸通关服务上，东莞2015年全面启动国际贸易"单一窗口"建设，是全国最早实现"三互"大通关水陆一体化的城市之一。在投资项目审批上，东莞在2014年就启动项目投资建设直接落地改革试点，在全国率先实行"先建后验、宽进严管"的投资项目建设模式，通过推广实施企业依法承诺制、备案制和并联审批制度等，成为全国投资审批效率最高、审批时间最短的城市之一。在商事登记改革上，东莞是全国商事登记改革试点城市，早在2012年就启动商事登记制度改革，并发出全国首张电子营业执照，在全国地级市中率先实现了全程电子化工商登记。2015年又出台了《关于东莞对接国家自由贸易试验区发展的意见》，主动承接自贸区的政策外溢和辐射，全面复制推广自贸区经验。总体而言，东莞目前是全国最积极改革、主动改革的地区之一，并因此成为此次构建开放型经济新体制的试点城市之一，更好地发挥着先行先试的改革优势。

（三）加工贸易创新发展取得显著成效

加工贸易是改革开放以来东莞外向型经济发展的主要模式，推动加工贸易创新发展也是东莞探索构建对外经贸合作新模式的主要内容。早在2008年东莞就在全国首创了"非法人"来料加工企业不停产转型的崭新模式，2010年成为全国加工贸易转型升级试点城市，继续深入探索拓内销、创品牌、强研发等转型路径，2016年出台《东莞市关于促进加工贸易创新发展全面提升外经贸水平的实施方案》，每年拿出近3亿元推动加工贸易创新发展。通过多年的持续改革创新、先行先试，东莞已为全国初步探索出一条加工贸易转型升级的发展道路。截至2015年，东莞共有7688家外资企业从加工贸易形式转向一般贸易或混合贸易形式。其中转做一般贸易的5036家企业，截至2015年实际投资达255亿美元，占全市现有外资企业实际投资的

54%；有 950 家转型企业设立了研发机构，占东莞研发机构的 64.1%；有 26.1 的转型企业拥有自有品牌，达 1315 家；委托设计生产及自有品牌出口占转型企业出口的 78.8%；拥有国内外发明专利的企业超过 15%；高新技术企业达 185 家。加工贸易转型发展取得了显著成效。

（四）"一带一路"跨境大通道顺畅便捷

从地理区位来看，东莞是为数不多的"一带一路"双节点城市，具有显著的地理空间优势。从海上通道看，东莞毗邻港澳、邻近东盟、面向亚太，位处日韩—东南亚—澳洲这一亚太经济走廊的中心位置，自古以来就是"海上丝绸之路"的重要节点，海上通道十分便利。近年来虎门港（东莞港）的吞吐量持续增长，目前在全球百大集装箱港口排行榜中，排名第 54 位。从陆上通道看，东莞是国际最长的货运班列——中欧班列的全国重要始发地之一，通过中欧班列可以顺畅地联通中亚、欧洲等地。东莞作为华南地区连接"一带一路"的战略枢纽城市，为发展开放型经济提供了重要的交通物流保障。

（五）对外经贸交流合作紧密

近年来，东莞与"一带一路"国家之间的经贸合作日益密切，双边和多边贸易关系不断升级。通过积极承办海博会，全面提升与"一带一路"沿线国家和地区的经贸合作水平；实施"国际展销平台"培育工程，搭建了中巴总部项目、南非及迪拜"东莞产品展销中心"，推动华坚集团在埃塞俄比亚设立中国东莞华坚国际轻工业园，有力地助推东莞企业"走出去"开拓新兴市场。2015 年，东莞对沿线国家出口增长 26.3%，"一带一路"市场已经超越欧盟和日本，成为东莞第三大出口市场。

三 东莞构建开放型经济新体制存在的问题

与先进城市相比，东莞高水平的要素资源供给、园区平台承载和公共服务能力相对不足，政府的行政服务、监管水平与高标准的开放型经济要求还存在较大差距，在构建开放型经济新体制上依然面临不少问题。

（一）政府经济运行管理模式尚不适应高水平开放要求

构建开放型经济新体制要求加快对接国际高标准的经贸投资规则，对于政府多年形成的传统经济运行管理模式是个全新的巨大挑战。目前国家出台的试验方案仍主要是原则性的目标和方向，具体的实施细则和操作办法有待各试点城市和地区的探索和创新。当前各试点城市纷纷加快体制机制创新步伐，力图构建更具竞争力的科学行政服务管理体系。东莞也必须深化改革创新，确保体制机制改革能走在全国前列。但目前开放型经济新体制正处于试点探索阶段，政府职能转变还不到位，负面清单、权力清单尚未完全明晰，对企业的事前审批已逐渐放开，但事中事后的有效监管服务体制尚未建立，社会信用体系建设仍较滞后，企业营商成本依然偏高，离高水平的国际化营商环境标准仍然存在较大差距。

（二）高层次园区平台支撑能力相对不强

产业园区是支撑开放型经济发展的重要载体。东莞虽然拥有众多产业园区，但层级、档次普遍较低，只有松山湖1个国家高新技术产业开发区。高水准的产业园区平台不仅与一线城市差距较大，甚至不及一些地级城市。在试点城市中，除了防城港没有国家级产业园区外，漳州拥有1个国家高新区、3个国家经开区；南昌有1个国家高新区、2个国家经开区，而且赣江新区刚刚被批复为全国第18个国家级新区；济南有1个国家高新区和1个国家经开区，并且正在积极申报国家级新区和自贸区，同时利用中韩自贸协定签订和中日韩自贸谈判重启的机遇，力图将济南打造成全国首个面向日韩的产业合作先行示范区和服务贸易集聚区；唐山也有1个国家高新区和1个国家经开区，并积极推进中国（乐亭）拉美产业园建设，加快打造成中拉经贸要素集聚的平台和产能国际合作的创新试点。

（三）支撑高水平开放发展的要素资源不足

东莞改革开放以来外向型经济的发展主要依靠廉价的劳动力、土地等要素资源，但随着要素价格的持续攀升，东莞传统的要素成本比较优势已逐渐消失，而要发展更高水平的开放型经济，则需要高等级的要素资源支撑。然而目前东莞的科技创新人才、高技能人才和具有国际化视野的中高级管理人才明显不足，人力资本的总体素质仍相对较低。东莞引进的"千人计划"专家仅为 26 人，远低于深圳（208 人）、苏州（219人）等先进城市，在试点城市中，济南拥有的"千人计划"专家已达 35人，也高于东莞。根据 2015 年全国 1% 人口抽查数据，东莞人口平均受教育年限仅为 9.79 年，每 10 万人中具有大学教育程度人口仅为 11130人，低于全国平均水平（12245 人）。由于支撑高水平开放发展的要素资源不足，使东莞引进的外资质量总体不高。2014 年东莞规模以上外资企业工业增加值率仅为 19.3%，主营收入利税率只有 4.39%。与试点城市相比，济南外资工业企业 2014 年的主营收入利税率为 14.13%，漳州为16.21%，可见东莞引进的外资企业创造的附加值仍偏低，总体依然处于产业价值链低端。

（四）本土企业"走出去"开拓国际市场动能不强

发展开放型经济要求本土企业更好地利用国内外两个市场，进行更有效的全球资源配置。近年来，华坚、裕元、绿洲、绿扬等东莞鞋企已开始在东南亚、非洲等国家开设工厂，华为终端（东莞）、vivo、宇龙酷派等手机厂商也已计划在印度设立手机工厂。但总体而言，东莞企业对外投资的规模仍明显滞后于经济发展水平，仍然缺乏大型龙头企业的引领。目前东莞还没有一家企业的海外投资能够入选中国跨国公司前 100 强。与先进城市相比，如上海有 8 家企业入选 2015 年中国跨国公司前 100 强，海外资产合计达 1209亿元，海外营收 17022 亿元，海外雇员 44.66 万人；广州有 4 家，海外资产447 亿元，海外营收 1305 亿元，海外雇员 8.01 万人；济南也有 3 家，海外

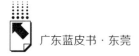

资产 142 亿元，海外营收 2278 亿元，海外雇员 16.8 万人。东莞企业"走出去"开拓国际市场的动能明显较弱。

（五）城市配套设施和公共服务承载能力有待提升

与优质企业和高层次人才的需求相比，东莞基础设施和各项配套还需完善，教育、医疗、文化等公共服务水平仍待提升。在教育方面，2014 年东莞小学师生比为 1∶36，为广东省最高，是全省平均水平 1∶18 的两倍，小学师资严重不足。在医疗方面，2014 年东莞每万人拥有的执业医师仅为 17 人，低于全省平均水平（20 人），位居珠三角第七，执业医师资源同样严重短缺。在文化方面，2014 年东莞全市人均拥有公共藏书 1.2 册，远低于深圳的 2.8 册、广州的 1.8 册。在公共交通方面，2014 年东莞市区拥有的公共汽车仅 1416 辆，远低于深圳的 30590 辆、广州的 13010 辆。由此可见，目前东莞的基本公共服务供给能力还不能满足市民日益增长的公共服务需求，解决外来人口市民化的压力较大。

四 东莞构建开放型经济新体制的主要突破口

构建开放型经济新体制是一项长期的系统性工程，是整个"十三五"乃至更长时期的重大战略任务。东莞在"十三五"期间，既要全面落实国家战略部署，又要结合自身特色和实际，抓住具有牵动作用的重点领域，精准发力，久久为功，紧紧围绕实施方案提出的改革任务，科学有序地推进各项试点试验工作，确保如期取得一批可向全国复制和推广的经验做法，彰显东莞对全国构建开放型经济新体制的示范、突破和带动作用。

（一）在体制机制创新和制度建设上取得突破

构建开放型经济新体制综合试点试验就是要通过更大范围、更深层次、更高水平的探索和实践，建立一整套与新的开放理念、新的开放阶段相适应的开放制度体系。从世界范围来看，当前和今后一个时期，国际经济合作竞争正在发生深刻变化，科技竞争和产业竞争日益"白热化"，同时，规则竞争、体制竞争更趋激烈，我们必须顺应这种新的变化，推进更高层次和更高水平的体制性开放，构建与国际高标准投资和贸易规则相适应的管理制度和方式，更好地参与和引领国际合作与竞争。从国内来看，改革开放已接近40年，我们培育了强大的制造能力，贸易规模持续壮大，经济质量效益不断提高。当前，开放型经济已发展到了一个转折关口，我们需要通过体制机制的创新，使国际、国内资源得到更好地配置，培育和形成新的比较优势和综合竞争优势。商务部和国家发展改革委下发的综合试点试验方案以及相关领导在试点试验工作部署会议上的讲话，也都明确要求各试点地区要进一步解放思想、勇于开拓、加大体制机制探索力度，积极推进国家相关政策举措率先在本地区落实。东莞在试点中要将"新机制""新模式""新格局""新优势"等体制性改革目标作为首要任务，通过实施创新性、针对性、时效性更强的改革措施，将体制机制改革创新的要求抓好、抓实、抓细。一方面，要做好"减法"，将简政放权、放管结合、优化服务（放管服）改革向纵深推进，消除制约开放发展的各种体制性障碍；另一方面，多做"加法"，将试点中被证明行之有效的经验做法，用制度规则确定下来，实现新旧管理制度的转换。同时，要围绕区域统筹、园区整合、城市管理、公共服务、社会治理等领域，加大体制机制创新力度，畅通开放型经济发展的"神经末梢"和"毛细血管"，形成系统完备的制度体系和管理机制，支撑和引领开放型经济迈向更高水平。

（二）在重点改革措施落地和见效上取得突破

各试点城市工作成效如何，重点看试点试验地区能否如期取得向全国复制和推广的经验，看试点试验地区已制定报批的改革试点任务清单和重点改革措施能否落到实处，并取得实实在在的效果。东莞认真把握国家和广东省的要求，结合自身实际，科学缜密地制定了东莞版的试点试验实施方案，明确了总体目标和重点任务，确立了包括改革开放型经济管理服务制度、改革加工贸易创新发展促进机制、改革投资贸易服务机制、改革产业国际合作方式、改革公共服务机制五大领域20多条具体改革措施。这五大领域20多条改革措施涵盖面广、涉及部门多、综合性强，为此，在实施过程中，必须抓好统筹协调和联合作战工作。一要加强责任督查。要实行领导小组领导下的分工负责制，落实各项试点任务和改革措施的责任主体和责任部门。要实施试点试验目标责任制度，细化试点工作路线图和时间表，明确进度安排，创新工作方法，有序推进各项改革任务实施。要实行跟踪督办制度，建立月报告、季协调、半年评估的工作机制，确保各项改革试点任务按进度、按质量推进和完成。二要加强上下联动。在商务部、国家发展改革委的指导和支持下，建立部省合作、省市联动的工作机制，利用国家相关部委召开的通气会、交流会和部际联席会议等机制，及时向国家相关部委反应试点中遇到的矛盾和困难，报告相关进展情况，积极争取国家层面的政策支持。加强与省商务厅、省发展改革委的沟通，争取省给予更多政策支持和工作授权，确保试点工作有效推进。三要加强部门协调。实行试点工作领导小组领导下的由商务、发改两部门牵头的跨部门工作协调机制，定期召开协调会和工作会，形成各部门既分工负责，又紧密配合，各项改革任务有条不紊、协同推进的良好局面。加强与国家高端智库的合作和联系，邀请国家高端智库领导专家来东莞走访、调研，积极提供和呈送东莞试点试验工作相关材料和研究报告。地方研究机构要加强对构建开放型经济新体制重点领域、重点问题、制度障碍的前瞻性研究，为开展试点试验工作提供政策建议和智力支持。

B.14
东莞市新兴金融业态发展研究报告

东莞市金融工作局课题组 *

摘　要：　东莞金融"两面性"问题突出：一方面，传统金融独具特色，规模、效益稳居全省前列；另一方面，金融产业发展和金融改革创新不足，突出表现为新型经济金融组织发展滞后及资本市场发育不成熟。本报告在深入分析东莞股权投资基金、小额贷款、融资担保、融资租赁及互联网金融行业发展现状的基础上，针对存在的短板与机遇，提出推动东莞新兴金融业态发展的政策建议。

关键词：　新兴金融业态　实体经济　基金小镇

根据企业生命周期理论，企业的发育成长主要分为种子期、初创期、成长期和成熟期四个阶段，而不同发展阶段企业所需的融资渠道、融资工具、融资服务等均有差异。在实践中，处于种子期和初创期的企业，因缺少抵押物和稳定现金流，一般难以从银行等传统金融机构获得持续的授信支持。近年来，为弥补金融机构局限性而出现新兴金融业态，包括股权投资基金、小额贷款公司、融资担保公司、融资租赁公司以及各类互联网金融企业等，区别于传统的银行、证券、保险等金融机构。发展新兴金融业态不仅可以拓展中小微企业融资渠道、完善金融产业链、增强金融市场活力，在服务创新创业、加快经济转型升级等方面更是起

* 课题组组长：何锦成。副组长：钟正良。成员：梁千金。执笔人员：李野、赵毅立、曾远球。

到了不可替代的作用。近年来,东莞新兴金融业态稳步发展,为实体经济发展注入了新活力。

一 东莞新兴金融业态发展概况

(一)股权投资基金业

基金行业,按资金募集方式划分,可分为公募基金和私募基金,公募基金是以公开方式向不特定投资者发行,私募基金是以非公开方式向合格投资者发行。按投资方式划分,基金行业可分为证券投资基金、股权投资基金等。证券投资基金主要是以资产组合方式进行证券投资。股权投资基金是指专项用于对企业进行直接股权投资的资本,主要包括VC(创业投资)、PE(私募股权投资)、并购基金等。股权投资基金不仅能提供一整套促进技术转化的创新机制、鼓励创业投资的培育机制,更与国家推进供给侧结构性改革去杠杆进程、提高社会直接融资比例的战略部署高度切合,是最具发展潜力的行业。按照投资对象划分,基金行业可分为创业投资基金、私募股权投资基金。创业投资基金主要投向处于初创期的中小高新技术企业,私募股权投资基金主要为拟上市的成长期企业提供资金支持,并购基金则专注于为成熟期企业对上下游业务进行并购重组、延伸产业链提供资金融通。基金行业受国家证券监管部门监管,公募基金实行许可管理,私募基金实行登记备案管理。东莞目前没有公募基金牌照;私募基金方面,据不完全统计,东莞市登记的私募基金管理机构为121家,备案管理基金203只,基金规模74.26亿元。其中,注册地在东莞的有73家,占总数的60%,其管理的69只基金产品规模达36.54亿元。

(二)小额贷款、融资担保行业

小额贷款公司是由民间资本投资设立,不吸收公众存款,经营小额贷款业务的专营机构。广东省于2009年开展小额贷款公司试点,东莞率先成立全省首家小额贷款公司，为发展小额贷款行业做出了有益探索；机构数量逐步增至 17 家，注册资本总额 24.5 亿元，历年累计投放贷款达 280 亿元，2016 年 6 月末贷款余额 26.18 亿元，一定程度上缓解了小企业和"三农"融资难的问题。融资担保是指担保人与银行业金融机构等债权人约定，当被担保人不履行对债权人负有的融资性债务时，由担保人依法承担合同约定的担保责任的行为。目前，东莞融资担保行业规模保持全省地级市领先，融资性担保法人机构达 41 家、注册资本金 63 亿元，均位居全省地级市首位。东莞融资担保机构 2016 上半年共发生担保额 29 亿元，6 月末在保余额 103 亿元，融资担保放大倍数（即融资性担保责任余额/净资产）为 0.25。

（三）融资租赁行业

融资租赁是指出租方融通资金为承租方提供所需设备的交易行为。由于其具备融资、融物相结合的特点，对承租企业的资信和担保的要求不高，较为切合小企业"短、小、频、急"的融资需求，在国际上与银行、证券、保险、信托共同被列为五大金融业态。近年来，东莞相继出台加快融资租赁业发展的实施意见及推广融资租赁促进技术改造的工作方案，融资租赁业整体发展态势良好。但据不完全统计，东莞外商投资融资租赁企业仅 3 家，内资融资租赁企业 11 家，注册资本金合计 16.6 亿元。其中，外资融资租赁企业总资产合计 30.35 亿元，租赁资产合计 26.95 亿元，融资租赁业发展仍相对缓慢。

（四）P2P 网贷、股权众筹等互联网金融业态

互联网金融是利用互联网技术和信息通信技术实现资金融通、支付、投资和信息中介服务的新型金融业务模式，主要包括从事个体债务融资的 P2P 网贷、进行公开小额股权融资的股权众筹公司。据不完全统计，目前东莞本地已累计成立 P2P 网贷平台约 50 家，仍在运行的 P2P 网贷平台约 30 家，累计交易规模已超 320 亿元。而本土众筹平台共有 5 家，主要涉及餐饮、建筑等多个领域，累计交易规模达 1 亿元。

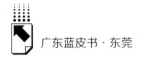

二 东莞新兴金融业态发展存在的主要问题

近年来，东莞新兴金融业态快速发展，部分行业指标更居全省地级市前列。东莞作为全省唯一拥有城商行、农商行、信托、证券总部的地级市，地方金融机构竞争实力较强。但对比地方金融机构，东莞新兴金融业态的行业聚集度和品牌影响力仍较低。影响新兴金融业态发展的主要瓶颈如下。

（一）股权投资基金行业机构数量、基金规模等方面与经济总量不匹配

股权投资基金业是最具发展潜力的行业，有利于广泛整合资本、项目、人才资源，增强创新型经济发展的潜力和后劲。近年来，虽然东莞股权投资基金业呈快速发展态势，但与广州、深圳等周边城市相比，在集聚效应及基金规模等方面仍存在较大差距，与东莞经济总量不相匹配。譬如，东莞经济总量约为广州、深圳的1/3，而登记备案的基金管理机构为121家、管理基金规模74.26亿元，机构数量仅为广州的1/6、深圳的1/23，在管理基金数量及规模上的差距更为明显。按照基金类型划分，东莞创业投资基金、私募股权投资基金仅为25家，占比21%，专注于股票、债券等有价证券投资的证券投资基金仍占绝大多数，对东莞新兴产业发展和产业转型升级的带动作用不明显。目前股权投资基金业主要面临集聚发展平台载体建设偏慢、政府创投基金的引导作用偏弱、企业利用资本市场规模偏小三大问题。

（二）小额贷款、融资担保行业处于发展调整期，银贷、银担合作受限

1. 小额贷款行业方面

近几年小贷公司在银行机构融资的门槛逐渐提高，导致未能获得后续发展资金，难以做强做大。虽然广东省有关管理办法规定已放宽小额贷款公司融入资金额度，由资本净额的50%增加至100%，且允许通过发行私募债、

小额再贷款等形式融资，但在实操过程中，分类监管评级制度尚未建立，银行机构未能有效判断小额贷款公司的风险状况，导致能获得融资的小贷公司不多，融资余额亦不大。除上述融资困难因素外，受发起设立门槛高、贷款损失潜在风险较大、税负较重、资本回报率未达预期等客观因素影响，近年东莞民间资本申报设立小贷公司步伐有所放缓，更有部分已设小贷公司退出小额贷款市场。

2. 融资担保行业方面

2012 年以来，受广东省华鼎、创富等民营融资担保机构风险事件影响，银行机构对与民营担保公司的合作总体采取收缩策略。由于融资担保机构对银行的依存度较高、业务品种较少，诉讼保全和工程保函等非融资性担保业务成为其主要收入来源，而作为主营业务的融资性担保却呈逐年萎缩状态。融资担保余额从 2011 年的 139 亿元减少到 2016 年上半年的 15.9 亿元，融资担保放大倍数从 2011 年的 1.94 逐年下降到目前的 0.25，比全省平均水平落后 0.7，距离单家机构融资担保放大倍数不得超过 10 的监管要求相距甚远。目前银行机构对加强与政策性融资担保公司合作，建立政银担风险分担机制的意愿较为强烈。但东莞仅成立了东实担保、松山湖高新投担保、虎门富民担保 3 家政策性融资担保公司，国有资本参股融资担保公司金额占全市融资担保行业的比例为 7%，与深圳（20%）、广州（18%）相比仍有较大差距。

（三）融资租赁行业社会认知程度有待提高，动产统一登记公示平台尚未建立

融资租赁作为新兴行业，由于政策措施缺乏、法律保障不完善、发展环境有待改善及社会认知程度不高等，东莞融资租赁业发展相对缓慢，尚处于起步阶段，其优势远未得到发挥。多重因素制约了融资租赁行业的发展。一是行业认知程度仍然不够。东莞以制造业立市，广大企业对机械设备的融资需求存在已久。但外资企业长久以来皆是通过香港、台湾等境外融资租赁公司进行融资，对内地或者本地的融资租赁公司缺乏了解。内资

企业利用融资租赁方式更新设备也是近年来才推广的。二是动产登记查询分属多个部门，增加运作成本。出租人对租赁物所有权的拥有和控制是融资租赁区别于其他融资方式的本质特征，因此与所有权相关的登记公示制度是出租人控制风险、对抗善意第三人的重要途径。而目前根据国家法律，对运输工具、企业设备和其他动产采取了分别登记制，由交通、渔业、公安、工商等部门分别负责具体动产抵押登记工作。由于登记规则不统一、当事人查询困难、登记系统重复建设而增加整个登记系统的运作成本等，大大降低了公示登记的效果。三是融资租赁行业亦面临融资难题。对于融资租赁公司来说，产生融资租赁业务后能否再融资成为该公司能否顺利发展的关键因素，资金流转的速度越快、次数越多则其可开展的业务规模便越大。但目前银行机构对融资租赁行业不大熟悉，导致本地融资租赁公司的项目再融资难度较大。

（四）互联网金融行业处于规范整顿期

由于准入门槛及其监管规则、监管主体不完善，以及经济下行、风险暴露等众多因素，东莞互联网金融业虽发展迅速，但也出现鱼龙混杂、良莠不齐等问题。

三 推动东莞新兴金融业态发展的工作思路

（一）有的放矢，突破掣肘新兴金融业态行业发展的主要瓶颈

1. 以建立完整的股权投资产业链为突破口，将基金业打造成为推动新兴金融业态全面发展的重要引擎

东莞区位条件优越、产业基础扎实、民间资本充裕，具备股权投资基金产业大发展的优越环境。而股权投资基金的成功发展是指有经验的基金管理人将募集到的资金投资于高成长、高收益的企业，并通过合理的股权退出渠道实现投资收益，具体涉及募集资金、项目投资、退出获利三大环节。因

此，以募资、投资到退出三个环节为着力点，并结合东莞实际，建立完整的股权投资产业链条，是推动股权投资产业发展的关键。东莞通过打造基金业集聚发展的载体，利用国有资本对民间资本的吸引作用，建立以政府引导基金、产业基金为指导，以民间投资资本为主体，以银行、证券、保险等多种传统金融机构渠道资金为有效补充，以行业协会为自律组织的基金产业框架体系，力争到2020年，在中国证券投资基金业协会登记的基金管理机构超过200家，基金产业集聚效应初步显现，对经济转型升级推动作用显著增强。

（1）打造基金业集聚发展的载体，即"基金小镇"，在基金引入环节精准发力。基金小镇，就是将多家基金公司聚集在一起，形成金融资源聚集的载体。近年来，随着资本市场以及基金产业的蓬勃发展，各级地方政府大力推动的旨在吸引基金产业集聚、服务地方经济发展为目的的基金小镇建设方兴未艾，部分基金小镇已经初具规模。周边城市在基金集聚发展载体建设上也不断提速。而东莞金融业仍存在空间布局相对分散、区域建设与招商引资力量不足的问题，不利于股权投资基金业加快集聚发展。因此，规划建设"基金小镇"，是促进东莞基金业集聚发展的重要手段。东莞要研究选择合适地点推进"基金小镇"建设，以建立"主导产业＋基金"的创业创新机制为目标，广泛吸纳多元化、专业化、市场化的基金机构入驻，形成功能性强的基金集聚地，引导金融资源加速向科技型企业和高成长型企业配置，并重点做好以下工作。

一是要明确基金小镇的发展定位。制造业是东莞经济社会发展的根基、特色和优势所在。基金小镇也应当以吸引天使投资、种子基金、VC、PE、产业基金、并购基金等与地方产业发展高度契合的股权投资基金为主，以公募基金、证券投资基金等其他类型基金以及各类新型经济金融组织为有效补充，打造新型经济金融组织的集聚高地。

二是要选择基金小镇建设的地点。通过调研发现，各地在基金小镇建设中不约而同地以高规格、高标准的要求，重点构建"生活配套圈"和"金融生态圈"，即集办公功能、生活功能于一体，花园式办公环境，静谧的生活空间，产业、生活、教育、医疗、文化、休闲、健身等各功能板块完备、优质，与此同时，通过组织常态化的政银企项目对接活动，成立投资俱乐部，积极引入银行、证券以及律师事务所、会计师事务所、咨询机构等金融中介配套服务，着力打造完备的金融生态圈，吸引各类基金加速集聚。综上所述，发展相对成熟的区域（有利于加快项目建设速度），高品质的生活、工作配套，以及优异的创新创业环境是基金小镇选址的重要参照条件。

三是要制定服务基金小镇的专属配套政策。推动基金小镇建设的抓手主要集中在配套财税优惠政策和优化政府服务环境两方面，例如，财税优惠政策方面，企业（高管）税收优惠政策、入驻落户奖励、投资奖励（风险补偿）、租房补贴、活动补贴、人才引进奖励等；政府服务环境方面，如专门设立政务服务中心，工商注册"绿色通道"，为高管入户、子女入学提供便利等。

（2）大力发展政府引导基金，鼓励市金融控股集团、市属投融资平台设立公募基金、产业基金，在基金投放环节精准发力。在提升资金的投资精准度方面，以市场化运作为原则，加快构建市、镇两级政府引导基金网络，并推动市属投融资平台业务范围向股权投资领域延伸，吸引民间资本投向项目孵化、企业技术改造、产业发展及上市挂牌企业资本运作等重点领域，放大财政资金、国有资本在促进产业结构调整中的引导放大作用。

一方面，要大力发展各级政府引导基金。2012年市政府出资设立总规模为20亿元、首期5亿元的"东莞市产业升级转型及创业投资引导基金"，总的来说，政府引导基金管理人尽职保障投资人的资金安全和保值增值，对支持东莞相关企业的发展起到了一定的积极作用，但从引领实体产业整合发展和实现政策目标的程度来看，当前的发展状况与整体目标还存在一定的距离，主要表现在引导基金的实际使用效率低、事中跟踪服务和事后绩效考核监督机制不完善、产业基金设立和运营管理的模式不合理等方面。目前，经过前期充分调研，各相关职能部门已进一步完善了政府引导基金顶层制度设计，明确了运作管理模式，即在规划安排好连续的财政资金投入机制的基础上，采取引导基金、母基金、子基金三层架构，再由其委托专业机构对若干子基金进行市场化管理，以实现产业投资基金的两次放大效应。

另一方面，要推动市金融控股集团建立规范和完善的法人治理结构，探索以收购、兼并、参股等方式将业务范围逐步扩展到公募证券投资基金、产业投资基金等领域，拓宽储蓄资金向资本市场有序转化渠道，并加快交投集团、水投集团、科技金融集团的市场化转型，以"财政资金＋金融资本"的模式合作设立产业投资基金、基础设施建设基金及公共服务发展基金，集聚社会资金通过资本金注入、股权投资等形式，为产业并购重组等重点领域提供全面、持续、灵活的融资支持。

（3）大力发展多层次资本市场，推动企业上市，鼓励企业在全国股转系统、区域性股权交易市场挂牌，为各类基金提供丰富的投资退出通道，在基金退出环节精准发力。近年来，东莞多层次资本市场快速发展，企业上市"后发优势"明显，"新三板"东莞板块初具规模，债券市场发行主体日趋多元化，多层次资本市场体系初步形成。但相对于东莞经济总量而言，上市企业数量、规模等方面的量化指标与先进地市仍然有一定差距，企业借助资本市场发展的深度、广度仍需发掘，直接融资占比依然较低，资本市场仍有较大的发展空间和潜力。我们将着力做好以下工作。

一是完善激励机制。积极落实已出台的扶持奖励政策，对东莞企业成功上市、挂牌、融资、发行直接债务融资工具的进行资助，引导优秀企业加快上市、挂牌融资步伐；对推动企业利用资本市场工作成效显著的镇街以及个人予以表彰；研究探讨对成功推动企业上市的上市团队（中介机构）给予奖励；探讨对企业改制、并购所增加成本进行补贴的可行性；探讨上市企业股东减持限售股份交易的优惠政策，使东莞上市企业利留东莞、税留东莞。

二是清除上市挂牌主要障碍。针对企业普遍面临的土地、房产等历史遗留问题，充分发挥东莞发展利用资本市场工作领导小组的统筹、协调职能，完善上市后备企业绿色通道制度，通过"一事一议"等方式，为企业提供个性化的解决方案；另外，深入分析各类历史遗留问题中的共性问题，结合现行的政策要求，制定具有广泛适用性的政策措施，并出台具体的指导意见，为解决同类问题提供政策基础和制度保障；针对企业上市成本高等问题，修订东莞上市扶持奖励政策，将奖励窗口适当前移，缓解企业上市前资金压力；针对申请奖励流程复杂繁琐的问题，优化奖励方式，提高奖励政策的可操作性，参照省内其他地市的做法，将企业上市、挂牌的奖励方式由原来按企业上市、挂牌的成本核算改为一次性奖励，降低企业申请奖励的难度，缩短奖励申请时间，切实提高政策的扶持效果。

三是加快市属大型企业上市步伐。一方面，大力推动东莞证券、东莞银行、东莞农商行等已经符合上市财务要求的金融机构加快上市步伐，专门成立东莞地方金融机构上市工作协调小组，以协调有关单位统筹解决东莞地方金融机构上市过程中遇到的政策性制约因素等问题；另一方面，对东莞金融控股集团、东莞水投集团等有上市规划的类金融机构和市属投资公司，在给予政策倾斜、加强资源整合、增强企业内在竞争力上做文章，使其早日达到上市要求。通过不懈努力，东莞力争将本土各类金融机构打造成促进经济发展、服务经济转型升级的排头兵和主力军，着力打造地方金融上市板块。

2. 以增强行业公信力为着力点，建立持续稳定的融资渠道，支持小额贷款、融资担保行业长期稳定健康发展

（1）控量提质增效。充分发挥市场调节作用，并结合广东省融资性担保机构更换经营许可证的契机，引导经营不善、风险隐患大、业务停滞的两类机构退出小额贷款、融资担保市场。全力支持风控制度完善、管理规范、经营稳健的两类机构进一步做大做强，从质上提升两类机构竞争力和发展后劲。推动全市小额贷款公司发展，力争到2020年增加到20家，贷款累放额超过150亿元，年均贷款余额达30亿元。引导目前过半数经营困难的融资担保机构逐步平稳退出融资担保市场，同时大力推动政策性融资担保机构的增设，保持东莞融资担保市场减量增效、适度竞争，力争到2020年，融资担保机构数量维持地级市前列，融资担保放大倍数提高到1.5以上。

（2）稳步开展两类机构信用评级。可参照江门的做法，引入第三方专业信用评级机构，对两类机构开展信用评级。引导银行机构根据信用评级结果加大与信用良好、稳健经营、后续发展能力强的两类机构的合作。

（3）发挥政策性融资担保公司的行业引领作用。鼓励国有资本控股、参股的政策性融资担保公司加快拓展业务，充分发挥国有资本的增信功能；积极探索为各方接受、可持续的风险分担新模式，促进行业整体的持续健康发展。鼓励和支持东莞有条件、有实力的镇街、园区与本市或外市综合实力较强的融资担保机构共同设立混合所有制融资担保公司。

（4）优化对两类机构持续发展的政策扶持。落实广东省对两类机构的业务补助、风险补偿政策，探讨延续东莞对两类机构的风险补偿措施。贯彻落实促进小额贷款公司平稳较快发展的政策措施，支持小额贷款公司进一步做大做强。研究设立融资再担保机构，通过为融资担保机构提供再担保服务，降低由融资担保公司承担全额代偿的风险；同时发挥增信、分险、增值的功能，促进银担合作，提升融资担保机构的持续发展能力。

3. 以完善融资租赁产权登记制度为保障点，提升融资租赁对各经济领域的覆盖面和市场渗透率

（1）积极争取上级授权，参照广东自贸区做法，委托东莞对外商投资融资租赁公司设立、变更实行备案制管理；将注册在东莞的内资租赁企业融资租赁业务试点确认工作下放至省商务厅和省国税局。结合机器换人等政策，加快推广融资租赁更新装备设备模式。预计到 2020 年全市融资租赁公司的数量达到 20 家，融资租赁合同余额达 50 亿元，力争融资租赁市场渗透率（即可用融资租赁交易量与当年固定资产投资额的比例）达 5%。

（2）借鉴天津等地经验做法，着重探索建立统一的融资租赁产权登记及交易平台，加快研究制定落户增资奖励、租金补贴、直接债务融资贴息及信贷风险补偿等措施，培育一批专业优势突出、管理先进、竞争力强的龙头融资租赁企业。

（3）拓宽融资租赁业的融资渠道。发挥银行融资主渠道作用，鼓励银行机构对融资租赁企业实行单独授信，针对租赁项目特点提供融资产品。支持融资租赁企业利用中征应收账款融资服务平台（该平台由中国人民银行征信中心牵头组织成立，依托互联网为应收账款融资交易中的各参与机构提供服务）开展应收账款融资业务，拓宽融资渠道。

（4）推动设立金融租赁公司。除积极发展融资租赁公司外，东莞还应争取设立金融租赁公司。金融租赁公司，是指经银监会批准，以经营融资租赁业务为主的非银行金融机构。金融租赁公司相对于融资租赁公司有着更大的优势，作为非银行金融机构，其在融资时享受金融机构同业待遇，融资成本相对较低。目前东莞两家地方银行机构——东莞银行和东莞农村商业银行，都具备作为金融租赁公司的发起人条件，东莞要营造环境、提供支持，积极推动两家银行尽快设立金融租赁公司。

4. 以开展互联网金融专项整治为新起点，引导和规范互联网金融发展

严守底线，全面贯彻落实国家、省的统一部署，开展 P2P 网络借贷、股权众筹、通过互联网开展资产管理及跨界从事金融业务、第三方支付业务、互联网金融领域广告等行为、互联网保险 6 个重点领域专项整治。以规范整顿为新起点，全面落实《网络借贷信息中介机构业务活动管理暂行办法》等最新政策，促进互联网金融规范有序健康发展。充分发挥行业协会等组织的作用，加强会员间的信息交流，制定自律公约、行业标准，净化市场不良风气。推动互联网金融政府监管与行业自律并行，打造业态丰富、运行稳健、创新活跃、服务高效、环境优良的互联网金融生态环境。

5. 以推动产品创新和机构设立为双引擎，大力促进保险行业发展

大力发展责任保险、公众保险，结合东莞经济发展需要，把与公众利益关系密切的环境污染、食品安全、医疗责任、安全生产、自然灾害、特种设备、实习安全、校园安全、社区安全等领域作为责任保险发展的重点，积极探索开展强制责任保险试点，用经济杠杆和多样化的责任保险产品有效化解民事责任纠纷。积极争取上级部门支持，申请设立地方法人保险机构，打造全牌照的东莞地方金融旗舰。加强与保险法人机构的对接沟通，积极推介东莞重点项目，引导"险资入莞"，吸引保险资金对东莞的项目投资。

（二）盘活资源，引导地方金融资源向新兴金融业态延伸

1. 充分调动市属企业金融资源延伸到新兴金融业态

目前东莞市金融控股集团正对市属金融机构股权进行整合工作，按照"集团控股、法人经营、协同管理、提高效益"的要求，建立规范和完善的法人治理结构，探索以新设、参股、收购、兼并等方式，将业务范围逐步扩展到金融租赁公司、公募基金、资产管理公司、保险机构等领域，打造全产业链金融。与此同时，要引导市属企业金融资源延伸到新兴金融业态。东莞控股已参股了松山湖小额贷款公司、控股了融通租赁公司，并研究设立一家商业保理公司；东实集团亦已设立东实融资担保公司。要积极引导市属企业间的金融机构业务板块和新兴金融业态业务板块优势互补、错位发展，发挥"双轮驱动"效应，提升综合竞争力。

2. 支持民营金融控股集团的设立和发展壮大

对于东莞民营企业而言，引导其进入新兴金融业态领域大有可为，亦是民企转型升级的重要路径。如东莞的鸿发集团业务范畴已涉足银行、保险、基金、小额贷款等金融、类金融投资领域，已具有民营金融集团的雏形。要鼓励和支持东莞具备条件的民营集团积极整合资源，加大金融机构、新兴金融业态板块投资，适时成立民营金融控股集团，造就地方金融的生力军。

（三）多措并举，完善新兴金融业态发展软环境

1. 加大财税支持力度

受现行法律和税收政策影响，新兴金融业态普遍税赋较重，影响了公司做大做强，并削弱了股东持续投资的积极性。制定完善的促进新兴金融业态发展的系列财税配套政策，建立合理有效的激励机制和支持机制，是促使新兴金融业态发展壮大的关键。为此，建议在符合国家有关法律法规的前提下，参照周边城市对发展各新兴金融业态的政策措施，结合东莞新兴金融业态的发展重点，有针对性地在落户奖励、租金补贴、风险补偿等方面进行深

入研究，制定有竞争力的实质性优惠政策。近期应重点制定促进股权投资基金业、融资租赁行业发展的政策措施，优化小额贷款、融资担保的扶持措施。以此为带动，多管齐下招商引商，加快打造业态丰富的新兴金融业态生态圈。

2. 加强人才保证和智力支持

包括新兴金融业态在内的金融行业是市场竞争较为充分的行业，相应地，金融高管薪酬水平和人才流动性也较高，合理的薪酬激励机制和完善的人才配套政策是保持企业竞争力和促进行业发展的基础。在人才激励方面，对于具有国有背景的地方金融机构及其以市场化方式运营的下属子公司，从参与市场竞争的角度考虑，在引导制定或统筹考虑各运营实体高管人员薪酬待遇的政策时，应坚持市场化导向，以维持相关金融高管人员薪酬的相对稳定，并具有一定的吸引力。在人才配套政策方面，将更多类型的高端金融人才纳入东莞市特色人才认定范围，通过一定的住房补贴、子女入学优先等政策扶持，为地方金融发展吸引和留下更多骨干、专才；完善金融人才的培养机制，整合高校、科研院所和金融机构自身培训资源，加快培养本地金融人才队伍。同时，为了提升金融行业在东莞经济社会中的引领作用，建议在市人大、政协系统中为本地金融行业设置一定比例的席位，发挥中央驻莞金融管理部门负责同志与地方金融机构高级管理人员参政议政的作用。

3. 加强金融信用体系建设

构建完善的金融信用信息体系，是推动新兴金融业态健康、持续和规模化发展的基石，更是社会信用体系建设的核心环节。为此，应积极向上级主管部门争取，将有接入意向且具备接入条件的新兴金融业态纳入中国人民银行建立的金融信用信息基础数据库，进一步扩大信用记录的覆盖面，提高其信贷评审及风险控制水平，在提高整体经营管理水平和运营效率的同时，加大对守信者的激励作用和对失信者的约束作用。

统筹发展篇

Coordinated Development

B.15

东莞市园区统筹组团发展的研究报告

东莞市园区统筹组团发展课题组*

摘　要：　东莞园区经济已成为全市经济社会发展的重要增长极。在经
　　　　　济发展步入新常态的时代背景下，如何通过园区统筹发展，
　　　　　提升园区发展水平，增强园区经济对全市发展的引领性、支
　　　　　撑性、标杆性作用，推动东莞在更高起点上实现更高水平发
　　　　　展，显得尤为重要。本专题研究按照"三个聚焦、五个突出、
　　　　　一园一策"的研究思路，聚焦各类园区发展的短板以及体制
　　　　　性障碍和结构性问题，剖析园区发展存在的突出困扰和短板，
　　　　　并提出解决问题的思路和对策建议。

* 课题组组长：姚康。常务副组长：殷焕明。副组长：卢汉彪、陈庆松、朱斌华、何绍田、刘
裕昌、胡浩举、詹文光、谢锦波、梁荣业、贾贵斌、郭荣新、詹志斌、胡毅峰、熊仕权、梁
寿如、陈慧贞、欧阳南江、蔡康、黄启光。成员：张玉成、钟彬、陈慕齐、王钊鸿、张友新、
吴楚焕、肖必良、吴敬军、孙海波、邹建华、陈锡立、刘俊全。

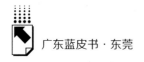

关键词： 园区经济 统筹发展 东莞

为了在"新常态"下实现更高水平发展，最近东莞市委、市政府提出了迈进"万亿俱乐部"的奋斗目标和战略部署。面对当前土地供给紧张和土地产出率不高的突出问题（土地开发强度已达46.3%，可开发建设用地仅剩12万亩，单位建设用地GDP产出仅5.16亿元/平方公里，不及深圳市16.53亿元/平方公里的1/3），要实现生产总值迈进"万亿俱乐部"奋斗目标，必须要有新的动力支撑和增量支撑，要有新的土地空间。这就亟须培育新动能、转变新方式，向园区要增量、向创新要增量、向集约发展提高单位产出率要增量。因此，园区统筹组团发展将为东莞未来经济发展承担极其重要的历史使命。

一 园区经济发展总体情况

从2001年东莞设立第一个市级园区以来，园区经济得到稳步健康发展，目前已形成以松山湖国家高新区为龙头，省级开发区、省级重大发展平台、市级开发区等多层次、多形式的园区格局，在全市经济社会发展中起到了积极作用。本专题研究范围包括6个园区，分别是松山湖（生态园）、水乡特色发展经济区、银瓶创新区、东莞港、滨海湾开发区和原东部工业园企石辖区。

表1 2015年各园区基本情况

园区名称	总面积(平方公里)		常住人口		地区生产总值		税收	
	数值	占全市比重(%)	数值(万人)	占全市比重(%)	数值(亿元)	占全市比重(%)	数值(亿元)	占全市比重(%)
松山湖(生态园)	89.6	3.64	11.96	1.45	259.26	4.13	81.12	5.74
水乡特色发展经济区	510	20.69	156	18.9	985	15.7	81	5.73
银瓶创新区	103	4.18	9.81	1.19	67.55	1.07	9.36	0.66
东莞港	32.75	1.32	17.93	2.2	106.86	1.7	23.17	1.6

园区名称	总面积(平方公里)		常住人口		地区生产总值		税收	
	数值	占全市比重(%)	数值(万人)	占全市比重(%)	数值(亿元)	占全市比重(%)	数值(亿元)	占全市比重(%)
滨海湾开发区	20.36	0.83	—	—	—	—	—	—
原东部工业园(企石)	6.14	0.25	1	0.12	2.1	0.14	0.27	0.019
合　计	729.1	29.57	178.77	21.66	1313.91	21	171.75	12.15

说明：由于水乡特色发展经济区包含东莞港，在合计数据中已剔除东莞港相关数据。

（一）园区经济效应初步显现

近年来，市级园区统筹发展步伐加快，园区经济成为全市经济的重要组成部分，园区经济效应逐步显现。松山湖（生态园）已成为全市创新资源集聚高地，成为东莞一张亮丽的名片，2015 年 R&D 占 GDP 比重达11.76%，国家高新技术企业107 家，高新技术产业产值占工业总产值比重达78.4%。东莞港集装箱吞吐量达336 万标箱，跃居全国沿海港口十一强，保税物流中心服务后方制造企业超3000 家，为开放型经济高水平发展提供有力支撑。2016 年6 个园区共有市重大产业项目76 个，总投资1771.9 亿元，分别占全市重大项目的46.3% 和59.5%，园区成为承接全市重大项目的重要载体。

（二）园区发展格局初步形成

按照园区类别，松山湖和生态园分别是国家级高新区和省级经济技术开发区，水乡特色发展经济区和银瓶创新区是省政府批准的省级重大发展平台，东莞港和滨海湾开发区是东莞市政府设立的市级园区。在空间布局上，"一中心四组团"中除东南组团外，其他四个组团均有园区布局，初步形成以中部松山湖（生态园）为核心，东西两翼相对均衡的组团分布格局。此外，东北组团的原东部工业园企石辖区内的南城工业园、莞城工业园和江滨

工业园，总面积约 9212.04 亩，目前仍有可统筹利用的连片工业、商业用地，面积近 5000 亩。

（三）园区统筹发展的积极探索

近年来，为更好地发挥园区与周边镇街的联动发展，整合利用资源要素，提高行政效能，市委、市政府开展了园区、园镇统筹发展的系列探索。2012 年，沙田镇与虎门港实现镇港统筹，实行"一套人马、两块牌子"，全面整合镇港行政、土地、基础设施等资源，构建镇港一体的规划体系、产业体系、交通体系、公共服务体系，增强了发展内生动力。2013 年，统筹水乡 10 镇 1 港规划建设水乡特色发展经济区，并上升为省重大发展平台。随后，依托粤海高端装备产业园，东莞将谢岗镇全域规划建设成为银瓶创新区，并经省审批成为省重大发展平台。2014 年，松山湖与生态园、长安镇与长安新区相继实行统筹发展，资源得到有效整合，发展步伐加快。

（四）园区整合效应初见成效

松山湖（生态园）启动了以松山湖新城大道—生态园大道为主线的创新中轴线的规划工作，编制完成两园产业发展规划和空间布局，两园统筹发展优势逐步显现，2015 年多项经济数据领跑全市，在国家高新区的排名上升至第 29 位。东莞港（沙田镇）2012 年实施统筹以来，镇港 GDP 年均增长 10.6%，财政收入年均增长 14.2%，东莞港步入全国亿吨大港行列，东莞保税物流中心 2015 年进出货值位列全国（B 型）前三甲。滨海湾开发区在镇区统筹以来，完成了 1.2 万亩滩涂土地征收。启动了部分基础设施建设，其中污水处理厂已动工建设，长安新河 PPP 项目准备动工。区填土工程正有序推进，每日运泥填土工程车辆近 3000 车，2016 年年底前完成一期 2000 亩填土工程任务。水乡特色发展经济区在发展总体规划框架下，建立了统一规划体系，重点实施了一批基础设施和示范项目，集中清退了"两高一低"企业，生态环境得到明显改善，一批重大产业项目入驻，2016 年，

46 个产业项目纳入市重大建设项目，18 个产业项目纳入市重大预备项目，总投资约 1000 亿元。银瓶创新区已完成总规模报批，征拆收储土地 14538.76 亩，成功引进普洛斯电商物流园、大连机床创业孵化基地和智造基地项目、粤海工业智造产业中心、安华同信仓储项目等 6 个项目，总投资达 58 亿元。

二 园区发展存在的问题

（一）园区发展内核较弱，协同动力不足

由于东莞过往镇街主导、分散发展的特殊发展模式，市级园区发展起步较慢，市级统筹支持力度较小，镇街经济对市级园区经济的依赖也相对较小。与国内优秀园区对比，东莞园区总体上发展速度不快，发展水平不高，经济总量不大，内生动力不强，辐射带动作用不明显。据统计，2015 年底，6 个园区以约占全市 30% 的土地、21% 的人口，创造了约 21% 的经济总量和 12% 的税收。而苏州市 17 家省级以上开发区约占全市 32% 的面积，创造了全市 72% 的经济总量、78% 的工业总产值、65% 的公共财政预算收入、90% 的进出口总额、61% 的投资。苏州工业园以占苏州 3.3% 的土地、7.4% 的人口，创造了约 15% 的经济总量，2015 年 GDP 已达 2070 亿元。除松山湖高新区发展相对比较成熟、东莞港口发展逐步迈入良性轨道外，生态园落户的重大项目不多，水乡特色发展经济区和银瓶创新区所在镇街以及企石镇均属于次发达地区，园区统筹发展刚刚起步，滨海湾开发区尚处于规划建设阶段。就发展较好的松山湖（生态园）而言，2015 年实现生产总值 259 亿元，与国内、广东省内一流园区比较还有较大的差距；尚存不少已批未用闲置土地和已建成但定位不清晰、招商不理想的闲置载体。2015 年，在国家高新区评价体系四个一级指标中，东莞国际化和参与全球竞争能力、可持续发展能力分别位居全国第 11 位和 17 位，但知识创造和技术创新能力排第 62 位，反映了科技成果转化能力还不够强；24 家新型

研发机构尚未有效发挥对东莞产业转型升级的引领作用；500 余家具有较大发展潜力的中小微科技型企业要形成新的经济增长点尚需时日。可见，目前东莞园区发展现状与国内优秀园区相比有较大差距，亟须加快发展，做强内核。同时，由于园区自身内核不强、内生动力不足，各园区基本上处于单打独斗阶段，园区之间、园镇之间联动发展不紧密，未形成配套协同效应，园区对周边镇的辐射带动不明显，园区在经济发展中的引擎作用尚未很好发挥。

（二）管理体制不完善，统筹能力不足

随着园区开发的不断推进，一些深层次的问题逐渐凸显，尤其是管理体制机制等方面的问题已对统筹园区发展形成障碍，亟待破解创新。园区除水乡特色发展经济区和松山湖（生态园）实行领导高配外，其他基本上按镇级配置机构和设置管理权限，工作中也基本上与镇街同级看待，这种状态已不适应更高水平发展的需要。据了解，苏州工业园、武汉东湖高新区等国内部分国家级高新区享受省级审批权限，广州、中山、肇庆等省内大多数国家级高新区享受市级经济和社会管理权限，而松山湖等园区均尚未完全享有市级经济和社会管理权限；水乡管委会职能设定和管理权限有待完善；银瓶创新区所在的谢岗镇尚没有中心镇权限，政企合作机制、协调机制亟待理顺；东莞港仅按中心镇配置权限，统筹周边镇及港区发展能力不足；滨海湾开发区管委会机构人员关系有待理顺；原东部工业园企石辖区没有机构。

（三）土地资源约束大，增量空间不足

经过多年的发展，各园区都不同程度地存在土地开发强度大、征地拆迁难、受农用地政策制约等问题，加上存在"两规"不统一问题，造成连片可利用土地较少，建设用地规模不足和用地指标缺乏并存，土地资源约束成为制约园区持续发展的主要瓶颈。据统计，6 个园区规划建设用地 48.97 万亩，至目前已建 31.75 万亩，未建 17.22 万亩。其中，未建用地符合"两规"的面积为 12 万亩，两规不统一的为 5.22 万亩。

（四）投融资体系不健全，资金投入不足

市级园区发展前期基础设施大多依赖财政资金投入，资金渠道相对比较单一。截至 2015 年 6 月，松山湖（生态园）市财政累计投入 123.98 亿元，财政脱钩后，前期投入未有效转化成资本，融资平台起步较慢。水乡特色发展经济区、滨海湾开发区等其他园区市财政投入较少，靠本级财政和卖地收入等投入建设，资金渠道比较单一，面临资金矛盾更为突出。利用企业运作和融资平台融资额较小，投融资体制未能实现多元化发展。由于缺乏有效的投融资平台，造成建设发展相对缓慢。

三　统筹园区发展的战略构想

统筹园区发展是转变发展方式、破解用地瓶颈、推进集约发展、带动次发达地区发展的战略举措，是构建开放型经济新体制、提升开放型经济新水平的重要载体，是"新常态"下在更高起点上实现更高水平发展的战略选择，承担着为生产总值迈进"万亿俱乐部"做出重大贡献的历史使命。必须从战略层面科学规划园区引领未来 10～30 年发展的战略空间格局，为率先实现社会主义现代化宏伟目标（第二个百年目标）确定战略性、前瞻性规划布局。

放眼未来，统筹园区发展要实施"强心展翅"战略，通过做强园区内核，形成强大集聚力和辐射力，从而带动周边地区联动发展，形成"大园区"带动"大发展"格局。中部增强松山湖（生态园）核心作用，"内强素质、外强联动"，放眼全球，对接深港，集聚国内外创新资源，形成强大的"创新引擎"和发展内核；西部依托滨海湾开发区、东莞港、水乡经济区、中俄贸易产业园，融入粤港澳大湾区战略，加强与穗深港、"一带一路"沿线国家对接，做好沿海产业带"文章"，打造"蓝色引擎"；东部依托银瓶创新区，联手东南组团各镇，打好银瓶山"生态牌"，加强与深圳"东进战略"和惠州潼湖生态智慧区对接，打造"绿色引擎"，带动东部加

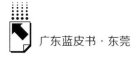

快发展。通过统筹联动，形成中心强核带动、东西两翼齐飞，"湖""海""山"共一体的发展蓝图。

1. 中心（"湖"）

以松山湖（生态园）为龙头，发挥国家自主创新示范区的政策优势，着力打造国内领先的创新创业环境，依托散裂中子源，集聚国际创新资源建设中子科学城，积极承接深圳国家创新型城市资源，构建深莞穗创新轴，实施与大朗、大岭山、寮步、茶山周边4镇联动发展战略，将其建设成为松山湖（生态园）的拓展延伸区和协调发展区，使松山湖（生态园）国家自主创新区的效应从103平方公里扩展到400平方公里，共同打造"1+4大高新区集群"。同时，再联动中心城区南城、东城、莞城街道，从而使中心组团成为带动全市实现更高水平发展的强大内核，形成"1+4+N"格局，真正成为全市的经济中心和珠三角区域创新中心。

2. 西部（"海"）

以滨海湾开发区和东莞港为龙头，以水乡特色发展经济区、中俄贸易产业园为后盾，联动虎门、长安、厚街等镇，重点融入粤港澳大湾区、对接"一带一路"倡议、深圳大空港、前海自贸试验区、广州南沙自贸试验区和广州开发区，发挥东莞港、滨海湾和水乡新城轨道枢纽作用，聚焦高端现代服务业、临港产业和新兴产业，全力打造珠江口东岸沿海产业带，把滨海湾开发区打造成珠江口湾区一颗璀璨的明珠，带动西部沿海片区发展成充满创新活力的现代化、国际化滨海都市。

3. 东部（"山"）

以银瓶创新区为龙头，依托政企合作开发的粤海产业园，发挥国企合作、快速交通区位和生态资源优势，创新重大项目招商模式，积极对接深圳、惠州两市高端装备、低碳环保、战略性新兴产业。重点围绕银瓶山国家森林公园，加强与东南组团各镇的联动，与深圳"东进战略"相呼应，与惠州潼湖生态智慧区规划建设相对接，主动谋划与深圳的产城人融合，加快建设深莞同城先行示范区，培育其成为推动东莞实现更高水平发展的新增长极。同时，加强园镇统筹，深化与常平镇等东部片区各镇的协作，谋划与原东部工业园企石辖区协同发展,加快推进东部一体化,带动次发达地区加快发展。

在未来发展战略选择上,要立足现实发展,针对当前园区统筹发展中存在的困扰最大、制约最突出的关键问题和主要短板,实行分类指导,分步实施策略。松山湖与周边镇街协同发展,按照"分步走、逐个加,稳妥推进"的原则,根据《东莞1+9自主创新示范区发展战略研究》的成果,近期选取原东莞自主创新示范区"1+9"的核心部分"1+4"作为推动联动发展的先导区域,即松山湖(生态园)及其毗邻接壤地区大朗、大岭山、寮步镇和茶山镇四镇,再考虑将联动发展模式推广到其他5镇,从而逐步完成自主创新示范区"1+4+N"的空间发展布局。其他园区的统筹发展,首先加强与统筹区域的协作。因此,从现实条件可实施、可操作角度来看,近期加强松山湖(生态园)与周边四镇的联动发展,加强滨海湾开发区与长安镇、东莞港与沙田镇的统筹发展,加强水乡经济区和银瓶创新区内部园镇的协调,理顺原东部工业园企石辖区园区与企石的关系,通过稳步统筹协调,放大园区发展效应。

四 重点解决存在的共性问题

综合分析统筹各类园区发展中存在的问题,制约最大的是行政管理体制、土地瓶颈、投融资机制和快速交通联通问题,必须重点予以解决。

(一)创新行政管理体制

虽然东莞推进了镇园统筹、镇港统筹、园园统筹,实现了要素资源整合,但是统筹的层级还比较低。按照园区发展定位,滨海湾开发区不仅仅是长安的开发区,东莞港也不仅仅是沙田的港口。要让园区肩负起推动全市经济更高水平发展的神圣使命,必须从全市发展战略布局的高度,完善和创新行政管理体制,进一步理顺权责关系,并赋予与之匹配的机构职能、人员设置、管理权限。

第一，提升园区行政管理层级。参照松山湖（生态园）和水乡经济区的模式，对市统筹的园区实行行政高配，由副厅级以上领导干部担任园区一把手，提升园区管理层级，全市管理架构由现在的市—镇（园区）变成市（园区）—镇，从而增强园区统筹资源能力。第二，赋予园区市级审批权限。进一步下放审批权限，赋予园区规划、国土、财政、环评、项目立项、施工许可等市级审批权限，激活工作能动性，提高行政效能。第三，实行园镇领导交叉任职。探索实行园镇领导交叉任职，由镇街一把手挂任管委会副主任，并建立有效的决策机制、问题协调机制、工作落实机制，充分发挥园镇联动发展的积极性。

（二）破解土地瓶颈制约难题

一是在市级园区开展"多规融合"试点，释放发展空间。针对部分园区"两规"不统一问题，由市规划局会同市国土局、发改局，认真开展核查，把所有市级园区纳入"多规融合"试点，充分整合与土规、城规、控规、发展规划等不符的土地资源，释放土地空间，提高土地使用效率。二是抓住土地中期评估调整机遇，增加园区用地规模。抓住省土地利用总体规划中期评估，可争取国家"调减耕地和基本农田面积、增加建设用地规模"的政策机遇，尽快摸清各园区影响重大项目落地、影响连片使用、符合城乡规划的土地，由市国土局争取上级支持，增加的规模指标尽量向园区倾斜。三是成立城镇更新机构，深入推进"三旧"改造。学习广州、深圳的做法，探索成立城镇更新局，或以法定机构形式成立城镇更新中心，负责统筹开展全市"三旧"改造工作。四是创新土地供给，提高土地集约节约利用水平。通过创新产业用地分类、鼓励土地混合使用、提高产业用地容积率上限、土地分期出让、规范土地弹性引导与量化控制等措施，提高土地集约利用水平，提高单位用地产出率。

（三）建立多元化投融资机制

首先，加大市级财政对园区基础建设的投入。由市财政局牵头，研究测算各园区基础设施开发投资所需资金。根据测算结果，由市财政按一定比例，分批拨付资本金，支持园区开展资本运作，吸引社会资本参与园区基础设施建设。其次，拓宽多元化投融资渠道。充分调动民间资本、国有企业、集体经济积极性，建立政府主导、市场参与、社会资金广泛参与的投融资机制。加强园区与金融机构合作，通过设立专项发展基金、发债、投行、信托等形式，合理利用申请财政贴息和融资担保、争取国开行政策性资金扶持、建立产业基金和发行地方城市建设债券等多种融资方式，引导国内外各类资金参与园区开发建设。采取 PPP 融资模式推进园区基础设施建设。设立城投公司，允许投资公司参与土地收储和土地一级开发，用市场化手段加快园区开发建设。

（四）完善园区内外交通快速连通的交通网络

由市交通局牵头，会同市发改局、规划局开展园区交通网络的系统研究，尽快建立与园区发展相适应的交通体系，提高园区的辐射力。第一，以轨道交通为重点，强化园区与广州、深圳及东莞市区的交通衔接。加强与深圳市轨道交通建设规划的对接，重点研究确定松山湖（生态园）、滨海湾与深圳轨道交通对接方案和完善市内轨道交通方案。探索规划沙田港区进港铁路，构建海铁联运体系。第二，优化区域高等级路网衔接。重点研究统筹园区外部高快速路联通方案，滨海湾开发区对接深圳大空港快速路连通方案、松山湖（生态园）与市区市域快速连通方案、滨海湾开发区与市域快速连通方案、东莞港与市内后方腹地快速路连通方案、原东部工业园企石辖区与松山湖（生态园）以及东部片区南北通道交通方案等。第三，完善园区内部交通体系，构造高品质公交系统与慢行网络。研究各园区与周边镇街内部路网优化方案，支持镇际联网路建设，加快整治断头路，完善区内公交体系，促进园区、园镇产城融合发展。

五 "一园一策"推进园区统筹发展

针对各园区存在的短板问题，结合各个园区战略定位，按照问题导向和

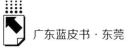

目标导向，实行分类指导，"一园一策"推进园区统筹发展。要区分不同园区不同阶段的发展特点，实行分类指导，更加有侧重地推进园区超常规发展。

（一）松山湖（生态园）

松山湖（生态园）是全市起步最早、发展最好的园区，有国家自主创新示范区政策资源，在生产总值迈进"万亿俱乐部"目标中要充分发挥高新区的放大效应，赋予其全市创新发展强大引擎的重要使命。重点对标全国排名靠前的高新区，突出发展高端电子信息、机器人与智能制造装备、生物技术、新能源汽车及现代服务业，打造创新型产业集群，其将建设成为全球有影响力的先进制造业基地、国家战略性新兴产业策源地和粤港澳台创新创业基地、华南科技成果转化中心。

要按照"内强素质、外强联动"思路，对内实施强核战略，对外联动周边四镇实施"1+4"方案，通过做强一个内核、发挥两个外溢效应（政策资源外溢和创新资源外溢）、促进三个融合（政策体系、行政管理体制和三规融合），形成园区主要以发展"大学+研发+企业总部+科技服务+高端人才"为主，周边镇主要以发展"高端制造、产业转化承载基地+产业配套+生活配套"为主的分工格局，打造"1+4"大高新区集群，大大增强园区辐射带动能力。统筹联动使国家自主创新区效应从103平方公里扩展到400平方公里，带动四镇实现两位数增长，力争经济总量占全市比重增加至20%，松山湖在全国国家高新区综合排名跃升第20位。

第一，以"五个着力"为抓手，推动"一园四镇"在更高起点上实现更高水平发展。"五个着力"为：着力推动统筹发展，进一步挖掘土地空间潜力和提高土地利用效益；着力服务企业发展，提升存量，促进企业规模和效益倍增；着力推动科技创新，培育增量，增强持续发展的动力和后劲；着力推动"一园四镇"产城融合发展行动计划，持续提升园区城市功能品质，为人才营造宜居宜业国际化现代新城；着力推动金融创新，拓宽投融资渠道，助力经济社会发展。

第二,以"五个一"为保障,推动"一园四镇"协同联动发展。具体如下。①建立一套规划体系。在"一园四镇"开展"三规融合"试点,促进形成总体发展规划、产业发展规划、城市规划、土地利用规划、环境保护规划等"多规融合"规划体系,以规划统领协同联动发展,形成松山湖(生态园)主导科技研发、周边镇主导高端制造的产业空间布局。②创新一套行政管理体制。成立"松山湖高新新区决策委员会",对涉及"1+4"区域全局性发展的重大问题进行集中决策,同时赋予决策委员会"一园四镇"行政区域内的人事"调配权";并推行干部互为挂任职方式。③搭建一个审批平台。赋予园区市级经济社会管理权限,并建立统一的审批平台,由园区统一开展一园四镇经济发展、规划、国土、建设等市级行政审批。市特色人才认定评定,科研用地、重大项目、大型骨干企业、科技企业孵化器(加速器)、重点实验室、众创空间等相关资质认定,国家自主创新示范区先行先试政策申报等统一由松山湖(生态园)开展审批,减少审批层级,释放市场活力。④构建一个投融资机制。"一园四镇"探索联合建立"1+N"基金体系,作为产业发展投融资平台;由"一园四镇"财政共同投资,组建松山湖城投集团,作为"一园四镇"城市公共服务与基础设施的统一投资主体,负责合作区域范围内城市公共服务与基础设施资产的运营开发。⑤完善一套政策与考核体系。在政策覆盖方面,周边四镇同享松山湖(生态园)国家高新区和自主创新示范区相关政策,并补充完善协同联动发展政策。在发展考核上,松山湖(生态园)与周边镇地方经济发展指标共同分享、统计与评价,解决地方经济发展积极性与考核公平性的问题。

(二)水乡特色发展经济区

水乡特色发展经济区作为广东省的重大发展平台,承载着创新生态文明发展模式、对接穗莞战略合作、带动次发达地区加快发展的使命,要加快对接广州国家中心城市辐射,加强镇街统筹合作,突出水乡新城建设、环境整治和产业更新,走生态文明发展道路,重点发展高端低碳、绿色生态、新兴产业,建设成为国家水乡生态文明建设示范区、粤港澳优质生活圈的特色区域、珠江口东岸产业优先发展先导区、穗莞战略合作重要平台。

当前水乡特色发展经济区改革应增强大局意识和全局观念，坚持问题导向、精准施策，聚焦水乡新城和水乡新城开发区，强化水乡管委会工作职能，从统筹协同督促向统筹协调督促和决策管理转变，以超常规的措施，加大行政资源、政策资源和人才资源的整合力度，集中打造新的增长点，尽快增强发展内核，带动区域协同发展，从而实现更高水平发展，为全市发展大局做出更大贡献。力争至2020年，水乡新城初步建成，水乡经济区10镇1港呈现新的活力，经济增速不低于全市平均水平。

具体对策建议如下。第一，完善领导及决策体制。建议设立水乡特色发展经济区党工委，党工委书记、水乡管委会主任由市委1名领导兼任，并兼任市政府党组成员（或党工委副书记由市政府1名副市长兼任），水乡特色发展经济区镇街党委书记挂任党工委委员、管委会副主任，负责水乡特色发展经济区重要规划、重大事项和重大项目的决策、督促和落实。第二，调整水乡管委会主要职责，将水乡新城开发建设的主导权交给水乡管委会，并按照权责对等原则，结合当前水乡新城建设，在水乡新城规划、水乡新城项目审批、水乡新城基础设施投资等方面赋予水乡管委会部分市级权限。同时，在整个水乡特色发展经济区范围内赋予水乡管委会包括区域性规划编制和评估修编、财政资金预算管理、财政投资项目审批管理、市重大项目审批等在内的部分市级权限。第三，强化资源保障。加大财政支持力度，市财政继续每年划拨20亿元给水乡管委会管理，用于水乡经济区环境整治、产业发展、基础设施建设、土地统筹等方面。突破用地和规划瓶颈，加快编制水乡新城概念规划和控制性详细规划，优先核减基本农田和农用地规模、增加建设用地规模，为加快水乡新城建设提供保障。第四，优化机构人员配置。根据新的权责要求，按照精简高效的原则，合理优化水乡管委会内部机构设置，按需要适当整合市直部门和水乡经济区现有编制人员，充实水乡管委会的人员力量，有效承接市级下放权限。第五，理顺水乡新城开发建设体制。确立水乡管委会主导、财政资金引导，利益共享，资源统筹，由东实公司、道滘、洪梅、望牛墩共同参与的开发建设机制。第六，设立水乡特色发展经济区发展基金。与东莞银行类金融机构合作，总规模 100 亿元，市财政按一定比例提供引导资金，分步到位，吸引社会资本参与，专门用于水乡新城开发和水乡经济区重大基础设施建设。第七，按照水乡经济区定位和各项规划的要求，由水乡管委会会同相关市直部门研究制订相应的落实政策，形成支持水乡新城开发区加快建设和水乡特色发展经济区加快发展的政策体系。与此同时，推动部分市直部门在水乡特色发展经济区设置区域性管理机构，确保相关专项规划和配套政策落实到位。

（三）银瓶创新区

银瓶创新区作为省级重大发展平台，承担着探索政企合作开发模式、拉动东部经济发展、培育"绿色引擎"的重要使命。要依托粤海产业园，发挥银瓶山生态资源优势，增强与常平镇和东南组团各镇的联动，加强与深圳"东进战略"和惠州潼湖生态智慧区的对接合作，重点发展高端装备制造产业、战略性新兴产业和生态旅游业，建设成为"国家智造产业发展的新高地、珠三角实施创新发展新平台、广东国企投资拓展的新载体、东莞产业转型示范区、东莞推进新型城镇化的生态智慧新城"，成为东部新经济增长极。

加快银瓶创新区统筹发展，必须进一步理顺合作关系，完善开发模式，创新投融资机制，加快基础设施建设，加大招商力度，尽快推动项目落实，尽快形成新投资热点和增长点。

具体对策建议如下。第一，理顺合作关系，尽快推动项目落实，促进园区发展。第二，按照城市功能协调联动、产业协调互补、路网互联互通原则，加快推进对政企合作区以外统筹区域的开发建设。第三，转变粤海集团产业用地"只租不卖"的开发运营方式，探索联合引入更高水平的园区开发运营商，对土地开发进行策划运作，使土地产生最大效益，实现多方共赢。第四，按省级新区配置设立管委会，授予县级或以上管理权限。同时授予审批本辖区 PPP 项目权限，以银瓶创新区作为发起人，PPP 项目年度支出纳入市财政预算报市人大审批，列入全市镇街一级财政预算支出。第五，建议将银瓶创新区 10.33 平方公里用地规模缺口纳入全省用地规模扩容范围，为开发提供用地支撑。第六，加大税收返还力度，从 2016 年起的十年，返还谢岗镇全境税收市级留成部分给银瓶创新区，并争取省级税收留成返还给新区，保障基础设施和城市配套建设。加大市财政投入力度，支持银瓶创新区海绵城市试点、集宿区、银瓶轻轨站前广场、银瓶湖、谢岗人民公园等基础设施项目建设。

（四）东莞港

东莞港同时位于海上丝绸之路的西线和南线，具有独特的区位优势，承担着"以港兴市"的重要使命。要主动对接"一带一路"倡议和广东自贸试验区，实施与周边港口差异化发展战略，重点发展现代物流等临港产业、港口增值服务，搭建产业发展和转型升级高端综合服务平台，延伸临港产业上下游链条，打造石油化工、粮油加工、机械制造等产业为主的高端制造业平台，建设成为华南地区内贸枢纽港、近洋航线基本港、珠江口东岸临港现代产业集聚区，成为东莞乃至华南地区南北水路物流和产业联动的枢纽通道，东亚、中国台湾以及东南亚各国与华南地区之间产业转移的连接纽带、欧亚产业融合的物流通道。

统筹东莞港发展，必须加强港口发展顶层设计，抓住做强港口业务和做强港口经济两条主线，开展体制机制创新，突出创新驱动，充分利用 1.3 万多亩可用于产业发展的连片土地以及 2000 多亩可通过"三旧"改造可整理出来的用地，提升港口服务功能，建设临港产业集聚区，增强港口对东莞产业转型升级的带动作用。近期发展目标：到 2018 年全港集装箱吞吐量达到 450 万标箱，总货物吞吐量达到 1.5 亿吨，内外贸航线达 25 条，保税物流中心进出货值达 85 亿美元。中远期发展目标：2020 年全港集装箱吞吐量达到 600 万标箱，总货物吞吐量达到 2 亿吨，内外贸航线达 30 条，保税物流中心进出货值达 100 亿美元。

具体对策建议如下。第一，完善港口建设，做强港口业务。从全市发展大局谋划东莞港，统筹谋划全市港口一体化规划和设施布局，衔接粤新欧、粤满俄国际铁路货运线，主动融入"一带一路"倡议。同时，加快完善港口疏港快速通道和海铁联运建设，统筹整合港口相关资源。第二，增强辐射带动，做强港口经济。统筹市镇村资源，完善产业招商机制，出台相关政策，引导港口周边各镇突破行政区域界线，统筹产业项目布局，优先引导高新技术产业、精细化工、粮油加工、现代物流、装备制造等临港产业项目选址落户临港产业集聚区。利用码头后方900多亩土地打造现代物流产业链；利用目前立沙岛可供开发建设的6000多亩土地打造精细化工产业链；发挥前方码头作用，后方依托大型粮油加工项目，挖掘新沙南港区500多亩土地价值，打造粮油贸易及精细加工产业链；利用泥洲岛约5000亩可供连片开发的建设土地打造成精密制造产业链。第三，完善港口发展投融资机制。支持设立港口发展基金，由市财政按一定比例提供引导资金。组建东莞港城投集团，对港区城市公共服务与基础设施统一投资。市财政加大对非经营性资产开发和建设的投入力度。广泛采取PPP、融资租赁、代建制等方式加快基础设施开发。依托港口辐射平台，全面加强与周边五大作业区港口的合作互动，建立完善共用共享利益分享机制，探索跨行政区域共建产业园区，建立统一的商品市场、产权交易市场、人力资源市场。支持东莞港集团发展壮大。

（五）滨海湾开发区

东莞滨海湾开发区是珠江口东岸主轴唯一连片待开发区域，是东莞未来经济发展的滨海明珠。要以主动承担粤港澳大湾区国家战略为使命，以提升东莞在全球城市格局中的地位为导向，聚焦湾区经济，着眼于融入粤港澳大湾区规划，对接南沙、前海自贸试验区，重点发展现代服务业和新兴产业，建设成为莞深港服务业融合先导区、高端智造业总部集聚区、开放型经济合作示范区，打造"国际滨海湾新城现代服务业都市"。

要吸取过去八年紧盯围填海、忽略陆地开发的教训，转变思维，确立"滩涂开发为重心、围填海同步推进"的思路，立足陆地区域开发，加快办理填海手续，以"3年打基础、5年大发展、10年见新城"为目标，加快开发建设步伐。

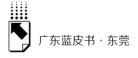

具体对策建议如下。第一，以明确定位为突破口高起点规划，重点对接国家"一带一路"倡议、粤港澳大湾区战略和深圳大空港地区建设。第二，以滩涂为突破口加快填土造地。2016年底前完成一期2000亩滩涂填土任务，迅速启动二期3000亩填土造地工程，在此基础上，探索海上运输土方填料方式进行填土，加快滩涂填土步伐。同时，要积极加快用海项目审批和落地。第三，以启动区建设为突破口加快开发建设。设立3000亩的启动区，探索政府主导的土地开发经营模式。第四，以创新行政管理模式为突破口，激活体制机制新活力。包括下放更多市级审批和管理权限；理顺决策机制，全面提高新区控股公司的管理和决策效率；进一步明确管委会和控股公司职责。第五，以路网建设为突破口推动与周边区域连接。提前谋划东莞2号线与深圳20号线的轨道对接，加强与深圳大空港地区交通规划建设对接，促进区域合作。同时，要加快推动滨海湾大道、污水处理厂、湿地公园等6大基础设施建设。第六，举全市之力建设滨海湾开发区"一带一路"国际合作示范区，争取纳入国家"一带一路"重点项目，成为国家级开发区。第七，借助省委、省政府打造粤港澳大湾区大趋势，申报国家自贸区，形成引领整个东莞大湾区高端创新要素集聚高地，带动东莞32个镇街融入大湾区，分享政策红利，为东莞在未来湾区竞争中抢占制高点。

（六）原东部工业园（企石辖区）

原东部工业园南城工业园、莞城工业园和企石江滨工业园近5000亩连片工商建设用地，成为可以迅速承接优质增量、为生产总值迈进"万亿俱乐部"做贡献的重要平台。要通过打通内外交通要道，高标准谋划发展定位，高强度投入运作，高水平规划建设，瞄准深圳创新成果转化外溢和先进制造产业转移的历史机遇，重点对接发展高端制造产业、新兴科技产业、环保节能产业，迅速将其打造成为承接深圳创新和产业资源外溢的重要平台、带动企石乃至东部次发达镇加快发展的重要载体，成为东江之滨一座宜居宜业的科技新城。

在实施策略上，要加大土地统筹力度，建立利益平衡机制，创新土地经营开发模式，提升开发经营水平，争取"一年完成收地、三年项目落地、五年初具规模"。当前首要任务是尽快集中做好土地征而未收遗留问题，将连片"生地"变成"熟地"；其次，重新规划园区的战略定位，建立市、镇、村中园区发展中的利益平衡机制，招引高水平园区开发运营商或组建公司进行经营开发。

具体对策建议如下。第一，鉴于地块位于企石镇，由企石镇牵头负责，做好原东部工业园企石辖区内的土地征地拆迁工作，尽快将"生地"变成"熟地"。第二，统筹开发要建立利益平衡机制，充分考虑市、镇、村、组和村民各方以及开发机构利益，统筹分配。第三，在东部工业园"生地"变"熟地"后，结合发展战略定位，研究确定一个机构、一种模式进行统筹开发。具体有以下三个方案：方案一，学习借鉴深圳万科云城、惠州市碧桂园"科技小镇"等模式，通过招投标等方式，公开引入高水平的园区营运机构进行开发；方案二，以东莞市国有公司进行开发，或以东莞市公司为主，引入社会资金等进行联合开发；方案三，松山湖作为国家级开发区，具备了园区开发和科技园区管理的经验，由松山湖统筹开发，有组织和政策优势。第四，打通东部片区交通动脉。加快建成东平东江大桥，启动环莞快速第三期建设，尽快确立企石镇轨道交通 R3 线支线的建设时间表，统筹新规划交通要道由企石镇至粤海片区，畅通东部镇街的南北路网连接，形成对内、对外沟通接驳且更加便捷的交通网络，为加快发展注入新动力。

B.16
东莞市加大统筹发展力度，
促进全市协调发展

东莞市区域协调发展课题组*

摘　要：　本报告聚焦次发达镇、镇村统筹发展、基层治理、社会治安四大领域，摸清东莞镇与镇发展不均衡、村与村发展不均衡、外来人口融入不足、常住人口和流动人口管理不到位的突出表现，深入查找发展不均衡问题的结构性原因。本报告重点围绕支持次发达镇和次发达村加快发展，提出了设立资金池、建立部门共同帮扶机制、产业共建、用地倾斜等支持次发达镇加快发展的措施，同时提出了土地统筹、物业统筹、资金统筹、招商统筹等多项措施支持引导镇统筹村加快发展。

关键词：　均衡发展　基层治理　统筹发展　东莞

一　东莞发展不均衡问题的突出表现

课题组从产业、用地、基础设施、税收分成、公共服务、对市扶持发展的对策建议6方面设计了调查问卷，并分别与8个次发达镇的党委书记或镇

＊　课题组组长：姚康。副组长：喻丽君。执行副组长：张永忠、陈鸿钧。成员：尹国强、郭怀晋、黄贵新、姚家庆、赵胤、肖必良、刘炯贤、利伟中、谢涛、陈少锋、陈伟城、郑国洪、钟永刚、朱志光、詹惠航、黄力平、林超明、陈志军、钟正良、尹效良、李斌峰。

长、22 个村（社区）党工委书记进行了座谈交流，梳理出镇、村、外来人口融入、常住人口和流动人口管理四方面问题的突出表现。

（一）镇与镇发展不均衡

为补齐发展短板，东莞市委市政府形成每 3 年或 4 年定期调整次发达镇的划分机制。赋予各镇街主要经济指标值和人口数据不同的权重，然后进行排序，将全市 32 个镇街划分为四个档次，其中排名靠后的第四档 8 个镇为次发达镇。档次划分是东莞市税收分成、公共服务费用分担等政策制定的重要依据。目前镇街档划分机制是相对合理的。2016 年，东莞新核定出中堂、道滘、望牛墩、洪梅、企石、石排、谢岗、东坑镇为次发达镇。

当前，东莞镇域经济不均衡主要体现为"三个悬殊"。

一是主要经济指标悬殊。8 个次发达镇地区 GDP 平均仅为 70 亿元，为全市所有镇街平均水平 171 亿元的 40.9%，全市最高的镇为 447 亿元，是最少51 亿元的 8.8 倍。次发达镇平均税收总额为 10.9 亿元，约为全市平均水平34.2 亿元的 31.9%，最少的 7.36 亿元仅为全市最高 119.7 亿元的 6.1%。

二是产业效益悬殊。全市单位建设用地 GDP 产出约为 5.5 亿元/平方公里，次发达镇建设用地 GDP 产出约为 3.41 亿元/平方公里，低于全市平均水平。如埔田片两个次发达镇单位建筑 GDP 产出低于 2.7 亿元/平方公里（石排镇为 2.7 亿元/平方公里、企石镇为 2.35 亿元/平方公里），单位建设用地税收产出低于 0.44 亿元/平方公里，与区位相邻的城镇片镇（石龙镇）8.6 亿元/平方公里、1.8 亿元/平方公里相差较大。

三是重大项目数量悬殊。项目是镇街经济发展的最重要推手，重大优质项目数量直接影响镇经济发展。当前，落户次发达镇的重大项目较少，截至2016 年 8 月底，33 个镇街（园区）共有 2016 年重大建设项目 188 个，其中，8 个次发达镇合计仅 33 个项目，企石镇、中堂镇 2 个次发达镇各 1 个项目。

（二）村与村发展不均衡

全市村组两级总资产 1436.8 亿元，约占全省总量的 1/3。自 2002 年以来，东莞以 3~5 年为周期核定次发达村名单。其中，2016 年 3 月核定出排名靠后的 70 个村为次发达村。当前，村级经济发展不均衡主要体现在以下四个方面。

一是资产规模差距大。2015 年，村均总资产最高的村为 10.97 亿元，是最低的村 0.58 亿元的 18.9 倍；总资产最高的村为 36.49 亿元，是最低的村 0.19 亿元的 192.1 倍；镇街内村与村之间差距大，水乡某镇内资产规模最大的村是资产规模最小的村的 118 倍。

二是收入水平差距大。2015 年村均经营总收入最高的村为 1.44 亿元，是最低的村 0.05 亿元的 28.8 倍；经营总收入最高的村为 5.03 亿元，是全市最低的村 138 万元的 364.5 倍；镇街内村与村之间差距大，比如水乡某镇内，收入最高的村是最低的村的 242 倍。

三是高负债村组数仍占一定比例。2015 年全市村组资产负债率降至 17.7%，处于历史同期最低水平，比同期全省低 14 个百分点，比全国低 22 个百分点；全市资产负债率超 50% 的高负债村组数比 2011 年减少了 142 个，但仍有高负债村组 141 个，约占全市村组总数的 5%，其中有 2 个村资不抵债。70 个次发达村资产负债率 26.4%，高于全市平均水平 8.7 个百分点。其中高负债村组数为 25 个。

四是收不抵支的村数仍占一定比例。2015 年全市收不抵支的村数比 2011 年减少 170 个，但仍有 149 个村收不抵支，占全市村（社区）总数的 1/4。70 个次发达村中，有 17 个村收不抵支。

（三）外来人口融入不足

一是制度藩篱导致外来人口参与选举积极性不够高。现行村（居）委会选举制度明确规定，非户籍人员参选村（居）委会成员须经村民（代表）会议同意并提供未在其他地方参选的证明。外来人员参选程序复杂，特别是开具相应证明材料耗时费事，参选村（居）委会等自治组织成员的积极性普遍不高，近两届村（居）委会换届选举基本没有外来常住人员参加。因为条件要求相对较高、薪酬待遇保障体系不够健全，虽然推行选拔优秀异地务工人员党员进入村（社区）党工委班子试点已有近三年时间，但目前仅有24个村（社区）选聘了27名优秀外来人员进入党工委班子。

二是平台欠缺导致外来人口社区治理参与性不够强。近年来，东莞大力推进基层综合服务管理平台建设，着力拓宽共谋、共建、共享、共用渠道，为包括外来人员在内的全体市民参与社区治理搭建了较多平台，但总量不够、布局不均、质量不高，群体覆盖面相对有限、参与便捷性不高的问题依然突出，导致部分外来人员对城市和社区的认同感仍然偏低，存在明显的"过客"心态，在社区公共事务治理方面存在"旁观"心理，少数甚至漠不关心。

三是财力局限导致公共服务覆盖不够广。近年来，虽然东莞市在为外来人口提供各种公共服务方面做了大量工作，通过积分制、人才入户等多种形式促进外来人口最大范围地享受基本公共服务，大力构建新老共享的社保、教育、卫生等服务体系，但由于人、财、力等方面的限制，还没有实现外来人口与本地户籍居民同等、同量、同质享受各种公共服务。

四是经济基础弱和职业稳定性差导致融入难。东莞大部分外来人员来自农村，受教育程度较低，技能和劳动素质相对较弱，经济基础和职业缺乏稳定性，难以真正融入东莞。

（四）常住人口和流动人口管理不到位

东莞当时"三来一补"产业结构的特性，吸引了大批外来人口进入，形成外来人口与本地人口数量倒挂的特殊市情。目前，东莞常住外来人口达到630万人，占比达到74%。经过多年的发展，一部分自身素质和能力较高的外来人口，已在东莞购房、置业，能够较好地融入东莞。但仍有大量外来人口因技能不能适应产业转型升级的需要，导致其居住地和职业发展变化频繁，处于不稳定的状态。而出租屋暂住则成为外来人口的基本居住方式。庞大的外来人口群体聚集在出租屋，成为东莞独特的社会现象，被称为"出租屋现象"。部分出租屋房东片面追求经济利益，没有办理相应的备案手续，对承租人的行为缺乏监督，有的出租屋甚至成为违法犯罪分子的落脚藏身和窝赃场所，治安、刑事案件90%以上都与出租屋有关。出租屋已经成为东莞市加强外来人口管理的重点和难点。目前,东莞在加强出租屋管理方面虽然取得了一定的成效,建立了"两级政府、三级管理"的管理体系,推出在每一栋出租屋安装视频监控系统等措施,但对暂住人口特别是居住在出租屋的外来人员情况难以全面掌控,无法及时掌握流动人口情况的第一手资料,导致出现失控漏管现象。

二 发展不均衡问题的结构性原因

(一)镇与镇发展不均衡的原因

一是区位劣势。次发达镇主要分布在水乡和埔田片,大多处于港深辐射线外围,早期由于河网交错、交通不便,没有临深片区、中心城区、松山湖片区的区位优势,欠缺火车站等能带来人流、物流的大型交通枢纽站,接受港深产业辐射的能力比较弱。

二是产业劣势。次发达镇早期承接港深产业辐射不足,镇村组急于发展、缺乏长远意识,以致承接了大量零散的低端产业。产业低端、零碎分散为后来的转型升级、"多规融合"埋下困难,错失发展机遇。比如,望牛墩、中堂等镇早期发展了大批砖厂、水泥厂等低端产业,以及电镀、印染等高污染产业,受地理条件局限和短期利益驱动等影响,未能在产业结构调整中及时转型。

三是土地利用劣势。早期缺乏统一规划导致土地利用粗放,发展分散,使目前次发达镇可供承接大项目的连片土地不多。东莞市用地指标优先用地保障市重大项目、优质项目及民生工程,加上次发达镇自身承接重大项目、优质项目的基础和条件相对较差,分配到次发达镇用于发展经济的用地指标偏少。早期经济发展的相对滞后,次发达镇村普遍承担了更多的基本农田、生态保护任务。

四是设施环境劣势。次发达镇欠账较多,基础设施发展水平相对滞后于经济社会发展,路网建设、城市功能配套等跟不上供给需求。路网设施建设连通性、可达性不够，特别是早期与毗邻地区、对外接壤的重要出口尚未打通。城市功能不完备、不配套，商贸休闲、教育、医疗等设施普遍滞后，与城市公共服务等"软件"能力提高不协调，吸引高新产业能力较弱。尤其水乡30～50年前河涌多、航道发达的船运优势逐渐变成了掣肘发展的劣势，由于"软基"基础，道路、桥梁、厂房的打桩和建造成本高于市内其他片区。

五是支出负担沉重。次发达镇在社会治安、教育经费、市政环卫、文化建设和社会保障等方面的刚性支出压力大，尤其是"吃饭财政"在总支出中占据较高比例。2015年，8个次发达镇平均政府债务是其可支配财政收入的2.14倍，高于全市平均为1.26倍的水平。东莞市在基础设施、社会管理、文化发展等方面的建设对于次发达镇的承受能力和村组的实际需求考虑不足，过于强调统一标准，镇村建设和后续管理开支负担重。

（二）村与村发展不均衡的原因

在当前东莞的70个次发达村中，有50个处于水乡、埔田等远离港深辐射线的片区，因此造成部分村发展落后的原因总体上与次发达镇相似，主要包括以下五个方面。

一是产业选择问题，大多处于产业链条低端。20世纪80、90年代，水乡地区大多利用河涌多的优势，村组筹资或引进红砖、水泥等偏好水运交通的低端产业项目。这些产业逐步淘汰后，一些村组又转而选择造纸、印染、电镀等高耗水、耗能产业。随着经济结构调整，产业淘汰导致村组投资的项目损失比较严重，产业水平不高引发村组集体经济效益不好。2015年，70个次发达村物业闲置率3.2%，是全市平均水平的2.7倍；净资产收益率为6.9%，比全市平均水平低2.7个百分点。

二是资源要素问题，后发优势未能充分激活。次发达村普遍承担了更加多的基本农田、生态保护任务，形成"一步落后、步步落后"的不利局面。据统计，占全市村（社区）总数12%的次发达村，承担全市32%的基本农田和生态林地保护任务，次发达村承担基本农田和生态补偿任务平均量是非次发达村的3倍以上。

三是早期规划缺失问题，存量土地资源未能充分利用。次发达村虽然也有一些存量的建设用地，但早期缺乏统一规划，开发建设镇、村各自为政，导致土地不规整，权属分散。土地整合还涉及土规、控规等多个规划之间的衔接融合问题，调规报批难度较大、耗时较长。由于村组土地、厂房统筹整合力度不足，承载大型优质项目能力也相对较低。

四是干部队伍问题，集体凝聚力战斗力欠缺。因待遇等激励因素，次发达村难以吸引"经济能人"领导集体经济发展。部分村干部干事创业主动性不足，对市内帮扶政策未能有效利用。部分村未能有效执行集体资产监管制度，工作不够规范透明，导致干群关系紧张，内耗比较严重。基础设施不够完善，公共服务难以有效保障，群众意见比较多。

五是统筹力度问题，大局观、还旧账意识有待进一步增强。个别镇街未能打破市镇村组"四轮齐转"、村组"单打独斗"思维定势，缺乏全镇"一盘棋"的大局观，补短板、促发展的改革意识不强。部分镇街未能充分"守土尽责"，对落后村组的发展问题不够重视，还旧账的意识仍不够强，推动均衡发展的办法仍不够多。对于革命老区村、水库移民村、整村搬迁村、渔民村仍未能真正做到"高看一眼、厚爱三分"。

（三）外来人口社会融入不足的原因

一是现行机制与形势变化不适应。当前基层党组织、自治组织和集体经济组织"三位一体"的基层组织运作机制滞后于现实，不适应外来人口大量涌入的形势变化要求。因制度设计缺陷，强化了原住民本能的自我利益权益的保护意识，亦忧虑外来人口的融入会增加集体公共管理开支，摊薄集体经济成员的股份分红。

二是公共服务供需矛盾突出。目前东莞外来人口与户籍人员的比例悬殊，已接近3.2∶1，外来人口的公共服务需求如住房、社会保障、子女教育等方面给东莞公共服务供给造成了沉重的压力。由于人力、财力、物力等方面的限制，外来人口还没有完全纳入东莞公共服务体系，外来人口在公共服务需求方面还没有完全规划到公共服务中，直接影响外来人口对这座城市的认同感和归属感。

三是社会中间力量参与不足。目前，外来人员的管理以政府管理为主，缺少社会组织等中间力量参与。据统计，东莞4000多家社会组织中，外来人口自治组织占比不高，外来人口融入缺少有效的、足够的载体和平台。比如在利益诉求表达方面，一些外来人口遇到欠薪、经济纠纷等问题往往第一时间去找老乡或者朋友帮助，甚至采取围堵基层政府、越级上访等非理性方式表达利益诉求。

四是职业和收入不稳定。东莞常住外来人口受教育程度偏低，以第六次全国人口普查数据为样本分析，中学学历占62.96%，高中学历占20.82%，文盲和小学文化所占比例约为11.06%，大学专科及以上仅占5.16%，远低于苏州、无锡、宁波等规模相近的城市。受教育程度偏低、技能缺乏的外来人口一般从事对文化素质要求较低的简单的工作，处于社会工作的底层。随着产业结构的调整，尤其是"机器换人"的推进，他们的岗位逐渐被淘汰或者被替代，他们立足城市的经济基础呈现较大的不稳定性。他们只能依赖家乡农村的土地作为生活的基本保障，因此他们始终处于"两栖"状态，难以从经济上和情感上转化为城市市民。

（四）常住人口和流动人口管理不到位的原因

融入难带来政府在后续服务和管理上跟不上，造成外来人口和出租屋管理方面的漏洞。具体原因有如下三个方面。

一是人口流动性大。部分外来人口工作状况缺乏稳定性，受雇主、雇佣单位、外来务工人员本身等因素影响，呈现动态和跨地域流动的特性。其居住地会在一定时间内随着工作地的变化而变化或者在一定范围内有多个居住地，且变化的周期不稳定。这部分人口活动规律难以掌握，带来治安监管漏洞。2015年东莞入所（拘留所、看守所、戒毒所）流动人口登记倒查率仅在30%左右，说明大量的流动人口还没有登记。

二是法治手段不足。出租屋管理已成为东莞治安管理的重点和难点。当前，出租屋管理不到位，缺乏地方性法规支撑，缺乏强有力的法律监管手段。依据现有国家、省的法律法规,东莞对租赁违法行为的处罚较轻、罚款数额偏低,房屋出租人违法成本较低,起不到应有的震慑作用。此外,东莞对时租、日租出租屋、非法经营旅馆业、开设工厂小作坊等经营行为没有实行分类管理,没有从法律上明确界限。

三是统筹不足。出租屋管理涉及新莞人、公安、消防、计生等各个部门,市里尚未明确出租屋管理主体单位,缺乏统一权威的协调机构,管理体制未理顺,部门多头管理、相互推诿的现象时有发生,出租屋租赁备案、租住人员居住登记、日常巡查、信息采集等各项管理任务落实不到位。针对外来人口的管理,各部门之间存在壁垒,信息分散不共享,合作机制不健全,存在各干各的问题,未能发挥合力,导致存在很多治安隐患漏洞,也影响打击犯罪的效率。

三 促进东莞均衡发展的对策建议

(一)加强市层面统筹,举全市之力促次发达镇加快发展

1. 发达镇街帮扶,凝聚发展合力

由市统筹发达镇街帮扶资金,同时市财政配套注入资金,建立资金池,作为扶持次发达镇产业项目的前期土地整合、基础设施建设的启动资金。

一是明确资金来源。安排综合经济实力排名靠前的若干个镇街,连续三年,每年从镇街财政收入中提取一定比例的资金,注入扶持次发达镇发展资金池。同时,市财政也按照市镇1:1的比例安排配套资金。

二是明确资金用途。资金专项用于8个次发达镇发展重大产业项目的前期征地拆迁、土地平整,以及完善项目周边的主干道路等基础设施,达到具备招引优质产业项目的条件。

三是明确分配比例。坚持分类施策,洪梅、望牛墩、企石3个镇每镇可申请使用额度为总额的20%,中堂、道滘、石排、谢岗、东坑5个镇每镇可申请使用额度为总额的8%。

四是明确监管考核。市财政局制订具体的资金管理办法，明确资金的筹集方式规模、申报审批程序、监督管理。将发达镇街完成资金筹集任务、次发达镇使用资金绩效的情况，作为市对各镇街领导班子年度工作考核的重要内容。

2. 职能部门联动，形成政策体系支撑

安排市国土、财政、发改、经信、商务、科技、规划、交通8个职能部门共同帮扶8个次发达镇，其中每个部门牵头结对1个次发达镇。各部门发挥职能优势，优先解决次发达镇在资金、项目、规划融合、用地指标等方面的难题，加快产业项目落地投产。

一是用地倾斜。市国土局牵头，适当倾斜支持次发达镇推进"两减一增"工作。优先将次发达镇土地收储纳入市的储备计划，支持次发达镇统筹连片土地。用地指标优先向次发达镇倾斜。市"三旧"办每年支持每个次发达镇统筹开发不少于1个"三旧"改造项目。

二是规划衔接。市规划局牵头，在次发达镇开展"多规融合"工作，整合土规、城规、产业发展规划等不符的土地，通过多规融合、规划修编、城市更新，整合释放发展空间，加快项目落地。适当放宽项目容积率、建筑密度、绿地率、建筑高度等规划控制指标。据粗略统计，目前8个次发达镇未利用建设用地合计约3万亩，但"两规"不统一建设用地约1.2万亩，直接影响3万亩土地的有效利用和重大项目落地。

三是项目统筹。各结对帮扶的牵头部门与配合部门，根据市的产业发展规划和各次发达镇的功能定位，互相支持配合为次发达镇优先解决次发达镇在资金、项目、规划融合、用地指标等方面的难题，加快产业项目落地投产，每年帮助每个次发达镇协调引进不少于一个高端重大产业项目。其中招引重大项目由经信、商务部门负责；科技创新工作由科技部门负责；土地指标倾斜等涉及土地的工作由国土局负责；多规融合工作由规划局负责；财政支持倾斜工作由市财政局负责；申请纳入重大项目管理倾斜工作由市发改局负责；交通基础设施互联互通、优先安排等工作由交通局负责。项目落实纳入市直部门年度工作考核重要内容。

四是大力支持园区发展。加快推进市级产业园区的统筹开发，充分发挥园区对次发达镇经济的带动和促进作用。其中，依托水乡新城建设，扶持带动洪梅、望牛墩、道滘镇发展；依托银瓶创新区、粤海产业园建设，扶持带动谢岗镇发展；依托原东部工业园企石辖区统筹开发，加快企石镇发展。

3. 完善基础设施，增强环境引力

一是改善交通条件。按照"有系统规划、有财政支持、有社会资本参与、有市场主体投资运营管理、有投资回报模式"的思路，完善次发达地区一体化的交通道路设计，探索运用金融杠杆放大财政资金的效用，加大投入，引导社会资本参与次发达地区的道路交通等城镇基础设施建设，改善次发达镇交通条件和投资环境。

二是建设美丽乡村。整合政策资源，统筹开展新农村连片示范、美丽幸福村居连片建设等项目。加强规划指导，完善农村基础设施配套，营造乡村特色，活化古旧建筑，传承传统文化，保护生态环境，提高宜居水平，增强招商引资的环境吸引力。按照"统筹起来、组织起来、经营起来"的思路，由镇街统一招商引资，实行利益分成，加快民宿、农业公园的升级改造。支持次发达镇发挥历史人文、生态环境等优势，加快发展乡村旅游产业。

三是铺设截污管网。调整截污次支管网分担比例，支持次发达镇加快截污管网建设。参照新增市镇共建项目，市镇按"一档5∶5、二档6∶4、三档7∶3、四档8∶2"的比例进行分担的做法，建议将次发达镇截污次支管网工程市镇5∶5分担的比例调整为8∶2。根据先行次支管网一、二期工程测算，若由5∶5调整为8∶2，预计市财政需每年增加承担6682万元的费用。

4. 加大财政支持，减轻支出压力

一是减轻次发达镇债务负担。积极向省争取政府债券额度，在全市政府债券置换存量债务额度中，优先支持次发达镇置换高息借款，帮助减轻利息负担。

二是市镇分担低保群众养老保险个人缴费。对低保户养老保险缴费个人负担部分，由财政给予补助。目前，全市低保对象有11878人，其中年满16周岁但未达到法定领取养老金（男60岁、女55岁）的人员有6600人，按平均每人每年 2976.96 元计算，每年共需约 1965 万元。建议按低保户所在镇街的档次，由市镇按分档比例承担，且市镇分担比例与次发达村村民社保集体缴费的市镇分担比例保持一致。

三是减轻次发达镇小学教育经费负担。将小学教育纳入市对次发达镇的教育经费补助范围，减轻次发达镇教育经费负担。据统计，次发达镇小学生共 3.62 万人，年生均经费 1.43 万元，合计共 5.1766 亿元。建议由市镇分担小学教育经费，思路一：市镇分担比例由 0:10 调整为 9:1，每年市财政需增加负担 4.65 亿元的费用。思路二：市镇分担比例由 0:10 调整为 5:5，每年市财政需增加负担 2.6 亿元的费用。

（二）突出镇街主体作用，激励引导镇统筹村，实现联动发展

把次发达村经营性收入增长，以及全市高负债村组数、收不抵支村数压减任务，逐一分解到各镇街，进一步强化镇街的主体责任和目标任务，大力统筹土地物业，促进资源集约开发；统筹招商引资，促进产业转型升级；统筹利益分配，促进镇村联动发展；统筹村组治理，促进和谐稳定。通过实施"四统筹"，促进镇街均衡发展。

1. 统筹村组资源，促进集约利用

一是集约土地资源。加强镇级土地储备。由镇街指定土地储备工作机构制定年度土地储备计划，依法通过收回、收购、办理农地转用和征地手续等形式收储土地明确村组回购土地的指引，引入第三方科学评估土地价值，回购已流转出让的闲置地、边角地。明确处置村组不规范土地流转的清理工作的操作具体指引，指导村组与相关单位依法处理土地流转不规范的历史遗留问题，整合土地资源。镇街对次发达村、高负债村组归整土地给予资金支持。对于镇、村改造项目需要融资筹集资金用于土地一级开发整理的，通过公开选择形式引入市场主体具体实施拆迁补偿安置工作，加快土地统筹开发进度。

二是集约物业资源。发挥财政资金杠杆作用撬动社会资本参与，研究由财政、市（或镇）属企业以及社会资本联合组建混合所有制的统筹基金平

台（或企业），通过市场运作模式，统筹村组的闲置土地和旧厂房，进行统一招商，确保村组租金收益得到有效提升，对于成效显著的给予容积率等方面的政策倾斜。鼓励引入公司统筹经营管理村组闲置物业，提高物业经营管理的专业化水平。在原有的优惠政策的基础上，提高返还比例，鼓励村组完善资产权证。

三是集约资金资源。鼓励并支持村组集体参与市属国有企业混合所有制改革及重点项目建设，搭建农村集体经济组织与实业投资、金融信托等国企合作平台，定期选择一批收益稳定、风险较小的营利性基础设施建设项目或产业项目，通过信托计划等形式吸纳村组集体资金参与投资开发。对于次发达村市内帮扶项目专项补助资金、高负债村组和收不抵支村闲散资金缺乏投资渠道的，由镇街给予一定的收益保证统筹使用，提高资金效益。

2. 统筹招商引资，促进产业升级

一是加强信息对接。定期统计分析村组物业、土地信息，搭建与客商的信息对接平台。重点排查村组闲置物业、未利用土地的情况，加大招商推介力度，尽快引进一批优质项目，提高资产的使用效率。

二是加强项目统筹。根据村组功能定位和资源区位优势，合理规划产业布局，帮助村组培育主导产业，形成产业集群。在符合规划的前提下，镇街统筹招商项目、高端产业项目、龙头带动项目优先安排落户次发达村。

三是加强产业统筹。重点从产业类别、投资规模、投资强度、财税贡献、产业带动能力等方面加强对村组引进项目的统筹引领，提升村组产业水平。

四是加强企业服务。帮助镇街做好新引进项目的服务保障，促进项目加快落地，尽早发挥效益。指导村组优化营商环境，推进现有企业增资扩产，大力挖掘土地资源潜力。

3. 统筹利益分配，促进联动发展

一是建立镇统筹土地开发利用利益分享机制。对于镇街统筹多个村组土地的开发项目，研究建立按照各村组统筹土地面积占比分享整个项目土地增值收益或税收收益的机制，解决因功能布局等方面的差异导致村组间利益不均问题。

二是确立土地增值收益分配机制。总结凤岗、虎门等镇经验，理清征地补偿款与土地增值收益等收入之间的关系，探索建立镇村组土地增值收益部分分享机制，事前视各方利益确定分配比例。

三是优质项目税收奖补到村。推广清溪、大朗等地经验，对新引进优质项目产生的税收镇级分成部分，按比例奖补到村组，提高村组参与土地统筹的积极性。

四是集体收益合理分配到人。完善"效益决定分配"的可增可减股份分红机制，对于通过统筹土地、物业、资金等增收显著的村组，适当放宽提高分红标准的条件要求。

4. 统筹村组经济管理，促进和谐稳定

一是加强扶贫协作。对次发达村、革命老区村、移民村、渔民村实施政策倾斜，加大道路等基础设施建设力度，帮助改善发展环境；加大基本公共服务的财政投入力度，减轻村组支出压力；加强对贫困户就业、医疗、读书等方面的扶持照顾，帮助解决生产生活困难。

二是加强队伍建设。鼓励"经济能人"参选村组理事会干部，鼓励公道正派、责任心强、懂财会知识的群众参选监事会成员。加强对村组干部特别是次发达村经济组织理事会成员的业务培训，提高资产管理、招商引资、金融投资等方面的政策意识和经营管理能力。

三是加强资产管理。加强次发达村集体资产交易、经营合同等方面的指导监督。镇村建立还贷基金，帮助村组开展转贷降息，降低利息负担。加强村组债务管理，严控新增债务，使村组负债率控制在合理水平。加强收支管理，严控非生产性开支，规范股份分红，大幅压减收不抵支村数。推行集体资产网上交易，推广应用两个平台 APP，完善组织章程，引导集体经济组织成员参与内部监管。

（三）加强外来人口管理，提升社会治安综合治理能力

顺应特殊人口结构的实际，以提升"全民创安"意识为先导，以规范

出租屋管理为重点，不断加强人口管理，提升公安信息科技化水平，全面提高社会治安综合治理能力，为群众安居乐业、提升幸福指数，营造良好营商环境、实现更高水平发展提供最坚实的保障。

一是树立"全民创安"理念。坚持以人为本的核心理念，把人民群众作为"平安建设"的主体力量，注重社会组织作用的发挥，引导全社会力量共同参与社会治安治理。将"全民创安"理念贯穿到城市管理的方方面面，在城市的战略规划、重大政策出台等方面将"全民创安"的理念纳入其中进行统筹。

二是推动出租屋管理法制化。尽快出台东莞市租赁房屋管理方面的地方性法规，明确出租屋管理责任主体、实行分类管理、提高处罚标准，加大对出租屋违法现象的震慑力度。提高执法效能，对存在严重消防、安全、治安隐患，且不按照要求整改的，或者多次不按规定登记、报送承租人信息的出租屋，由镇街（园区）组织公安、综管、房管、建设、地税、消防、安监、城管等部门联合执法，依法综合运用刑事打击、行政处罚、行政强制等多种手段，最大限度地惩处违法行为。

三是落实重大决策社会稳定风险评估机制。落实安全主体责任，在作出决策前要进行社会稳定风险评估，同时，要跟踪掌握实施过程中出现的社会不稳定因素，并及时采取措施予以解决，切实减少因决策失误引发社会矛盾。

四是发挥公安机关主力军作用。持续开展严打整治，坚决打击各类违法犯罪。以"数据文化"理念为引领，以信息化建设为支撑，加快推进社会治安防控体系建设。根据国办和省出台的警辅人员管理办法，对辅警队伍进行转岗分流，提高辅警工资待遇，增加辅警工作的积极性。

五是引导形成社会治安治理主体的多元化。发挥好企事业单位作用，调动参与社会治理的积极性，严格落实安全生产主体责任。发挥好社会组织作用，发挥其提供服务、协调利益、化解矛盾等方面的积极作用。发挥好基层自治组织作用，发动群防群治力量，切实做到群众"自己的事情自己管"。

六是促进人口管理的社会化。通过社区、社会组织特别是民间自治组织，培养群众的自主管理意识，提高自主管理的组织化、制度化水平。结合当前正在推进的"智网工程"，探索通过政府购买服务的方式，委托社会组织加强对人口的管理。

七是推进交通管理智能化。建设路段交通流信息采集前端设备和交通信息综合研判分析系统，实现交通信息的采集、融合、处理、分析。建设视频专网，实现视频专网与公安网、视频专网与互联网信息的安全交互，实现与控制中心的信息交互，构建完善的信息传输网络。

B.17
松山湖片区推进园区统筹
组团发展试点经验与启示

松山湖（生态园）管委会课题组[*]

摘　要：　深入实施园区统筹组团发展战略，是东莞建设社会主义现
代化先行区的重大战略举措。本文系统地梳理了松山湖片
区率先启动园区统筹组团发展试点的探索实践以及所取得
的进展成效，并总结了推动园区统筹组团发展必须加强组
织领导、坚持利益共享原则、探索创新性制度等方面的经
验。

关键词：　松山湖片区　统筹组团　制度创新

东莞市委市政府将园区统筹组团发展作为东莞实现更高水平发展、率先
迈上基本实现社会主义现代化新征程的核心战略，着力把园区打造成为带动
片区组团发展的龙头引擎，努力构建东莞未来三十年发展的战略支撑。2017
年3月，率先启动松山湖片区园区统筹组团发展试点，着力从根本上破解东
莞经济发展结构性矛盾，提高集约发展水平，拓展发展空间，提升发展能
力，促进动能转换，充分发挥园区辐射带动片区和引领支撑发展作用，构建
全市组团联动和区域协调发展格局。

---

* 课题组组长：黄少文，东莞市委常委、松山湖高新区党工委书记。成员：黎高明，东莞市松
  山湖高新区政策研究室主任；陈钶，东莞市松山湖高新区政策研究室科员。

一　园区统筹组团发展的背景及意义

（一）园区统筹组团发展是东莞率先迈上基本实现社会主义现代化新征程的核心战略

在加快建设社会主义现代化新征程上走在前列，是习近平总书记对广东工作重要批示精神的重大要求。省委书记胡春华在珠三角改革发展工作现场会提出，要把走在现代化建设前列作为珠三角总的奋斗目标，并要求珠三角在加快建设社会主义现代化新征程上走在前列。改革开放以来，东莞发展先行一步，已经站在了一个较高起点上，必须在毫不松懈地推进高质量全面建成小康社会的同时，深入推进社会主义现代化建设，在加快建设社会主义现代化新征程上走在前列。深入实施园区统筹组团发展战略，是东莞率先迈上基本实现社会主义现代化新征程的核心战略。其一，有利于从根本上破解分散发展模式瓶颈制约。市直管镇街和镇村主导开发建设的模式，在东莞早期发展中发挥了巨大作用，但这种模式已经走到了尽头。空间规划碎片化、区域发展失衡、土地资源消耗过快等问题越来越突出，其实质就是资源配置的结构性矛盾。破解之路在于统筹。以"园区带动、效益最优、功能相近、延续稳定"为原则，大力实施园区统筹组团发展战略，将全市镇街（园区）划定为六大片区，可以逐步破解长期困扰东莞发展的市镇管理、分散发展短板。其二，有利于充分把握新时期历史发展机遇。国家"粤港澳大湾区"、"广深科技创新走廊"等重大发展战略的实施，要求必须有更高的格局、更高层次的平台、更高质量的统筹去进行融入对接。其三，有利于增创更高水平转型发展优势。突出园区作为重大项目战略落地抓手和承接平台，并以园区为核心平台带动片区发展，有利于东莞提高对引进、培育优质大企业的承载能力，加快构建现代产业体系，形成以创新为主要引领和支撑的发展模式，走出一条效益挖潜、内涵提升的发展之路。

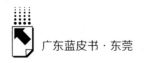

（二）园区统筹组团发展是增强松山湖辐射带动能力的内在需要

近年来，松山湖以建设珠三角国家自主创新示范区为契机，深入实施创新驱动发展核心战略，经济科技社会快速发展，新动能快速成长，在全国国家级高新区的综合排名逐年稳步提升，由 2012 年度的第 53 位上升到 2016 年度的第 26 位。但经济总量无论从在全国全省国家级高新区的排位，还是从占全市的比重看，松山湖发展现状与其承担的使命及全市的期望相比还存在一定的差距。从 GDP 占所在城市比重来看，2016 年，松山湖实现 GDP 303 亿元，占全市 GDP 的 4.5%，而目前全国 156 家国家级高新区中，有 42 家占比超过 20%，有 21 家占比超过 30%，有 7 家占比超过 50%。经过十多年的开发建设，松山湖可供开发建设的土地资源十分有限，如仍采取目前单兵作战的开发模式，单靠现有土地空间资源，很难充分发挥松山湖对全市转型升级、高水平发展的带动辐射作用。

（三）园区统筹组团发展是提升松山湖周边镇发展水平的现实要求

近年来，松山湖周边各镇随着东莞中心城区的功能外溢及松山湖的辐射带动，产业发展、城市建设成效明显。但由于受早期自下而上的粗放发展模式的影响，普遍存在产业层次不高、用地功能混乱、城市建设标准较低等问题，与松山湖相比差距较大。共享松山湖国家自主创新示范区的政策红利和品牌价值，将松山湖引进培育的产业资源、科技资源、人才资源和金融资源在周边镇合理配置，融合提升，有利于快速助推松山湖周边镇转型升级、创新发展，提升松山湖周边镇产业层次和城市品质。

二　园区统筹组团发展的探索实践

为确保"统得起、管得住、推得开、有成效"，实现"三年良好开局、五年基本成熟、八年形成示范"的阶段目标，试点工作开展以来，松山湖片区根据《中共东莞市委、东莞市人民政府关于推进园区统筹组团发展战略的实施意见》和《东莞市关于构筑园区统筹发展新格局的行动计划（2016—2018年）》的工作要求，按照打造面向全国全球创新驱动发展新高地的发展定位和统筹发展方向、统筹发展机制、统筹空间资源、统筹政务服务、统筹发展成效的基本思路，在规划整合融合、先行区建设、投融资平台建设、考核办法设计等方面进行了一系列卓有成效的探索，努力为全市园区统筹组团发展提供可复制、可借鉴、可推广的经验模式。

（一）坚持规划先行，推动"一张图管理"

规划是园区统筹组团发展项目建设和管理的依据，是确保松山湖片区空间资源有效配置的基本前提和基础，是实现统筹联动组团发展目标的主要手段。试点工作开展以来，松山湖片区始终坚持规划龙头作用，加快开展规划整合融合，已完成《松山湖片区统筹联动发展战略研究》《松山湖片区产业合作发展和共建产业主题园区战略研究》等研究成果，初步编制完成产业、科技平台、交通等片区专项规划，作为松山湖片区由"分散发展"到"组团发展"的规划指引。同时，按照"一张图管理"的要求，启动松山湖片区"多规合一"试点工作，推动松山湖片区经济社会发展规划、城市规划、土地利用规划、环境保护规划等规划的一体化，促进松山湖片区产业、科技、空间等资源的整合联动、提升融合，目前已编制完成《松山湖片区规划融合指导意见》初稿，正在进一步细化工作举措。

（二）坚持分步实施，率先启动先行区建设

围绕推进松山湖创新中轴线节点区域发展建设、形成全市强大的"创新引擎"这一中心任务，按照"一先行区一方案"的原则，谋划打造松山湖（生态园）核心区、中子科学城、东莞火车站地区等16个重点发展先行区，尽快形成先行区规划建设方案，将先行区打造成园区统筹组团发展的"引爆点"，力争迅速形成示范效应，迅速打开园镇统筹联动协调发展的新局面。近期重点推进松山湖北部地区CBD和松山湖南部国际社区规划建设。

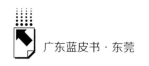

（三）加强投资保障，建立统一投融资平台

为解决松山湖片区统筹发展涉及的科技成果转化、科技服务平台建设、企业兼并重组、公共服务与基础设施建设等的资金投入问题，以松山湖控股公司为主导搭建园镇统一的国有投融平台，强化其成本观念、市场观念和经营观念。目前《松山湖片区投融资体系建设实施方案》已经松山湖片区统筹联动组团发展联席会议（以下简称"联席会议"）审议通过，提出松山湖片区资金规模概算、资金来源渠道（包括市财政、松山湖与周边六镇、国有企业、金融机构、社会民间资本等）、资金成本、投资模式、投资回报、利益分享机制等。

（四）探索差异考核，完善评价考核办法

创新考核方式，明确园区的根本追求是片区整体发展水平和竞争能力的提升。东莞市对松山湖的考核区别于以往以自身发展为主的考核体系，对松山湖在经济指标的考核上，突出做强自身和辐射带动片区发展的要求，建立有利于园区统筹组团发展的考核导向，倒逼松山湖发挥辐射带动作用，破解东莞区域发展失衡难题。

三　园区统筹组团发展的进展成效

试点工作开展以来，松山湖片区始终坚持共谋共建、互利共赢的原则，按照《松山湖片区"1＋6"统筹联动组团发展工作推进方案》工作要求，着力推进十项重点工作，目前已初步搭建由"小园区单兵作战"向"大园区集团军作战"转变的基本架构，由"镇村分散开发"向"市统筹主导开发"转变的管理体制，由"财政单一投入"向"多元化投融资"转变的开发模式。

（一）初步搭建由"小园区单兵作战"向"大园区集团军作战"转变的基本架构

与国内先进园区相比，东莞园区土地空间规模普遍偏小。松山湖规划控

制面积 72 平方公里，2014 年底与生态园统筹发展后，规划控制面积扩大到 103 平方公里。2016 年 3 月与寮步镇、大朗镇、大岭山镇、茶山镇、石龙镇、石排镇周边六镇统筹组团发展后，以松山湖园区为核心的松山湖片区总面积扩大到 463 平方公里。通过统筹空间资源、招商引资、科技创新、基础设施、公共服务、环境保护等工作，松山湖与周边 6 镇已初步形成由"小园区单兵作战"向"大园区集团军作战"转变的组团发展格局，初步搭建起"大园区"带动"大发展"的城市架构，在产业发展格局上将逐步形成松山湖主要发展研发、企业总部、科技服务、高端人才配套，周边六镇主要发展高端制造、产业转化承载基地、产业配套和产业生活配套的合理布局。

1. 统筹空间资源

围绕松山湖重点产业，结合周边六镇优势产业，统筹构建"一轴串联、两核引领两环"的产业空间格局，即沿松山湖新城大道、生态园大道构建一条创新中轴线，串联"一园六镇"创新要素和产业组团；以松山湖和生态园为两大创新核心，通过内强创新引擎，带动周边镇产业转型升级；南北形成两个产业配套发展环，南部依托华为、散裂中子源等项目，串联大朗、大岭山、寮步的产业资源。北部结合茶山工业园等主题产业园区，串联石排、石龙、茶山的产业资源。

2. 统筹招商引资

为做好片区主导产业招商引资协调管理服务工作，制定《统筹松山湖片区招商引资工作运行机制》《松山湖片区统筹发展招商共享指导意见》《松山湖片区招商引资管理办法》《松山湖与周边镇共建产业主题园区实施意见》等制度，对松山湖片区招商引资管理组织机构、项目接洽与筛选、项目审批、项目签约、入驻服务、项目监管、业绩考核等做出具体规定，保证招引项目质量与统筹布局。

3. 统筹科技创新

围绕松山湖片区主导产业，统筹建设一批科技公共技术服务平台。如由松山湖财政出资、委托盈动高科公司建设管理的"东莞松山湖运动控制精密测量实验室"已正式运营，为松山湖片区机器人与智能装备企业提供半价优惠的公共检测服务。近期还在积极推动与东莞凡恩世公司共建"松山湖生物医药公共实验室",与广东合微公司共建"松山湖集成电路公共实验室"。同时,统筹建设一批科技载体,目前松山湖已累计与周边镇共建10多家新型研发机构和孵化器。

4. 统筹基础设施

按照统一规划、统一建设标准,推动松山湖片区道路、交通、市政等基础设施合理布局、加快建设,实现互联互通,优化区域交通网络。初步完成《松山湖片区近期交通发展策略》,片区有轨电车线网规划研究工作已形成初步方案。拟定《松山湖片区断头路、联网路道路建设项目库》,规划建设40条道路、2座桥梁和7个路口升级项目,正在分两期加快推进片区断头路、联网路建设。未来几年,松山湖片区将构建起以松山湖园区为核心,轨道交通为骨架,中运量电车和常规公交为主体的一体化公共交通网络。

5. 统筹公共服务

推动松山湖片区教育、医疗、康体设施、公共服务设施等重大项目合理布局、加快建设,力争三年见新貌,尽快将松山湖片区建成东莞高品质宜居宜业样板区。推动松山湖优质教育资源与六镇学校对接合作,探索共享优质教育资源的新路径,探索跨区域学校共建模式,已选定寮步西溪小学为共建试点。推动松山湖医疗卫生资源与六镇对接合作,松山湖社区卫生服务中心与石龙镇东莞市第三人民医院共建医疗联合体,该医联体合作项目是东莞市首个三甲医院与社区卫生服务机构共建医联体合作试点项目。同时,按照配套"一流的学校、一流的医院"的要求,抓紧推进松山湖片区人才房的规划建设,已制定《松山湖片区人才房建设工作方案》。

6. 统筹环境治理

统一规划谋划松山湖片区环境治理,制定流域治理详细规划,打破各自为政的环境污染治理方式,目前,《松山湖片区水污染协同治理工作方案》已经松山湖片区统筹联动组团发展联席会议讨论通过。近期正全力推进松木山水库水环境治理、南畬朗排渠支渠截污综合治理、寒溪河、寮步河、黄沙河、军奘河及其上游、生态园湿地三角洲生态环境综合整治等项目建设。

（二）初步形成由"镇村分散开发"向"市统筹主导开发"转变的管理体制

为既保持目前"镇村分散开发"体制形成的高服务效率、低行政成本、镇街发展充满活力的优势，又破解"镇村分散开发"体制瓶颈制约，松山湖片区创新行政管理体制，在不改变现行行政区域设置、充分调动镇街发展积极性的前提下，通过建立市统筹主导开发领导协调机制、推进市级行政审批服务片区前移，初步形成由"镇村分散开发"向"市统筹主导开发"转变的管理体制。

1. 建立市统筹主导开发领导协调机制

首先，建立领导机制。成立由市长任组长的工作领导小组，加强对园区统筹组团发展全局工作的领导。建立市领导挂片督导制度，指定一位市委常委挂片，挂片市委领导"管块"，负责涉及片区内统筹联动组团发展的重大事项。市政府领导"管条"，负责分管领域在片区内涉及全市性统筹、市级资源分配的工作。其次，建立协调机制。《关于成立松山湖片区统筹联动组团发展工作领导小组的工作方案》已经联席会议讨论通过，成立松山湖片区统筹联动组团发展工作领导小组（以下简称"领导小组"），负责统筹松山湖片区组团发展工作。领导小组通过联席会议进行决策，联席会议由挂片区市委常委担任总召集人或由总召集人委托松山湖主要领导召开，原则上每月召开一次。领导小组下设综合组、松山湖片区规划建设专责小组、松山湖片区科技产业金融联动发展专责小组，作为领导小组办事机构，具体开展松山湖片区统筹联动组团发展工作。最后，建立干部挂任职交流机制。《松山湖片区干部挂任职交流实施方案》已经在联席会议和市委常委会审议通过，采取半脱产方式，深入开展干部挂任职交流。加强挂任职干部在挂任职期间的管理和考核，做好挂任职结束后的后续管理。

2. 推进市级行政审批服务片区前移

按照"充分放权、压缩链条、权责对等、精简高效"的原则，从"设置直属分局""完善运行机制""启动试点工作"三个方面，积极推进市直部门行政审批服务片区前移，解决市直部门与片区、园镇之间纵向关系和条块关系。第一，设置直属分局。坚持推进"放管服"改革，在不增加行政层级，不涉及行政架构和干部人事的大幅调整基础上，统筹领域对应的市直部门在松山湖片区设置直属分局，有效解决了市级行政审批权限下放的承接问题。第二，完善运行机制。统筹处理好片区直属分局与对应市直部门、松山湖、片区内各镇基层分局的关系。将市直部门承担的市级行政审批服务事项，全部或绝大部分迁移到片区直属分局直接审批，不再到市局机关流转审批，提高片区内部行政管理效能。第三，启动试点工作。在2016年3月底召开的东莞市园区统筹片区联动协调发展推进会上，规划、发改、国土、交通、工商五个松山湖片区直属分局举行了揭牌仪式，其中规划、发改通过增设的方式设置片区直属分局，国土、交通、工商通过在已设的松山湖基层分局加挂松山湖片区直属分局的方式设立，五个市直部门共梳理了299项服务事项清单前移松山湖片区直属分局，委托松山湖行使招商相关事项12项。目前，发改直属分局和规划直属分局已正式对外开展业务，其中发改直属分局参与了石龙儿童医院、松山湖国际学校等近20个项目办理工作；规划直属分局共受理规划业务104起，已办结31起。接下来，将根据松山湖片区统筹联动组团发展实际需要，进一步理顺市—镇（园区）事权划分，梳理各直属分局审批权限，确保片区各直属分局运作顺畅，审批服务前移工作取得实效。

（三）初步探索由"财政单一投入"向"多元化投融资"转变的开发模式

实现到2020年松山湖片区地区生产总值翻一番、城市品质大幅度提升目标，需要巨大的资金投入。仅靠政府财政投入，很难解决园区统筹组团发展的资金难题。松山湖片区按照有系统规划、有政府财政支持、有社会资本参与、有市场主体投资运营及管理、有项目投资综合回报模式的"五个有"要求，以松山湖控股公司为市场主体，积极推进园区统筹组团发展开发模式创新，通过搭建园镇统一的国有投融平台、建设基金小镇、签署银政合作协议等措施，以政府有限资源撬动社会资源参与园区统筹组团发展，不断完善社会资金参与园镇高水平发展的投融资服务体系，初步探索由"财政单一投入"向"多元化投融资"转变的开发模式。

1.组建金融产业集团

2017年3月底挂牌成立松山湖金融产业集团（松山湖控股公司下属全资子公司），作为松山湖片区及东部工业园企石辖区开发的投资建设主体。制定《"1+6"园镇及东部工业园（企石辖区）统筹开发投融资规划深化方案》，金融产业集团拟与各镇属企业成立合资公司，作为该镇辖内项目投资建设的平台。六镇合资公司由金融产业集团控股，首期项目突出"一镇一特色"：与大朗镇合作，开展美丽乡村计划，重点推进与松山湖接壤村改造提升计划，即在松山湖周边的51条村实施村容村貌改造提升计划，对每条村投入1000万支持村内基础设施改造与公共服务提升，目前已选定大朗佛子凹村、大岭山马蹄岗村、寮步石龙坑作为首选试点项目；与大岭山镇合作，开展教育医疗配套建设和运营；与茶山镇合作，对南社古村落片区进行升级改造，对东莞火车站开展TOD综合开发；与石排镇合作，建设水厂和开发农保地；与石龙镇合作，开展产业基金投融资、中科信息港二期工程投资及智慧城市建设；与寮步镇合作，开展产业基金投融资、文化旅游发展及路网基础设施建设。

2.建设基金小镇

采取"政府引导、国企搭台、市场化运作"模式，启动建设松山湖基金小镇，首批总规模达195亿元的20只基金签约进驻，计划未来3年打造一个千亿基金产业集群，为松山湖片区开发建设提供投融资支撑。

3.签署银政合作协议

与中国建设银行东莞分行签订战略合作框架协议，未来5年，中国建设银行东莞分行将为松山湖片区提供300亿元的融资额度，为松山湖片区发展提供全方位的综合金融支持。

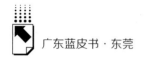

四　园区统筹组团发展的经验启示

（一）推动园区统筹组团发展必须加强组织领导

加强组织领导是园区统筹组团发展各项工作顺利开展的根本保障。试点工作开展以来，松山湖片区通过统一思想认识、加强组织保障，有效推进统筹联动组团发展各项工作有序开展。一方面，统一思想认识。试点工作开展前，市委市政府深入开展园区统筹专题调研，把调查研究的过程、制定各项工作推进方案的过程，作为统一思想、形成广泛共识的过程，使全市各部门、松山湖片区全体干部职工，从全市战略高度，加强对市委、市政府推动松山湖片区统筹联动组团发展的思想认识，最大限度地凝聚共识，充分调动广大干部群众的积极性、主动性、创造性，营造良好的社会氛围，并以改革、创新、务实的精神精心组织实施松山湖片区统筹组团发展各项重点工作。另一方面，加强组织保障。充分发挥联席会议的议事机制作用，研究、审议、落实松山湖片区统筹联动组团发展中的关键事项和重点难点事项。充分发挥领导小组下设的综合组、松山湖片区规划建设专责小组、松山湖片区科技产业金融联动发展专责小组等办事机构作用，具体开展松山湖片区统筹联动组团发展工作。

（二）推动园区统筹组团发展必须坚持利益共享原则

推动跨行政区统筹联动组团发展，最重要的是要正确处理好园区、镇、国有企业、村镇集体经济组织、居民、社会资本、投资机构等不同利益主体的参与重点和利益诉求，找到各利益群体之间的利益平衡点。试点工作开展以来，松山湖片区始终把利益共享原则作为开展各项工作的前提，保障园区统筹组团发展过程中各利益群体的获得感，激发各利益群体参与热情，保障统筹目标的实现与社会融合稳定。一方面，积极建立项目合作开发的利益分享机制。在东莞市已出台《东莞市招商引资重大项目统筹流转和利益共享机制实施办法》和《东莞市促进区域合作发展利益分享试行办法》两个政策文件的基础上，加快制定园区与镇街共建科技园区、共建公共服务项目和非重大项目异地流转等的利益共享机制，对跨区域的项目建设、产业转移、投资活动等，进行利益分成和利益共享。另一方面，通过村居改造让群众共享园区统筹组团发展红利。重点选取与松山湖接壤的若干村作为突破点，通过不断提升改善松山湖周边村居交通与环境等基础设施，促进松山湖周边村居商业配套改造升级，推动松山湖周边村居快速发展，让更多群众分享园区统筹组团发展红利，为村居民提供更多的就业机会，引导广大群众自觉拥护、支持和推动园镇联动协调发展，迅速打开园区统筹组团发展新局面。

（三）推动园区统筹组团发展必须探索创新性制度

探索创新性制度是把园区统筹组团发展各项工作推向深入的重要举措。试点工作开展以来，松山湖片区在规划整合融合、土地管理、招商引资、评价考核办法等方面，积极探索创新性制度安排，突破现行体制机制障碍，切实降低制度性交易成本，以更高质量的制度供给推动松山片区统筹联动组团发展。推动片区规划"多规合一"，实现片区内多个规划单元合一和经济社会发展规划、城市总体规划、土地利用规划、生态与环境保护规划多个规划体系合一，为片区产业发展、区域交通设施、城市功能发展、土地利用、环境保护等提供统一的管理依据。推动片区土地利用制度创新。针对片区内闲置土地处置、"三旧"改造、连片更新改造等出台规范性文件和指引，突破制度性障碍，为盘活片区内存量土地、释放发展空间提供制度保障。推动片区招商引资制度创新。制定《松山湖片区招商引资管理办法》，建立招商信息和资源共享、定期联络、重点项目高层联络、重点项目快速反应等工作机制。创新片区评价考核办法。研究制定《松山湖片区指标统计与评价考核办法》，建立松山湖与周边镇统计数据上报制度，明确松山湖与周边镇地方经济发展评价考核办法。

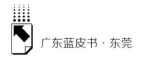

（四）推动园区统筹组团发展必须加强中心战略建设

推动园区统筹组团发展必须有一个产业实力、创新能力强的区域作为片区中心。经过 16 年开发建设，松山湖已形成了一定产业资源、科技资源集聚效应，品牌号召力逐年提升，但知识创造能力、技术创新能力、产业结构、土地集约利用等还有很大的提升空间。为进一步增强对片区内各镇的统筹联动协调能力，松山湖努力排查发展短板，大力推动中心战略建设，紧抓"高校＋（研究生院＋新型研发机构）＋孵化器＋高新企业"的科技创新主线，大力实施企业规模和效益"倍增计划"，增强产业和科技辐射带动力。

（五）推动园区统筹组团发展必须突出重点，干出亮点

为使全市各部门、片区全体干部职工、片区群众尽快看到园区统筹组团发展成效，增强对园区统筹组团发展工作的信心，必须突出工作重点，干出一批工作亮点。试点工作开展以来，松山湖片区按照"统筹安排、抓住关键、突出重点、分步实施"的思路，突出抓好组织架构和工作机制、市直部门行政审批服务前移、规划整合融合、基础设施完善、公共服务提升、公共环境优化、产业科技平台建设、企业规模和效益倍增、先行区启动等十项重点工作，力争在先行区建设、基础设施完善、公共服务提升等方面尽快见效、干出亮点。

营商环境篇

Business Environment

B.18

东莞市加强城市规划
建设管理，提升城市品质

东莞市提升城市品质课题组*

摘　要：　空间秩序不清、空间供给不足、空间品质不高等突出矛盾已
　　　　　严重制约了东莞的未来发展。本报告站在新型城镇化发展的
　　　　　战略高度，根据中央和广东省城市工作会议和"三个聚焦、
　　　　　五个突出"的要求，重新审视改革开放以来东莞的特色城市
　　　　　化发展道路，深入分析城市规划建设管理领域的主要短板和
　　　　　关键问题，并从规划、建设、管理、政策四个方面提出了提
　　　　　升东莞城市品质的政策清单和行动计划。

---

* 课题组组长：张少康。副组长：赖健伟、黄宇东、王炜东、朱斌华、刘杰、朱利民、黎达潮、
唐耀文、刘波。成员：陈志军、王培琦、王钊鸿、叶绍焜、郑国洪、陈旭坚、钟永刚、许斌。

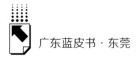

关键词: 城镇化 城市品质 东莞

在世界经济深度调整、中国经济步入新常态的时代背景下,高效率的城市规划建设管理机制和高品质的城市空间是现阶段城市培育发展活力并参与全球竞合的核心竞争力。尽管主动参与全球竞争始终都是东莞实现快速增长的法宝,但在长期粗放发展过程中形成的城市规划建设管理机制缺陷和城市品质短板正在严重束缚东莞的持续发展。随着党的十八大和十八届历次全会、中央和省城镇化工作会议、中央和省城市工作会议的召开,"五大发展理念"(创新、协调、绿色、开放、共享)、"一个尊重五个统筹"(尊重城市发展规律、统筹空间规模产业三大结构、统筹规划建设管理三大环节、统筹改革科技文化三大动力、统筹生产生活生态三大布局、统筹政府社会市民三大主体)等会议精神为东莞破解难题、抢抓机遇、深化改革提供了重要方针,"强化城市规划建设管理、提升城市品质"成为新的时代背景下实现东莞可持续发展的必由之路。

一 东莞城市规划建设管理中存在的主要短板

(一)空间秩序不清: "百花齐放、轻重不分"

1. 城市规划的统筹引领作用不强

一是规划编制自下而上,统筹不足。受东莞特殊行政架构的影响,规划编制的首议权、主动权主要在镇街,市级统筹发展相对不足。另外,建市以来东莞先后编制完成的两轮城市总体规划均侧重于市区,对市域空间的整体发展谋划不足、管控乏力。二是规划实施分散被动,引领不足。一方面,长期以来城市规划仅被视为规划部门的内部规划,未能真正上升到全市"一盘棋"的决策层面,各职能部门均按各自的规划进行计划、资金、建设安排,城市规划统筹效力不足;另一方面,规划被动调整频繁,规划跟着项目走的现象突出。三是规划管理简单粗放，精细不足。在内容上，具体项目审批多，政策标准研究少；在过程上，规划编制和事前事中管理多，规划实施和项目批后监管少；在质量上，规划和项目覆盖广数量多，精品规划和精品项目少。

2. 市级土地统筹弱，分散开发和重复建设突出

一是土地资源统筹力度弱。全市土地开发主体分散，由市一级统筹的土地资源有限，绝大多数由镇街自主开发建设。二是土地利用"小散乱"。建设用地碎片化现象显著，城镇空间沿交通干道无序蔓延，造成生态空间被严重侵蚀、割裂；城乡居民区、工业区、农业区混杂交错，呈现"星星点点、处处开花"的特征，空间零散，功能凌乱。三是公共设施布局"小而全"。由于各镇之间的规划建设缺乏统筹衔接，镇村设施重复建设现象严重，如全市 33 个镇街中有 19 个已建设综合体育场馆；全市共有水厂 105 座，其中市级 5 座，镇级 38 座，村级 62 座。

3. 城乡混沌，产城无序

一是管理单元"碎而小"。东莞市域面积 2460 平方公里，分为 33 个管理单元，平均每个单元 75 平方公里，最小的莞城、石龙只有 10 平方公里左右。二是城乡发展"均质化"。由于传统发展模式的影响，东莞的城市和乡村界限不清晰，城市不像城市，乡村不像乡村，呈现"均质混杂、千城一面"的现象。三是产城融合"层次低"。在建设中，往往村庄和工厂混杂交错，虽然在小范围、低层次进行了产城融合，但在大的城市单元上呈现"局部有序、整体无序"的状态。

4. 违建量大面广，整治任重道远

一是总量突出。东莞市违法用地、违法建筑总面积较多，覆盖面广，涉及多种类型。二是增量不止。新增"两违"屡禁不止，尤其是临近深圳地区"小产权房"问题相对突出。三是响应不足。从 2008 年东莞出台已建房屋补办手续政策以来，申报备案总数较多，但自愿申请补办手续缴交罚款的比例不高。四是推进缓慢。由于镇街政府监管缺位、共同责任部门联动不足、考核问责机制尚未落实、执法缺乏快速拆除强制措施、基层执法队伍力

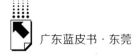
量薄弱以及违建违法成本低等诸多原因，国土、城管部门虽开展多次整治行动，但整治工作进度未达预期，难以从根本上解决"两违"问题。

（二）空间供给不足："增量不足、更新低效"

1. 增量空间所剩无几，土地利用效率低下

一是可用增量用地面临瓶颈。东莞市现状建设用地比例较高，在珠三角仅次于深圳，远高于广州、中山、佛山、珠海、江门、惠州、肇庆，未来新增用地非常有限。二是土地利用效率偏低。长期以来，全市缺乏密度分区政策，导致规划容积率指标呈现均质化现象，各片区控规平均容积率控制在1.2%左右，重点地区的土地利用效率偏低。同时，全市尚未建立有效的产业用地、用房供给与土地整备联动机制，在各镇街、村组分散招商引资的背景下，土地供给缺乏规模整备和效率考核，导致土地利用集约化程度普遍偏低。

2. 存量更新进展缓慢，城市品质提升不足

一是数量多、亮点少。东莞市已申报的"三旧"改造用地规模位居全省第三，但目前已落实项目并获审批的改造方案共415宗，面积21平方公里，已投入金额163亿元，均仅为总计划的1/9，缺乏具有示范性的补短项目和特色项目。二是商住多、产业少。改造以住宅、商业项目为主，"工改工"进展缓慢。在全市已过会的"三旧"改造项目中，地产类项目占比较高，"吃肉留骨"现象严重。三是分散多、连片少。"三旧"改造以单宗地块为主，成片改造少、项目布局分散。全市已过会"三旧"改造项目平均面积约70亩，100亩以上改造项目仅占20%。四是经营多，配套少。"三旧"改造以经营性项目为主，但同步实施的配套设施少，公共配套设施建设不同步。

（三）空间品质不高："特色不明、配套不足"

1. 城市特色不够鲜明，镇村环境美化和社会建设滞后

一是低品质存量空间成为显著制约。东莞建设用地比例较高，以镇村为主体的发展模式造成东莞现状存在大规模低品质的城乡生活空间、产业空间等，城市形象不突出。二是镇村环境美化和社会建设滞后。东莞自2001年起相继开展农村环境整治、宜居社区（村）和美丽幸福村居建设等工作，镇村建设项目种类多、来源广，分散在农业局（帮扶欠发达村/社区、都市农业）、水务局（河涌整治）、城管局（环卫管理、垃圾分类、环境绿化）、环保局（治小保洁、节能减排、截污管网）、民政局（社区综合管理服务）、国土局（高标准农田）、规划局（小山小湖）、文广新局（文物保护利用）等多个部门，建设资金分散，部门联动不足，不利于建成集普惠、特色和效益于一体的镇村环境。

2. 配套设施建设不足，城乡精神文明短板显著

一是设施用地不足。2016年，东莞的公共管理与公共服务用地、商业服务业设施用地、绿地和广场用地等占城市建设用地的比例仍低于国家标准。二是优质资源短缺。2015年全市共有中小学（幼儿园）1438所，但省一级中小学仅60多所、幼儿园仅10余所，优质公共教育资源短缺。优质医疗资源不足，分布不合理，基本医疗机构占全市医疗机构总数的80%左右，500张床位以上医院主要分布在城区。三是更新配套低效。大量存量用地改造后城市配套、公共服务提升不足。市政府要求"三旧"改造单元规划必须预留1/3地块用作公共设施建设，但并没明确相应的监管、验收机制，导致"三旧"改造项目中新增体育、教育等公共服务设施较少。四是文明建设滞后。城乡精神文明建设跟不上物质文明的发展，有的镇村美丽有余、幸福不足，文明传承和建设没跟上，对群众的精神文化、休闲娱乐需求关注不够、投入不多、服务不足，公共服务设施数量、质量都与群众期待值有一定的差距。

3. 公共交通发展缓慢，居民出行品质有待提升

一是交通出行结构单一落后。公路客运占客运量90%以上，公路货运占总货运量70%以上；组团之间交通以小汽车为主要方式；全市公交出行分担率较低。二是公交基础设施建设滞后。东莞公交主要依靠民营资本投入，导致线网覆盖率低、公交基础设施建设滞后、热冷线不均匀、准点率不高、跨镇换乘不便等一系列问题；东莞市区范围内已建成公交首末站25处，数量和面积与标准要求仍有一定差距，镇街公交专用场站更是不足；另外，城市道路资源、管理措施较少向公共交通倾斜，公交路权受到挤压。三是轨道综合开发推进缓慢。在轨道交通建设方面，据对东莞五条线路（城际轨道穗莞深线、佛莞惠线，城市轨道1号线、2号线、3号线）的经济测算，建设运营资金缺口较大。在TOD综合开发方面，由于实施主体众多、土地统筹难度大，交通接驳、公共配套滞后，开发建设进程缓慢。

4. 施工建造方式传统，建设管理模式粗放

东莞目前建设管理比较粗放，以现浇为主的建造模式严重制约了建筑业的可持续发展，由于生产集约化和管理精细化水平不高，资源浪费严重，工程质量控制难度大，施工环境问题成为城市可吸入颗粒物的重要污染源，亟须新的建造方式来推动建筑业的转型升级。

二 东莞城市规划建设管理中出现问题的根源

（一）在发展理念上，对传统发展路径依赖强

近年来，东莞面临经济社会转型的深刻矛盾，市委、市政府的工作重心偏重产业升级，主要抓手在于"三重"项目，城市规划建设管理方面的主要任务是配合项目落地。这充分发挥了产业对城市发展的推动作用，但相对忽视了城市空间对产业的支撑，城市规划建设管理处于相对从属和被动地位。各级政府的发展理念均呈现"重扩张、轻品质""重生产、轻生活"的"重物轻人"倾向，忽略了城市品质对于吸引高层次人才、提升城市创新竞争力的巨大作用，导致城市规划建设管理的水平与广州、深圳、佛山之间的差距日益扩大。在课题组组织企业座谈过程中，很多企业代表对此都表达了比较强烈的意见，其中部分企业代表提出，东莞目前的城市建设品质、配套设施的档次与高层次人才的需求还有一定差距。将来发展理念要实现从粗放

扩张到精细挖潜、从数量规模到质量品质、从只重生产到生活并重、从只重物质到人文关怀的转变。

（二）在体制机制上，纵向权责不明、横向协调不足

东莞是从传统农业县"自下而上"迅速发展起来的城市，"四轮驱动"（市、镇、村、组）的发展模式在过去发挥了速度和效率的优势，但到了现阶段，城市建设的摊子已铺得比较大，仅靠镇、村独立发展非但不能解决全局性问题，反而造成了相互博弈内耗、协调成本高、决策执行低效等弊端。市委、市政府近年来开始提出加强市级统筹，新版城市总规划也明确了"一中心四组团"的城市格局，但由于市、镇、村关于权、责、利的顶层设计尚未完善，各部门的政策资源多数还是按照镇村逐级分配，并未能在空间上集中投放，形成合力，加之转型期镇街诉求不一，以及对重点项目的渴求过于强烈，在很大程度上分散了空间政策和资源。报告认为，分散发力的发展模式，正是导致东莞城市空间破碎、缺乏共识的根本问题，也是城市发展低效、不集约的最大原因，亟须加强全市发展机制顶层设计，构建市、镇、村的利益协调机制，强化规划、国土、财政等资源的统筹使用，共同做大发展的"蛋糕"，共享发展的"红利"。

（三）在管理水平上，与"规范、高效、精细"差距大

城市管理是复杂的系统工程，涉及非常多的部门，由于历史原因，东莞城市管理职能多头分散、权责不清、缺乏统筹。在规划管理方面，各类专项规划的编制由各部门主导，往往局限于部门的技术规范，与城市规划缺乏统筹整合，与城市功能空间结合度不高，各类设施难以落地。在城市管理方面，一方面存在职能交叉，城管、国土、林业、水利等部门之间、部门与属地之间职责边界不清；另一方面，属地政府在"两违"整治等方面缺位，"两违"查处、整治工作成效不大。在交通管理方面，东莞的交通管理职能分散在市发改局、规划局、城建局、交通局、公安局交警支队等多个部门，规划、建设、管理各个环节衔接不佳，制约综合交通体系的整合优化，与各

种交通方式无缝衔接的理念要求有很大差距。在城市更新管理方面，"三旧"改造没有强有力的市级统筹机构，缺乏整体谋划，纵向、横向衔接不畅，"拆三留一"和"连片改造"原则难以落实。

具体到城市建设上，东莞缺乏成片开发的体制机制。成片成熟的功能区建设是城市开发的重要载体，也是城市形象和特色的典型代表，相比之下，东莞"马路经济"非常明显，各镇街都有一条或几条发展大道，但成片的活力街区非常少见，很多开发建设仅仅局限于沿路的"一层皮"，这也是困扰"三旧"改造和TOD开发的关键问题。究其原因，主要是关于成片开发的机制尚未形成：一是成片开发的政府土地储备机制缺乏，拆迁补偿标准偏低，如果不能解决碎片化的权属问题，成片开发就难以成立；二是成片开发的利益共享机制缺乏，如果不能保证各个主体的利益，统筹开发就不可能实现；三是政府资源的聚焦机制缺乏，如果缺乏对重点片区的共识，就难以形成成片开发的合力；四是成片开发的精细化管理缺乏，城市规划中缺少影响成片开发品质的竖向设计、市政设计等关键内容，交通管理中缺乏对系统性交通组织的重视，城市管理中缺乏对成片环境治理的措施；五是特殊地区成片开发的人才缺乏，例如轨道站点TOD开发需要高水平的设计团队长期提供技术支撑。

（四）在人才素质上，管理人员和市民整体素质不高

在管理人员方面，以规划系统为例，一是管理层级缺失。由于没有规划分局，市规划局既要负责宏观的政策、战略和规划研究，又要组织中观的规划编制、标准规范及政策制定，更要完成微观的也是最基本的全市建设项目的规划审批和批后监管。二是镇规划所行政级别低。规划所隶属镇街，行政级别为股级，普遍低于其他行政部门，严重制约了规划部门的统筹协调能力。三是人员编制不足。市规划局与深圳、中山等城市的规划部门对比，人员编制偏少。在"小马拉大车"的现实情况下，东莞市规划系统主要忙于具体的项目审批，在宏观战略和政策研究方面没有精力管到，在微观管理精细化方面也难以深入，影响了城乡规划的统筹引领作用。

在市民素质方面，东莞市本地人口和外来人口严重倒挂，受以加工制造业为主的产业结构影响，人口年龄结构比较年轻，受教育程度普遍偏低。在这种人口结构下，社会管理难度较大。

三　东莞城市发展的目标与原则

本报告聚焦于构建开放型经济新体制试点试验任务，面向实现"思想观念、管理机制、政策措施"三大转变的工作目标，贯彻"统筹、协调、改革、创新"四大原则，努力把东莞建设成为一个国际竞争力持续提升、环境品质持续改善、生态可持续发展的高品质国际化城市。

（一）工作目标：实现"三大转变"

1. 转变思想观念

首先，破除思想障碍。通过深入研究，找出实际短板，杜绝思想僵化，正视客观差距。从解决实际问题出发，扭转从根源上制约体制机制优化和城市品质提升的思想观念。其次，对接时代理念。提升思想认识，将东莞的转型置于国家经济社会发展的大格局之中，在城市规划建设管理中真正做到以"五大发展理念"为指引，切实践行"一个尊重五个统筹"战略部署，将东莞建设成为国家推进新型城镇化和进一步对外开放的领航者。

2. 转变管理机制

其一，从传统城市管理向现代城市治理转变。从解决本次调研中挖掘出的根源性问题着手，推行一系列有针对性的改革举措。优化政府部门职能，提升行政效能。切实改变过去城市管理机制中存在的"错位""越位""缺位"等问题，完善城市治理体系，提高城市治理能力，构建符合东莞实际且具有示范意义的"系统治理、依法治理、源头治理、综合施策"的现代城市治理机制。其二，通过改革管理机制激发城市发展活力。以顶层设计为指引，发挥规划的引领作用，建立责任与权利框架，形成完善的城市社会组织机制，充分调动多元主体的发展积极性，切实维护城市发展秩序，增强社

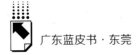

会参与意识，开创"全民建东莞"的发展局面。

3. 转变政策措施

一是在调查中孕育政策。充分利用本次调研的良好工作基础，深挖痼疾，对症下药。通过一系列有高度、接地气的政策措施，形成完善的城市规划建设管理工作指引体系，为东莞城市品质提升提供保障。二是把政策转化为行动。把握好长效和近期的关系，通过将政策转化为可实施、能见效的近期行动，全力打好攻坚战，在工作中体现实干精神，紧抓政策执行，做好"最后一公里"，在落实中体现政策的生命力。

（二）工作原则：统筹、协调、改革、创新

1. 统筹：立足全局，系统谋划

围绕"构建开放型经济新体制"的总体要求，将城市规划建设管理作为东莞开放发展的有机组成部分，明确工作目标，加强战略谋划。注重工作的系统性和整体性，理顺层级关系，实现全市"一盘棋"，共同推动城市规划建设管理机制优化和城市品质提升。

2. 协调：凝聚整合，联动协同

以协调作为发展手段，通过改革机制，凝聚部门合力，整合多方资源，共同推动城市品质提升，为东莞构建开放型经济新体制创造体制支撑和空间载体。以协调作为发展方向，强化城市规划建设管理，同步推进城乡协调发展、物质文明和精神文明协调发展、经济建设和社会建设协调发展。

3. 改革：大胆突破，精准发力

近期和长效相结合，面向新时代背景下的开放发展新要求，破除定势思维，既要勇于突破，又要一步一个脚印、稳扎稳打向前走，确保实现改革的目标任务。注重改革的质量和效益，注重结构性改革和内涵式发展，推动城市规划、建设、管理精细化，保障改革措施落准、落实、落细，从深层次上清除制约东莞进一步开放发展和城市品质提升的根本性障碍。

4. 创新：解放思想，与时俱进

敢于实践，实事求是，勇于创新，跳出固有模式，在工作中既要善于借

鉴先进经验，又要努力创造具有示范效应的新"东莞模式"，探索城市规划建设管理的新思路和新方法。同时，从世界经济转型、国家改革深化的时代背景出发，突出紧迫感和实效性，推动观念创新、体制创新、方法创新，主动对接国际国内发展新格局和新要求，为东莞承担时代责任和应对时代挑战提供支撑。

四　东莞城市规划建设管理的着力点

面向东莞构建开放型经济新体制的空间需求，从规划、建设、管理、政策四个方面着手，构建开放型经济新体制"创造空间"。

（一）科学规划，谋划空间：构建合理完善的空间规划体系

1. 实行"大管理"

改革现有市城建工作领导小组会议制度，完善市级规划建设管理决策和议事机制，建立健全市城建工作领导小组会议、市城建领导小组办公室工作会议、市规划委员会会议制度，结合大调研成果和城市规划委员会换届，由市规划局制定上述会议的议事内容、参会单位、议事程序等具体制度。

2. 谋划"大战略"

利用城市总体规划报国务院审批的契机，出台《东莞市城市总体规划实施方案》，进一步明确和落实城市总体规划在发展战略、区域协调、生态保护、空间结构、用地布局、基础设施和公共服务设施布局等方面的统领地位，将城市空间发展战略上升为市委市政府施政纲领的重要组成和关键抓手。

3. 编制"大规划"

优化城市规划编制体系，一是建立"市域总规—组团规划—片区控规"三级规划编制体系。明确各级规划的编制重点与审批程序；探索组团规划编制，强化统筹协调和刚性传导，以组团规划为平台，把功能定位、密度分区、设施配套等传导到控规。二是积极探索控规编制和审批创新改革。研究

分层分级编制，从"技术优化"和"行政改革"双向推动控规编制和审批创新，兼顾整体统筹和基层活力。三是系统推进多规合一。按"统筹兼顾、部门联动"的工作模式，以城市总体规划为基础平台，综合有效衔接涉及城市空间的各类规划，有效统筹城乡空间资源配置，促进节约集约用地，用好、用精每一寸土地。

4. 构筑"大平台"

一是打造规划一张图共享平台。积极推进一套数据标准、一套共享数据、一个信息平台、一个协调机制、一套协同审批流程、一套监督体系的"一张图"平台建设，运用大数据、GIS、BIM 等最新技术，将各类空间现状数据、规划编制成果与项目审批信息等资源整合到一个数据协同平台，构建具有动态更新机制的"地上、地表、地下一体化，历史、现状、规划一体化"的多部门协同的"一张图"空间信息平台。二是扎实系统建设一门式一网式行政审批平台。在一张图平台建设基础上，整合各相关部门行政审批职能，按照"统一收件、同步受理、并联审批、同步出件"的思路，打造"一门式一网式"服务平台，最终实现"规划一张图、审批一网通、建设一盘棋、管理一条龙"。

（二）明确抓手，优化空间：创新精品城市空间建设模式

1. 挖掘存量空间，实现精明增长

一是推动集中改造。在《东莞市"三旧"改造（城市更新）专项规划（2015—2020）》政策分区的基础上，划出近期改造片区，推动"三旧"改造向城市中心区域、重点开发区域、轨道站点区域集中，综合运用拆除重建、综合整治、功能转变等多种手段进行城市更新。二是引导连片改造。设立连片改造示范区目录，出台用地指标保障、开发强度倾斜、规划调整优先、财税政策优惠等特殊政策，强化统筹管控力度。

2. 培育战略空间，体现精心布局

一是加强市级土地储备。市政府划定的重点地区纳入统筹和储备范围，优先保障国土建设用地和城市建设用地指标，探索多元权属主体土地增值利

益协调机制以及多元权属主体联合开发机制，调动原土地权属人参与合作开发的积极性。二是加快多模式一体化的综合公交体系建设。构建以大运量轨道交通为骨干、以中运量公交为补充、以常规公交为主体的公交网络，切实提升公交分担率，打造以人为本的"公交都市"。三是大力推进TOD整体连片综合开发。以轨道站点为核心，统筹增量空间供应，加大交通基础设施和公共服务设施配套，打造城市建设重点、亮点，优化城市空间格局。

3. 提升潜力地区，打造精致环境

一是大力推动重点地区（市中心区、组团中心区、TOD站点地区、连片更新区）和特色地区（山水景观区、历史城区、传统村落等）城市设计。明确空间建设目标，提升空间场所价值，塑造精品特色城市风貌，并以城市设计为平台策划城市规划及建设项目，如国际咨询、设计展示、趣城论坛等，引导社会和市民积极参与城市规划和建设，加强公众参与。二是扎实推进美丽幸福村居示范区建设。结合美丽幸福村居建设，整合特色产业、特色空间、公共配套、历史文化等要素，打造具有代表性和影响力的特色镇村。

4. 传承文化内涵，塑造精深文化

建立历史文化保护与城市建设更新联动机制。一是加强历史人文建筑的保护与传承，科学识别和保护利用东莞各类历史文化资源，严格控制旧城开发强度，延续古城传统格局，逐步恢复古城环境风貌，依托虎门销烟和鸦片战争这一世界文化遗产，谋划建设中国近代史主题公园，在全世界打响"中国近代史开篇地"品牌。二是塑造具有东莞特色的高品质的建筑风貌，高水平规划建设一批现代综合体，同步打造地下空间利用样板工程。三是挖掘东莞村落（社区）传统基因，精心识别、传承和塑造东莞元素和特色，提升村居环境魅力指数。

5. 落实重点项目，实施精细管理

建立三年建设项目滚动计划机制。借鉴佛山经验，以三年为期进行滚动谋划，市一级政府统筹安排各类建设项目计划、用地和资金，形成政策合力和资源合力，实现土地节约集约利用和单位用地产出提升。

6. 推进建筑工业化，提升建筑品质

大力发展建筑工业化，因地制宜地制定发展措施和扶持政策，力争用10年时间，东莞将建筑工业打造成千亿产业，并建设成为省级建筑工业化示范城市。

（三）改革机制，统筹空间：搭建高效空间管理机制

1. 规划管理机制"条块结合"

"条"的管理方面，按照"一中心四组团"市域空间结构，在全市构建"市规划局—片区规划分局—镇街规划管理所"三级规划管理架构，市局定规则、定政策，分局管审批、管协调，规划所做基础、做支撑，实现"规划编制、规划管理、规划监管"三项职能既有机分离，又相互制约，建立权、责、利分明的垂直管理制度。"块"的管理方面，紧紧围绕"抓两头"（政策标准和实施监管）、"放中间"（行政审批），重点加强市规划局规划编制、规划实施、规划监管、专题研究、政策建议、标准制定等统筹职能。

2. 城市更新机制"权责明晰"

一是研究市级城市更新常设机构的必要性和可行性，加强全市城市更新工作的统筹协调，明确镇街（园区）是"三旧"改造的第一责任主体，在有条件的镇街（园区）设立城市更新专职部门，大力推进土地收储。二是完善城市更新年度计划，重点完善土地整备整合、实施计划管理和效能监管等工作。

3. 城市管理机制"联动精细"

一是建立属地和部门联合执法长效机制，从巡查、认定、执行、监督等方面，加强市纪委（监察局）、公安、国土、城管、规划、住建、消防、供水、供电等部门对"两违"的协同查处力度；成立多部门及村（社区）交叉巡查员共同组成的联合巡查执法队伍。二是全面推进网格化管理，对城市管理各个工作环节实施信息化指挥、网格化管理、精量化定责、精准化操作，加快形成"指挥有力、运转协调；网络健全、管理到位；责任量化、指标精准；处置有措、反应迅速"的城市管理工作新格局。

4. 交通管理机制"统筹衔接"

一是强化交通工作的市级统筹，健全市综合交通运输联席会议制度。二是合理划分交通管理职能，部门之间做好交通规划、建设、运营、管理职能的衔接。三是加强微观层面交通管理，积极应对日益增长的机动化出行需求，做好交通"微循环"，强化停车管理。

（四）出台政策，支撑空间：完善空间政策和技术保障

1. 强化城市规划权威

一是完善规划技术标准，修编《东莞市城市规划管理技术规定》，实现城市规划编制和管理标准化、规范化和法制化，切实维护规划的权威性和严肃性。二是深化"严管"政策措施，建立部门间的联动监管机制，使"宽进严管"的规划审批改革落到实处。

2. 完善城市更新政策

一是完善产业扶持政策，修订《加快推进"三旧"改造促进产业转型升级若干意见》《东莞市"三旧"改造产业类项目操作办法》等政策文件，完善财政补助政策；制定《关于支持东莞市通过"三旧"改造推动科技企业孵化器建设试行意见》实施方案，支持盘活改造旧厂房、旧物业建设科技企业孵化器；制定"三不变"改造扶持政策；探索产业用房配建政策，在出让时约定部分产业用房无偿移交政府或以成本价由政府回购，由政府统一招商引资。二是完善城市更新技术指引，包括出台新的差别化地价计收和分配方法；制定通过集体资产交易平台或其他公共平台公开选择合作企业的操作程序和规范；建立村企合作改造有关经济合同的履约监管机制；明晰不同改造模式在征收、收购、回迁安置、产权置换等不同环节的税收规则等。三是拓展城市更新资金渠道，利用"三旧"改造土地出让金中市级留成部分的资金，同时引进银行资金设立城市更新融资平台，为镇街连片收储、产业升级改造提供资金支持。

3. 创新土地开发模式

一是开展《东莞市密度分区和容积率管控研究》，引导形成差异化城市

空间。二是探索土地 1.5 级开发模式，选择基础设施完备、近期动力不足、土地价值空间高的地块为试点，探索"先租后让"、建筑可移动、可生长的 1.5 级开发模式，提高土地利用效率。三是探索土地混合利用和住房政策创新（包括人才保障房）。

4. 强化"两违"治理实效

一是疏堵结合。由国土、城管、规划等部门组织各镇街开展历史"两违"的全面排查工作，将历史"两违"和新增"两违"进行分类处理。二是严格问责。明确查违相关措施和执行标准，实行市级考核、属地负责、党政同责、一岗双责；同时通过健全信息化监控机制、建立奖罚结合制度、实行个人信用惩戒、设立媒体曝光平台等手段，即查即拆，提高违法成本。

五 东莞城市规划建设管理近期行动计划

（一）推进一项部门职能改革

一是推进规划管理部门改革，在全市构建"市规划局—片区规划分局—镇规划管理所"三级规划管理架构，实行权、责、利分明的垂直管理制度。二是推进城市更新部门改革，研究市政府直属的城市更新常设机构的必要性和可行性，统筹协调全市城市更新工作。三是强化交通工作市级统筹机制，健全市综合交通运输联席会议制度。

（二）打造一个空间信息平台

在健全规划管理架构的前提下，构建全市统一的空间规划信息平台。一是出台《城市规划"一张图"工作方案》，对规划部门在编、已编的各层次、各类型空间规划进行系统梳理，建立规划"一张图"管理制度。二是按"统筹兼顾、部门联动"的工作模式，探索开展"多规合一"。

（三）建立一套建设计划机制

围绕提升城市品质这一主线，由市规划局、发改局牵头，市直部门、镇街共同参与，建立三年建设计划滚动机制，明确重点建设地区、建设项目以及相关的用地、资金安排。启动 2 个重点地区城市设计，打造出若干能够体现城市品质的精品片区。

（四）启动一场两违整治行动

结合市城建工作领导小组会议等平台，研究部署"两违"查处工作。近期开展广告牌整治行动，具体方案由市城管局制定；开展偷倒淤泥渣土行为专项整治行动，各镇街政府成立余泥渣土整治工作领导小组，组织开展淤泥渣土专项整治；开展土地违法行政处罚强制拆除行动，对 2011 年以来国土部门已申请人民法院强制执行但目前尚未执行到位的土地违法行政处罚案件进行强制拆除。

（五）开展一次交通提升会战

一是加强区域对接，落实与广州 2 条轨道、2 条道路衔接，与深圳 7 条轨道以及外环高速、沿海公路对接，打通跨市断头路 4 处。二是加快 1 号线一期、3 号线一期、2 号线南延线等城市轨道交通建设，启动重点片区中运量轨道试验线建设（现代有轨电车、单轨或 BRT）。三是完善全市路网体系，推进番莞高速一期、环莞快速三期、桑茶快速、松山湖大道延长线、沿海公路等干线道路规划建设。四是加强微观交通体系建设和精细化管理，建立及时有效、系统精明的解决问题的工作机制，加密次支路网，完善慢行系统。重点解决与市民紧密相关的"最后一公里"问题。

（六）推动一批成片开发试点

开展"三旧"改造连片改造示范项目，例如东城黄旗南、万江龙湾滨江片区、茶山东岳－珀乐片区、麻涌滨江片区、樟木头樟洋片区 5 个连片改造片区。积极推进产业改造类项目，实施东城乌石岗工业区和常平木伦工业区 2 个连片工业区活化更新试点。启动虎门高铁站和 1 号线黄江北站 TOD

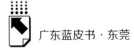

开发试点，其中虎门高铁站推进站前广场改造及站房扩建工程，黄江北站地区加快推进土地统筹。

（七）建设一批特色示范镇村

以镇街为建设主体，市发改局、规划局、住建局选择试点，制定配套政策，开展魅力小城建设。由市住建局统筹继续推进美丽幸福村居建设，至2020年，全市有意向开展建设的村（社区）基本完成。建设美丽幸福村居示范片区，在单村推进基础上，每年选取2~3个镇街的优秀特色连片示范方案，建设资金由市镇共担，建设周期2~3年，2020年全面建成6~9个美丽乡村示范片区。

（八）制定一批支撑政策措施

各部门结合近期工作，尽快出台相关政策文件和行动计划，为加强城市规划建设管理工作提供强有力的政策和技术支撑，具体见拟制定政策清单。

B.19
东莞市以"全民创安"打造"善治之城"

东莞市公安局课题组*

摘　要：　在"新常态"下，东莞的社会治安形势严峻，公安工作面临案多人少、打不胜打、合力不足等现状，在出租屋及流动人口管理、社会治安防控体系建设、创安资源整合等方面存在瓶颈。要实现社会和谐善治，为经济社会发展提供良好的环境和氛围，需要树立"全民创安"理念，实现人口管理社会化、出租屋管理法治化，并在充分发挥公安机关主力军作用的同时，积极引导社会力量参与社会治安管理，以"全民创安"开创"平安东莞"建设新局面。

关键词：　治安形势　全民创安　善治之城　东莞

一直以来，东莞市委、市政府高度重视平安建设，把平安建设作为推动东莞经济社会发展的重要前提，作为保障和改善民生的一项重要工作来抓，特别是近年来，每年都把改善社会治安状况作为"为民办十件实事"之首，通过严打突出刑事犯罪、开展"平安细胞"建设、建设立体化治安防体系等举措，有力地维护了东莞社会治安大局稳定，"平安东莞"建设基础不断夯实。但是，在"新常态"下，东莞的社会治安形势依然严峻复杂，面临的社会治安管理压力不减反增。如何应对新形势、新挑战、新问题，有效回应群众的平安需求，有效增加公共安全产品供给，真正将东莞打造成善治之城，成为当前急需深入研究的课题。

---

* 课题组组长：杨东来。副组长：郭怀晋。成员：胡敏、王能胜、谢淦昌、何剑鸣。

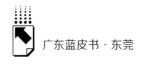

一 东莞社会治安形势及公安工作的现状

（一）形势严峻

东莞案件总量大，刑事立案总量位居广东省前列，而且在较长时间内仍将面临违法犯罪高发的态势。近年来，各领域风险隐患越来越多，各种可预见和不可预见的不稳定因素增多，群体性事件多发，交通、消防等公共安全领域也不时发生问题。伴随寄递物流、网络约租车、P2P 网贷等新业态的发展，电信网络诈骗、涉金融领域犯罪等新型犯罪和犯罪的新手法层出不穷，带来潜在风险和挑战。

（二）案多人少

目前，全市民警仅 1.1 万余人，警力与实有人口比偏低的问题突出。东莞警力仅占常住人口的万分之十三，不仅远低于珠三角同等城市，与全省万分之十八点八的平均数也相差甚远。在案件总量大的情况下，警力与案件量的矛盾非常突出。加之东莞的行政架构是市直管镇，全市共设立 33 个镇街公安分局，119 个派出所，警力资源分散，单个作战单元力量薄弱，各镇街的治安要素和警务保障水平差距较大，各镇街公安工作发展也不平衡，进一步制约了警务效能。

（三）打不胜打

由于案件总量大，近年来公安机关将重心放在打击方面，连年掀起对突出违法犯罪的打击整治高潮，如 2014 年、2015 年、2016 年连续三年将"两抢一盗"列为专项打击整治重点，取得了突出的打击成效，但并未从根本上彻底扭转违法犯罪高发的态势，"两抢一盗"仍然是发案最多的刑事案件类别，公安机关陷入了"打不胜打、疲于奔命、群众满意度不高"的尴尬境地。公安机关将大量精力放在打击工作上，一定程度上影响了防范工作的开展。如何改变这种状况，做到"不让问题发生、少让问题发生"是值得我们重视和深入研究的问题。

（四）合力不足

当前，公安机关不仅肩负着维护稳定、打击犯罪、治安管理、服务群众等方面的职责，还要面对大量的非警务活动，参与协调、化解社会上发生的各种各样的矛盾纠纷和问题。在综治成员单位协同治理效果不佳、民众社会治理参与度不高的情况下，一些深层次矛盾化解难度较大。而且，当前社会矛盾多、风险隐患多，诸如随着金融、食品、环境、村务、房地产、劳资等各领域问题的累积，最终都可能演变为治安问题，而公安机关常常在处置各种矛盾纠纷的第一线，直接面对怨愤的群众，容易成为群众情绪的发泄对象，进而引发公众对公安机关的对立、不满。

二 改善东莞社会治安面临的几大瓶颈问题

影响东莞社会治安的因素很多，在当前的形势下，以下问题是改善东莞社会治安状况急需突破的几大瓶颈。

（一）流动人口管理漏洞较大

流动人口服务管理难是全社会的共识。东莞的人口结构比较特殊（以第六次全国人口普查数据为样本分析）：一是结构倒挂。东莞实有人口822万人（其中户籍人口182万人），流动人口640多万人，户籍人口与流动人口严重倒挂，流动人口服务管理难度大；二是受教育程度偏低。东莞常住外来人口受教育程度偏低，初中学历占62.96%，高中占20.82%，文盲和小学文化所占比例约为11.06%，大学专科及以上仅占4.16%，远远低于深圳、杭州、苏州、无锡、宁波等人口规模相近城市；三是年龄以青壮年为主。常住外来人中15~39周岁的占77.29%，40~44岁占9.05%。

东莞是典型的陌生人社会，大量流动人口来自五湖四海，文化观、价值观不同，生活习惯有地域差异。在陌生人社会里，传统的社会道德、风俗习惯对个人行为的约束力弱化，再加上流动人口社会融入程度还不够高，对东莞缺乏归属感，对自我的社会角色、社会责任的认知比较差，人与人之间缺乏情感交流，缺乏参与公共事务的热情，遇事容易冲动，对东莞治安产生了巨大的影响。九成左右的刑事案件嫌疑人、受害人都是流动人口，"两头在外"现象明显，青年犯罪多，意气犯罪、侵财性犯罪多。

庞大的流动人口是影响东莞社会治安的核心因素，然而东莞的流动人口服务管理工作还存在很大的漏洞，流动人口信息数据在真实性、准确性、动态化方面存在很大的问题。比如2015年东莞入所（拘留所、看守所、戒毒所）流动人口登记倒查率仅在30%左右，说明大量的流动人口信息还没有登记。

（二）出租屋管理不到位

目前，东莞在出租屋管理上存在的问题主要有以下三点：一是底数不清、情况不明，漏管脱管严重；二是经营管理不规范，时租、日租出租屋多，不规范、违规经营行为特别是变更用途、变相经营旅馆业、开设工厂和小作坊的情况严重；三是治安、消防隐患比较突出。由于出租屋租赁备案、租住人员居住登记等各项管理措施未落实到位，违法犯罪人员容易选择出租屋作为落脚点或犯罪实施地；同时，大量出租屋常有电气线路乱拉乱接、超负荷使用大功率电器、屋内违章用气用火等，存在火灾隐患，导致出租屋火灾事故多发，安全隐患大。

产生上述问题的原因有如下两个方面：一是管理体制不顺。东莞尚未明确出租屋管理主体单位，管理体制还未理顺，导致日常巡查、信息采集等措施落实不到位；二是依据现有国家、省的法律法规，对租赁违法行为的处罚较轻、罚款数额偏低，房屋出租人违法成本较低，起不到应有的震慑作用。此外，对于时租、日租出租屋，在出租屋经营旅馆业、开设工厂小作坊等经营行为，东莞市没有实行分类管理，在法律上也没有明确管理界限。

（三）社会治安防控体系建设存在薄弱环节

社会治安防控体系建设是中央政法委、公安部着力推动的一项重点工作，是东莞市委市政府提升基层治理水平的重要工程，也是有效控制各类案件的有力抓手。尽管东莞社会治安防控体系建设总体情况良好，但工作中也存在一些短板和不足。

一是科技信息化水平不够高。东莞公安科技信息化建设欠账多，在统筹规划、资源整合、服务实战等方面存在许多薄弱环节，对比广州、深圳、珠海等城市，信息化工作相对落后。例如：在接处警方面，指挥调度系统落后，仍然是二级接处警，日常指挥调度对路面警力不能实时掌握，不能做到可视化、点对点，工作效率较低。在信息服务实战方面，基层采集了很多基础信息，但公安内部、外部的信息系统不能共享互通、信息采集标准不一，造成重复采集、多头采集，信息更新不及时，服务实战的作用没有有效发挥。在交通管理方面，车辆保有量大，截至2016年底，全市机动车保有量突破220万辆，且仍以平均每个工作日入户1400辆的速度增长，交通拥堵问题已成为市民广泛关注、反映强烈的民生问题。但是，目前东莞的交通管理科技化水平不高，原有交通管理科技设备已难以满足交通管控的需求。比如，目前使用的交通指挥系统于2006年投入运作，整体技术水平已落后。

二是社区警务工作难以落实到位。目前由于派出所工作任务繁重、警力不足，绝大部分社区民警未能实现专职化，仍需要参与派出所日常值班备勤和办案工作，基本没办法到村（社区）开展社区警务工作，导致治安防范、群防群治、信息收集等工作难以有效开展。

三是辅警管理使用存在的问题。2013年开始，公安机关全力推进辅警统筹管理工作，把村（社区）治保会原有的治安员整合为村级辅警，将原公安机关直接管理的治安队员改为镇级辅警，并按照《东莞市辅警管理办法（试行）》进行管理，在一定程度上提升了东莞村（社区）治安联防组织管理整体效能。但从目前的工作实际来看，这支队伍虽然人数不少，但作用没有得到有效发挥。原因主要有村级辅警管理体制不顺；工资待遇低，人员素质参差不齐，总体文化程度偏低。

（四）创安资源力量整合有待完善

搞好社会治安是公安机关义不容辞的责任，但也离不开政府各职能部门和社会各界的积极参与，共建共享，尤其是在社会流动性加剧，犯罪越来越动态化、智能化，公安机关"事多人少"矛盾越来越突出的今天。一方面，公安机关要通过科技应用、体制机制优化、能力提升等方式从内部挖潜，实现警力"无增长改善"，提升驾驭社会治安的能力水平；另一方面，还需要充分发挥全体社会成员参与社会治安治理的作用。多元主体合作共治是现代治理理念，这也同样适用于东莞社会治安领域，协调联动、共建共享应该是未来社会治安治理的方向。虽然东莞已经在这方面做了大量的工作和付出了不懈的努力，但就目前的情况来看，多方参与、共建共享的格局和治安治理的合力还未形成。

一是政府职能部门之间的协调联动有待加强。如前文所述，很多领域积累的问题最终会以治安问题的形式反映出来，但各个领域的管理常常涉及多个政府职能部门，如寄递物流行业管理就涉及10多个部门，但各部门职责分工不明确、协调配合机制不畅等问题的存在，导致行业监管盲区大量存在、管理漏洞较多；反电信诈骗工作涉及银行、电信运营商、公安等各个职能部门，也涉及公民个人信息保护等领域；流动人口和出租屋管理涉及人力资源、公安、消防、计生等各个部门。但当前各部门之间还存在信息分散不共享、合作机制不健全的问题，未能充分发挥合力，导致很多治安隐患漏洞难以得到整治，影响打击犯罪的效率。

二是社会组织的作用还未充分发挥。不少企业片面追求经济效益最大化，往往忽略自身社会责任和公益精神，缺乏参与社会治安工作的动力；大量商会、协会、志愿者服务、小区业委会、家委会等社团组织并没有将提升社会安全度作为自己的工作目标而纳入日常工作。如何有效引导这些企业或社会组织树立平安理念，充分调动其参与社会治安治理的积极性，是值得我们认真思考的问题。

三是群众参与度不高。受社会环境等各方面因素的影响，当前东莞市群众参与公共事务的"主人翁"意识和社会责任感较为欠缺，参与社会治安工作的积极性不高。如何推动群众树立"平安建设、人人有责"的意识，让群众积极参与治安工作，是值得我们花大力气去做的一件事情。

三 以"全民创安"全力打造"善治之城"的对策建议

2016 年 8 月 11 日，东莞市委书记吕业升同志在接受《南方日报》记者专访时指出，"十三五"时期，东莞要"在更高起点上谋划更高水平发展"，要着力破解构建开放型经济新体制的突出矛盾和问题，要实现社会和谐善治，为经济社会发展提供良好的环境和氛围。面对新形势、新问题、新挑战，如何破解困扰东莞社会治安的瓶颈问题，将市委、市政府提出的新要求贯彻落实到位，有效推进"平安东莞"建设，实现东莞社会治安工作跨越式发展与进步，成为当前迫切需要解决的课题。对此，课题组提出以下对策建议。

（一）树立"全民创安"理念

党的十八大指出，全面建成小康社会，其中一条重要的衡量标准就是社会和谐稳定，既包括犯罪行为大大减少，又包括社会秩序明显好转；既包括社会大局和谐稳定，又包括社会充满活力。为此，新形势下，我们提出"全民创安"的理念，强调在党委政府的主导下，各职能部门各负其责、各尽其职，引导全社会共同参与社会治安治理，这种理念与十八大提出的"善治"理念是互相契合的，即引导全社会力量共同参与社会管理，把人民群众作为"平安建设"的主体力量，充分发挥人民群众在社会治安治理工作中的智慧与力量，突出人民群众的主体地位和价值，注重社会组织作用的发挥，共建、共享和谐社会。"全民创安"理念，有利于克服当前东莞社会治安管理中存在的管理力量不足、群众参与度不高、管理体制不畅等问题。为此，各级党委政府要将"全民创安"理念贯穿到城市管理的方方面面，在城市的战略规划、重大政策出台等方面将"全民创安"的理念纳入其中进行统筹。同时，要在"全民创安"工作中，坚持平安文化的价值引领，通过宣传教育等途径，规范人的行为习惯，提升人的思想素质，让平安文化所倡导的价值理念、思维方式、精神境界、行为方式深入人心，让主动参与社会治安治理成为广大人民群众的自觉行动，在全社会营造浓厚的平安文化氛围，助推"平安东莞"建设。

（二）贯彻落实重大决策社会稳定风险评估机制

广东省委书记胡春华同志强调，发展是第一要务，稳定是第一责任。在平安建设中，要正确处理好发展与平安稳定的关系，必须牢固树立安全风险意识、危机意识，落实安全主体责任，政府各职能部门必须尽职尽责，分领域、分系统、分行业抓好平安建设，从源头上减少社会安全方面的风险隐患。为此，必须认真贯彻落实省、市关于重大决策社会稳定风险评估工作的要求，坚持关口前移、科学预防，尊重和保障群众的合法权益，统筹兼顾多方利益，把社会稳定风险评估作为"前置程序""刚性门槛"，凡是直接关系人民群众切身利益且涉及面广、容易引发社会稳定问题的重大决策事项、重大改革措施出台、重大工程项目建设等，按照"属地管理、分级负责"和"谁决策谁负责、谁主管谁负责"的原则，在做出决策前要进行社会稳定风险评估，并将评估结论作为重要依据；决策主体和决策实施部门及项目所在地党委政府，要跟踪了解决策实施情况，掌握实施过程中出现的社会不稳定因素，并及时采取措施予以解决；强化评估责任追究和决策责任追究，对于造成较大或重大损失后果的，要严格按照法律法规及相关规定对责任人进行追责。通过全面落实重大决策社会稳定风险评估机制，努力使重大决策的过程成为倾听民意、改善民生、化解民忧的过程，最大限度地预防和减少社会矛盾的发生，切实减少因决策失误引发社会矛盾。

（三）充分发挥公安机关主力军作用

各级公安机关要紧紧围绕影响群众安全感的违法犯罪问题，持续开展严打整治，坚决打击各类突出违法犯罪。要以"数据文化"理念为引领，以信息化建设为支撑，加快推进社会治安防控体系建设，特别是对警辅队伍管理，要按照广东省新的辅警管理办法，对村级辅警进行转岗分流，提高辅警工资待遇，提升辅警工作积极性；要落实好全市派出所工作会议精神，切实为派出所减负增效，夯实社区警务，提高基础防控水平。同时，大力推行"全民创安·一呼百应"等机制，深入开展"以案说防"活动，着力培育市民安全防范意识和习惯，营造东莞平安文化建设氛围，积极构建具有东莞特色的立体化社会治安打防控工作模式。

（四）积极引导社会力量参与社会治安治理

要创新多方参与机制，更好地组织动员企事业单位、社会组织、人民群众参与社会治安治理，努力实现"社会事情社会管"。一是发挥好企事业单位作用。要充分发挥企事业单位在资源、技术、人才等方面的优势，调动他们参与社会治理的积极性，严格落实安全生产主体责任和管理制度。二是发挥好社会组织作用。要积极引导社会组织参与社会治安管理，发挥其在提供服务、规范行为、协调利益、化解矛盾、反映诉求等方面的积极作用。三是发挥好基层自治作用。充分发挥基层组织的自治作用，切实做到群众"自己的事情自己管"。要充分依托村居等基层组织，大力组织发动群众如治安员、保安员、物管员、清洁工、出租车司机、快递员等群防群治力量，以开展"平安出租屋""平安小区""平安社区"等建设为载体，通过以点带面，积小安为大安，营造"全民创安"的浓厚氛围。

（五）实现人口管理的社会化

虽然东莞人口流动性高，但无论如何流动，他们都会有个落脚点，这就是社区。而且绝大部分人口都在某个工厂、企业或单位工作。因此，人口管理要实现社会化管理，就要打破原有的人口管理模式，在传统的管理体系之外，以社区和社会组织为载体，积极培养社会的自主管理能力，推动建立政府调控机制同社会协调机制互联、政府行政功能同社会自治功能互补、政府管理力量同社会调节力量互动的社会管理网络，形成对人口管理的有效覆盖。这既是市场经济体制发育比较成熟的国家的成功经验，也是人口管理工作的客观要求。同时，也可以结合当前正在推进的"智网工程"，探索通过政府购买服务的方式，委托社会组织加强对人口的管理。

（六）实现出租屋管理法治化

要尽快出台符合东莞实际的出租屋管理地方性法规，切实明确出租屋管理的主体，严格实行分类管理，提高处罚标准，加大对出租屋违法现象的震慑力度。比如，通过立法将"三小"场所与具有生产、经营、仓储、生活功能的出租屋区分开来，明确分类标准，划清出租屋与非出租屋的界限；对日租、时租的出租屋，要研究按照旅馆业进行管理；对用作工厂、小商店等用途的出租屋，要落实工商登记，区分情况进行管理，特别是要加强消防安全管理。同时，切实提高执法效能，对存在严重消防、安全、治安隐患，且不按照要求整改的，或者多次不按规定登记、报送承租人信息的出租屋，由镇街（园区）组织公安、综管、房管、建设、地税、消防、安监、城管等部门联合执法，依法综合运用刑事打击、行政处罚、行政强制等多种手段，最大限度地惩处违法行为。

（七）推进公安科技信息化水平

以"数据文化"理念为导向，以现代化科技为引领，以基层基础建设为支撑，强化顶层设计，加大科技投入力度，推进数据整合应用，为公安工作长远发展提供强有力的支撑。当前，要重点推进两大项目建设：一是加快建设新情报指挥中心。尽快建成新情报指挥中心并投入使用，早日实现扁平化、可视化、点对点指挥，提升警务工作效能。二是推进交通管理智能化。为改变东莞交通拥堵现状，提高交通管理智能化水平，提升东莞城市形象，急需升级交警部门智能交通管理系统，主要有增加前端设备，扩展智能交通管理系统的管控范围；整合调整市区信号控制区域，提高交通信号协调控制能力，提高交叉口和路段的通行效率；建设路段交通流信息采集前端设备和交通信息综合研判分析系统，实现对交通信息的实时采集、融合、处理、分析；建设 LED 交通诱导标志，拓展交通信息发布渠道，提高交通信息服务水平；建立新的交通指挥系统，提高道路交通管理的科学化水平；建设视频专网，实现视频专网与公安网、视频专网与互联网信息的安全交互，实现与控制中心的信息交互，构建完善的交通信息传输网络。

B.20
东莞市以"三旧"改造为抓手
推动城市更新的调研报告

东莞市国土局（东莞市"三旧"改造领导小组办公室）课题组 *

摘　要：　东莞作为广东省四个"三旧"改造试点城市之一，目前已在保障发展用地需求、促进产业转型升级方面取得了积极成效。本报告对 2010 年以来东莞的"三旧"改造进展成效和存在的问题进行了深入梳理与分析，并以提升城市品质、推动产业转型升级为目标，对东莞下一阶段的"三旧"改造工作提出了相关政策建议。

关键词：　"三旧"改造　城市更新　东莞

一　前期进展成效

东莞是广东省四个"三旧"改造试点城市之一，2010 年初全面开展相关工作。在市委、市政府的领导下，各镇街、各部门勇于探索、积极作为，在政府引导、市场运作、成片改造、产业升级、利益共享等方面进行了开创性的探索和实践。特别是 2013 年国家延长了广东省"三旧"改造政策期限后，东莞将"三旧"改造从一项试点性工作提升为常态化工作，着力建立健全常态化机制，推动连片改造，促进产业发展，逐步摸索出一条切合东莞

---

* 课题组组长：刘杰。副组长：叶绍焜。成员：张映强、李雪英、叶树彭、陈雅文。

实际的土地二次开发、城市更新的路子。

目前,东莞"三旧"改造初见成效。自 2010 年至今,累计完成改造 15424 亩(旧厂 8669 亩、旧村 5016 亩、旧城 1739 亩),正在推动改造 2.4 万亩,对拉动固定资产投资、保障发展用地需求、促进产业转型升级、提升城乡环境面貌、提高各方经济收益等方面起着积极作用。其中,对于满足房地产市场土地需求的作用十分显著:2015 以来,"三旧"改造为东莞房地产市场供应了 4052 亩土地,占全市房地产土地供应的 60% 以上。"三旧"改造工作获得了广东省政府的充分肯定,2015 年全省"三旧"改造工作考核中排名第四(前三位为佛山、广州、深圳)。

(一)建立健全常态化机制,形成全流程政策支撑

一是建立市、镇两级领导小组和工作机构,实行市级部门联席会议制度。2009 年底,市镇两级领导小组和工作机构相继成立。2014 年正式建立由分管副市长作为召集人的市级部门联席会议制度,形成了常态化信息沟通、协调联动、议事决策机制,加强了全市"三旧"改造工作的统筹协调。

二是出台常态化全流程管理细则,形成从准入审批到实施监管的操作规范。出台了《关于建立健全常态化机制 加快推进"三旧"改造的意见》《关于加强"三旧"改造常态化全流程管理的方案》改造单元统筹、市场主体准入、年度实施计划、批后监管四大机制建立并运作。

三是建立部门集中审查制度,提高改造方案审查效率。将原分两阶段、公文往返耗时长的改造方案审查程序精简合并,改为市级部门一次性集中会审,审查时间由 3~4 个月缩减为 3~4 周。集中审查机制自 2011 年运行至今,共召开审查会议 92 次,审查方案 752 份次。

(二)建立健全多元化运作机制,引入市场力量推动改造

一是建立政府主导、村集体自改、村企合作、原权利人自改等多元改造模式,拓宽市场主体参与渠道。目前,已过会的改造项目中,政府主导、村集体自改、村企合作、原权利人自改模式分别占 19%、19%、25%、37%,

全市历年投入改造资金中，社会资金占85%。东莞"三旧"改造形成了多元化运作、市场高度参与的基本格局。

二是放管结合，支持市场主体通过自主、联合、收购等方式参与改造。尊重市场惯例，严格落实"法无授权不可为"的依法行政要求，取消了对原权人改造中股权和土地使用权转让的地方性政策限制，同时设立"倒计时"，要求该类项目自改造方案批复之日起一年内申请供地，防范"圈地"行为。

三是规范村企合作改造，保障双方合法权益。出台了《东莞市集体经济组织与企业合作实施"三旧"改造操作指引》，规范了合作方式、合作方选择、投入收益评估、民主决策、重大事项审查、确认实施主体等环节的操作，对于合作改造存在的风险和可采取的措施做出提示性规定。

（三）建立健全利益平衡机制，构建多方共赢格局

一是建立土地收入分成机制，平衡市、镇、村三级利益。政府主导项目，市政府分成返还镇街；原权利人自改变更用途补缴地价，三级分成；村集体自改、村企合作，土地出让金先缴后返；13项土地税费或减免或返还镇街。自2010年至今，市政府分成返还给镇、村两级土地出让金及税费共计146.44亿元。

二是建立拆三留一机制，平衡项目开发和社会公益。预留不低于拆迁改造面积的1/3，作为道路、市政、教育、医疗、绿化等公共设施用地，全市预留公共设施用地约4700亩，已经落实实施责任的约1000亩。

三是财政资金专项支持，倾斜支持集体经济发展。对镇村集体经济转型升级实行专项补贴奖励："工改工"补助最高额1400万元，商务楼宇补助、回购旧厂补助、整合连片改造发展产业项目补助等各项最高额为500万元，创新型经济项目租金补助最高额为300万元。

（四）建立健全差异化引导机制，强化政府主导调控

一是区域差异化。2010年、2012年、2015年先后三次修编专项规划，逐步强化区域管控，特别是2015年编制的《东莞市"三旧"改造（城市更

新)专项规划(2015—2020)》,划定了改造核心区、产业保障区、生态保护区、历史文化及特色保护区和战略统筹区五个政策分区,并出台了相应的管控政策,分区域、分策略推进"三旧"改造。

二是规模差异化。在市中心、临穗、临深地区,启动了东城黄旗南片区、万江龙湾片区、麻涌滨江片区、茶山东岳—珀乐片区、樟木头樟洋片区等连片组团式改造试点(面积合约1.4万亩),给予优先规划调整、公共设施片区平衡、优先配置指标、审批专人跟办等特殊措施支持,如为解决回迁安置、基础设施建设等需求,特别配置了新增用地指标近700亩。

三是产业差异化。为鼓励旧厂房用地整合改造,促进产业转型升级,东莞给予"工改工"项目最高额1000万元财政补助、高层工业大厦产权分割、免缴土地出让金和市级基础配套设施费、村自改返还50%报建费用等优惠政策,目前已拨付补助1200多万元。另外,东莞市争取成为全省通过"三旧"改造支持科技创新工作联系点,获得创新用地类型、完善土地房产手续、灵活供地方式等多方面政策倾斜。

二 存在的主要问题

东莞"三旧"改造前期工作总体上存在"两个不够"的问题,一是对城市品质提升支撑不够,二是与产业转型升级融合不够。具体体现在"四多四少":第一,质量上同质项目多、标杆项目少。东莞"三旧"改造中住宅、商业项目居多,项目同质化情况普遍,如已建成项目中就有两个总占地10万平方米以上的万达广场(东城万达广场、厚街万达广场),且均在R2轨道沿线站点附近,而在莞城、长安、厚街等镇街建成的3个万科广场(中心)业态相近,缺乏一批连片统筹、带动性强、结合地方文化特色或产业转型升级的示范性亮点项目,导致总体成效不够明显,社会影响力不足和群众获得感不强。第二,规模上单宗改造多、成片改造少。第三,布局上分散改造多、集中改造少。全市各镇街的"三旧"改造项目分布零散,如东城、长安,虽也形成了东纵世博商圈比较集中的区域,但这样的区域少。第

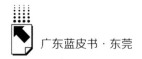

四，类型上地产项目多、产业项目少。

从前期的实践来看，以上问题产生的原因是"三个不足"。

（一）政府统筹力度不足

第一，政府统筹力度不足根源于思想认识不足、尚有依赖空间和规避改造风险、存在畏难观望心理。部分镇街对城市发展方式由外延扩张向内涵提升转变的认识不足，未根本转变原有发展模式下扩张式的土地利用惯性。同时，全市存量土地（批而未供、供而未用）的总量约10.3万亩，各镇街或多或少有"存货"，为部分镇街依赖原有发展模式提供空间。同时，至土地利用总体规划期末（2020年），沙田、长安、企石、虎门等14个镇街尚有新增用地规模可使用，合计达11.5万亩。存量用地和新增用地空间合计达21.8万亩，接近全市"三旧"改造标图建库的总量。前者是"净水首次使用"，后者是"污水回收再用"，避难就易，也可以说是镇街作为"理性经济人"的合理选择。另外，"三旧"改造是一项综合性的系统工程，政策性强，牵涉面广，利益主体多，在推动过程中面临行政风险、经济风险、社会风险、廉政风险等多重风险，镇街政府往往从规避各类风险、维护社会稳定等角度考虑，在推进"三旧"改造时存在观望畏难情绪。

第二，政府统筹力度不足表现在放任市场诉求、主导统筹不足和工作力量薄弱、组织协调不足。在已过会的项目中，政府主导的占18.7%，集体经济组织自行改造的占18.7%，集体经济组织与企业合作改造的占25%，原权利人自行改造的占37.6%。由此可见，八成的项目是由市场主导实施的。镇街政府过分放任市场主体的利益诉求，缺乏主导统筹，对规划用地开发强度、路网、公共服务设施、产业空间频繁作出不同程度的调整，多数调整对现有标准、规范做了较大幅度的突破。同时，已过会项目规划公共设施用地约4700亩，目前，在建（123亩）、已建成（456亩）、已投入使用（406亩）合计占1/4，政府对"三旧"改造中的公共设施建设统筹保障不足。另外，"三旧"改造是一项长期性、综合性的复杂工作，而目前东莞"三旧"改造工作力量薄弱，统筹协调能力弱，难以满足实际需要。

（二）规划引领作用不足

第一，规划引领作用不足根源于延续"多轮并转、自下而上"的城市规划建设模式、现有规划制度体系与以产权制度为基础的利益平衡需求之间产生偏差。由于行政体制、土地权属碎片化格局、发展模式惯性等多种原因，当前东莞的城市规划建设仍在很大程度上延续着早期发展形成的"多轮并转、自下而上"模式，土地开发主体分散，由市一级统筹的土地资源只有 128 平方公里，仅占市域土地的 5.2%；市镇合作的土地资源为 63 平方公里，占市域土地的 2.6%；其余土地资源均由镇街、村、小组主导开发建设，规划编制自下而上，市域规划统筹难以实现。同时，社会主义市场经济条件下"三旧"改造（更准确地说是城市更新）的内涵，已经远远超出传统的空间规划层面，其实质是以市场经济内在发展规律为线索，妥善平衡城市更新活动涉及的不同利益主体的发展权益，具有促进城市空间资源高效、公平配置的公共政策特征。以政府主导、土地管控等方式实现城市发展终极蓝图的规划制度和技术体系，与市场经济下以产权制度为基础的利益平衡需求之间产生偏差。

第二，规划引领作用不足表现在项目倒逼规划，不按规划实施改造和密度分区缺失，均质化、低强度二次开发。政府过分依赖市场推动改造，尽可能地满足市场诉求，导致形成规划围绕项目转而非规划指导项目建设的局面，城市规划的控制和引导作用无法体现。大量规划为产业功能的区域提出"工改居""工改商"诉求，要求对控规功能进行调整，压缩了产业发展空间。由于权属界线限制、零星土地整合腾挪机制不顺畅，大量改造项目没有按规划边界进行改造，改造边界参差，规划地块被不合理地切割。同时，长期以来，全市缺乏密度分区政策研究，导致规划容积率指标呈现均质化现象，各片区平均容积率控制在 1.2% 左右，重点地区的土地利用效率存在不足。目前"三旧"改造仍然延续 2006 年《东莞市规划管理技术管理规定》

低容积率、低强度的开发思路，在一定程度上导致前期的"三旧"改造是均质化、低强度的二次开发。在已批准的改造项目中，居住用地容积率平均为2.25%，商住混合用地容积率平均为3.01%，商业金融用地容积率平均为2.99%，分别仅相当于深圳城市更新同类用地的49%、61%、47%。

（三）政策比较优势不足

一是成片改造政策优势不足。东莞对成片改造没有形成特有的扶持政策，成片改造和小规模改造的适用政策普遍均质化，没有形成成片改造，特别是连片组团式改造的"政策高地"，以"工改居"为主的分散、小规模改造使成片改造可使用的市场资金、社会资源分流，最终导致成片改造动力不足。同时，在土地权属碎片化的基础上实施成片改造，需要实施强有力的土地整合机制，但东莞目前政府土地收储机制并不完善。其中，市土地储备中心未曾参与成片"三旧"用地的收储，东实集团实施一级土地开发存在国家政策障碍，未能形成畅顺的机制。镇街政府不具备法律上的土地储备主体资格，相当一部分的镇街政府财政紧张，土地储备缺乏资金支持，拆迁补偿标准偏低，缺乏收益分享机制，原有产权人无法分享土地增值收益，导致原有产权人不愿意、不配合政府的收储和改造。另外，市场主体整合复杂地块缺乏政策支持。企业收购连片已办国有证、民营企业所有的旧厂房用地是可行的，但对于国有、集体、有证、无证、公有制企业、民营企业、个人、厂房、私宅等权属类型混杂的土地，缺乏政策支持企业连片收购，企业无从下手。

二是产业改造政策优势不足。具体表现在以下四个方面：第一是对产业空间的保障措施和力度不足。市场对"工改居""工改商"的强烈预期推高了东莞工业用地、用房的收购价格，压缩了产业用地空间。2015年划定的产业保障区虽在一定程度上保护了产业用地空间，但部分区域不尽合理，保障措施力度不足。第二是目前单一的工业、科研、商业、居住等用地规划体系刚性有余而弹性不足，难以满足新产业业态的需求，单一功能片区的划分也增加了城市交通需求。第三是供应端和需求端对接机制不畅，计划于2014年建立的"三旧"用地资源与企业用地需求信息共享机制尚未完全形成。第四是东莞目前涉及产业用房销售的地方政策有"工改工"、产业转型升级基地、科技企业孵化器、科研用地等,思路不一、规则不一,具体操作并不清晰,也没有全流程操作的实际项目,尚处于摸索阶段,因此,导致产业类改造项目赢利模式不明朗,企业多有疑虑,缺乏投资动力。第五是旧厂房活化更新政策支撑不足。在保留建筑主体的基础上,通过装修整饰、完善设施、提升功能等方式对旧厂房进行活化更新,引入新产业、新业态,是一种常用、有效而又节约资源的改造方式,如东莞已认定的 36 家科技企业孵化器中,就有 13 家通过这种方式改成。但早期建设手续不全、后期城市规划不考虑现状建筑,造成了这类改造多处于"无证驾驶"的灰色状态,一方面镇街政府支持,另一方面存在与规划不符、违法用地、违章建筑、消防间距不足等问题,土地、规划、住建、消防、房管等部门难以按照法律法规办理正规手续。

三是行政审批政策优势不足。由于"三旧"改造项目的特殊性和复杂性,"三旧"改造审批环节繁多,且相当环节的审批时长不确定,特别是征地报批、规划调整两个关键环节的审批时间难以估量,许多投资主体对"三旧"改造"望而却步"。经统计,广东省已批 122 宗项目平均需时约 297天,最长 727 天。企业普遍反馈,出台的《东莞市"三旧"改造项目并联审批实施方案》、"工改工"绿色通道政策、工业用地提高容积率按控规微调处理等简化审批政策多停留在纸面上。

四是政策全环节覆盖不足。具体表现在三个方面:第一是早期发展积累了大量租地建房、挂靠使用土地、房地不一等历史遗留问题缺乏政策予以解决。例如,三甲工业城改造过程中就存在土地证办在原"三来一补"企业名下、房产证办在镇属企业名下的情况,由于原"三来一补"企业早已倒闭,无法注销土地证、房产证。第二是"钉子户"问题在现行的法律、法规和政策体系下基本处于"无解"的状态,只能通过基层干部反复做工作,逐个突破。部分项目只能通过高价补偿解决拆迁问题,但差别化补偿标准又造成对其他拆迁户的不公平。例如,牛山钟屋围旧村改造项目,涉及拆迁旧房屋 900 多间,涉及拆迁建筑面积约 12 万平方米。拆迁工作从 2014 年 4 月启动，至今拆迁补偿总额已超6.6亿元，仍有4间房屋未能达成拆迁补偿协议，"钉子户"们提出高于普通拆迁户几倍的补偿价，给企业带来沉重的经济压力。第三是财税征管政策滞后。现阶段国家没有专门针对"三旧"改造出台税收政策，市一级主管税务部门在实务中只能根据个案的具体情况来判断适用的税收政策。国家政策的变化如"营改增"的全面实施以及房地产税等也对项目开发产生影响。比如东城牛山钟屋围旧村改造，由于"营改增"税费政策尚未明确，如将补偿村民安置房视同销售，所缴纳税费将近1亿元，大大增加了成本。

三　政策措施建议

下一阶段，紧紧围绕市委、市政府"在更高起点上谋划更高水平发展"的战略目标，针对"两个不够"的问题，东莞"三旧"改造工作将以提升城市品质、推动产业转型升级为目标，以完善机制、增强动力为支撑，以连片组团改造、旧厂房升级改造为抓手，实施"东莞市'三旧'改造2.0计划"，力争形成审批高效、统筹有力的改造管理格局，政府、市场同向发力的改造动力格局，规模成片、公共优先的改造空间格局，以产业为主、产城融合的改造业态格局。

（一）管理架构升级

一是拓展改造内涵，更名城市更新。将"三旧"改造的内涵由侧重拆除重建拓展至综合整治、功能改变、历史文化保护、生态修复等多个方面，并正式更名为城市更新，在改造中实现提升城市品质、传承历史文脉、修复生态空间等多元目标。灵活采取多种策略，加快推进城市更新，确保广东省每年下达的3000~4000亩土地完成改造、6000~7000亩土地实施改造任务指标。

二是部门联席会议提升为审批委员会。将现在流程中的前期研究报告、单元规划、集体建设手续、改造方案、土地征转等归结为"一书四方案"，即"申请书＋规划设计方案＋用地报批方案＋拆迁建设方案＋公建配套方案",一次性"打包"提交审批委员会审批,一次性完成市级审批事项,最大限度地提高行政审批效率。

三是组建东莞市城市更新局。东莞市城市更新局负责组织编制全市改造专项规划,制定5年计划和年度计划,组织部门、专家学者、群众对"一书四方案"进行论证和技术审查,搭建部门协调平台、政策整合平台、资源对接平台、公共咨询平台、批后监管平台,负责政策研究及实施后评估、重大决策社会风险评估、重大项目咨询听证,负责管理城市更新资金。

(二)动力机制升级

一是实施战略统筹,政府优先收储。水乡新城、轨道交通站点 TOD 地区等区域纳入战略统筹区,政府优先收储,依靠东实集团或引入大型集团整体开发,市政府给予高强度开发、土地出让收益分成、新增用地指标等政策资源倾斜。

二是实施计划管理,引导市场投资。综合改造需求、市场动力、政策分区等多方面因素,各镇街政府制定近期改造片区计划并向社会公布,地产类项目应位于近期改造片区内,改变分散零星的市场化改造格局,引导市场资金、资源集中投放,以政府计划导向校准市场投资方向。完善年度实施计划制度,以年度实施计划为抓手推进近期改造片区,平衡地产类、产业类、公共设施类、环境提升类等不同类型项目比例,完善计划实施成效评估和考核办法,加强实施监督。

三是畅渠道、降成本,提升市场积极性。借鉴广州、深圳、佛山的做法,完善集体经济组织公开引入改造合作方的相关政策措施,建立公开、公平、透明的市场参与渠道。出台新的土地出让金计缴政策,完善税收征管指南,在法规政策允许的范围内最大限度地降低改造成本,明晰操作。

四是建立城市更新资金池,形成土地收益内循环机制。市政府利用从经营性"三旧"改造项目取得的土地出让分成建立城市更新资金池,通过借款、贴息、担保、风险补偿等方式返用于支持镇街再行收储"三旧"用地,补贴"工改工"项目,反哺公益性改造。出台规范,要求镇村将"三旧"

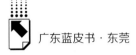

改造土地收益的一定比例再投入"三旧"改造，用于土地储备、厂房回购、村居环境整治等。

（三）城市品质升级

一是建立政策高地，打造示范片区，推进连片集聚改造。建立连片改造示范片区，优先调整规划，最大限度地放宽容积率，优先配置指标，边角地、夹心地、插花地合并协议出让，支持收购归宗，公建配套复合使用、适当降低用地规模，给予各方面优惠政策支持，探索原有产权人共享土地出让收益机制，形成政策高地，打造连片改造的标杆项目。

二是设定改造单元最小面积，规划地块整体实施。向广州、深圳学习，分商业、居住、工业、科研、公共设施等不同用途设定改造单元最小面积。用地红线原则上应按控制性详细规划确定的地块界线进行划定并整体实施。确因实际分期开发需求，需对地块进行细分的，细分后，用地红线的边界应规整，地块面积原则上不小于3000平方米，控制性详细规划路网间距大于200米的，细分后地块间应按要求增设微循环支路。制定土地腾挪、置换、整合的配套政策，支持规划地块整体实施。

三是实施公共服务设施导向开发（SOD），补足城市公共设施短板。先评估改造片区公共服务设施现状承载力，以现状承载力和可提升的空间来推导居住小区和商业网点的布局和规模，实施居住、商业项目和公共服务设施用地预留、工程建设捆绑制度，形成规划审批、土地出让、预售许可、工程验收"一条龙"监管机制。

四是完善差别化容积率政策。制定密度分区规划指引，对不同地区的容积率政策做差别化管理，如对连片改造示范片区、核心区、TOD片区给予政策放宽，而对于零碎分散改造、生态敏感区、历史保护区的项目予以严格管控，给予市场清晰明确的政策导向。

（四）产业改造升级

一是划定产业区块控制线，切实保障产业发展空间。在专项规划产业保障区基础上,全市统筹划定产业区块控制线,禁止或限制产业区块控制线内的产业用地改造调整为经营性用途,鼓励"工改工",切实保障产业发展空间,控制产业用地、用房价格过快增长,降低产业转型升级的成本。

二是整合多方政策,促进创新驱动发展。充分利用成为全省"三旧"改造支持科技创新工作联系点的契机,整合"三旧"改造、补办产权、科技企业孵化器、科研用地、产业转型升级基地等多方面政策,打政策组合拳,特别是明晰工业大厦、研发楼宇的产权分割政策和操作细则,支持有资金、有资源、有经验的产业园区专业运营商参与连片旧工业区改造。修订《加快推进"三旧"改造促进产业转型升级若干意见》和《东莞市"三旧"改造产业类项目操作办法》。

三是村级工业园活化更新,促进现代产业社区建设。实施综合整治,完善道路、绿化、消防、电信、供电、供水、排污等基础设施,提升园区环境。实施过渡性土地、规划、建筑、消防管控政策,鼓励满足安全使用条件的工业建筑采取"三不变""五改变"① 的方式实施改造,鼓励镇街政府采取统租村级工业园、引入专业运营商的方式实施改造,以村级工业园改造提升为抓手,建设现代产业社区。

四是探索土地混合使用,促进产城融合。借鉴学习深圳经验,研究新兴产业用地的用地分类、建筑形态、地价标准、产权分割、增值收益分配等政策;研究单宗用地混合使用,如工业、科研、商业、住宅等用途在同一宗土地上混合,探索土地用途混合、建筑用途分区的政策;研究相邻多宗的工业、科研、商业、住宅用地混合出让,探索以商业、住宅收益平衡自持经营工业、科研项目成本的模式。

---

① "三不变"是指房屋产权关系、房屋建筑结构、土地性质不变;"五改变"是指产业结构、就业结构、管理模式、企业形态、企业文化可变化。

基层实践篇

Grass-roots Practice

B.21
道滘镇以"六新"产业带动
经济转型的探索实践

邓　涛*

摘　要：　随着产业格局的深刻调整、资源约束的日益突出和周边区域
　　　　　的激烈竞争，道滘过往以低效、粗放、单一为特点的发展模
　　　　　式难以为继，加快经济转型升级日益迫切。本文以"六新"
　　　　　产业为例，通过分析"六新"产业发展的优势、路径和手
　　　　　段，进一步阐明产业结构优化升级对经济转型的重要意义。

关键词：　"六新"产业　经济转型　道滘镇

---

* 邓涛，东城街道党委书记，原道滘镇党委书记。

道滘镇位于东莞市西部、穗深经济走廊中段、东江南支流下游水网地带。全镇总面积54.3平方公里,下辖13个村、1个社区,常住人口14.14万人。2015年以来,道滘镇按照东莞市委、市政府"在更高起点上实现更高水平发展"的价值追求,争取了市"十三五"规划对道滘的重新定位——东莞"创业之路"重要节点、水乡新兴产业集聚区重要组成部分、水乡综合创新中心。围绕打造"创新节点、和美水乡"的战略目标,积极实施招产引资、招商引贸、招企引客"三大行动",大力招引新材料、新装备、新硬件、新能源、新医药、新业态"六新"产业,力争"十三五"期间地区生产总值年均增速12%左右,2017年生产总值突破100亿元大关,区域性创新中心、专业化交易中心、复合型旅游中心"三个中心"初具雏形,补齐协调发展、生态环境、社会建设"三大短板",努力推动转型升级与全面振兴。2016年,道滘镇实现生产总值90.08亿元,同比增长10.9%;工业总产值181.23亿元,同比增长9.4%;固定资产投资总额21.86亿元,同比增长10.1%;社会消费品零售总额19.67亿元,同比增长13.5%;各项税收总额17.46亿元,同比增长18.7%;镇财政可支配收入8.60亿元,同比增长15.1%。

一 定位"六新"产业的背景

改革开放以来,道滘从"三来一补"起步,建立了以造纸、纺织服装、电子信息、电气机电设备、食品饮料加工为主导的工业产业体系。但"十五"到"十二五"期间,道滘镇以建材、造纸为主导的支柱产业先后经历两轮清零,造成整个经济体系"伤筋动骨",导致经济发展徘徊不前,经济总量在全市排名靠后。尤其是随着经济转型的深入推进、各项政策的日益趋紧和周边区域的激烈竞争,道滘过往的粗放发展模式弊端尽显、难以为继,并且面临一系列的突出瓶颈和严峻挑战。比如,新产业、大企业较少,优质项目落地投产推进较慢,新旧动能转换、拉动经济增长的动力不足;创新环境滞后,缺乏创新政策、创新平台、创投基金等基础与要素,难以引进和稳定高层次产业集群和人才队伍，产业转型升级面临突出困难；在城市升级方面的投入严重不足，基础服务配套滞后，孵化器、加速器等产业载体和商务楼宇、人才公寓等必备配套设施尚属空白，大大影响了投资者投资创业、增资扩产、扎根发展的决心与信心；城市规划体系不完善，控规没有实现全覆盖，土规、城规不衔接，闲置地块规划不适应新项目落地需求等。

广东省第十二次党代会提出："积极培育发展新一代信息技术、高端装备制造、绿色低碳、生物医药、数字创意、新材料等战略性新兴产业，争取再形成若干个万亿级产业新支柱。"2015 年以来，面对环境保护、生态保育的硬约束和减量建设、持续发展的硬任务，道滘镇根据国家、省、市和水乡特色发展经济区的产业发展导向，结合自身实际，集思广益，反复论证，确立了以新材料、新装备、新硬件、新能源、新医药、新业态为特色和优势的"六新"产业发展战略，着力将"六新"产业打造成支撑道滘未来发展的支柱产业。事实证明，道滘镇"六新"产业发展战略与省第十二次党代会的决策部署是高度吻合的。在新一轮的发展竞争中，随着宏观形势总体向好、政策机遇多重叠加和改革红利逐渐释放，道滘"六新"产业形成了难得的发展优势，迎来了多重的发展机遇。

（一）区域节点优势

道滘处于水乡特色发展经济区核心区域，是广州—深圳发展轴线上的重要节点，随着市轨道交通 1 号线、莞惠城轨、穗莞深城轨、佛莞城轨等重大交通设施加快施工或通车，道滘迈入了轨道交通时代，更便捷地经由轨道网接入广州、深圳、佛山的核心区，承接汇聚广深"双核"、港澳地区和市中心组团的优质产业、创新平台、金融资本与高端人才等资源。

（二）产业升级优势

随着全球新一轮科技革命和产业变革步伐加快，国家产业发展重点逐渐向战略性新兴产业、现代服务业、特色优势产业等领域倾斜，全市各镇街都面临淘汰落后产能、培育新兴产业的深刻调整。道滘在"六新"产业体系建设方面已经形成共识、迈开步子，正在利用产业更替实现弯道超车，将有效缩小与先发镇街的差距。

（三）资源环境优势

道滘留有一定数量的连片土地和低效用地，随着"三规合一"、"三旧"改造、基本农田调整的加快推进，加上全面推进污染产业整治和落后产能淘汰，实施"两高一低"企业腾空厂房产业置换工程，大大增强了承接先进产业和优质项目的能力。同时，道滘自然风光优美、人文底蕴深厚，对"六新"产业发展和高端人才集聚具有较强的吸引力。

（四）政策红利优势

随着国家实施创新驱动发展战略、推进供给侧结构性改革的成效日益凸显，东莞支持水乡统筹发展、扶持次发达镇发展、构建开放型经济新体制等政策红利加速释放，特别是东莞积极争取将水乡特色发展经济区纳入粤港澳大湾区核心区域重大平台，明确未来重点扶持新能源、生物医药、激光等产业发展，为道滘"六新"产业建设提供了难得的机遇，注入了强劲的动力。

（五）改革先行优势

道滘通过大力推进全面深化改革各项工作，商事登记等领域改革走在全市前列，逐步形成"技术协同创新、商业模式创新、审批监管创新、集约用地创新、统筹发展创新、社会治理创新"六大创新特色品牌，便捷高效的服务环境正拉动更多的知名企业、新兴产业、金融机构布局道滘、集聚道滘、投资道滘。

二 培育"六新"产业的路径

启动实施"六新"产业发展战略以来，道滘镇十分注重梳理"六新"

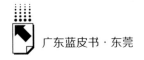

产业发展的总体思路、推进路径和支撑体系，确保有计划、有步骤、有成效地将"六新"产业打造成为新的支柱产业。

（一）突出产业立镇理念

2015年以来，道滘坚持把产业体系重构、产业规模扩张、产业项目引进作为稳增长、求突破的根本之策，我们多次在各种会议上反复强调，抓经济建设，首要是抓产业建设。产业不强，经济肯定不强；产业不优，经济肯定不优；只有推动产业调整，才能带动经济转型。经过努力，全镇上下形成并树立了产业立镇、产业强镇的理念，全力推动产业集聚化布局、规模化发展、中高端提升，聚办开创以"六新"产业为主导、传统产业协调发展的良好格局。可以说，坚持产业立镇不动摇，是道滘打造水乡产业发展"支撑点"的先决条件，也是道滘确立发展优势、加快突围步伐的关键保障。正是通过齐心协力狠抓"六新"产业培育，有针对性地引进高端项目、补强薄弱环节、拓展关键链条，才初步形成了产业集聚效应和发展优势，为道滘经济发展换装强劲的新引擎。

（二）突出产业集群打造

成立并充分发挥投资促进委员会的统筹作用，加强部门联动，创新招商机制，切实加强对新材料、新能源、新硬件产业链高端环节和缺失板块的精准招商。深化与北京市顺义区政府战略合作，围绕智能制造"脑、芯、核、用"四个关键环节，推进中技克美南方基地项目落户，成立东莞市顺道智能制造协同创新研究院，引进睿芯科技公司、大艾机器人公司、北京交通大学机器人研究中心等一批龙头企业和科研机构，助力东莞打造智能制造全生态链。充分发挥道睿石墨烯研究院平台作用，依托银禧、雄林、国立等龙头企业，加速形成新材料产业发展新能级。发起成立广东省激光产业技术创新联盟，联手广东省激光行业协会、深圳光韵达光电科技股份有限公司共建广东省智能激光装备产业园，合力打造南中国的激光产业高地。利用推进集成电路（芯片）国产化的政策机遇，加快引进广东利扬芯片测试股份有限公司,全力打造华南地区最大的晶圆和芯片成品测试基地。以新能源汽车制造应用为先导,协助洲亮公司收购辽宁整车制造企业,联手中山大学研究院筹建电动汽车研发和销售总部项目,加快研发生产新能源大巴和新能源专用车。抢抓粤港澳大湾区建设机遇,主动承接北广深、港澳台溢出的优质产业,加强与港澳地区在国际贸易、跨境金融、旅游休闲、文化创意、健康产业和市场监管等重点领域的战略合作,争取澳门贸易投资促进局东莞代表处、澳门及葡语国家食品展示中心、粤港澳湾区再生资源电子交易平台、人工智能应用示范基地、济川同创城市更新投资基金项目落户道滘,着力打造莞港澳合作创新示范区和先行镇。筹建珠海横琴国际商品交易中心东莞运营中心,支持搜于特集团创新供应链管理并建设大宗面辅料棉花棉纱交易平台,推动祥隆木材、其士油品、进口酒水、供莞生猪等大宗现货交易平台集聚。

(三)突出产业龙头带动

率先实施企业规模与效益倍增计划,通过建立"1 + N"政策体系、领导挂点帮扶、提供中介服务、设置倍增窗口等方式,持续激发企业主动倍增、提前倍增、持续倍增,力争在三至五年内培育出一批支柱产业龙头和细分领域冠军。加强财务顾问服务与上市综合辅导,鼓励本土龙头企业引入战略投资和实施并购扩张,全力支持国立、精丰等企业上市以及必图、金瑞等企业挂牌"新三板"。重点推广搜于特集团供应链管理、品牌管理、商业保理等创新经验,鼓励龙头企业整合上下游产业链资源,实现多元化、集团化、规模化发展。抢抓东莞构建开放型经济新体制的重大机遇,健全完善加工贸易企业技术创新促进机制、自主研发培育机制与自主品牌发展机制,探索加工贸易企业内涵增长、跨越发展的范例,不断增强加工贸易的自主性和根植性。大力实施高新技术企业"育苗造林"行动,强化"科技道滘"政策引导作用,推动更多的规模以上工业企业加大研发投入、加快成果转化、完善财务管理,培育和招引一批高新技术企业。鼓励引导规模以上工业企业普遍建设研发机构,重点依托行业龙头企业、科技创新企业、高端人才团队

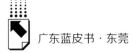
企业，分类别、分梯次建设一批市级以上的工程技术研究中心、院士工作站和重点实验室，不断增强企业自主创新能力。

（四）突出产业载体建设

深入实施科技孵化器"筑巢育凤"行动计划，支持华科城·创新岛完善设施服务、理顺用地手续、启动升级开发，通过"三旧"改造、"工改研"等方式推进华科加速器、圣丛创新港、高盛科技园、济川中心等孵化载体建设，加速形成科技全孵化链条，积极承接更多创新型、成长型"六新"产业项目。按照适度超前、逐步推动、滚动发展的原则，高效推进北晨产业园、中葡产业园等重点园区规划建设，完善周边基础设施与服务配套，为优质项目落户提供载体支持。探索建立镇统筹土地开发利用利益分享机制，积极盘活捷星石材、大新工业区、素艺、伟联、中兴等一批"两高一低"企业腾退厂房闲置物业，重点引进科技孵化、文化创意、跨境电商、现代物流等新型产业项目，不断提升土地的单位产出率。加快推进"三规合一"试点工作，建立健全"多规融合"机制，全面整合与土地利用总体规划、城乡总体规划、产业发展规划不符的土地，统筹城乡空间资源配置。牢牢抓住东莞支持次发达镇重大项目建设的机遇，全力争取重大建设项目用地指标。

（五）突出产业人才招引

充分发挥"千人计划"人才创业服务中心作用，建立健全领导联系服务高层次人才制度，完善人才创业扶持政策，优化人才公寓配套服务，为研究院和企业引进人才、培养人才、留住人才提供良好的发展环境。聘请首批16名经济顾问并加强管理联络与服务，在新材料、新装备、新医药、智能制造等产业领域"借脑引智"，助推经济转型升级发展。贴合创新人才发展需要，积极推进创新岛2号等科技四众平台建设，畅通创客团队交流渠道，建立健全"联络员＋辅导员＋创业导师"的创业辅导体系，不断激发"大众创业、万众创新"的活力。成立阿里巴巴水乡LBS跨境电商孵化中心，定期举办"水乡周末"电商培训，首推一站式外贸整体解决方案，切实帮助水乡外贸企业解决电商人才缺口问题。

（六）突出产业服务创新

立足"六新"产业发展定位，重点围绕新材料、新装备、新医药等领域，依托道睿、顺道、同道等研究院的智力资源、人脉网络与科研优势，深化产学研合作，着力构建集成果转化、技术交易、创新服务、科技中介等功能于一体的公共创新服务平台。加快推进华南贸易金融创新示范基地建设，着力构建集交易平台、仓单融资、支付结算、资金清算、产业基金、仓储物流等功能于一体的贸易金融服务创新体系。大力培育外贸综合服务企业，引进跨境电商服务平台，推动贸易发展方式转变，帮助企业拓展外销和内销市场。健全重大产业项目全链条服务管理机制，强力推进搜于特总部、国立总部、盈华、北晨等市级重大项目建设，道滘镇连续两年获评重大项目建设先进集体，累计获得160亩用地指标奖励。每年投入不少于5000万元支持产业发展和企业成长，使领导干部定期走访联系企业成为常态化，探索建立"企业十件实事"工作机制，切实解决中小企业用工、用地、融资、员工子女入学等共性问题。

（七）突出产业改革引领

道滘率先成立镇改革办，全力抓好粤澳商事登记银政通改革、个体工商户集群注册改革、科学市场监管体系建设等试点工作，成为全市首个推广集群注册、商务托管、"三证合一、一照一码"、国地通发票"代开易"、个体工商户"两证整合"、个体工商户集群注册改革的镇街，2016年新增市场主体2039个，增长52.05%，在册市场主体数首次突破10000户大关。大力推进"一门式一网式"政府服务模式改革，在全市率先推行政务速递、刷脸办事、一窗通办、一号申请、精准推送、文件流转等政务服务，努力打造政务服务特色品牌，树立政务服务全市标杆。深化财政投资体制改革，建立镇级投融资运作平台，用好市扶持次发达镇产业发展专项资金，加快筹设道滘镇产业投资母基金和子基金，推动更多的社会资本投向战略性新兴产业、现代服务产业、文化创意产业等领域。率先设立镇级城市更新办公室，持续推进城市更新连片改造，启动高登片区城市更新示范项目，为项目落户提供稳定用地供给。大力推广项目投资建设直接落地改革经验，完善以企业承诺制、备案制和事后监管为主要特色的监管制度，优化规划、建设等环节的审批，推动环评、交评、水保、勘查等多个环节的提前介入，切实加快"六新"产业项目落地建设速度。

三　壮大"六新"产业的初步成效

经过两年多来的持续探索和精准发力，道滘"六新"产业发展势头迅猛、发展成果喜人，有效带动经济规模、经济结构、经济效益持续、快速提升。

（一）新旧动能加速转换

目前，道滘"六新"产业集聚效应初具雏形，以"六新"产业为主导的新动能逐步替代造纸、纺织服装、食品饮料加工等旧动能下降所带来的缺口。其中新材料、新业态等特色产业已形成了明显的先发优势与集聚优势，新装备、新能源、新医药等特色产业也积蓄了重要的突破态势，有效带动新旧动能加速转换。2016年，在纺织服装、食品饮料加工等传统支柱产业持续下行的情况下，新材料产业实现增加值6亿元，比2014年增长18%，占规模以上工业增加值14%，拉动了全镇GDP增长；以跨境电商、大宗交易、休闲旅游为特色的新业态蓬勃发展，推动社会消费品零售总额持续保持两位数增长，对经济增长的贡献率达到26.7%，比2014年提升了16.4个百分点。

（二）产业结构不断优化

实施"六新"产业发展战略以来，道滘加速产业结构调整，三次产业

比例从 2014 年的 1.83∶53.1∶45.07 优化调整为 2016 年的 1.53∶47.49∶
50.98，第三产业比重首次超过第二产业比重。同时，大力推动产业由低端
向高端转型，由低附加值向高附加值转变，初步建立技术先进、资源节约、
环境友好的现代产业体系。2016 年先进制造业、高技术制造业分别实现增
加值 12.61 亿元和 7.82 亿元，比 2014 年同期分别增长 37.8% 和 35.3%；
占规模以上工业增加值比重分别为 35.06% 和 21.74%，比 2014 年同期分别
提升 7.2 个百分点和 4.1 个百分点。

（三）创新能力显著增强

立足"六新"产业发展需求，建成华科孵化器、创新岛 1 号和 2 号、
中央"千人计划"人才创业基地，牵头成立广东省激光产业技术创新联盟
以及道睿石墨烯、顺道智能制造、同道军民融合、海丝产业金融等一批研究
院，引进中央"千人计划"人才 2 名。企业自建研发机构 35 个，成功培育
省级院士工作站 2 个，规模以上工业企业每万人从业人员中研发人员占
6%。2016 年培育"新三板"挂牌企业 7 家，"新三板"挂牌企业总数排名
中，水乡排第 2 位。2016 年新增高新技术企业 22 家，累计培育高新技术企
业 40 家，总量位居前列，提前完成"十三五"发展目标。2015~2016 年累
计申请专利 1324 件，获授权专利 878 件，分别比 2014 年增长 209.3% 和
204.9%。

（四）综合效益快步提升

得益于"六新"产业用地集约、效益良好、带动力强的助推，2016 年
道滘单位建设用地 GDP 产出约为 25.7 万元/亩，比 2014 年的 21.4 万元/亩
提高 20.1%；单位建设用地税收贡献约为 5 万元/亩，比 2014 年的 3.9 万元
/亩提高 28.2%，产出效率位居水乡核心四镇第 1 位；每亿元 GDP 税收贡献
约为 1939 万元，比 2014 年的 1820 万元提高 6.5%。综合运用环保、消防、
安监等手段倒逼清退 12 家"两高一低"造纸企业和 3 家非造纸污染企业，
加速置换一批优质新型产业项目，实现 COD 减排 1992.9 吨、氨氮减排 70.3

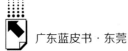

吨、二氧化硫减排 3400.4 吨、氮氧化物减排 1320.9 吨。积极通过产业优化升级推动人口置换,成功吸引一大批技术技能人才集聚,推动社会治安得到明显改善,2016 年接报警情 2144 宗,比 2014 年下降了 37.2%;立刑事案件 945 宗,比 2014 年下降了 30.2%。在 2016 年全市各镇街落实科学发展观考评中,由于经济效益、社会发展等指标得分及排位提升,道滘镇综合排名从 2015 年度的第 26 位前进到第 23 位。

B.22
麻涌镇以生态治理促转型
发展的经验与启示

陈建枝*

摘　要：　近年来，麻涌镇坚持"环境就是生产力，抓环境就是抓生产力"的理念，走出了一条以生态治理促转型发展的绿色崛起之路。本文系统地介绍了麻涌镇以生态治理促转型发展的探索实践、进展成效和经验启示，指出转型发展必须坚持生态美与百姓富的有机统一，突出党政主导和社会多元参与。

关键词：　生态治理　转型发展　麻涌

麻涌镇位于广东省东莞市西北部，地处珠江口东岸，全镇总面积91平方公里，常住人口12万人，其中户籍人口7.58万，下辖13个村委会，2个居委会，是一个香飘四季的美丽水乡。20世纪90年代，麻涌迅速走向工业化，经济增长显著。伴随着经济的高速发展，环境问题也随之而来，空气和水体在一定程度上受到了污染。近年来，麻涌镇以生态治理为抓手，走出了一条转型发展的绿色崛起之路。

一　背景意义

麻涌镇以生态治理为牵引、推动经济社会转型发展是贯彻落实习近平总

---

* 陈建枝，麻涌镇党委书记。

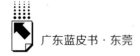
书记系列重要讲话精神和治国理政新理念、新思想、新战略的具体举措，是着眼于提升群众福祉做出的现实抉择。

（一）践行绿色发展理念的重大举措

习近平总书记深刻指出，绿水青山就是金山银山。生态环境没有替代品，用之不觉，失之难存。党的十八届五中全会提出了创新、协调、绿色、开放、共享的发展理念。广东省"十三五"规划明确提出，要坚持生态文明发展道路，把绿色发展理念融入经济社会发展各方面。为让群众看到绿色发展的预期，麻涌镇按照全市的总体部署和"治污促转型、拆旧求发展"的工作思路，高标准执行"两高一低"企业的治理工作，雷厉风行地进行生态治理和修复，并以环境的改善助推城市、产业升级，将麻涌打造成了珠三角全域旅游的热门目的地，实现了经济效益、社会效益、生态效益的有机统一。麻涌的华丽"转身"为全市类似镇（街道）的突围破局提供了范例和借鉴，具有鲜明的区域样本价值。

（二）破解自身发展难题的需要

20世纪90年代，新沙港建成使用，释放了麻涌镇的区位优势，改善了投资环境，麻涌镇一时成为招商引资的热土。但由于历史局限，当时的招商引资没有理清绿色经济与环境污染的矛盾关系，形成高消耗、高排放、低效益的产业经济。一方面，环境污染加剧，过去一些河道水质甚至达到了劣五类，使麻涌不具备发展新兴产业、现代产业的条件，对高素质人才的吸引力下降；另一方面，"两高一低"企业占据了土地等要素资源，高端优质企业发展空间小，投资意欲低。环境污染的现状在一定程度上使麻涌在产业结构上陷入了"低端锁定"，影响了人居环境，导致不少本地年轻人"出走"，弱化了地区发展后劲。要解决这些现实难题，迫切需要以水环境治理为突破口，重塑麻涌经济社会发展的环境优势。

（三）提升群众幸福指数的内在要求

"人民群众对美好生活的向往就是我们的奋斗目标"。麻涌镇凭借较为便捷的交通和毗邻广州的独特区位优势，充分发挥承接港澳台产业转移方面的先发优势，经济社会发展走在了不少内地城市的前面，但也面临环境污染等突出问题。随着经济转型的加速，粗放发展模式越来越难以为继。当地群众一方面盼望发展突围，实现经济健康、平稳、可持续增长，不断巩固和提升经济质量和水平；此外，反对"边发展、边污染"的传统发展路径，期待在实现结构调整、动能转换、经济转型的同时，实现环境优美、生态宜居，让城市发展留得住青山绿水，记得住乡愁，享受物质文明、生态文明的多重成果和利好。

二　探索实践

（一）行动规划，做好顶层设计

采取"边规划、边落实"的方式，凸显了麻涌镇提升效率和速度的决心。抓好新型城镇化、产业发展方向的顶层设计，为转型发展奠定了基础。

一是制定城镇发展总规划。2012 年年底，麻涌镇邀请深圳蕾奥、广州设计院、杭州岭南设计院、东莞设计院等反复调研论证，制定了五大行动规划，确立了"五区、九园、六纵四横"的发展思路，奠定了城镇发展的总体框架。"五区"即湿地旅游区、岭南水乡风貌旧城区、滨江区、新城市中心区、临港产业区；"九园"即 13 大生态农业园；"六纵四横"为城镇主干道路网络。

二是确立全域旅游总目标。旅游产业是朝阳产业，既符合习近平总书记提出的"绿水青山就是金山银山"发展理念，又是绿色经济的重要组成部分。2017 年，我国提出"积极实施'三步走'战略，奋力迈向我国旅游发展新目标"，东莞市委吕业升书记就建设全域旅游区到麻涌开展专题调研，对麻涌打造全域旅游提出具体的要求和方向。这表明麻涌发展全域旅游正当其时。近年来，麻涌大力开展生态治理，开发华阳湖国家湿地公园、花海漂游，走进"香飘四季""古梅乡韵"乡村游等旅游项目，建设中大创客坊、印象水乡、渔人码头等旅游配套项目，吸引大量游客前来观光、旅游、消费，全镇旅游氛围日益浓厚。目前麻涌生态治理已取得明显成效，全域旅游区格局已初具雏形。

三是确立产业发展总定位。要实现经济转型、产业升级，除了打造全域旅游区，还要抓好创新和贸易。在创新一端，狠抓粮油研发、平台化电商物流、汽车产业转型等，指导企业通过研发创新增加产值和产品附加值。在贸易一端，借助旅游产业的辐射带动效应，狠抓粮油、电商贸易"十倍增"，大力推动民宿、观光旅游、商业等消费。通过上述措施，推动粮油产业从来料加工向研发创新和贸易跨越，推动运煤、运粮食的传统物流形态向现代电商形态跨越，推动汽车产业从物流仓储向平行贸易跨越，推动农业从小农生产向观光旅游跨越，最终实现麻涌产业向高端高品质迈进。

（二）全民动员，统一思想认识

思想是行动的先导，只有从思想上重视和认识以生态治理促转型发展的重大意义，才能从根本上扭转发展局面。

一是抓调研谋布局。2013年年初，全镇领导干部用3个月时间深入农村、企业，广泛开展调研，找准制约发展难题，最终形成了16份高质量、高水准的专题调研报告。在全面梳理调研报告的基础上，麻涌镇确立了"治污促转型，拆旧求发展"的发展思路，探索一条效益挖潜、内涵提升的集约发展之路，就是要通过生态治理，腾出发展空间，引进优质企业落户麻涌，实现生态效益带动经济效益。

二是抓动员树榜样。2013年5月，麻涌镇组织召开了由5000多党员干部参加的"建设美丽麻涌"动员大会，现场派发《五区九园六纵四横行动规划》画册，共同谋划跨越发展的蓝图，凝聚全镇人民的意志。实践证明，抓思想动员就是抓工作实效。镇村干部身先士卒，村党工委班子带头迁坟，生产队长积极带头支持农地统筹和征地拆迁工作，甚至有的村干部在女儿出嫁当月带头迁坟。在镇村干部的示范带动下，不少有公心、群众基础牢固的党员干部、离退休老干部、本地企业家纷纷回户籍所在村做群众思想工作，动员身边的亲朋好友支持耕地统筹、清拆禽畜养殖场窝棚、搬迁农地坟墓。

三是抓实事，聚民心。在建设美丽乡村过程中，村两委班子携带项目效果图、宣传资料等走访入户，向村民宣传环境治理措施，解释市镇相关政策，争取群众支持。据了解，涉及古梅乡韵项目的4个村，村干部累计下村巡查627次，召开村民代表大会16次，走访村民1952户。同时由镇财政聘请各村生产队长作为文明督导员，每月给予800元补贴，发挥他们的积极性，动员全镇人民积极参与美丽乡村建设，让群众真切感受到党委、政府为人民服务的工作出发点。

（三）生态治理，优化发展环境

麻涌镇转变传统整治理念，以治水为切入点，全面改善生态环境。

一是建成华阳湖国家湿地公园。该公园核心区域占地5280亩，周边原有不少化工、电镀和洗水漂染等企业，农田大片丢荒或用于违法搭建禽畜养殖场，河水受到一定污染。针对这种情况，麻涌镇按照东莞水乡统筹发展战略部署，在加固堤围、提高水利设施防洪能力的同时，采用"截污、清淤、活源、治堤、修复"等措施，投入2.8亿元将之改造为兼具水利、农田、生态修复、环保、文化创意功能的生态旅游区，总蓄水量达320万立方米，极大地改善了当地的人居环境，是麻涌打造海绵城市的重要水利枢纽。据统计，近3年共关停了83家污染企业，累计清拆禽畜养殖场223个，共16.5万平方米，清淤165万立方米，完成清淤河道总长25公里，整治后华阳湖水体从劣五类转变为三类至四类。

二是强化环保执法。对污染河涌的工业企业实施综合整治，由镇主要领导带队巡查河道排查企业私设排污口。严格落实"涌长制"，由镇委书记任总指挥，镇长任总涌长，其他镇班子成员担任其中一个内河涌区域的"涌长"。投资建设恒运集团长距离供热（东莞麻涌）项目，向新沙工业区实行集中供热，替代工业区内分散中小锅炉。划定38.2平方公里的禁止燃用高污染燃料区域，引导嘉吉等34家企业"煤改气"或应用天然气，引导玖龙纸业等 40 多家企业淘汰低效电机和实施电机系统节能改造。严格限定企业准入门槛，禁止"三高"企业落户麻涌，切实形成绿色生产空间。

三是开展截污管网建设。结合麻涌湿地生态治理的经验，对整治过的内河涌实行生态治理，沿着河涌进行截弯取直、清淤疏浚，挖出来的淤泥用松木桩固定堆放在河道两旁，并种植花草，实施生态净化；对人口密集的镇中心区、工业区采用截污处理方式；对较远的村采用生态治理结合分散式小型污水处理厂处理方式等模式。近年来，全镇建成截污主干管网 30.23 公里、3 座污水提升泵站及 1 座污水处理厂。接下来计划投资 7.18 亿元建设 68.28 公里次支管网、4 座分散式污水处理站。

（四）经济转型，推进产业升级

生态效益能够带动经济效益。麻涌镇通过开展生态治理，优化了投资环境，改善了产业转型升级的土壤，有力推动了产业的升级。

一是以生态治理促进传统物流产业升级。引进京东等电商项目，实现传统物流和电子商务"强强联合"。2016 年实现电商贸易额从 2015 年的 6 亿元跃升至 107 亿元。接下来重点推动京东亚洲一号项目建设，2017 年实现贸易额 150 亿元，税收 1.5 亿元。预计 2018 年全面投产运营后有望实现销售额约 250 亿元，年税收约 2.5 亿元。

二是以生态治理促进传统粮油产业升级。通过环境治理倒逼粮油产业升级，引导粮油产业科研创新，提高产品附加值，重点推动中粮产业园打造成国家级粮油实验室。大力推动粮油食品产业向深加工和食品终端发展，加快促进海底捞、周黑鸭、英联马利等项目投产。引导知名粮油品牌代理商或区域代销商在麻涌设点，形成粮油及相关衍生产品专业市场。结合减免租金、资金奖励扶持等措施，大力招引粮油食品终端产品的生产和销售项目，进一步完善粮油产业链，加快实现从粮油生产基地向粮油展销基地转变。2015 年已推动中粮、路易达孚、深粮等多家企业开展粮油贸易，2016 年粮油贸易额从 2015 年的 20 亿元跃升至 100 亿元。

三是以生态治理促进连片"三旧"改造。将"三旧"改造作为促进城市更新和经济发展的重要抓手。制定《麻涌镇"三旧"改造实施办法（试行）》，明确镇村企合作项目、企业自改项目的操作办法，对"三旧"项目改造补缴土地出让金、转变土地用途指标费中镇的分成部分，按比例奖励原村集体经济组织。将"工改工"土地出让收益全额归村集体，"工改商"土地出让的收益按镇村5∶5分配，"三旧"改造引进的工业项目税收留成实行镇村5∶5分成。抽调镇内部门骨干成立"三旧"改造工作小组，压缩"三旧"改造审批手续时间11.5个月。投入"三旧"改造拆迁专项资金，收回"三旧"用地1370亩，2017年计划再收回1639亩，推出市场招拍挂860亩，至2020年，完成6000亩的"三旧"改造任务。

（五）改造提升，建设美丽乡村

麻涌镇共有14个村（社区），在推动新型城镇化的进程中，十分注重改善人居环境，确立了将全镇14个村（社区）建设成为标准化的美丽、平安、文明乡村，让人们生活在公园里。

一是全面建设美丽乡村。在规划设计上进行全面统筹，将极具水乡特色的村庄进行统一规划、连片设计，保留凉棚、祠堂、埠头、小桥、榕树等元素，整合历史、人文、农耕、龙舟等资源。自2015年起，陆续建成"走进香飘四季""古梅乡韵"等项目，切实改善农村环境，形成乡村旅游的发展基础。2017年又建设"南繁盛景""曲水岸香""和乐漳澎"等美丽幸福村居项目，实现全镇14个村全部建成美丽、平安、文明乡村。在这个基础上，极大地改善了农村的创业和旅游环境，其中，新基村引进"白房子水乡无边（新基）创客基地"民宿项目，并被评为"第二批中国乡村旅游创客示范基地"。目前，已租赁69栋民房，全部用于改建民宿客栈，部分已建成并投入使用。

二是优化农村人居环境。结合"补短板、促提升"精神文明建设工作，大力整治农村环境，完善基础配套设施，完成新建或改建景点30多处，建成25公里岸上绿道和23公里水上绿道，复绿12万平方米，发动东太、大步、新基三个村合计20万平方米的陆水生植物由74个生产队村民认养。主动发挥省级精神文明建设示范点的带头作用，2017 年以来，累计清理卫生死角 4560 处、垃圾集聚点 2787 处，整理"牛皮癣"2.71 万处，拆除违法搭建物和违章户外广告 398 宗。

三是发展休闲观光农业。麻涌保存了大量的耕地，各个村庄被耕地包围分割。针对这种情况，麻涌镇通过统筹耕地，推出都市观光农业项目，不仅提升耕地的租金和产出效益，还极大地提升了生态环境，让群众生活在公园里。据统计，全镇共统筹 2 万多亩耕地，迁坟 2 万多座，引进农业公园项目。成立麻涌镇旅游协会和农业旅游发展专项资金，对获得国家、省、市专项资金扶持的农业公园按 1∶1 的标准予以补贴，成功打造了 4 个中国乡村旅游金牌农家乐、4 个市级家庭农场，获得"省休闲农业与乡村旅游示范镇"的称号。以"公司＋农户"方式推广"金麻香蕉"品牌，增加农民收入。2016 年吸引 50 万游客到农业园观光、旅游、消费。

（六）全域旅游，引领麻涌突围

通过发展全域旅游，对经济社会资源进行全方位、系统化的优化提升，实现区域资源有机整合、产业融合发展、社会共建共享。

一是打造以华阳湖为核心的特色景区项目。积极引进云南城投，高规格、高标准地建设岭南水乡文化旅游景区项目，建设星剧场、灯光音乐喷泉、水上表演舞台等旅游项目，引进具有云南民俗风情的表演项目，加快形成以华阳湖为核心的旅游产业，凝聚更多人气和商机。参考威尼斯水上旅游发展模式，培育发展"水上旅游"配套产业，打造中国"威尼斯水城"，形成全国独一无二的旅游体系。

二是开发民宿、农业游等配套产业。完善乡村游民宿配套设施，创建全域旅游及民宿发展基金，加快建设新基民宿配套美丽乡村二期和漳澎角尾整村民宿项目。根据游客的需求，引导农业园发展产品采摘、耕作体验、田园观光、亲子活动等产业，提高农业用地产出效益。落实农业园项目 5% 的配套设施用地。在不对耕地实施硬底化的前提下，开发木屋民宿、绿道驿站、游客服务中心、水果采摘销售点等设施建设，吸引更多游客前来观光、旅游、消费。

三是完善城市旅游配套设施。建立旅游标识系统，在国道、省道、高速公路等投放旅游指示牌及路牌，统一规划建设高标准旅游厕所，选点建设多层停车场，完善基础设施配套。实施绿化美化、灯光亮化。对全镇的街道实施绿化提升，增加雕塑等旅游元素；对华阳湖核心区域实施灯光工程，对主要出入口和道路进行灯光升级，打造特色夜游项目。扩大旅游绿道的覆盖范围，优化公共自行车慢行系统，打造"15分钟绿色旅游圈"。

三　进展成效

（一）推动了城镇更宜居

麻涌大力开展环境治理，建设成为"天蓝、地绿、水清"的宜居城镇，实现了让更多麻涌人回到麻涌生活居住的目的。获得"中国美丽乡村建设示范镇""全国美丽宜居小镇""珠三角最美生态乡村""珠三角最美水乡"等荣誉称号，华阳湖获评"国家湿地公园"。

一是空气清新。空气优良天数从2013年的52.3%提升至2016年的83.9%。2017年4月，麻涌在全市空气质量综合指数达标率排名第一名，PM10浓度、臭氧排名较好。华阳湖国家湿地公园汇芳桥的负离子含量为3045个/立方厘米，超过世界卫生组织公布的对人体有益的标准（1000个/立方厘米）2倍多，全市湿地公园排名第一。空气好，群众自然心情好。每天早晨、傍晚，环湖运动、聊天的群众络绎不绝，纷纷点赞麻涌空气质量好。

二是绿化完善。麻涌大力践行绿色发展理念，发展经济的同时不忘绿化环境，对工业区也实施绿化提升工程，实现处处造绿、全镇绿化全覆盖。2013年以来，麻涌大力实施绿化工程，种植水杉、垂柳、鲜花、水草等绿色植物，建成35公里水上绿道、42公里岸上绿道，全镇公共绿地面积达388.8公顷，比2011年增长85.08%，全镇绿化覆盖率达47.5%，人均公共绿地面积32.3平方米，比2011年增长64.5%。荣获"全国绿化先进集体""省生态镇""省园林城镇"，努力打造成为水乡片区绿色生态标杆城镇。

三是水质清澈。麻涌的水域面积接近20%，可以说水是麻涌的灵魂。实践证明，水质越清澈，则发展速度越快，社会也随之越和谐。经过全面整治水环境，全镇河涌水环境质量明显好转，内河涌水质从劣五类迅速恢复到三类至四类，水质监测综合得分多次在水乡片排名第一，镇5个考核断面水质顺利通过省、市考核。鱼、虾等水生动植物随之大量繁殖，白鹭等鸟类重回栖息，重现了麻涌八景中的"白鹭榕荫"美景。

（二）推动了城镇更宜商

麻涌的商贸业态从传统农业到现代观光农业，从传统物流到现代港口物流的跨越，推动了贸易消费的大幅增长。

一是粮油电商贸易倍增。建成新沙公园粮油展销基地，并推进国丰、深粮、嘉吉等大型粮油企业进驻，扶持引导中粮、中储粮、金龙鱼、鲁花等品牌代理商、区域代销商在麻涌设点。推动中粮产业园打造成国家级粮油实验室，大力推动粮油食品产业向深加工和食品终端发展，促进海底捞、周黑鸭、英联马利等项目投产。先后举办广州电商专题招商会、五矿钢铁物流招商会，制定促进电子商务发展办法，引进京东、深粮电商等电商项目，形成电商发展的聚集效应。通过"互联网＋"实现粮油产品线上线下销售，推动粮油贸易额从2015年的20亿元跃升至2016年的100亿元，电商贸易额从2015年的6亿元跃升至2016年的107亿元。三次产业比例从2013年的1：73.5：25.5调整为0.73：55.29：43.98，第三产业总量增加了近1倍。

二是观光农业消费需求旺盛。成功引进印象水乡、菇菇花果园等都市农业项目，推进6个传统农场升级改造为集产品采摘、耕作体验、田园观光、亲子活动于一体的特色家庭农场。其中，菇菇花果园被认定为市级休闲观光农业示范点及市级设施农业示范基地，章姨农场、开心农场、印象水乡、丰收农庄4个农家乐获国家旅游局授予"中国乡村旅游金牌农家乐"称号。菇菇花果园以生态开发为宗旨,通过规模发展养殖种植、农业科普、观光旅游等特色项目,让旅游带动经济发展,促进农民致富增收。2016年,全镇实现农业收入1.3亿元,接待游客50万人次,实现了农业与经济共赢。

三是旅游消费能力不断增强。得益于麻涌旅游产业的辐射带动效应,中大创客坊、印象水乡、渔人码头、西园夜市四大商业体迅速崛起,催生了本土创业潮,形成了浓厚的商业气息。每逢法定节假日,麻涌以水乡美食为突破口,策划系列主题活动,挖掘和提升麻涌美食品质,把当地的特色美食推介给广大游客,满足游客在麻涌"吃、喝、玩、乐"一条龙服务。据统计,仅华阳湖景区每年就吸引上百万游客走进麻涌,有相当一部分游客留在麻涌消费。2016年,麻涌旅游收入超3亿元,消费零售总额126亿元,增长500%。

(三)推动了城镇更宜游

麻涌的旅游产业从0到1,逐渐从旅游输出地变为旅游目的地。

一是景区建设从无到有。全镇共建成华阳湖国家湿地公园、花海漂游、香蕉国际博览园等景点20多个,形成了以华阳湖为核心的生态旅游,以"古梅乡韵""香飘四季"为主导的乡村游,以现代农业园为平台的休闲农业游,以自行车赛、龙舟赛、汽车漂移大赛等高水平体育赛事为展示的文化体育游,以水乡美食节为推介的美食游等旅游线路。中央电视台《新闻联播》、广东卫视《他山之石》先后介绍了麻涌生态文明建设成果。

二是旅游配套逐步完善。完善旅游标识系统,完成全镇旅游景点、主要商业街、餐饮企业、酒店在百度地图、腾讯地图等主流导航地图定位。增设公共停车位2320个,交通标志牌由2013年356块增加至417块,旅游标志牌由2013年0块增加至103块。夜景灯灯带由2013年2350米、泛光灯156套增加至灯带32150米、泛光灯2687套。

三是旅游网络日益形。全镇建成水上绿道35公里,岸上绿道42公里。

建立了公共自行车服务系统，设立 115 个公共自行车服务点、桩位 3326 个、投放公共自行车 2500 辆，覆盖全镇 14 个村（社区），串联了华阳湖湿地公园、古梅乡韵、香飘四季乡村游等 30 多个景观节点。鼓励摩拜、OFO 等新型共享自行车进驻，完善岸上观光系统，成功打造村民、旅客便捷生活方式。同时，通过对河涌清淤疏浚，参考威尼斯水上旅游的发展模式，发展游艇、邮轮、游船等水上观光载体，开发镇内外水上公共巴士线路，目前已在新基村、东太村、大步村试点投放观光小龙舟，初步形成"景景相通、整体联动"的全域旅游格局。

（四）推动了城镇更宜业

一方面，创业环境日益改善。自 2009 年至今，出台《麻涌镇促进户籍人员创业就业实施方案》等 5 个政策文件，每年下拨 1000 万元鼓励创业就业，惠及 2.23 万人次。通过商事制度改革，特别是注册资本认缴制、住所信息申报制方面的改革，降低市场准入门槛，实现全镇市场主体高基数上的稳健增长态势。自 2015 年 1 月至今，新增市场主体达 3328 户，平均每天新登记设立市场主体 6 户，目前全镇市场主体达 8608 户。批发零售业、住宿餐饮业、租赁和商务服务业迅速兴起，第三产业占创业主体现接近 90%；回麻涌创业就业的户籍应届毕业生占比从原先的 29% 迅速上升至 2016 年的 51%，年均增长 38.5%。

另一方面，村民就业在家门口。麻涌大力发展旅游产业，带动镇餐饮住宿零售消费。以举办风车美食节、"MM"周末嘉年华、南方草莓音乐乡等节庆活动为载体，精心编制《麻涌美食地图》，推广《来麻涌搵食》专栏，以旅游带动商业，以美食带动消费，以创业带动就业。建成中大创客坊、印象水乡、渔人码头和西园夜市等商业体，进驻创业商家 320 户，提供就业岗位 1312 个。近年来，成功举办形式丰富的水乡美食节等活动 10 期，吸引游客 220 万人，总创收达 1.8 亿元。紧抓"古梅乡韵""香飘四季"美丽乡村游带来的人流和商机，动员村民在自耕地种植蔬菜、瓜果，吸引游客购买。

四　经验启示

（一）转型发展必须强化抓环境就是抓生产力的理念

环境是最大的公共品，加快转型发展，关键要解决环境问题。麻涌的实践证明：各地在转型发展中，必须牢牢强化"环境就是生产力，抓环境就是抓生产力"的理念，坚信哪里的发展环境好，哪里就会聚集更多的生产要素，哪里的经济活动就会出活力、出效益。伴随着麻涌大力整治生态环境，尤其是伴随着全域旅游战略的稳步有序推进，麻涌的整体发展环境有了非常大的改观，由此带来了一系列可喜变化：环境的改变使当地可以全力发展以旅游业为龙头的服务产业集群，在一定程度上打通第一产业、第二产业、第三产业，形成发展"六产"的经济发展新态势。与此同时，麻涌镇 100 天内造出一个华阳湖的奇迹，让外界和投资者看到了当地在政务服务、营商成本等软环境方面改善的魄力，坚定了其在麻涌投资重大项目，依托当地既有的产业基础，在粮油、电商等领域进行多元化布局的信心和行动。

（二）转型发展必须突出党政主导

转型升级意味着利益调整，需要突破路径依赖，敢于壮士断腕，非党政主导下的强力推动不足以成事。纵观麻涌镇以生态治理助推转型发展的全过程，其中的一条基本经验就是突出了党政主导，至少体现在以下三个方面。一是高起点规划，敢于把污染区打造成旅游区。二是大手笔治污，为实施"生态＋"战略打基础。三是大魄力治理，为转型发展、绿色发展赢空间。坚决清退"两高一低"产业，杜绝污染的 GDP，关闭污染企业 83 家（重污染企业 35 家）；以"三旧"改造为抓手，倒逼企业转型升级。修编《麻涌镇环境规划》，严控可能造成环境污染的项目上马。制定水污染防治计划，全面实行"河长制"。麻涌的实践生动证明，转型升级发展中的"硬骨头"

必须也只能交给政府。只有政府做好规划设计，当好"指南针"和"压舱石"，转型发展中的难题才能迎刃而解。

（三）转型发展必须坚持生态美与百姓富的有机统一

在传统的发展路径下，生态美与百姓富犹如鱼与熊掌，两者不可兼得，而一旦突破路径依赖，实现了转型发展，则生态美与百姓富完全可以实现有机统一。生态美、百姓穷不是转型发展，环境污染、百姓富裕同样也不是转型发展。依靠消耗资源能源换取经济增长，百姓富只能维持在一个较低水平，其根基不可避免地会发生动摇。究其原因，根子就在于经济发展透支了一地的资源要素禀赋，偏离了内涵式、集约式的科学发展之路。麻涌镇经济社会转型升级实践证明，生态美和百姓富完全可以齐头并进。从内涵上看，转型发展要求的是更为全面、更高质量的发展，物质文明和生态文明的和谐统一是其应有之义，坚持生态美与百姓富的有机统一必须成为转型发展的基本遵循，也是衡量转型发展成功的重要依据之一。

（四）转型发展必须突出机制创新

转型发展是一场硬仗，利益协调难度大，必须通过创新机制、凝聚共识、汇聚智慧。纵观麻涌镇的实践，一个重要启示就是通过机制创新提供共建共享的渠道与平台。具体而言，一是创新了动员机制。高规格、大规模地召开了"建设美丽麻涌"动员大会，把麻涌未来的规划详尽地呈现在每一个参会者面前。二是创新了开发机制。尊重市场规律，引入云南城投集团开发华阳湖，让专业的人做专业的事，画出了全域旅游画龙点睛的一笔。"香飘四季"、"古梅香韵"、中大创客坊等项目莫不如此。三是创新了共享机制。全域旅游战略最为典型，全域旅游衍生出的社会效益、经济效益惠及了每家每户，这就使人人都是全域旅游开发的受益者和参与者，打造了一种牢不可破的利益共同体，并有效促进了转型升级。

（五）转型发展必须引导社会多元参与

转型发展除突出党政主导外，还必须着力引导社会的多元参与、有效参与。归根结底，转型发展是对政府治理能力的考验，要取得实效，一方面要靠"政府掌舵"，另一方面还必须靠"社会划桨"，调动包括社会、市场和民众在内的一切力量。麻涌镇统筹流转农田，群众配合将农田里的2万多座坟墓拆迁至统一墓园；"文眼"华阳湖的打造与麻涌政府尊重市场规律、尊重专业，引入具有丰富旅游开发经验的云南城投集团密不可分，与此同时，不少投资者纷纷"回归"或到来。2015年以来，平均每天新增市场主体6户，批发和零售占比51.29%，住宿和餐饮占16.44%，彰显了市场的力量。麻涌镇的实践证明，虽转型升级是一项庞大而复杂的工程，但众擎易举，通过合理的机制引导多元社会力量参与，就可以形成强大合力，并达到事半功倍之效。

B.23
东莞市横沥镇建设模具制造专业镇协同创新体系的实践研究

横沥镇课题组[*]

摘　要：　专业镇是广东民营经济和中小企业集聚区，是广东经济发展的重要支撑。而抓好专业镇协同创新体系的建设，是全省创新驱动的一项重要工作。而如何推动专业镇协同创新体系建设，还有许多问题值得共同去思考。本文以广东省东莞市横沥镇协同创新体系建设为例，探讨专业镇协同创新体系建设的发展模式、发展路径。

关键词：　专业镇　协同创新　横沥

横沥镇是"广东省模具制造专业镇""中国模具制造名镇"。专业镇一般是指城乡地域中经济规模较大、产业相对集中且分工程度或市场占有率较高、地域特色明显、以民营经济为主要成分的建制镇。近年来，在国家、省、市创新驱动发展战略的指引下，横沥镇及时转变方式、调整思路，积极为东莞传统制造业转型升级开题破局，"立足专业镇主导优势产业，打造了政产学研合作的协同创新服务平台，促进产业、科技、金融、人才深度融合，带动传统产业转型升级和高端发展"，走出了一条面向传统模具产业集群实施协同创新的新路子。在 2016 年度中国建制镇综合实

---

　　* 课题组组长：陈锡稳，东莞市工商局局长，原横沥镇党委书记。成员：何植尧，东莞横沥镇委书记；黄志明，东莞横沥镇党委副书记；孔炜坚，东莞横沥镇副镇长。

力前100名榜单中，横沥居全国镇级第81名，并在东莞入榜的镇街中名列第13位。

一 横沥镇模具产业协同创新体系建设的发展历程

横沥模具协同创新体系建设经历了科技创新基础建设期、协同创新探索期、协同创新发展期和协同创新快速发展期。

（一）科技创新基础建设期（2006~2009年）

横沥镇的模具产业始于20世纪90年代，早期的模具加工以分散经营、手工作坊为主，企业规模较小，80%的企业技术含量低，有设计能力的仅占10%左右，更谈不上自动化和标准化。难以形成规模优势和品牌形象，总体竞争能力很低，严重制约了模具产业的发展。2005年广东省推进省、部产学研结合试点工作，横沥镇及时抓住机遇，充分利用三部两院一省产学研合作体制机制，积极推进企业研发、产品创新、技术攻关和科学成果转化等工作，如建设"横沥汇英（国际）模具城"、开办"百名模具师傅培训班"、举办"广东东莞模具制造机械展览会"、建设"东莞横沥模具专业镇技术创新平台"等，闯出一条通过技术创新推动模具产业升级的新路子。横沥镇2008年获得广东模具制造专业镇的称号。

（二）协同创新探索期（2010年1月至2012年6月）

针对横沥镇模具产业整体规模偏小、科技创新滞后、多数企业处于产业低端，2008年金融危机后，镇模具产业后续发展还面临土地资源严重不足、环境容量逼近极限、持续发展难以为继的困境。2010年横沥镇政府启动建设模具科技产业园，下决心通过产业公共服务推动模具产业向高端发展、品牌发展、创新发展。具体措施包括：成立东莞市机械模具产业协会、完善模具城后续建设等系列举措，扩大横沥镇模具的区域影响力，吸引更多的优秀模具企业落户横沥；打造模具科技产业园的招商品牌，集中对外推介，吸引更多如"南方冲压模具联盟"会员单位的优秀模具企业进驻横沥，推动模具产业走向高端；建立横沥模具信息化公共服务平台，通过信息化推动模具产业发展；与高校合作，启动一镇一校合作项目，推动横沥镇模具科技创新发展。

（三）协同创新发展期（2012年7月至2015年6月）

横沥镇模具产业虽然有发展，但传统的模具发展模式难以为继，面对众多问题横沥镇政府既不轻易转移产业，也不一哄而上追逐新兴产业，而是镇政府率领企业到横沥镇到上海、武汉等地的多所高校院所调研。2012年11月横沥镇与上海交通大学、上海市教育委员会科技发展中心、广东工业大学等共同成立模具产业协同创新中心，以专业、系统的服务体系衔接上、下游，服务企业发展，协同创新进入发展期。横沥镇政府与时俱进，通过不断调整思路和转变方式，对内建设创新平台，对外连接高校资源，如建立金融综合一体化服务平台、横沥模具3D打印公共技术服务平台、横沥镇模具工程师俱乐部、模具装备制造创新中心、东莞市3D打印技术产业联盟、横沥模具技术培训学院等，使模具企业在困难面前成功转型突围。模具企业创新产业链融合生成，创新政策初见成效，协同创新体系得到发展。

（四）协同创新快速发展期（2015年7月至今）

横沥镇为模具产业注入新的动能、新的引擎，实现了"三个有效转变"：即产业培育上，由过去的"自然生长"到提供更有力、更精准、更科学的"创新服务"转变；产业链条上，从单一的模具生产到科技、金融、人才全产业链、创新链转变；市场需求上，由"野蛮生长"到减少无效需求、扩大有效需求的"供给侧"转变。

2015年12月协同创新中心被认定为广东省新型研发机构，牵头成立广东省模具与汽车零部件产业技术创新联盟，2016年4月创建了航天云网横沥模具云专区和广东中创科技研究院；2015年承办了东莞市专业镇创新服务平台建设现场会，2016年6月在广东省专业镇创新服务平台现场会建设期间，召开了广东机械模具产业领袖峰会和广东机械模具产业创新成果展示交易会。全镇模具行业产值近三年保持 20% 以上的增长，2015 年模具产值突破百亿大关。

二 横沥模具协同创新体系的创新与实践

横沥镇政府加强顶层设计，在围绕产业链部署创新链、完善资金链的指导方针下，整合国内知名高等学校、科研院所和本地企业等优势创新资源，打造新载体，建造新平台，通过加强政策引导、强化财政资金投入、优化协同创新的管理效能，形成了模具上、中、下游的专业化协同创新，以需求为目标、供给对接产学研结合的精准化协同创新，以及以市场做强做大为目标、三链融合、政府决策引导与企业积极参与紧密结合的系统化协同创新的格局。

（一）创建模具产业协同创新中心，形成专业化、精准化和系统化的发展格局

横沥镇的做法是成立一个由镇政府牵头，以市场化需求为导向、多方协同、互利共赢的"横沥模具产业协同创新中心"（2015 年被评为广东省新型研发机构）。协同创新体系的建设以协同创新中心为载体，构建多方参与、深度融合、独立运营、可持续发展的实体组织，整合国内高校资源和优势学科资源，建立属于产业、行业、企业自身的技术、人才、金融体系。

协同创新中心聚焦于模具产业，根据模具产业链部署创新链，以满足模具产业升级需求、能够与企业有效进行技术对接为基本前提，有选择性地引进高校的优势科技资源，同步整合与科技创新紧密相关的创意咨询、创业孵化、金融服务等要素资源，建立覆盖模具全产业链的平台体系，涵盖模具制造装备、模具设计、制造工艺、材料应用、检测与生产等产业链的技术研发环节，协同为产业链升级提供全方位的服务。具体表现为以下几点。

一是以需求为导向的产业链上、中、下游的专业化协同创新。协同创新的基础是产业配套协同和开放式创新。横沥模具的专业化形成了模具产业原

材料、模具制造、检测销售等上、中、下游的配套，在上、中、下游的配套之间或同类企业的合作之间，已逐步出现在产品设计、制造、管理等方面的精细合作，共同优化产业结构，提高产品质量。

二是以供给与需求对接的精准化产学研协同创新。围绕产业发展需求，横沥在模具产业领域，引进了大量专业化的高等院校，以高校实用的技术供给与产业化技术需求对接，开展紧密型产学研合作，围绕产业链条中的不同环节，有针对性地开展协同创新。并根据需要，引进和培养大量专业化人才队伍。如图1所示。

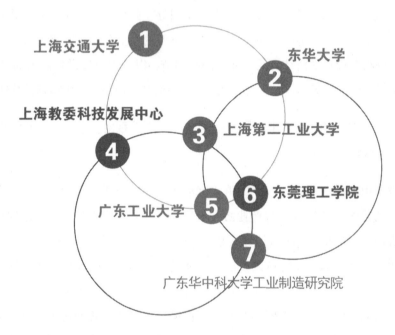

图1　横沥协同创新"一镇多校"合作模式

三是以市场为导向开展产业链、创新链、资金链三联融合系统化创新。根据模具专业镇产业特色和市场特色，政府与多家金融机构共建"金融综合服务一体化平台"，根据模具行业特点，因地制宜地推出具有行业特色的"模具专业贷"，实施广东省专业镇金融信用体系建设试点。同时，发展政府和市场的力量，战略决策引导与社会、企业积极参与紧密结合，系统性地推进协同创新。

基于自身产业发展基础，把握世界模具产业前沿发展趋势，横沥镇选择汽车零部件模具制造、模具装备制造、模具原材料研发作为重点发展方向。与上海交通大学合作建设材料塑性成形技术中心；与上海交通大学、东莞理工学院、东莞市中泰模具股份有限公司、广东正茂精机有限公司共建模具检测技术中心；与东华大学合作建设模具产业电子商务信息中心；与广东工业大学合作建设模具设计；与上海第二工业大学合作建设模具展览展示中心、模具技术学院；与广东华中科技大学工业研究院（原东莞华中科技大学制造工程研究院）合作共建模具装备制造创新中心（装备节能中心）和模具企业孵化中心。横沥镇还与东莞理工学院合作，共建模具产业 3D 打印公共技术服务平台；与中国航天科工集团下属的北京航天智造科技发展有限公司打造航天云网横沥模具云专区；与达兴模具等企业共建广东中创工业科技研究院；与广东省机械模具科技促进协会、广东中创工业科技研究院、广东银宝山新科技有限公司、广东东方亮彩精密技术有限公司等共建广东省模具与汽车零部件产业技术创新联盟。

协同创新中围绕产业链部署资金链，强化创新发展动能。与多家金融机构共建"金融综合服务一体化平台"，根据模具行业特点，因地制宜地推出具有行业特色的"模具专业贷"，实施广东省专业镇金融信用体系建设。

协同创新中心不是只依赖政府投资，而是由政府、企业界、学术界共同搭建的资源和服务共享平台、孵化器，吸引企业的参与，通过整合高校科研和优势学科资源，确保为企业精准有效地提供转型指导和技术供给服务，充分利用市场资源，推动成果转化，满足创新需求，形成创新氛围。例如，2013 年落户横沥的东莞智维立体成型股份有限公司，由 2 名南加州大学博士创立。在协同创新中心的支持下，公司与 5 家高校开展合作，实现成果转化 3 项，成为国内领先的消费级金属 3D 打印机制造商。

（二）创新管理机制，形成协同创新良性发展氛围

协同创新成功的关键在于政府、高校、行业协会和企业之间建立一套行

之有效的长效协同机制。

坚持"政府引导、市场主导"。在建设机制上,采取"共同投入"模式,政府主要投入引导资金、提供研发用房,高校院所投入技术、人才、品牌、专利等无形资产,企业推进科研成果产业化,做到对等投入、优势互补。在管理机制上,推行"理事会治理"模式,理事会成员由政府、高校、协会、企业共同派员组成,综合各方意见和需求,共同协调处理事务。在运行机制上,实行"企业化运作"模式,政府回归公共服务本位,让高校和企业按照市场化规则对接,逐渐发挥市场对技术研发方向、路线选择、要素价格以及其他创新要素配置的主导作用。

在协同创新中心组织架构中,理事会是核心决策机构,成员由镇政府、模具产业公司、参与共建高校、企业、协会(广东省机械模具科技促进会、东莞市机械模具产业协会和东莞3D打印技术产业联盟)派员担任,确保四方决策共谋;"两个专业委员会"包括以专家教授为主,负责为技术发展规划、技术发展方向提供意见的"专家咨询委员会",以及以企业投资者为主,负责科技成果产业化评估、产业招商项目评估的"产业指导委员会",保证经营决策的合理性和市场化导向。创新服务平台包括公共创新服务平台和技术创新平台两大类。这些平台由东莞市横沥模具科技产业发展有限公司、模具企业和高校等19家单位共同负责建设、管理和运营,各单位形成较好的组织协同。

(三)创新"政校企协"联动方式,发挥协同创新主体的积极性

政府、高校、协会和企业四方,各负其责、各施所长,形成行之有效的组织协同。

第一,发挥政府的先导和引领作用。政府在协同创新中心的组建和运营过程中,始终发挥着牵头引领和服务保障的作用。一是在理念上率先突破,主动"傍科技大款",对接上海交通大学、东莞理工学院、广东工业大学等高校,为引入高校创新资源、实施协同创新奠定组织基础。二是在资金上侧重扶持,投入2.05亿元支持协同创新中心建设,镇财政每年安排2000万元

配套资金，实施《横沥镇扶持企业发展奖励办法》和《横沥镇引进创新科研团队（人才）资助暂行办法》，鼓励企业和高校科技创新。三是在资源上优先配置，在镇内地理位置最优越的区域，整合了3100平方米的办公楼无偿提供给协同创新中心使用，并预留了60亩建设用地用于保障协同创新中心未来发展。在扶持产业化项目落地和支持企业申报省、市重大科技项目等方面，充分利用行政资源，为高校、协会和企业参与协同创新营造良好的服务环境。

第二，发挥高校的研发核心作用。依托模具产业协同创新中心，汇聚上海交通大学、东莞理工学院、东华大学等一批各有优势的高校科研院所，通过每季度举办一期的"校企合作"推介会及上门推介等方式，引导扶持高校与企业紧密对接，为企业提供技术支撑和科研服务，积极发挥高校的研发核心作用，取得了良好的效果。以前企业有技术难题，只能自己找专家解决，对接效果差。如今由政府出面将高校资源集中整合，与企业需求对接，在高校与企业之间搭起了一条直通连廊，不但有效解决了企业技术瓶颈的攻关难题，也顺畅了高校科研成果转移转化的渠道，提高了高校相关仪器设备的公共服务效率，起到了事半功倍的效果。例如，中泰模具公司在中心的牵线下，与上海交通大学等高校合作获得了国家工信部3958万元科研资金支持的工业转型升级强基工程项目；与华中科技大学、中国汽车研究院合作研发国内第一条"热成型生产线"。

第三，发挥了企业创新主体的作用。近年来，全镇共有500多家模具企业通过协同创新中心获得科研支持或咨询服务，达成合作项目60项。依托协同创新中心，企业真正成为了科研项目组织实施主体、全社会研发投入主体、创新人才集聚主体和创新成果产出主体，也成为直接受益者。例如，在横沥镇协同创新中心和上海市教育委员会科技发展中心带动下，擎洲光电与同济大学、华南农业大学、东莞理工学院等建立智能生物光电研究院。双方通过跨界科技应用创新，用20年的时间完成100个智能生物光电项目的孵化，把其打造成为一个专业领先、资源密集、规模化、产业化、资本化的智能生物光电应用运营及众创平台。同时，孵化项目将形成相关的创业团队，引入智慧投资者，使其发展成为公众公司。据悉，研究院400名员工中，超过100人是研发人员，预计未来几年年产值增速达到30%。

第四，发挥协会桥梁纽带的作用。依托成立的东莞3D打印技术产业联盟和东莞市机械模具协会，横沥镇引入了广东省机械模具科技促进协会的主要会员单位，如东莞市中泰模具股份有限公司、广东银宝山新科技有限公司等。支持上海交通大学成立"横沥模具工程师俱乐部"，截至目前已发展会员近800人。同时，由省机械模具科技促进协会牵头，促成了上海交通大学、华中科技大学、华南理工等高校，联合巨轮股份、德赛西威等16家大型骨干企业，在横沥镇成立广东模具与汽车零部件产业技术创新联盟。这些协会的引入和组织的成立，在促进协同创新中心科研服务与企业创新需求对接、引进人才、连接政产学研、营造产业发展氛围、强化协同创新发展方面取得了显著的成效。几年来，在各个协会组织安排下，协同创新中心开展了多次交流活动，动员企业300多家，参加的企业科研、管理人员多达2000余人次，成为促进企业交流的纽带、协同创新的纽带、产业协作的纽带。

（四）打造创新创业载体，形成良好的产业服务环境

近年来，横沥镇着力开展创新创业载体建设，形成良好的产业服务环境。具体做法如下。

一是建立政府服务平台。成立以镇委书记、镇长为正副组长的"模具强镇工作领导小组"；制定《横沥建设模具强镇发展规划》，明确目标和方向，出台系列模具产业扶持政策，引导模具产业有序发展；实施"4个50"重点优质企业培育计划，按照"一个企业，一位领导挂点，一个团队服务"的要求，建立领导挂点服务优质企业工作制度，配套建立"问题认领、工作例会、工作督办、问题销号、走访报告、检查考核"六个制度，营造良好政务服务环境。

二是建立创新创业技能培训平台。镇财政每年拨出150万元作为培训经费，选取30多家企业作为模具产业人才培训基地，成功开办了10期"百名模具师傅"培训班，培养本地模具技术人才近千名。已有十多名学员开办

了模具企业；在协同创新中心设立模具设计、模具检测、电子商务等多个工作室，开展创业辅导服务，提供创业政策的知识培训、融资、法律等方面协助。

三是营造市场拓展平台。壮大"模具城"。着力提升汇英（国际）模具城软硬环境，打造华南地区乃至全国最大的机械模具商贸交易平台；提升"模具展"，目前已经成功举办了 9 届模具展，累计吸引参展企业 1400 多家次，入场观众近 22.5 万人次，现场成交额累计 2 亿多元，意向成交额累计近 10 亿元；与镇电子商务协会联姻，建设具有完善的商家企业站、供求信息、产品销售信息、资讯发布和管理等功能的"模具网"电子商务平台；不断加大集群品牌的宣传力度，着力提高"横沥模具"品牌在业界的知名度和影响力。

四是合理布局产业发展平台。规划建设的模具产业协同创新中心、模具科技产业园、汇英模具城、模具产业总部大楼、模具科技企业孵化器、协同创新园、模具技术培训学院等产业发展平台与东莞职教城遥相呼应，形成了一条完善的模具产业孵化育成链条。

（五）创建金融服务支撑体系，促进金融与产业融合

第一，建立金融综合服务一体化平台。与东莞银行、东莞农村商业银行、光大银行等共建"金融综合服务一体化平台"，针对模具企业融资需求的特点，协调银信机构推出订单贷、设备抵押贷、链式快贷、联保贷款、产业集群贷等具有行业特色的"模具专业贷"，开发了模具行业"风险资金池"等金融增信工具，着力突破中小微企业"融资难、融资贵"难题，2013 年以来累计协助上百家企业融资，融资总金额超过 10 亿元。

第二，建设广东省专业镇金融信用体系。2015 年横沥镇被选定为广东省专业镇金融信用体系建设试点单位。专业镇金融信用体系建设试点工作，由政府、银行、协会、企业四方联动共建小微融资平台，建立首期规模各 1000 万元的两个"风险资金池"，配套企业信用信息管理系统、企业信用评级系统，构建多维度的融资增信体系，着力解决中小企业融资难、融资贵的

问题。其中，通过镇政府统筹协调建立的企业信用信息管理系统，装载企业的租金、纳税、用工、用电等30多个指标，作为银行金融信用系统的辅助系统，健全企业信用信息数据体系，解决银企信息不对称问题；企业信用评级系统引进第三方企业信用评估评级机构，联合中山大学建立了一套符合模具专业镇特点的信用评价标准的理论方法，形成了科学统一的信用评价标准和指标体系，对企业开展信用评价，为企业融资提供科学依据。积极扶持企业上市融资。中泰模具和台一盈拓上市资料获证监会受理，正在等待IPO审批；引导和支持4家企业到新三板挂牌上市，其中尼的科技和顺林模型分别于2015年和2016年挂牌上市；其余2家已完成股份制改革。

（六）打造模具产业人才生态圈，促进人才与产业融合

为了满足产业提升的需要，横沥镇按照"外部引进＋本土培养"双结合的方式，大力打造从技能人才、应用型人才、创新团队到领军人才的层次分明、结构优化的人才生态圈。具体做法如下。

第一，加强技能人才培训。依托落户横沥的东莞职教城，横沥镇建立了模具技术培训学院，采取人才培养外包、企业冠名班等形式，实施按需定制教学。与东莞职教城、上海第二工业大学合作，共建"东莞职业教育人才培训（引进）中心"，以解决模具产业应用型人才短缺问题，促进产业与技能人才融合。

第二，注重应用型人才培养。协同创新中心与东莞理工学院合作共建广东省协同育人平台"先进机械（模具）制造应用型人才协同培养基地"，培养适应产业发展的本科生。协同中心协助企业与高校建立实习基地，累计输出100多名学生到横沥企业实习和就业。例如，2013年，在横沥模具协同创新中心的牵线下，精恒电子与武汉大学开展产学研合作，高校科研人员加入，为精恒的发展注入了新鲜的血液。武汉大学还为该企业输送了20多名研究生，助力该企业科研创新。在合作的过程中，校企双方还注重原有科技人员的技术提升。精恒电子从公司一线的科研人员中，挑选了24人，全额资助报读武汉大学的大专班。

第三，加大创新团队引进力度。自制定《横沥镇引进创新科研团队（人才）资助暂行办法》后，2012 年以来，经协同创新中心引进的科研团队达到 35 个，其中包括华中科技大学的热压成型装备科研团队、重庆汽车研究院的汽车轻量化装备科研团队、上海交大的材料成型科研团队、武汉纺织大学的高分子材料科研团队等。协同创新中心协助台一盈拓科技有限公司，引进液态金属的共同发明人阿塔坎·派克博士，实现液态金属产品的产业化。

第四，着力引进产业领军人才。2015 年，协同创新中心与航天科工集团的李伯虎院士团队合作，打造模具智慧云制造平台，李伯虎院士等领军人才的引入，对准确把握模具产业未来发展趋势，强化可持续性高端发展起到了有效的保障作用。

（七）促进协同研发与技术孵化，激发企业创新活力

横沥镇协同创新加强了创新主体各方技术知识能力的体系兼容性和协同性，政府、高校、科研院所、企业、科技中介服务机构等不同创新行为者之间在研发、制造和营销之间进行无障碍交流和自由互动。企业可以更接近高校、科研院所等协同主体方相关人员，获取互补性研究成果、新的工艺流程，进入新的技术领域、开发新的产品；高校、科研院所等主体也能从与企业的协同中获得经费支持、研发的实用性启发或对未知新领域的探索。

横沥镇协同创新以企业需求为导向，在推进实施"产城联动"发展战略过程中，有意识地把实施协同研发与技术孵化相结合的发展思路融入促进城镇空间整合、产业与城市功能融合的策略，主动调整、优化公共基础设施布局和产业基础设施布局，以"三旧"改造为突破口，牢牢抓住高校、科研院所推进基础性研究成果进行转移转化和产业化的重大发展契机，积极兴建科技企业孵化器，大力培育创新型企业，有效激发了全镇企业的整体创新活力。近年来，横沥协同创新中心促成产学研项目 60 项，协助孵化企业近10 家。

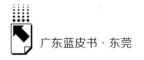

（八）促进技术导向与产业导向相结合，提升协同创新效能

横沥镇协同创新体系构建了一个以产业化为目的的协同研发新模式，企业面向市场的商业化价值导向与高校、科研院所的先进性技术价值导向相结合，推行企业与科学家零距离接触，共研发、共生产，消除了技术编码、解码的信息不对称差异，排除了传输通道可能引发的偏误，成就了由创意到开发出新技术、新产品的正确方向，为占领产业和市场制高点提供了良好的保障，同时带动了当地就业、推动了产业转型升级发挥了积极作用。

协同创新中心自建立以来，在专家咨询委员会和产业指导委员会的支撑下，促成协同创新中心与企业和高校共建，协助10多家企业把研发分中心建在高校，有效实现了高校和企业的融合，解决了高校技术转移的问题。例如，由东莞市恒和节能科技有限公司、东莞市横沥模具产业协同创新中心和东莞理工学院共同打造的"节能联合实验室"，在科技研发、成果转化、培养实用科研人才等方面合作，东莞理工学院将帮助企业解决节能领域生产和技术改造过程中遇到的技术难题，并为企业提供技术开发、转让和指导等服务；东莞恒和科技则利用自身实战经验等产业化生产条件，为联合实验室提供落地支撑。产业与技术导向的结合，促进了企业研发实力的提升。目前，实验室有4个节能研发项目正在推进。

（九）线上协同与线下协同相结合，打造横沥模具产业发展的"互联网 +"新模式

为进一步贯彻落实国家"互联网 +"行动计划，深入推进横沥模具行业转型升级，横沥镇和北京航天智造科技发展有限公司确定建立战略合作伙伴关系，在科技创新、平台建设、模式创新、应用示范等方面开展全方位合作。依托航天云网国内领先的工业互联网平台，共同打造面向世界、服务国内外模具产业的横沥模具产业云专区，推动"横沥模式"全面拥抱智能制造和"互联网 +"，积极探索横沥模具产业转型升级、提质增效之路，有效帮助横沥模具产业实现线上线下结合，打造"模具 + 互联网"新模式。

云专区概括为"一个专区,八大功能,N 个特色服务":一个专区,即横沥模具产业云专区;八大功能包括找模具、找伙伴、找工具、找物流、政府服务、移动商务、众创空间、智能工厂;N 个特色服务包括 3D 打印、金融服务、创新中心服务、模具模型库、设计师联盟等。线上平台的建设将为大众创业和创新型中小企业构建基于互联网的"社交空间、创新服务资源共享空间",实现与创新服务提供商(机构和个人)的供需对接和交易撮合。为创业团队和创新型中小企业构建个人社交平台、帮助他们低成本、便利化开展团队、项目、任务等沟通、协助和管理。构建基于互联网的政策、人才、技术、资金、服务和管理等创新信息,支持网上协同创新工作。

三 横沥模具产业协同创新体系取得的成效

横沥镇模具产业协同创新体系的建设,极大地促进了科技、产业、经济和社会的发展,取得了显著的成效。

(一)创新能力大幅提升

在研发投入方面,全镇 R&D 经费投入从 2011 年的 0.6 亿元增长到 2016 年的 3 亿元,增长 400%;在专利方面,2016 年全镇发明和实用新型专利申请 953 项,比 2011 年增长 196.9%,专利授权量 494 项,比 2011 年增长 141%;在 GDP 产出方面,2016 年每平方米土地 GDP 产出 257 元,比 2011 年增长 70.7%;在研发机构方面,2012 年以来,协助企业建立了 1 个广东省新型研发机构、3 个"中国合格评定国家认可委员会认可的实验室"、3 个省级工程技术研究中心;在创新团队方面,2011 年以来,引进 35 个科研团队。在产学研项目方面,2011 年以来,促成产学研项目 60 项。

(二)模具产业结构不断升级

一是模具企业数量和规模增加。模具企业从 2006 年的 80 家增加到 2016 年的 1257 家,集群集聚程度明显提高;达到规模以上的模具企业,从 2006

年的 8 家增加到 2016 年的 81 家，企业规模体量显著增强。二是模具产值快速增加。模具行业总产值连年保持 20% 以上的增长，2016 年模具行业总产值达到 118 亿元。三是高新技术企业成为经济增长的主力。高新技术企业从 2006 年的 5 家增加到 2016 年的 69 家，2016 年产值 59.8 亿元，成为经济增长的主要动力。

（三）区域经济快速发展

横沥近年经济发展的相关指标如表 1 所示。GDP 增速连年保持在 10% 以上，多项指标增速位于位居全市 32 个镇街前列。

表 1 经济指标增速排在全市前列

指标	2013 年		2014 年		2015 年		2016 年	
	同比增长（%）	全市排名	同比增长（%）	全市排名	同比增长（%）	全市排名	同比增长（%）	全市排名
地区生产总值	13.5	第7名	10	第1名	10.5	第2名	10	5
规模以上工业增加值	15.7	第9名	12	第4名	10.5	第5名	9.9	9
固定资产投资总额	-23.6	第23名	63.2	第1名	58.6	第1名	15.7	11
限额以上批发和零售业销售额	24.7	第7名	32.8	第1名	21.4	第4名	7.1	12
税收总额	17.5	第21名	10.5	第22名	31.2	第4名	16.5	18

（四）促进社会和谐发展

一是村集体经济稳步增长。近几年横沥镇村组两级纯收入以超出 15% 的速度增长，2016 年增长速度达 10.2%，农村集体经济和村民财富稳步增长。二是镇综合实力排名大幅上升。横沥镇在东莞市 32 个镇街综合实力排名大幅跃升，由原来的下游水平上升到中游水平，其中 2014 年比 2013 年排名上升了 10 名，促进了社会和谐发展。

B.24
东莞市长安镇实施产业创新
提升经济发展质量的对策研究

长安镇课题组*

摘　要：　长安镇是我国的经济强镇，在"全国综合实力千强镇"排行
榜上位居全国前十。本文简要分析了东莞市长安镇产业发展
情况，剖析产业升级过程中面临的问题与挑战，并从产业升
级、科技创新、集体经济创新发展等方面提出了长安未来产
业发展努力的方向和措施。

关键词：　产业创新　产业升级　集体经济　长安镇

一　长安镇产业发展状况

　　长安镇位于东莞市最南端，东连深圳宝安，南临珠江口，西接虎门古
镇，地处广深经济走廊中部，是广州、东莞与深圳交通往来的南大门。改革
开放30多年来，长安镇积极抢抓机遇，励精图治，创新创业，充分利用改
革开放政策和优越的地理位置，积极开展招商引资工作，大力兴办"三来
一补"企业，并不断完善各项基础设施，兴建现代工业园区，改善投资环
境，引进外资和技术，走出一条以外部力量推动本地经济发展的路子，促进

---

* 课题组组长：叶庆祥，东莞长安镇党委委员。副组长：肖艾平，东莞长安镇党政办副主任。
成员：张永红，东莞长安镇政研室研究员；邵闯，东莞长安镇政研室研究员；黄真，东莞长
安镇政研室研究员；邓雅欣，东莞长安镇政研室研究员。

长安经济结构发生了根本性改变，由以传统农业生产为主过渡到以现代工业生产为主，实现了外源性经济、内源性经济和集体经济协调快速发展。2016年，全镇实现生产总值463.1亿元，同比增长14.5%；工业总产值1617.3亿元，同比增长24.1%；进出口总额1888.5亿美元，同比增长60.2%；税收总额103亿元，同比增长21.9%；镇本级可支配财政收入27.4亿元，同比增长16.2%。

（一）产业结构

2009年以来，由于受外部环境的冲击，长安镇经济增长出现了一定的波动，总体来看，经济仍保持了较高的增速。第二产业增加值比例则出现了震荡上升的趋势，由2009年的58.9%上升至2016年的60.98%，第三产业增加值比例则下降至38.87%。2016年，长安镇第一、第二、第三产业结构比例为0.15∶60.98∶38.87，工业仍占绝对主导地位。

表1　钱纳里工业化不同阶段划分的标志值

经济发展水平	前工业化	工业化实现阶段			后工业化	2016年长安指标值
		工业化初期	工业化中期	工业化后期		
人均GDP（2008年，美元）	808~1617	1617~3233	3233~6467	6467~12120	12120以上	10573
三次产业结构	A>I	A>20%，A<I	A<20%，I>S	A<10%，I>S	A<10%，I<S	A<1%，I>S
制造业产值比重	20%以下	20%~40%	40%~50%	50%~60%	60%以上	60.98%
城市化水平	30%以下	30%~50%	50%~60%	60%~75%	75%以上	—
农业就业人员比重	60%以上	45%~60%	30%~45%	10%~30%	10%以下	1%以下

根据钱纳里对不同经济发展阶段的划分，从人均GDP、三次产业结构、制造业产值比重、城市化水平、农业就业人员比重等指标看，长安正处于典型的工业化后期阶段，已逐步走出过去依靠土地、劳动力等资源大量投入的粗放式发展阶段，开始进入以技术创新、品牌、资本投入为主的工业化后期阶段，并具备了某些后工业化时期的发展特征。

（二）产业集群

长安镇坚持以制造业为根本，拥有市场主体近 8 万家，是中国电子信息产业重镇、中国机械五金模具名镇，电子信息、五金模具两大特色产业产值占全镇工业总产值的 87%。全镇现有大中型电子信息企业约 1200 家，40 多家世界知名品牌企业在长安设厂生产。从长安起步并发展壮大的步步高公司，是国内电子信息行业的龙头企业，其生产的 vivo、OPPO、教育电子产品等全国闻名。全镇共有从事机械五金模具生产、销售和服务的企业 1100多家、个体工商户 6800 多户、专业贸易市场 5 个，从业人员 10 多万人，年产值达 200 亿元；拥有劲胜、祥鑫、捷荣等五金模具龙头企业；每年一届的中国（长安）国际机械五金模具展览会已成为国内外知名的大型专业展会。

表 2　长安镇规模以上工业具体产业发展情况（2016 年）

主要产业	指标名称	规模以上年产值（亿元）	主营业务收入（亿元）	资产总计（亿元）	利润总额（亿元）	从业人员平均人数（人）
1	电子信息制造业	1177.9	1188.5	680.7	14.4	162754
2	机械五金模具（广义）	201.9	202.7	249.9	6.6	77656
3	纺织服装和皮革制造业	32.2	32.7	27.4	−1.6	15471
4	文体、印刷和玩具制造业	24.6	25.2	26.3	0.96	14944
5	食品和饮料制造业	15.0	16.2	12.0	−4.2	3763
6	其他产业合计	59.0	59.1	37.9	1.21	22310
合　计		1510.5	1524.4	1034.3	17.4	296898

二　长安镇产业发展面临的主要问题

（一）产业价值链处于中低端水平

在全球价值链的"微笑曲线"中，跨国公司主导了产品设计、品牌销售环节，处于"微笑曲线"的两端，汲取了整个价值链中绝大部分的附加价值。目前，长安产业相当一部分是自 20 世纪 80 年代以来转移过来的中国台资、港资企业及日资企业，主要以加工制造方式切入全球价值链[①]，缺乏技术和品牌支持的加工制造体系，处在全球价值链"微笑曲线"结构的腰部或最低端，生产集中在最终产品的组装和低端零部件的配套生产，缺乏研发、设计及品牌，在国际分工中仅处于产业链和价值链的中低端，靠廉价的劳动力与土地赚取微薄的加工费，发展后劲不足。

从长安产业发展的情况看，电子信息产业占全部企业产值的 75% 以上，是长安的核心产业，且拥有 vivo、OPPO 等具有自主品牌的龙头企业，在全球电子信息产业链中占据了一席之地。但从整个电子信息产业链来看，长安电子信息产业整体仍处于产业链的中低端。电子信息产业链本身包含光电子、微电子、软件、计算机、通信、网络、消费电子、信息服务等领域，无论哪一个领域，均涉及设备、软件和服务三大环节，在整个电子信息产业链中，计算机及消费类电子设备制造处于整个产业链的中低端环节，而芯片、元器件、软件和信息服务则占据产业链的中上游环节。从长安电子信息产业的情况来看，涉足元器件、芯片、软件、信息服务等产业链高价值环节的企业较少，大多数企业均为计算机及智能手机设备及配件制造企业，龙头企业步步高集团也主要集中于智能手机制造，在全球电子信息产业链中处于中低端。

（二）土地等资源要素约束不断趋紧

目前，长安土地资源开发几近极限，消耗速度快，土地资源制约日益突

---

① 发展中国家嵌入全球产业价值链的四种产业升级方式：Humphery 和 Schmitz（2000，2002，2003）提出了发展中国家嵌入全球价值链时的四种产业升级方式。一是工艺流程升级，指通过生产系统重组或是采用先进技术提高投入、产出比来提高生产效益，比如缩短供应时间。二是产品升级，指通过引进新产品或改进已有的产品，提高单位产品的增加值，转向更高端的生产线，用以超越竞争对手。三是功能升级，指通过逐步重新组合价值链中各增值环节，来获取竞争优势的升级方式，调整嵌入价值链的位置或组织方式，放弃现有低附加值环节而专注于能带来更多附加值的环节，如营销或品牌。四是链条升级，指从所在价值链中获得的能力或资源延伸至价值量更高的相关价值链，这实际上已经成为产业间升级。

出。截至 2016 年底长安镇建成区面积为 56.45 平方公里，占总用地面积的 68%，远远超过 30% 开发强度的国际警戒线。全镇存量建设用地仅剩 955.5 亩，且零星分散于 9 个社区，已基本无新增土地可用，未来发展主要依赖于城市更新。

用地结构不合理，工业用地占全部建设用地的 50% 左右。从国内外的情况看，国际工业用地的平均水平为 15%，我国城市工业用地的配置比重平均在 23% 左右，且随着产业的升级，整体比例呈现逐年下降的趋势，深圳 2005 年的工业用地占比为 27.97%，且在不断下降，至 2020 年将下降至 24.18%。

发展方式相对粗放，水、电资源约束凸显。2016 年总用电量 64.38 亿度，总用水量 11201 万立方米，相当于平均每度电产出 GDP 为 7.19 元，万元 GDP 水耗为 21.84 吨。长安每度电的产出低于全市平均水平，万元 GDP 水耗低于全市平均水平。而与周边深圳相比，长安水耗、电耗更处于相对较高的水平。随着全国节能减排的深入推进，以及东莞节水节能型城市的建设，预计未来对水耗、电耗的考核标准将进一步收紧，水、电资源的约束进一步凸显。

表 3　2016 年长安每度电 GDP 产出、万元 GDP 水耗与其他地区比较

指标名称	长安	东莞	深圳	全国
每度电 GDP 产出（元/度）	7.19	9.73	22.9	12.57
万元 GDP 耗水量（立方米/万元）	21.84	17.89	8.73	81.17

（三）区域竞争日趋激烈

长安面临内陆地区的强力竞争。当前，长安土地资源稀缺，营商成本不断上升，而内陆地区在土地、政策、财税等方面对企业的优惠力度不断加大，基础设施条件也在不断改善，相当一部分出口加工型企业迁往要素成本更低的内陆乃至东南亚地区。

周边镇街招商引资竞争日趋激烈。从周边各镇街的情况看，塘厦、清溪等都在利用其土地、地理和交通区位优势,大力承接深圳向外扩展和转移的产业;市内不发达的镇街也在利用土地资源吸引企业入驻,长安部分企业由于无法获得足够的发展空间而搬迁至其他镇街;与长安毗邻的深圳松岗街道亦属于深圳相对边缘的区域,工业化过程尚未完成,在招商引资方面与长安构成同质竞争。

珠江口湾区的开发建设有可能对长安形成虹吸效应。从珠江口湾区的开发建设来看,前海、南沙两大国家级园区已经成型,深圳大空港地区在规划建设之中,东莞市滨海湾新区已完成征地拆迁工作,未来势必成为全市产业发展的重心。在这样的背景下,长安如果不能抓住时机改善产业发展环境,及时抢位,未来将面临周边区域强大的虹吸效应。

(四)经济增长将进入瓶颈期

从长安经济增长情况来看,2009年以前,经济始终保持在13%以上的高速增长,2009年以后经济增长出现了震荡,2009年低至3.1%,2012年增速也仅为4.5%,欧美等外部市场复苏缓慢,对长安经济带来的影响仍在持续。

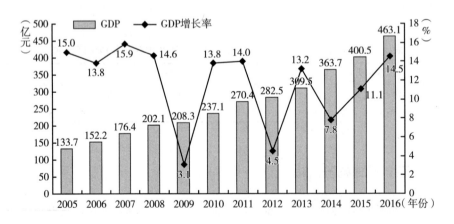

图1 近几年来长安镇经济增长情况

"人口红利"拐点开始出现。当前长安出口加工型经济依赖于大量外来劳动力人口,从常住人口的增长情况看,自2008年以来,长安的常住人口

（含本地户籍人口）增速出现了显著下降，常住人口增速由 2006 年的 1.93% 下降至 2013 年的 0.10%，尤其是 2014～2016 年连续三年出现负增长，长安过去 30 年享受的"人口红利"正在不断弱化。

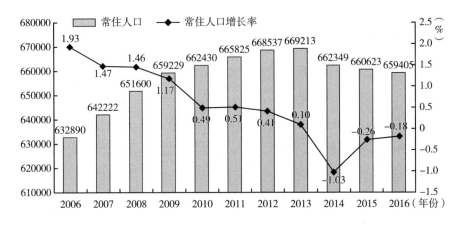

图 2　2006～2016 年长安镇常住人口增速情况

人才结构不够合理，中高端人才匮乏。当前长安从业人员以初级劳务工为主，90% 以上人口为外来劳动力，随着内地工资水平的上涨以及生活水平的提高，长安在吸引内地劳动力资源方面将不再具有优势。同时，长安人才结构尚不合理，高科技人才匮乏，总体素质不高，人均产出不高。尽管镇政府对吸引人才提供了一系列的优惠政策，但与深圳、广州及东莞中心城区相比，长安在人才政策、公共设施配套、文化娱乐方面缺乏足够吸引力，难以吸引中高级技术人才。而企业人才一般以长安为跳板，积累工作经验后就到大城市寻找新的发展机会，人才缺乏将成为长安未来发展的瓶颈。

三　实施产业创新，提升长安经济发展质量的对策建议

实施产业创新是提升长安经济发展质量的根本立足点和出发点，是实现长安更高水平发展的基础。长安要大力实施产业创新"微笑"计划，以创新驱动为总抓手，以争创国家级创新创业示范基地为目标，主动对接国内国

际高端创新资源要素，推动产业转型升级，积极培育新兴产业，努力形成以特色支柱产业为基础、以生产性服务业为支撑、以战略性新兴产业为引擎的现代产业体系。争取到 2020 年，全镇 GDP 约 600 亿元，工业总产值 2500 亿元，高新技术企业总数 250 家，万人发明专利拥有量达到 30 件，全镇综合实力、产业结构、创新能力大幅提升，使长安从工业大镇成为产业强镇。

（一）以产业升级为总目标，提升产业竞争力

1. 优化产业结构

合理的产业结构是经济可持续发展的重要保证，产业结构调整和转型升级是提升长安产业竞争力的重要途径。长安以产业结构优化升级为核心，以生产性服务业发展为突破口，紧紧围绕先进制造业（高新技术产业）、现代服务业和战略新兴产业三大产业，推动资本深化、技术深化、知识深化、服务深化和环境优化，构建特色鲜明、结构优化、优势突出的现代产业体系。

（1）加速调整低附加值加工工业。完善落后和过剩产能市场化退出机制，强化能耗、环保、质量、安全等约束机制。促进加工贸易转型，认真落实"加工贸易转型升级"等专项扶持资金，鼓励外资企业延长出口加工品的本土企业生产链条，鼓励本土企业提高自主创新能力，努力实现由"OEM（贴牌生产）到 ODM（委托设计），再到 OBM（自主品牌）"的转变，不断扩大内销市场。

（2）智能化改造提升传统产业层次。继续巩固长安电子信息、五金模具两大品牌，大力推进品牌质量提升，强化标准化规范建设，打造手机专业镇、五金模具专业镇。改造现有水平较低的制造业环节，鼓励企业运用先进制造技术加强产品的研发设计能力，运用先进制造模式提升产品生产效率，采用全球化的生产组织方式布局现有制造业环节和节点，引进先进技术和高端生产线。大力扶持推动模具制造向信息化、智能化制造升级，鼓励引导企业开展"机器换人"行动，扩大工业机器人智能装备应用。

（3）大力发展生产性服务业。依托滨海湾新区平台，利用长安镇强大的产业基础和市场需求，借鉴自贸区经验，加快提高第三产业的比重。抓紧

规划建设生产性服务业集聚区，重点发展研发设计、金融保险、商贸会展、中介咨询、现代物流等生产性服务业。引导企业进一步打破"大而全""小而全"的格局，分离和外包非核心业务，向价值链高端延伸，促进产业逐步由生产制造型向生产服务型转变。

（4）积极培育战略性新兴产业。重点发展智能硬件、新材料、高端装备制造等，培育长安镇新的经济增长点。通过政府采购、首台奖励、为国内外大中型企业提供配套产品或服务等方式和大企业配套等方法，拓展新兴行业的市场空间。支持服务于新兴业态的孵化器、加速器等创业载体发展，加快引进和培育新技术、新产品、新业态、新模式。建立健全各种类型的公共服务平台，为新兴企业提供创新服务。

2. 优化产业布局

产业发展要因地制宜、突出特色，优势互补、区域联动。优化产业布局关键要立足于资源禀赋、现实状况和产业基础，合理划分空间布局，培育主导产业，发展特色产业，实现各区域主导产业差异发展、错位发展、特色发展，进而产生示范、辐射、带动作用，为经济持续健康发展注入动力和活力。

（1）强化城市总体布局。认真落实好新修订的城市总体规划，全面构建"两轴两核四带三片区"的城市空间架构。"两轴"，即依托轨道 R3 线，构建镇区联动、节点相连的城镇功能发展轴线和依托"长青路—茅洲河"，构建通山达海的城镇产业景观发展轴线；"两核"，即镇综合服务中心、新区综合服务中心；"四带"，即北部人文生活服务带、S358 省道都市商贸服务带、长安新河生态旅游带、南部滨海文化观光带；"三片区"，即北部宜居生活和科技商务片区、中部产城融合和科技制造片区、南部现代服务和高端产业片区。

（2）用地布局促产业集聚。为促进产业的空间集聚，提高用地的集约度，结合现状工业用地评价，划分三大产业保障区：振安东路沿线工业区、振安中路沿线工业区和振安西路沿线工业区，积极发展先进制造业，培育新兴战略产业，加强存量工业用地整合，实现集约发展，打造产城融合示范区。对于镇中心区及环境品质较好的旧工业区，通过更新改造，凭借良好的环境品质与特色化发展，形成以研发、创意、设计、孵化为主导的产业园区。在新区北侧，沿新区大道两侧用地为招商启动区，鼓励发展机器人及核心零部件、海工装备制造等先进制造业，形成产城融合的科技创新研发区。在靠近虎门港西南侧的海洋新兴产业区，集中发展低污染、高附加值的技术密集型产业，重点发展海洋装备制造、信息装备制造等先进制造业，提升新区自主创新能力。

（二）以科技创新为主抓手，推动创新创业发展

坚持以创新为动力，加快创新平台搭建，培育创新主体，每年安排8000万元专项资金，全方位支持和推进创新驱动发展战略，推动经济优质发展。

1. 建设创新园区

（1）重点建设好创新创业示范基地。以“布局集中、产业集聚、土地集约”为原则，重点开发好8平方公里的科技商务区，建设集孵化培育、成长加速、总部经济于一体的企业全链条创新创业社区，打造成为广东省特色小镇。依托长安制造产能优势，主动对接国外创新资源，加强与麻省理工学院、德国卡尔蔡司、美国赛默飞世尔等的合作，搭建公共技术、样品制作、产品中试、质量检测、供应链管理等一站式产品成型服务体系。

（2）打造好产业转型升级示范基地。推动步步高生产基地、联冠五金模具创意产业园、隆凯饰品产业园等产业园区建设，提升产业集聚水平。总结推广隆凯公司实施产业聚合推动传统中小微模具企业抱团发展的模式经验，构建模具企业运营服务平台，引导传统中小微模具企业抱团发展，引导企业开发具有高水平的模具设计、加工及模具企业管理方面的软件，不断提高模具产业的智能化、集成化。加快对涌头社区旧工业厂房的改造，打造隆凯饰品生态园，使之成为东莞最大的不锈钢饰品基地。

2. 搭建创新服务平台

（1）构建产品快速成型服务平台。根据产品全生命周期需求，建设公共技术研发、快速成型制造、质量技术服务三大平台，加速实现产品从0到

1。积极推进 OPPO、vivo、小天才等全球研发总部落户长安，加快建设占地2200 平方米的长安国际快速成型实验室、华南地区唯一的国家模具产品质量监督检验中心，为产品从概念设计到量产提供全周期的技术研发、成型制造、质量检测服务。

（2）构建企业全生命周期服务平台。根据企业全生命周期需求，建设企业孵化培育、成长加速、总部经济三大平台。着力打造长安孵化产业园、电子信息产业园、模具创意产业园、跨境电商产业园、五金饰品产业园、软件产业园六大园区，通过与专业运营商合作，搭建具有集成、协同、精准、低成本的专业园区服务平台，构建"孵化器＋加速器＋产业园"的企业全生命周期成长社区。

（3）构建齐全的公共配套服务平台。围绕企业公共科技配套服务，建设产业大数据综合服务、电子商务、投融资服务、知识产权保护四大平台，全面支持创新创业。抓紧建设以产业经济综合分析、产业企业风险预警、产业智能匹配对接、企业金融信用评级为核心的产业大数据综合服务平台，构建产业大数据生态圈系统。建设行业性跨境电商平台，打破传统外贸模式，有效拓宽企业营销渠道。建设投融资服务平台，构建涵盖企业全生命周期的投融资服务全链条。建设国际知识产权法务服务平台，面向国内外创业创新者，提供知识产权法务全方位服务。

3. 培育创新型企业

（1）实施高新技术企业倍增计划。充分发挥长安地缘优势和产业配套优势，引进一批在行业内具有领先带动作用的高新技术企业。筛选一批高新技术企业培育对象，着力将一批成长性强的后备企业培育成高新技术企业。引导新型研发机构、科技企业孵化器，与长安产业升级发展、市场需求对接，强化载体服务功能，推动科技成果转化，孵化成长一批高新技术企业。引导高新技术企业加大研发投入，建立高水平研发机构，引进海内外创新团队，不断提高研发创新能力，壮大一批高新技术企业。对企业在知识产权、研发投入、成果转化、团队建设等方面加强指导和帮扶，组织参与高新技术企业申报政策的培训辅导。对新认定的高新技术企业、创新型企业予以奖

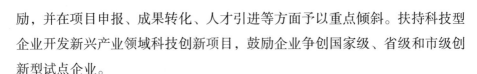

励，并在项目申报、成果转化、人才引进等方面予以重点倾斜。扶持科技型企业开发新兴产业领域科技创新项目，鼓励企业争创国家级、省级和市级创新型试点企业。

（2）实施总部型企业倍增计划。加大对步步高等行业龙头企业的扶持力度，重点支持步步高建设 OPPO、vivo 研发总部，扩大生产基地，建设步步高学院和高级人才公寓等，形成集研发、生产、检测、物流、销售于一体的全产业生态链，将长安打造成为全国乃至全球领先的智能手机生产基地。支持总部经济用地，对用于引进相关产业链合作伙伴或满足发展总部经济需求的试点企业，在符合相关政策的前提下，允许其将自有物业升级后进行一定比例的产权分割。支持总部型试点企业建设各类研发机构，直接给予试点企业科技"创新券"政策资格，企业可通过兑现"创新券"获得研发投入和购买技术补助。

（3）实施平台型企业倍增计划。加大扶持具备兼并重组、产业链整合和创新招商等功能的平台型企业发展。推广隆凯产业聚合新模式，打造模具产业运营平台，促使中小微企业共享资金、信息、管理等服务，形成抱团发展新格局。加快"三旧"改造，推动众创空间和各类科技型中小微企业孵化平台建设，为中小微创新企业成长和个人创业提供低成本、便利化、全要素、开放式的服务平台。出台系列扶持政策，支持众创空间的建设，支持创业企业发展，构建"创业苗圃—孵化器—加速器—产业集群"的梯级孵化政策支持体系。继续深化商事登记制度改革，优化小微企业准入环境。

（4）实施上市企业倍增计划。做好上市后备企业的遴选、培育工作，选择一批创新能力强、快速成长、特色和优势明显、极具发展潜力的重点企业，实行"一企一策"的培育方式，集中各项政策资源给予重点支持，做强做大一批具有行业影响力的上市后备企业。建立和完善资源储备库，包括拟上市及挂牌企业备案储备库和保荐商、律师事务所、会计事务所、银行等专业中介机构服务储备库，增强企业上市的积极性、主动性和成功率。搭建入库储备企业与专业中介机构对接和交流平台，推动辖区企业上市。按照"择优培育一批、改造辅导一批、申报上市一批"的要求，制定出台有关推进上市企业金融奖励、人才支持等政策，形成企业上市"梯队推进"的格局，鼓励有条件的企业开拓境外资本市场。

4. 培育创新人才队伍

积极开展创新人才推进计划，加大人才引进和培育的力度。认真落实"1＋10"人才政策，进一步增加"优才卡"发放量，大力吸引海内外高层次人才到长安创新创业。办好员工大学，抓紧建设东莞理工长安制造学院，培养专业技术人才；支持建设工程技术研究中心、院士工作站、博士后科研工作站，发挥其在吸纳培养人才中的重要作用。制定有关政策措施，鼓励和帮助青年就业创业。

（三）以集体经济为支撑，推动集体经济创新发展

坚持立足改善群众生活，加强集体经济管理，推动社区集体经济转型发展。

1. 加强集团公司管理创新

着力打造现代企业集团，激发集团活力。突出高科技企业、区域总部和现代服务业的招商引资，参与优质企业股权投资。继续提升企业运营管理水平，完成政府部署的经营性项目，适度承担社会公益性项目。巩固和优化外向型工业，搞好资产清查，盘活辖下物业、土地等各类资源，提升利用效益。

2. 加强集体"三资"管理

继续抓好居组增资减债工作，努力提高应收款实收率，压减社区债务。加强集体闲散资金管理，推动投资增值。加强集体土地和物业的管理，提高利用率。完善"三资"监管平台土地流转信息化管理，推进农村土地承包经营权确权登记发证工作，完善农村基本经营制度，增强农村发展活力。

3. 推动社区经营多元化

（1）推进租赁经济高级化。设立镇村产业升级补贴奖励专项资金，鼓励和引导社区培育和承接高科技、高税收、高成长性企业，引进优质项目，促进集体物业升级。鼓励社区集体用好"三旧"改造优惠政策，抓好集体所属旧厂房、旧园区的改造升级，推进高层工业楼宇建设和改造，支持建设

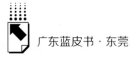

市场、商铺、写字楼等高档物业。

（2）推进投资方式多元化。推动发展物业型、服务型和投资型经济，逐步实现社区由出租经济向服务经济和投资经济转型。以土地、物业或自有资金，通过信托、合作、入股等多种方式参与"三旧"改造、园区开发、经营性基础设施建设等投资项目；积极探索在项目开发中吸纳村民资金或民间资本参与，发展新型合作经济。

（3）推进集体土地集约化。完善"三旧"改造利益平衡机制，积极创建节约集约用地示范社区，探索推进集体土地入市和流转改革。综合运用土地整治政策，推动建设用地在社区内部、社区之间合理流动，优化建设用地布局，激发社区集体经济发展活力。

B.25
东莞市大朗镇民营经济
转型发展的研究报告

大朗镇课题组*

摘　要：　民营经济作为广东省经济发展的重要组成部分，选取典型地区开展专题研究意义重大，具有较强的参考推广价值。大朗镇是广东省的中心镇，民营经济基础雄厚，以毛织类企业为主。本报告以此为案例，通过调研分析，总结出大朗发展民营经济所遇到的困难、解决办法和成功经验，为全省其他地区发展民营经济提供可借鉴的经验。

关键词：　民营经济　转型发展　大朗镇

一　大朗镇经济概况

大朗镇的基本情况可以用"3316"来概括，其中"三个中"，是指广东省中心镇、位于东莞中南部、综合实力位于东莞中上游。2003年，大朗被认定为广东省中心镇，大朗面积118平方公里，辖28个社区（村），常住人口31.3万，大朗的主要经济社会指标在东莞32个镇街中处于中上水平。"三大支柱产业"，即毛织产业、装备制造业和电子信息产业，三大产业各约占大朗镇工业总产值的1/3。全镇有毛织企业及个体户9536家，数控织

---

* 课题组成员：曾悦，东莞市大朗镇副镇长；刘贺斌，东莞市大朗镇党政人大办主任；刘苑文，东莞市大朗镇党政人大办办事员；翟倩儿，东莞市大朗镇党政人大办办事员。

机使用总量超过 5 万台，从业人数超过 10 万人；2016 年全年规模以上毛织总产值 182 亿元。全镇有规模以上装备制造业企业 105 家，涉及数控机床、自动化机械、精密模具、注塑辅助设备等领域，2016 年全年规模以上装备制造业总产值 162.9 亿元，增长 8.7%。拥有一批电子信息龙头企业，如世界热缩材料行业龙头长园集团等，2016 年全年规模以上电子信息产业总产值 157 亿元，增长 8.5%。"十六张国家级名片"，是指中国荔枝之乡、国家生态乡镇、全国文明镇、国家卫生镇，中国电子信息产业名镇、中国羊毛衫名镇、首批全国纺织模范产业集群、国家外贸转型升级专业型示范基地、中国电脑针织横机集散基地、中国针织区域品牌、中国毛织服装电商品牌孵化基地、中国毛织文化艺术之乡、中国编织艺术传承基地，全国创先争优先进基层党组织、中国毛织纱线集散基地、全国纺织行业先进党建工作示范单位，此外，大朗还是中国最大的科学装置——散裂中子源所在地。

2012 年以来，大朗先后承担商事登记等近十项省市试点任务，揽获 13 个市级"单打冠军"，连续四年获评全市镇街综合量化考评一等奖，2016 年还跃居中国百强镇第 40 位。2016 年全镇实现 GDP 242.1 亿元，同比增长 8.1%，增速排全市第 21 位。全镇财政总收入 46.7 亿元，同比增长 20.2%；镇本级可支配财政收入 15.3 亿元，同比增长 21.6%；税收总额 37.5 亿元，同比增长 16.2%。全镇规模以上工业增加值 93.1 亿元，同比增长 7.3%。工业用电量 24.3 亿千瓦时，同比增长 12.2%。固定资产投资总额 56 亿元，同比增长 7.9%。全镇社会消费品零售总额 88.4 亿元，同比增长 9.8%。

二 大朗镇民营经济发展的主要做法

大朗镇是广东毛织专业镇，30 多年前，该镇靠手摇纺织机起家，发展到今天成为民营经济大镇。截至 2016 年底，大朗镇共有企业及个体工商户 42612 个，其中民营企业及个体工商户 41506 个，占 97.4%，规模以上民营企业数达到 233 家；大朗民营经济总产值和税收总额分别达到 281.8 亿元和 26.3 亿元，占全镇经济总量的 53.7% 和 70.2%。为什么该镇的民营经济能够逆势增长？我们调研发现，主要是大朗人敢于主动求新求变，敢于引导企业转型升级，打出"四招"组合拳。

（一）打出"转型"拳，推动民营企业转型升级

大朗镇发展民营经济有一定的基础，但面临经济发展新形势，企业若不转型发展就没有出路。大朗镇通过统筹发展实体经营与电子商务市场，推动民营经济转型升级。一是推动企业"走出去"参展。该镇每年组织30多家民营企业参加纽约服装展、巴黎服装展、俄罗斯纺织展、越南纺机展等国际知名展会，并到北京、上海、广州、株洲、成都、郑州、太原等国内重点城市展示推介大朗毛织，提升大朗产品形象，拓展产品市场。如广东慈星公司参加2016年的越南纺机展，签订了500万元的意向订单。二是"请进来"办"织交会"。从2001年起，大朗每年举办一届"织交会"，邀请美国、法国、俄罗斯、意大利、韩国、印度等国家的专业采购客商来参展。如2016年举办的第十五届"织交会"，以"时尚·新织城"为主题，展会共设2000多个展位，三天展期累计吸引超过5万人次进场参观，意向成交额超30亿元，总体满意度高达90%以上。三是通过"互联网＋"拓展业务。大朗在东莞市成立第一个镇级电子商务协会，设立2万平方米的大朗电子商务产业中心，带动全镇5600多家企业开拓电商市场。联合阿里巴巴平台，开设阿里巴巴"大朗毛织"专区，开展大朗毛织"淘工厂"网上销售项目，目前有超过320家企业抱团参与该项目。2011～2016年，规模以上毛织总产值从79.1亿元增长至97.1亿元，增长22.8%；毛织类电商交易额从28.1亿元增长至67.6亿元，增长218.4%。2016年，全镇电商销售额114.6亿元，同比增长12.4%。如帝银针织从2014年起拓展电商市场，从一开始的电商"二人组"发展到目前的几十人的"淘工厂"专业团队，仅仅是2015年电商销售额就达600万元，比刚起步时翻了一番。

（二）打出"创新"拳，提高民营企业竞争力

大朗镇积极调动企业抓技术改造、抓自主创新的主动性，增强民营经济

的发展后劲。一是推动企业进行技术改造。抓住新一轮技术改造大发展的契机，出台《大朗镇工业机器人智能装备产业发展规划（2015—2020）》，全面实施企业"机器换人"计划。2016 年，大朗工业企业技术改造投资 12.5 亿元，工业总产值达到 524.5 亿元，同比增长 4.6%，技术改造投资的撬动作用明显。如伯朗特以制造线性机械手及工业机器人为主，2008 年创立以来一直坚持创新，累计投入技改资金两千多万元，目前已掌握了工业机器人生产三大核心技术中的运动控制系统技术，并通过 1 年多时间成功研发了六轴机器人，2014 年成为"新三板"全国扩容后线型机械手行业首家挂牌企业，从 20 万启动资金到目前市值约 7 亿元，依靠技术改造和自主研发实现了快速发展。二是推动产学研合作。该镇积极为企业牵桥搭线，帮助 30 多家民营企业与西安工程大学、广东工业大学等高校开展产学研合作，组织东莞理工学院专家与该镇 10 多家科技型企业开展技术指导，44 家规模以上工业企业建立了不同层次的研发机构。如迈科公司 2015 年投入研发资金 4000 余万元，支持企业内部研发立项，并与天津大学、清华大学、中山大学、华南理工大学等高校实施产学研项目 10 多项，全年开发出新产品 10 多项。三是加强自主品牌建设。该镇设立奖励资金，鼓励企业自创品牌，凡是新创省级以上品牌产品的企业至少奖励 15 万元，最高 30 万元，创建中国驰名商标的企业一次性奖励 50 万元。目前该镇民营企业共创建了省级以上名牌名标 30 个，中国驰名商标 2 个。同时，借鉴"法国香水""意大利皮鞋"的做法，由镇政府牵头，创建"大朗"区域国际品牌，并在 80 多个国家和地区注册推广，打造"大朗毛衣"的整体知名度，目前大朗图标"DARUN"被认定为广东省著名商标。

（三）打出"服务"拳，促进民营企业健康发展

大朗镇以优化政务服务为主抓手，为民营经济发展保驾护航。一是加强政策和资金扶持。制定《大朗镇扶持重点民营企业发展实施方案》《关于促进民营经济发展的若干意见》等 10 多个专项政策，设立"大众创业，万众创新"行动专项资金，每年投入财政资金不少于 300 万元，通过奖励金、

贷款贴息等形式向企业发放。该镇还与民生银行签订合作协议，由民生银行向该镇民营企业提供意向授信金额 5 亿元，已发放信贷近 2 亿元。二是深入企业实行挂点帮扶。结合驻点普遍直接联系群众工作，建立完善镇领导班子成员挂点联系企业制度和"千干扶千企"制度，每月对企业的生产经营进行跟踪，提供办事绿色通道，协助企业解决发展难题，累计帮助 72 家企业解决实际问题 100 多宗，争取扶持资金 4700 多万元。三是推进多项改革优化营商环境。从 2012 年起，大朗在全省率先推进商事登记、商改后续监管、多证联办等改革，营造"宽进严管"的营商环境，2016 年以来加快推进"五证合一、一照一码"登记制度改革，深入推进全程电子化工商登记改革、企业简易注销改革，有效激发民营经济的发展活力。2012 年至今新增市场主体 3.5 万户，年均增长率是改革前的 4 倍。同时，通过改革不断优化市场经营秩序，全镇市场主体证照齐全率达到 91%，无照经营率下降至 5% 以下，大朗成为全市营商环境最优的镇街之一。

（四）打出"培育"拳，推动民营企业做大做强

大朗镇在发展民营经济过程中，非常注重抓好中小微企业的培育工作，扶持企业不断做大做强。一是发挥"龙头"企业辐射带动作用。近年来，大朗镇培育了颖祺、龙昕、迈科等一批优势民营企业，这些龙头企业不仅自己发展得好，还带动了其他中小企业发展。如龙昕 2016 年纳税 13116 万元，是大朗镇纳税冠军。同时通过设备采购等企业行为辐射带动了明利钢材、台冠机械等多个中小企业发展，其中明利钢材的纳税已达到 1224 万元。二是加强民营企业上市扶持工作。建立企业上市培育计划后备库，在贷款、补助、上市政策咨询方面重点支持，鼓励民营企业登录资本市场，对成功上市的企业每家奖励 50 万元。目前大朗共有伯朗特、龙昕、永晟等 5 家民营企业成功挂牌"新三板"，后备上市企业达 20 家。三是加大中小微企业培育力度。该镇积极从资金、政策上支持产业园区和企业孵化器发展壮大，如松湖云谷产业园 2014 年由旧厂房改造而成，提供"孵化—辅导—项目落地"一条龙服务，获认定为国家级科技企业孵化器培育单位，目前在孵中小微企

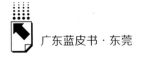

业有 80 多家，其中包括华南地区最大的图像系统研发企业德诚机电、拥有多项国家专利的九绿高分子材料有限公司等企业。

三 大朗在推进民营经济发展中存在的问题和困难

（一）企业融资门槛较高

大朗镇自 2014 年至今已有 8 家企业成功挂牌"新三板"，但该镇市场主体超过 4 万家，通过上市、引入风投等方式解决融资问题仍占极少数，大部分民营企业仍主要通过银行、小额贷款公司进行融资，而大宗金额贷款必须用等价土地、厂房等作为抵押物，由于历史遗留问题，部分企业办理土地、厂房等证明较为困难，金融中介难以为企业提供抵押贷款。如鹏兴纺织有限公司在 2013 年申请补办土地证，东莞市土地"先用后批"情况较为特殊，2014 年东莞市停办土地补办手续，导致该公司补证中断，3 年多来仍未办好，无法向银行抵押贷款。大朗镇对 60 家重点毛织企业进行了调研，超过七成的企业表示"很多银行的潜规则是不轻易贷款给毛织企业"，而民间借贷的年息往往在 12% 以上，融资成本和风险都相当高。

另外，2016 年底大朗镇银行贷款总额 203 亿元，其中面向外资企业和私营企业的贷款额为 69.6 亿元，占比仅为 34.3%，企业融资缺口依然较大。同时，2015 年全镇银行融资年利率最高达 7.5%，融资成本较高。课题组对全镇 32 家重点外资企业进行的专门调研显示，有 5 次以上融资经验的外资企业反映，国内融资成本较高，融资平均年利率达 6% 以上，而境外融资年利率为 2%～3%。

（二）技术人员用工缺口仍然较大

随着大朗镇产业结构调整和企业转型升级，大量劳动密集型产业开始向技术密集型调整，劳动用工的结构也随之转变。如大朗毛织企业大多数使用数控织机，对熟悉机械化操作的技术工人的需求越来越多。2016 年该镇缺工1万多人，其中五金和机械行业缺工率分别达到14.6%和13.3%；毛织制造行业缺工率达28.4%，缺工的工种主要集中在毛织缝盘和毛织"挑撞"，对手工、技术、视力要求高，青老对接的"断层"，导致毛织缝盘、吓数师傅供不应求，整个毛织行业约30%的企业在旺季会出现缺工现象，如2015年颖祺实业在毛织旺季缺"后整缝盘师傅"100~200人。此外，随着莞惠城轨的开通、梅观和龙大高速的免费通车，该镇毗邻深圳，近期房价上涨速度较快，2015年1月至2016年12月，两年时间商品房均价从6598元/平方米上涨到15257元/平方米，涨幅达131.2%，很多外来技术人员因买不起房而选择回家就业，企业招技工更加困难。

（三）行政管理体制机制导致监管服务不到位

大朗镇是东莞的中心镇，2016年底有市场主体4.3万个，2016年实现GDP 242.1亿元，同比增长8.1%。由于东莞缺少县（区）一级行政机构，限于乡镇行政管理权限，大朗在管理服务上经常出现"小马拉大车"的情况。大朗镇属公务员只有400多人，比如该镇食药监部门只有工作人员18人，具有执法证的人员仅7人，每次执法需要2名以上持有执法证的人员在场执法，平均每个执法人员需要负责1000多家企业，执法人员严重不足。相对而言，粤东、粤西、粤北地区虽然经济较为落后，但行政架构更为完整，行政资源更为丰富，比如与大朗结对帮扶的乐昌市，是韶关的一个县级市，2016年GDP 117亿元，约是大朗（242亿元）的一半，市场主体只有1万多家，不足大朗的1/3，两地常住人口相近（乐昌户籍人口54万人、常住人口40万人，大朗户籍人口7.7万人、常住人口近31.3万人），但乐昌的市属公务员1900多人，是大朗的4倍多。

（四）对技术人才重视不够

高技能人才肩负着企业生产关键岗位的重任。然而，目前企业为招不到优秀的技工而烦恼，很多有市场竞争力的产品不是设计不出来，而是制造不出来。这种情况在大朗镇科技企业中尤为突出，如华科电子有限公司技术工

人工龄超过 10 年的员工不足一半,新招的工程师流失率达 90%,比如 2015
年新招工程师最终选择留下的不足三成,技术员工流失的主要原因是乡镇一
级与大城市、中心城区相比,城市配套还不够完善,子女读书、购房补贴、
研发奖励等问题还没有完全解决,技术员工的心理落差大。同时,与广州、
深圳相比,两市的技工平均工资指导价分别是 6500 元、8032 元,而东莞技
工平均月工资只有 4000 元,对技术人员的吸引力较低。

四 加快推动民营经济发展的建议

大朗作为民营经济较为发达的珠三角的典型镇区,发展历程和目前所遇
到的问题,对全省民营经济发展具有一定的研究意义和参考价值。通过分
析,现对民营经济发展提出以下几点建议。

(一)帮助民营企业解决融资难问题

一是增加能为中小企业提供融资的银行。建议把审批权下放到市级银监
局,将商业银行的设立改"审批制"为"许可制",建立更多的镇村银行,
同时要完善存款保险制度,保护居民的储蓄存款。二是规范引导融资贷款行
为。完善法律法规,确保中小微企业融资过程中能享受与国企同等的待遇。
建议在已经实行小微企业贷款贴息或补贴的情况下,进一步加大财政补贴力
度,让银行等金融机构能有利可图,甚至可以获得较高的收益,进而提高向
小微企业贷款的积极性。三是积极拓展直接融资渠道。加快建立一批以社会
资本为主体的风险投资基金,专门用于小微企业股权投资。积极引导私募股
权投资基金、创业投资基金投资于小微企业。

(二)帮助民营企业解决税收问题

目前,广东省中小微企业享受企业所得税优惠政策,年纳税所得额低于
10 万元(含)的小微企业,可以享受减半应纳税所得额后,再按照 20% 的
优惠税率征收企业所得税优惠。建议在此项优惠政策基础上,从企业销售额

着手，分档进行税收减免或返还，进一步扩大税收优惠政策覆盖面。例如，年销售额在 1000 万元以上的按照 10%，3000 万元以上的按照 15% 的优惠税率征收企业所得税优惠。

（三）帮助企业解决用工难问题

一是加强精准对接。结合精准扶贫工作部署，建议开展结对帮扶之间的劳动力输送。例如，东莞与韶关是结对帮扶关系，可以安排韶关的劳动力到东莞各镇街就业，既能缓解东莞企业用工难问题，也能加快韶关贫困人口脱贫。二是完善就业服务体系。加强公共就业服务机构和人员队伍建设，不断提高就业服务水平，注重宣传广东省的用工环境、社会环境和人文环境，落实广东省各项外来务工人员的优惠政策措施。三是建立和谐劳动关系。各相关部门要深入企业检查，对侵害员工合法权益的行为要及时依法纠正或处罚，营造和谐劳动关系的良好氛围。

（四）帮助解决外来工子女读书难问题

一是继续加大积分入学力度。进一步简化积分入学方案，逐步降低积分入学门槛。例如东莞最新的积分方案就将原有的 10 个积分项目整合优化为 6 个，包括 5 个基本项目和 1 个加分项目。佛山积分入学分数线实行"一区一线"或"一镇（街道）一线"，不再全市统一积分指标，更加灵活开展积分入学工作。二是增加硬性公办学位。每年划分一定比例的公办学位，用于满足特殊人才随迁子女入学需要。例如东莞自 2013 年起有三成半的公办学位是供给优惠政策人才和企业人才子女的，这些学位可以无须积分，直接入学。三是政府购买优质民办学位。各地政府可积极探索向当地优质民办学校购买学位，统筹分配给优质企业，尽量满足企业员工随迁子女的入学需求。

（五）优化经济体量较大的特大镇行政资源配置

建议在行政编制、财政供给事业单位编制总额不突破的前提下，适当向经济体量较大的乡镇倾斜，为乡镇增加一定数量的副主任科员、主任科员名额。对于全省经济体量靠前、常住人口多、社会管理任务重的特大镇，尤其是对于没有设置县（区）一级行政机构的东莞、中山两市，探索以经济总量为标准，让特大镇享受县（区）一级行政权，解决"身大衣小、脚大鞋小"的问题。

Abstract

ANNUAL REPORT ON ECONOMIC DEVELOPMENT OF DONGGUAN (*2017*) is jointly compiled by Guangzhou University, Dongguan Enterprise Development Research Institute and Dongguan Municipal Policy Research Office. As one of the Dongguan Blue Book Series, the book is for the national public offering. The report which is composed of seven chapters including general report, supply-side structural reform, innovation driven, open economy, coordinated development, urban environment and grass-roots practice pooled the latest research achievements of many experts, scholars and government workers from academic groups, universities and government departments in Guangdong province and Dongguan. The book is the comprehensive summary of Dongguan's economic situation in 2016 and important reference on analysis and forecast of Dongguan economic development in 2017.

In 2016, the overall economic situation in Dongguan was stable and improved, and the economic growth rate was above national and provincial level. In three industries, agriculture remained stable, industrial growth picked up and service industry grew rapidly. In three main demands, investment and consumer demand growth was strong, external demand steadily increased. Preliminary achievements were made in supply-side structural reform, the power conversion of open economy speeded up, quality and efficiency of economic operation steadily improved. However, the economic downside risks were still proliferating, the labor shortage also existed. Besides, the real estate overheating brought the problems of capital shortage to real economy, especially the small and medium enterprises.

In 2017, although the world economy is still in a slow recovery stage, with the steady implementation of major development strategies such as "Made in Dongguan 2025", the economy in Dongguan would continue to grow, the industrial development would speed up, the consumption levels might rise, and the overall situation of foreign trade might be basically stable.

Contents

I General Reports

Abstract: In 2016, the overall economic situation in Dongguan was stable
and improved, and the GDP growth rate reached 8.1% which was above national
and provincial level. The industrial growth picked up and service industry grew
rapidly. In three main demands, investment and consumer demand growth was
strong, the export growth rate is low. Preliminary achievements were made in
supply-side structural reform, the economic structure was further optimized, the
driving force of the economic development was accelerating, the endogenous
power was enhanced, the innovation driven made the progress, and the efficiency
of economic growth was steadily improved. Besides, the pilot of open economy
new system started well. In 2017, the economy in Dongguan would continue to
grow, the industrial development would speed up, the consumption levels might
rise, the investment growth would accelerate and the export growth is going to
pick up.

Keywords: Economic Operation; Economic Situation; Dongguan

Abstract: In recent years, with the main line of speeding up the transformation of economic development and promoting the industrial restructuring, Dongguan striven to become the demonstration plot of science and technology and industry integrated development, and the template area of structural adjustment and transformation and upgrading. In order to scientifically measure the existing achievements of economic restructuring and structural adjustment in Dongguan, identify the problems and main shortcomings, and achieve the precision force, the research proposed the landmark index system for assessing the success of Dongguan economic transformation and upgrading. Furthermore, the stage of Dongguan economic transformation and upgrading is analyzed, and the development direction and policy measures are also put forward.

Keywords: Economic Transformation; Innovation Driven; Index System; Dongguan

II   Supply-side Structural Reform

Abstract: Dongguan's industrial economic development has a solid foundation and cluster advantages, innovation-driven development and transformation and upgrading also have achieved positive results. However, tight bottlenecks in resource constraints, core competitiveness to be enhanced and other issues still existed. Relying on the traditional elements and incremental space to stimulate economic development is unsustainable. Therefore, Dongguan must launch the key enterprises scale and benefit multification plan (Hereinafter referred to as the "Multiplication Plan"), and explore a new road of connotative and intensive development to promote better growth based on a higher starting point.

Keywords: Muliplication Plan; Intensive Development; Structural Adjustment; Dongguan

B. 4 The Research Report on Promoting Industrial Intensive Development with Supply-side Structural Reform in Dongguan

The Research Group of Promoting Industrial Intensive

Development in Dongguan / 056

Abstract: The main contradiction of industrial intensification in Dongguan is the contradiction of supply side, which mainly reflects in effective supply not suitable for new change of demand structure, abundant inherent kinetic energy of enterprise intensive development but scarce supply of intensive innovation factor. Therefore, in order to speed up the upgrading of quality, efficiency and intensive degree of Dongguan industry in new period, innovation factors allocation with supply-side structural reform, speeding up the creation of new supply system, supporting enterprises science and technology innovation, format innovation and business model innovation should be focused on.

Keywords: Supply-side Reform; Industrial Economy; Intensive Development; Dongguan

Abstract: The advantage of business environment is one of the most prominent advantages of Dongguan's development under the new economic development. However, there are still short-board in docking international high standard investment and trade rules, administrative examination and approval, enterprise financing, market supervision and law enforcement efficiency. Therefore, Dongguan should create the international business environment ruled by law to lengthen the short stave, further stimulate market vitality and creativity, and promote the development of Dongguan to a new level.

Keywords: Business Environment; Ruled by Law; Internationalization; Dongguan

Ⅲ   Innovation Driven

Abstract: In recent years, Dongguan has made remarkable progress and breakthrough in scientific and technological innovation according to the strategic decision of " Implementing Innovation-driven Development Strategy in the Front Rank". But the overall R & D investment is low, innovative financing environment to be optimized, the relative lack of innovative talent, technology services industry lagging behind and other issues are still prominent. It is proposed to speed up the creation of national independent innovation demonstration area, to promote the new R&D institutions with high quality and increment, to speed up

the establishment of a sound assessment index system and optimize the arrangements for science and technology funds. Massive measures were taken by the coordinated sectors to improve the R&D levels in Dongguan.

Keywords: Innovation Driven; Industrial Research and Development; Dongguan

B. 7 The Investigation and Research on Tax Preferential Policies for Supporting the Development of Science and Technology Incubator in Dongguan

The Joint Research Group of Guangdong Local Tax

Bureau and Dongguan Local Tax Bureau / 098

Abstract: As an important force to promote the "Mass Innovation and Entrepreneurship", Science and technology incubators had formed a certain scale in Dongguan, and had a good effect on the economic development and technological innovation. However, with the development of the incubator industry, imperfection of supporting soft environment, the difficulty of the implementation of property division and other issues need to be resolved. Dongguan should fully study and make use of the various preferential tax policies, combined with fiscal policy and decentralization, to promote the incubator industry into high-quality development stage.

Keywords: Technology Incubator; Tax Preferential; Dongguan

B. 8 Dongguan to Create Regional Innovation Heights, the Development of New Energymomentum

Research Group of Dongguan Social Science Aassociation / 111

Abstract: In recent years, Dongguan had made remarkable achievements with implementing the project of "Scientific and Technological Dongguan" around the goal of "Implementing innovation-driven development strategy in the forefront". However, compared with the requirements of building a national independent innovation demonstration area, the standard in domestic advanced cities and its own economic aggregates, Dongguan still had some gaps. Therefore, Dongguan should seize the core strategy and handle referring to innovation-driven development, and insist on running the innovative development through the whole process of industrial adjustment and economic and social development. Besides, Dongguan has to spawn new dominant forces, new development path and new grwoth momentum with building the haighland of regional innovation carrier, innovative industry and enterprises, innovative resource gathering, innovative services and technology and finance integration.

Keywords: Dongguan; Innovation Highland; Resource Agglomeration Highland; Science and Technology Financial Highland

Ⅳ   Open Economy

B. 9   The Research on Speeding up the Construction of New Open Economy System in Dongguan

The Research Group of China Center for International Economic Exchanges / 123

Abstract: In the past 30 years since reform and opening up, Dongguan has made many useful explorations in the innovation of open economic system mechanism, and gradually formed an open economic characteristic dominated by processing trade. With the analysis of the foundation, advantages, problems and challenges of new open economy system construction in Dongguan, the research put forwards the concrete countermeasures to management model, collaborative new open system of development zone (park), the foreign trade promotion system and the financial service.

Keywords: Open Economy; New System; Dongguan

B. 10　The Research on Positioning Function and Development
　　　　Strategy of Dongguan's Participation in the Construction
　　　　of Guangdong-Hong Kong-Macao Greater Bay Area

The Research Group of China Development Institute / 144

Abstract: The city group in Guangdong-Hong Kong-Macao Greater Bay Area is one of the most open and strongest economic vitality regions in China. The research analyzes the the opportunities, challenges and basic advantages, and clarifies the mission, positioning and function, as well as proposing the corresponding path selection of Dongguan's participation in the construction of Guangdong-Hong Kong-Macao Greater Bay Area,

Keywords: Guangdong-Hong Kong-Macao Greater Bay Area; Industrial Cooperation; Dongguan

B. 11　The Investigation Report on Promoting the Innovation
　　　　and Transformation of Processing Trade to Improve the
　　　　Economic Internationalization Level in Dongguan

The Research Group of Improving Economic
Internationalization Level in Dongguan / 160

Abstract: Since the reform and opening up, Dongguan has started from processing trade. After 30 years of development, processing trade has developed from a concept of pure trade form to become a kind of manufacturing ecology, which establishes the special position of Dongguan in national open economy development. This paper analyzed the development characteristics, tendency and main problems of open economy with the main body of process trade in Dongguan, and proposed the countermeasures to promote the innovation and transformation of processing trade and improve the economic internationalization level.

Keywords: Processing Trade; Open Economy; Dongguan

B. 12　The Research Report on Improving the Investment

and Financing System and Promoting Financial Open

Innovation in Dongguan

The Research Group of Investment and Financing

System Reform and Innovation in Dongguan / 177

Abstract: The reform of investment and financing system and financial open innovation are the major issues faced by the sustained and healthy development of economy. This report started from improving the government investment and financing system, based on two most urgent investment and financing tasks including construction of Dongguan rail transit and sewage pipe network, and proposed countermeasures from the aspects of strengthening the top design, improving the approval mechanism and ensuring key tasks.

Keywords: Investment and Financing; Finance; Dongguan

B. 13　The Research on Constructing an New Open Economy

System and Striving for New Advantages in

International Cooperation and Competition in Dongguan

The Joint Research Group of Dongguan Social Science

Association (Institute) and Dongguan University of Technology / 199

Abstract: Compared with the traditional export-oriented economy and export-oriented economy in Dongguan, the open economy is an economic form with higher opening degree and strict supervision service requirements. In order to construct an new open economy system, Dongguan should base on its own advantages, fill the existence of short board, and strive to achieve the breakthrough in creating international business environment ruled by law, expanding new area of international industry investment and cooperation, exploring the new path of processing industry innovative development, building a new system to promote foreign trade development, broadening the new channels of cross-border financial services, building collaborative open mechanism of the park (development zone) and other major areas during "the 13th Five-Year" period.

Keywords: Open Economy; International Cooperation; Dongguan

B. 14   The Report on the Development of New Economic
and Financial Organization in Dongguan

The Research Group of Dongguan Financial Affairs Bureau / 211

Abstract: The financial development in Dongguan has obvious double characters. On the one hand, traditional financial is unique, and the scale and efficiency ranks the forefront of the province. On the other hand, the financial industry development and financial reform innovation is insufficient which shows that lag of new type economic and financial organizations and immature capital market development. Based on the deep analysis of the present situation of Dongguan equity investment fund, micro-loan, financing guarantee, finance leasing and Internet financial industry, combined the existing shortcomings and opportunities, this report put forward some policy suggestions to promote the development of financial organizations in Dongguan.

Keywords: Financial Organizations; Entity Economy; Fund Town

V   Coordinated Development

B. 15   The Research Report on Coordinated Group

Development of the Park in Dongguan

Abstract: Dongguan park economy has become an important growth pole of economic and social development in Guangzhou. Under the background of economic development in the new norm, it is particularly important to promote the park coordinated development and improve the development level of the park to enhance the leading, supporting and bench marking effect of the park economy on the development of Guangzhou and promote the realization of Dongguan's higher development with better starting point. According to the research route of "Three Focuses, Five Prominents, One Park One Policy", this paper focused on the shortcomings of the development of various parks and the institutional and structural problems, analyzed the outstanding problems and shortcomings of the development of the park, and put forward the idea of cracking the problem and countermeasures.

Keywords: Park Economy; Coordinated Development; Dongguan

B. 16   The Research Report on Increasing Coordinated

Development Efforts to Promote Dongguan Balanced

Development in Dongguan

Abstract: This report focused on four aspects including sub-developed towns, coordinated development of towns and villages, grassroots governance and social security. It found out the outstanding performances of imbalanced development between towns, villages, inadequate integration of foreign population and the management of resident and floating population not in place, and in-depth looked for the structural reasons to imbalanced development. The report focused on speeding up the support on the development of sub-developed towns and sub-developed villages, proposed the countermeasures such as setting up pool of funds, establishing departmental assistance mechanism, industrial coordination, land use preferential policies to support the acceleration of sub-developed towns development. Furthermore, other measures including land coordination, property coordination, capital coordination and investment coordination were put forward to support and lead the coordinated development of towns and villages.

Keywords: Balanced Development; Grassroots Governance; Overall Development; Dongguan

B. 17 Experiences and Enlightenment of Dongguan Promoting the Park Coordinated Group Development Pilot in Songshan Lake Area

The Research Group of Songshan Lake (Ecological Park)

Management Committee / 260

Abstract: In-depth implementation of the park coordinated group development is the major strategic initiatives of Dongguan in the construction of socialist modernization precedent. This paper systematically classifies the exploration practice and progress of the park coordinated group development pilot first started in Songshan Lake area, and summarizes that promoting the park coordinated group development must strengthen the organization and leadership, adhere to principle of benefit sharing, and explore the innovative system and other experiences.

Keywords: Songshan Lake Area; Overall Arrangement; Institutional Innovation

VI Business Environment

B. 18 The Research Report on Strengthening the Management of Urban Planning and Construction to Enhance to Urban Quality in Dongguan

The Research Group of Enhancing Urban Quality in Dongguan / 273

Abstract: The prominent contradictions such as disordered space, insufficient space supply and low space quality had seriously restricted the future development of Dongguan. Based on the strategic height of the new type urbanization development, the report followed the Central and Provincial Urban Work Conference and the requirements of "Three Focuses and Five Prominents", re-examined the characteristic urbanization development path since reform and opening up in Dongguan, in-depth analyzed the main shortcomings and key issues in urban planning, construction and management. Furthermore, the policy lists and action plans from four aspects covering planning, construction, management and policy to enhance Dongguan urban quality are proposed.

Keywords: Urbanization; Urban Quality; Dongguan

B. 19 The Research on Creating Safety by Public to Build Well Governance City in Dongguan

The Research Group of Dongguan Public Security Bureau / 291

Abstract: In the new norm, the social security situation and the public security work in Dongguan faced the problems of serious situation, more cases but fewer hands, endless crackdown and public security fallback, and the bottleneck in rent and floating population management, social security prevention and control system construction, integration of safety creation resources. In order to realize the social harmony and good governance, provide a good environment and atmosphere for economic and social development, Dongguan should establish the concept of "Safety Creation by Public", realize the socialization of population management and rent management ruled by law. With the fully play to the main force of public security, Dongguan need to actively guide social forces to participate in social security management, and create a new situation of "safe Dongguan" with "Safety Creation by Public".

Keywords: Security Situation; Safety Creation by Public; Well Governance City; Dongguan

B. 20 The Investigation Report on Promoting the City Updating with the Starting Point of "Three Old" Transformations in Dongguan

The Research Group of the Bureau of Land and Resource in Dongguan
("Three Old" Transformations Leading Group Office in Dongguan) / 302

Abstract: As one of the four "Three Old" transformations pilot cities in Guangdong Province, Dongguan has achieved positive results in ensuring the development of land demand and promoting industrial transformation and upgrading. This report has carried on the thorough investigation and analysis to the progress and the existing problems of the "Three Old" transformation in Dongguan since 2010, aiming to enhance the city quality and promote the industrial transformation and upgrading, and then put forward relevant policy recommendations to "Three Old" transformation work in next stage in Dongguan.

Keywords: "Three Old" Transformations; City Upgrading; Dongguan

Ⅶ   Grass-roots Practice

B. 21   The Exploration Practice of Promoting Economic

Transformation and Upgrading with "Six New"

Industry in Daojiao Town   *Deng Tao* / 314

Abstract: With the deep adjustment of industrial structure, the increasingly prominent resource constraints and the fierce competition in the surrounding areas, inefficient, extensive and single development model in Daojiao town is difficult to sustain, and speeding up the economic transformation and upgrading is increasingly urgent. This paper takes "Six New" industry as the example, and analyzes the advantages, paths and means of "Six New" industry, as well as clarifying the important significance of industrial structure optimization and upgrading on the economic transformation.

Keywords: "Six New" Industry; Economic Transition; Daojiao Town

B. 21   The Experience and Enlightenment of Promoting

Transformation and Upgrading Development with

Ecological Governance in Machong Town   *Chen Jianzhi* / 325

Abstract: In recent years, Machong town adheres to the concept of "Environment is the productive forces and grasping the environment is to seize the productive forces", and explores a green rise road to promoting transformation and upgrading development with ecological governance. This paper systematically introduces the exploration practice, prgress and experiences of Machong town promoting transformation and upgrading development with ecological governance, and points out that the transformation development must insist on the organic unity of ecological beauty and people's richness, highlighting the parth and government

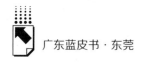

leadership as well as the social participation.

Keywords: Ecological Governance; Transformation Development; Machong

B. 23   The Practice and Prospect of Collaborative Innovation
System of Mould Manufacturing Specialized Town
Construction in Hengli Town in Dongguan

The Research Group of Hengli Town / 340

Abstract: The specialized town which is the gathering area of Guangdong private economy and small and medium-sized enterprises is the important support of Guangdong economic development. The collaborative innovation system construction of specialized town is an vital work of Guangdong innovation driven development. There are still many problems worth considering about how to promote the collaborative innovation system construction of specialized town. This paper took Hengli town in Dongguan in Guangdong Province as an example, and discussed the development pattern, path and conception of collaborative innovation system construction.

Keywords: Specialized Town; Collaborative Innovation; Hengli

B. 24   The Countermeasures to Implementing Industrial
Innovation and Promoting Economic Development
Quality in Chang'an Town in Dongguan

The Research Group of Chang'an Town / 355

Abstract: Chang'an Town is a strong economic town in China, ranking the top ten in the country for two consecutive years in the "National Comprehensive Strength Town" list. This paper briefly introduced the industrial development of Chang'an Town in Dongguan, analyzed the problems and challenges in the process of industrial upgrading, and put forwards the direction and measures of Chang'an future industrial development from the aspects of industrial upgrading, science and technology innovation and group economy innovative development.

Keywords: Industrial Innovation; Industrial Upgrading; Collective Economy; Chang'an Town

B. 25   The Research Report on Transformation Development of Private Economy in Dalang Town in Dongguan

The Research Group of Dalang Town / 369

Abstract: As an important part of economic development in Guangdong Province, private economy research with representative regions is of great significance and special reference and promotion value. Dalang which is the central town in Guangdong Province has a solid foundation of private economy with massive woolens enterprises. The report takes Dalang as an example, with investigation and analysis, and then summarizes the difficulties, solutions and successful experiences of private economy development in Dalang in order to provide learnable experience to private economy development in other regions in Guangdong Province.

Keywords: Private Economy; Transformation Development; Dalang Town

S 子库介绍
Sub-Database Introduction

中国经济发展数据库

涵盖宏观经济、农业经济、工业经济、产业经济、财政金融、交通旅游、商业贸易、劳动经济、企业经济、房地产经济、城市经济、区域经济等领域，为用户实时了解经济运行态势、把握经济发展规律、洞察经济形势、做出经济决策提供参考和依据。

中国社会发展数据库

全面整合国内外有关中国社会发展的统计数据、深度分析报告、专家解读和热点资讯构建而成的专业学术数据库。涉及宗教、社会、人口、政治、外交、法律、文化、教育、体育、文学艺术、医药卫生、资源环境等多个领域。

中国行业发展数据库

以中国国民经济行业分类为依据，跟踪分析国民经济各行业市场运行状况和政策导向，提供行业发展最前沿的资讯，为用户投资、从业及各种经济决策提供理论基础和实践指导。内容涵盖农业，能源与矿产业，交通运输业，制造业，金融业，房地产业，租赁和商务服务业，科学研究，环境和公共设施管理，居民服务业，教育，卫生和社会保障，文化、体育和娱乐业等100余个行业。

中国区域发展数据库

对特定区域内的经济、社会、文化、法治、资源环境等领域的现状与发展情况进行分析和预测。涵盖中部、西部、东北、西北等地区，长三角、珠三角、黄三角、京津冀、环渤海、合肥经济圈、长株潭城市群、关中—天水经济区、海峡经济区等区域经济体和城市圈，北京、上海、浙江、河南、陕西等34个省份及中国台湾地区。

中国文化传媒数据库

包括文化事业、文化产业、宗教、群众文化、图书馆事业、博物馆事业、档案事业、语言文字、文学、历史地理、新闻传播、广播电视、出版事业、艺术、电影、娱乐等多个子库。

世界经济与国际关系数据库

以皮书系列中涉及世界经济与国际关系的研究成果为基础，全面整合国内外有关世界经济与国际关系的统计数据、深度分析报告、专家解读和热点资讯构建而成的专业学术数据库。包括世界经济、国际政治、世界文化与科技、全球性问题、国际组织与国际法、区域研究等多个子库。

法 律 声 明